PONS

REISE-SPRACHFÜHRER

FRANZÖSISCH

Mit vertonten Beispielsätzen zum Anhören

PONS GmbH
Stuttgart

PONS Reise-Sprachführer
FRANZÖSISCH

Bearbeitet von: Michèle Moncharmont

Warenzeichen, Marken und gewerbliche Schutzrechte
Wörter, die unseres Wissens eingetragene Warenzeichen oder Marken oder sonstige gewerbliche Schutzrechte darstellen, sind als solche – soweit bekannt – gekennzeichnet. Die jeweiligen Berechtigten sind und bleiben Eigentümer dieser Rechte. Es ist jedoch zu beachten, dass weder das Vorhandensein noch das Fehlen derartiger Kennzeichnungen die Rechtslage hinsichtlich dieser gewerblichen Schutzrechte berührt.

PONS verpflichtet sich, den Zugriff auf das zu diesem Buch ergänzende Download-Angebot mindestens bis Ende 2020 zu gewährleisten. Einen Anspruch der Nutzung darüber hinaus gibt es nicht.

1. Auflage 2018 (1,01 – 2018)

www.pons.de
E-Mail: info@pons.de

Umschlagfotos: iStockphoto/dennisvdw
Logoentwurf: Erwin Poell, Heidelberg
Logoüberarbeitung: Sabine Redlin, Ludwigsburg
Satz: Datagroup int. SRL, Timisoara
Druck: L.E.G.O. S.p.A., Lavis (TN)
Printed in Italy

ISBN 978-3-12-518667-5

Liebe Leserin, lieber Leser,

Sie reisen nach Frankreich und Sie freuen sich darauf, in das Land einzutauchen, die Menschen kennenzulernen und die Kultur zu erleben? Mit dem Reise-Sprachführer von PONS haben Sie hierfür immer die richtigen Worte parat:

Ob Sie Konzertkarten besorgen möchten oder eine Reifenpanne haben: In **zehn thematischen Kapiteln** finden Sie den passenden Satz für jede Situation. Und wenn es schnell gehen muss, schlagen Sie einfach im **ausführlichen Wörterbuch** nach.

Sind die nötigsten Dinge geregelt, kann der Genuss beginnen. Schlemmen Sie sich einfach durch das Land – in der integrierten **Speisekarte** finden Sie dafür garantiert die passenden Worte. So erleben Sie das Land noch intensiver.

Als kleines Extra für Sie: Laden Sie die passenden **Sounds** zu den wichtigsten Wörtern und Sätzen von www.pons.de/reise-sprachfuehrer-franzoesisch herunter und trainieren Sie damit Ihre Aussprache.

Ganz egal wie individuell Sie Ihre Reise gestalten: Der Reise-Sprachführer von PONS bietet Ihnen alles, was Sie brauchen, um auch jenseits der Touristenpfade Frankreich zu entdecken.

Eine schöne Reise wünscht Ihnen

Ihre

PONS Redaktion

Inhalt

Wie spricht man das aus?

Damit Sie jedes Wort und jeden Satz richtig aussprechen, haben wir allen Begriffen und Wendungen eine Lautschrift beigefügt. Die folgende Übersicht zeigt Ihnen, wie Sie die phonetischen Zeichen richtig aussprechen.

[:]	bedeutet, dass der vorhergehende Laut lang zu sprechen ist.	
‿	zwischen zwei Wörtern bedeutet, dass man den letzten Buchstaben des ersten Wortes zum nächsten Wort hinüberzieht.	
Vokale		
[a]	wie das deutsche *a*	m**a**d**a**me, l**a** s**a**lle, l**à**
[e]	geschlossenes *e*, etwa wie in *geben*	caf**é**, mang**er**, regard**ez**
[ɛ]	offenes *ä*, etwa wie in *Ärger*	l**ai**t, il m**et**, il **est**, m**er**ci
[i]	geschlossener als das deutsche *i*	**i**l, l'am**i**e, l**y**cée
[ɔ]	offenes *o*, offener als in *Pforte*	la p**o**rte, P**au**l, al**o**rs
[o]	geschlossenes *o*, wie in *Rose*	m**o**t, all**ô**, **au**ssi, **eau**
[ø]	geschlossenes *ö*, etwa wie in *böse*	un p**eu**, d**eux**
[œ]	offenes *ö*, bei kurzem Vokal, etwa wie in *Röcke*	n**eu**f, s**œu**r
[ə]	der Laut liegt zwischen [œ] und [ø], näher bei [ø]	l**e**, m**e**lon
[u]	geschlossenes *u*, etwa wie in *Ufer*	**ou**, **où**, bonj**ou**r
[y]	ähnlich dem deutschen *ü* in *Tür*	t**u**, r**u**e, sal**u**t
[ɛ̃]	nasales [ɛ], offener als das deutsche [ɛ̃] in *Cousin*	enf**in**, f**aim**, pl**ein**, bi**en**, **un**
[ɔ̃]	nasales [o], etwa wie in *Bonbon*	b**on**, m**on**tre, il t**om**be
[ɑ̃]	nasales [a], etwa wie in *Restaurant*	d**an**s, je pr**en**ds

Halbkonsonanten		
[j]	weicher als das deutsche *j*	fam**ille**, trav**ail**, p**i**ed, **y**eux
[w]	flüchtiger [u]-Laut, bildet keine Silbe, gehört zum folgenden Vokal	**ou**i, v**o**ilà
[ɥ]	flüchtiger [y]-Laut, gehört zum folgenden Vokal	c**u**isine, je s**u**is, h**u**it
Konsonanten		
[f]	wie das deutsche *f* in *Fibel, Philosophie* etc.	**f**rère, **ph**oto
[v]	wie das deutsche *w* in *werden*	con**v**ersation, il arri**v**e
[s]	stimmloses, d.h. hartes *s*, wie z.B. in *Los*	**s**œur, Pa**s**cal, **c**'est, **ç**a, ta**ss**e, atten**t**ion
[z]	stimmhaftes, d.h. weiches *s*, wie in *summen*	mai**s**on, chai**s**e, **z**éro
[ʃ]	stimmloses *sch* wie in *schön*	**ch**aise, je **ch**er**ch**e
[ʒ]	stimmhaftes *sch* wie in *Journalist*	**j**e, bon**j**our, **g**énie
[ɲ]	etwa wie in *Kognak*	co**gn**ac, il ga**gn**e
[ŋ]	in Wörtern aus dem Englischen, z. B.:	camp**ing**, park**ing**
Die nicht erwähnten Konsonanten sind den deutschen sehr ähnlich.		

DAS ALPHABET

Können Sie mir das buchstabieren?

In manchen Situationen, z.B. am Telefon, hilft meist nur das Buchstabieren. Damit es dabei zu keinen Missverständnissen kommt, anbei für Sie das Alphabet mit der richtigen Aussprache.

A	a	[a]	J	j	[ʒi]	S	s	[ɛs]
B	b	[be]	K	k	[ka]	T	t	[te]
C	c	[se]	L	l	[ɛl]	U	u	[y]
D	d	[de]	M	m	[ɛm]	V	v	[ve]
E	e	[ə]	N	n	[ɛn]	W	w	[dubləve]
F	f	[ɛf]	O	o	[o]	X	x	[iks]
G	g	[ʒe]	P	p	[pe]	Y	y	[igʀɛk]
H	h	[aʃ]	Q	q	[ky]	Z	z	[zɛd]
I	i	[i]	R	r	[ɛːʀ]			

DER ARTIKEL

Bestimmter und unbestimmter Artikel

		bestimmter Artikel		unbestimmter Artikel	
Singular	männlich	**le** train	der Zug	**un** train	ein Zug
	weiblich	**la** ville	die Stadt	**une** ville	eine Stadt
Plural	für beide Geschlechter	**les** trains **les** villes	die Züge die Städte	**des** trains **des** villes	Züge Städte

Vor Substantiven, die mit Vokal (Selbstlaut) oder stummem h beginnen, wird
- *le* und *la* zu *l´*: l´avion das Flugzeug, l´heure die Stunde
- *un* gebunden: un avion
- *les* und *des* gebunden: les heures, des avions

„Was bedeutet ...?“

Mit dieser Liste finden Sie sich im PONS Reise-Sprachführer Französisch schnell zurecht.

abst	abstrakt	abstrait
adj	Adjektiv	adjectif
adv	Adverb	adverbe
akust	Akustik	acoustique
art	Artikel	article
conj	Konjunktion	conjonction
el	Elektrizität	électricité
etw	etwas	quelque chose
f	weiblich	féminin
jdm	jemandem	à quelqu'un
jdn	jemanden	quelqu'un
konk	konkret	concret
m	männlich	masculin
M.	Herr	Monsieur
med	Medizin	médecine
Mlle	Fräulein	Mademoiselle
Mme	Frau	Madame
n°	Nummer	numéro
pers prn	Personalpronomen	pronom personnel
pl	Plural	pluriel
poss prn	Possessivpronomen	pronom possessif
prn	Pronomen	pronom
prp	Präposition	préposition
qc	etwas	quelque chose
qn	jemanden, jemandem	quelqu'un
rel	Religion	religion
s.	sich	se
sing	Singular	singulier
s.t.p.	bitte *(du)*	s'il te plaît
superl	Superlativ	superlatif
s.v.p.	bitte *(Sie)*	s'il vous plaît
tele	Telefon	téléphone

Das Allernotwendigste

Morgen um 16.00 Uhr an der Bar.

Manche Verabredungen beschränken sich auf das Notwendigste. Dennoch können schon kleinste sprachliche Missverständnisse großes persönliches Unverständnis nach sich ziehen.

Für den leichten Einstieg: Hier finden Sie die nützlichsten Wörter und Ausdrücke auf einen Blick.

DIE BASICS

Ja.
Oui. [wi]

Nein.
Non. [nɔ]

Bitte.
S'il vous plaît./S'il te plaît.
[sil vu plɛ/sil tə plɛ]

De rien ! [də ʀjɛ̃]
(als Antwort auf „Danke!")

Danke!
Merci ! [mɛʀsi]

Wie bitte?
Comment ? [kɔmɑ̃]
Pardon ? [paʀdɔ̃]

Selbstverständlich!
Naturellement ! [natyʀɛlmɑ̃]
Bien entendu ! [bjɛ̃n‿ɑ̃tɑ̃dy]

Einverstanden!
D'accord ! [dakɔʀ]

Okay!
O.K. [ɔkɛ]

In Ordnung!
Entendu ! [ɑ̃tɑ̃dy]

Entschuldigen Sie!
Excusez-moi [ɛksyze mwa]

Verzeihung!
Pardon ! [paʀdɔ̃]

Einen Augenblick, bitte!
Un instant, s'il vous plaît/s'il te plaît !
[ɛ̃nɛ̃stɑ̃ sil vu plɛ/sil tə plɛ]

Das reicht jetzt!
Ça suffit maintenant !
[sa syfi mɛ̃tnɑ̃]

Hilfe!
Au secours ! [o skuʀ]
A l'aide ! [a lɛd]

Ich hätte gerne ...
Je voudrais ... [ʒə vudʀɛ]
J'aimerais ... [ʒɛmʀɛ]

Gibt es ...?
Il y a ... ? [il‿ja];]
Est-ce qu'il y a ... ? [ɛs‿kil‿ja]

WER? WIE? WAS?

Wer?
Qui ? [ki]

Was?
Quoi ? [kwa]

Welcher?/Welche?/Welches?
Lequel ?/Laquelle ?/Lesquels ?/
Lesquelles ?
[ləkɛl/lakɛl/lekɛl/lekɛl]

Wem?
A qui ? [aki]

Wen?
Qui ? [ki]

Wo?
Où ? [u]

Wo ist?/Wo sind ...?
Où est?/Où sont ... ? [u ɛ/u sɔ̃]

Warum?
Pourquoi ? [purkwa]

Wozu?
Dans quel but ? [dɑ̃ kɛl by]
Pour quoi faire ? [pur kwa fɛr]

Wie viel?
Combien ? [kɔ̃bjɛ̃]

Wie lange?
Combien de temps ? [kɔ̃bjɛ̃d tɑ̃]

Wann?
Quand ? [kɑ̃]

Um wie viel Uhr?
A quelle heure ? [a kɛl‿œr]

ZAHLEN – MASSE – GEWICHTE

0
zéro [zero]

1
un [ɛ̃]

2
deux [dø]

3
trois [trwa]

4
quatre [katr]

5
cinq [sɛ̃k]

6
six [sis]

7
sept [sɛt]

8
huit [ɥit]

9
neuf [nœf]

10
dix [dis]

11
onze [ɔ̃z]

12
douze [duz]

13
treize [trɛz]

14
quatorze [katɔrz]

15
quinze [kɛ̃z]

16
seize [sɛz]

17
dix-sept [disɛt]

18
dix-huit [dizɥit]

19
dix-neuf [diznœf]

20
vingt [vɛ̃]

21
vingt et un [vɛ̃t ‿e ɛ̃]

22
vingt-deux [vɛ̃t dø]

23
vingt-trois [vɛ̃t trwa]

24
vingt-quatre [vɛ̃t katr]

25
vingt-cinq [vɛ̃t sɛ̃k]

26
vingt-six [vɛ̃t sis]

27
vingt-sept [vɛ̃t sɛt]

28
vingt-huit [vɛ̃t‿ɥit]

29
vingt-neuf [vɛ̃t nœf]

30
trente [tʀɑ̃t]

31
trente et un [tʀɑ̃t‿e ɛ̃]

32
trente-deux [tʀɑ̃t dø]

40
quarante [kaʀɑ̃t]

50
cinquante [sɛ̃kɑ̃t]

60
soixante [swasɑ̃t]

70
soixante-dix [swasɑ̃t dis]

80
quatre-vingts [katʀə vɛ̃]

90
quatre-vingt-dix [katʀə vɛ̃ dis]

100
cent [sɑ̃]

101
cent un [sɑ̃ ɛ̃]

200
deux cents [dø sɑ̃]

300
trois cents [tʀwa sɑ̃]

1000
mille [mil]

2000
deux mille [dø mil]

3000
trois mille [tʀwa mil]

10 000
dix mille [di mil]

100 000
cent mille [sɑ̃ mil]

1 000 000
un million [ɛ̃ miljɔ̃]

2018
Deux mille dix-huit
[dø mil dizɥit]

2019
Deux mille dix-neuf
[dø mil diznœf]

1.
premier/première
[pʀəmje/pʀəmjɛʀ]

2.
deuxième [døzjɛm]

second(e) [səgɔ̃(d)]

3.
troisième [tʀwazjɛm]

4.
quatrième [katʀjɛm]

5.
cinquième [sɛ̃kjɛm]

6.
sixième [sizjɛm]

7.
septième [sɛtjɛm]

8.
huitième [ɥitjɛm]

9.
neuvième [nœvjɛm]

10.
dixième [dizjɛm]

1/2
un demi [ɛ̃ dmi]

1/3
un tiers [ɛ̃ tjɛʀ]

1/4
un quart [ɛ̃ kaʀ]

3/4
trois quarts [tʀwa kaʀ]

3,5 %
trois virgule cinq pour cent
[tʀwa viʀgyl sɛ̃k puʀ sɑ̃]

27 °C
vingt-sept degrés [vɛ̃t sɛt dəgʀe]

-5 °C
moins cinq degrés
[mwɛ̃ sɛ̃k dəgʀe]

Millimeter
le millimètre [lə milimɛtʀ]

Zentimeter
le centimètre [lə sɑ̃timɛtʀ]

Meter
le mètre [lə mɛtʀ]

Kilometer
le kilomètre [lə kilɔmɛtʀ]

Quadratmeter
le mètre carré [lə mɛtʀə kaʀe]

Liter
le litre [lə litʀ]

Gramm
le gramme [lə gʀam]

Pfund
la livre [la livʀ]

Kilogramm
le kilogramme
[lə kilɔgʀam]
le kilo [lə kilo]

ZEITANGABEN

Uhrzeit und Tageszeiten

Wie viel Uhr ist es bitte?
Quelle heure est-il, s'il vous plaît ? [kɛl‿œʀ ɛt‿il sil vu plɛ]

Es ist (genau/ungefähr) …
Il est (exactement/environ) … [il‿ɛt(‿ɛgzaktəmɑ̃/ɑ̃viʀɔ̃)]

- ***3 Uhr.***
  trois heures. [tʀwaz‿œʀ]
- ***5 nach 3.***
  trois heures cinq. [tʀwaz‿œʀ sɛ̃k]
- ***3 Uhr 10.***
  trois heures dix. [tʀwaz‿œʀ dis]
- ***Viertel nach 3.***
  trois heures et quart. [tʀwaz‿œʀ e kaʀ]

- *halb 4.*
  trois heures et demie. [tʀwaz‿œʀ e dmi]
- *Viertel vor 4.*
  quatre heures moins le quart. [katʀ‿œʀ mwɛ̃l kaʀ]
- *5 vor 4.*
  quatre heures moins cinq. [katʀ‿œʀ mwɛ̃ sɛ̃k]
- *12 Uhr Mittag/ Mitternacht.*
  midi/minuit. [midi/minɥi]

Um wie viel Uhr?/Wann?
A quelle heure ?/Quand ? [a kɛl‿œʀ/kɑ̃]

Um 1 Uhr.
A une heure. [a yn‿œʀ]

Um 2 Uhr.
A deux heures. [a døz‿œʀ]

Gegen 4 Uhr.
Vers quatre heures. [vɛʀ katʀ‿œʀ]

In einer Stunde.
Dans une heure. [dɑ̃z‿yn‿œʀ]

In zwei Stunden.
Dans deux heures. [dɑ̃ døz‿œʀ]

Nicht vor 9 Uhr morgens.
Pas avant neuf heures du matin. [pa avɑ̃ nœv‿œʀ dy matɛ̃]

Nach 8 Uhr abends.
Après huit heures du soir. [apʀɛ ɥit‿œʀ dy swaʀ]

Zwischen 3 und 4.
Entre trois (heures) et quatre (heures). [ɑ̃tʀə tʀwaz‿(œʀ) e katʀ(‿œʀ)]

Ein Vier-Vier

So heißt ein Allrad auf Französisch: un quatre-quatre. Und wie sich die „Vier“ zur Allzweckwaffe entfaltet, beweisen folgende Ausdrücke am besten:
- **un quatre heures** (wörtl. „ein Vier-Uhr“) ist das Pausenbrot der Kinder am Nachmittag.
- **se mettre en quatre** (wörtl. „sich in vier tun“) bedeutet, dass man sich für jemanden besonders anstrengt.
- **être plié en quatre** (wörtl. „in vier gefaltet zu sein“) drückt aus, dass man sich vor Lachen kugelt.

Und etwas „im vierten Gang“ machen (en quatrième vitesse) kann nur bedeuten, dass man etwas schnell macht.

Wie lange?
Combien de temps ? [kɔ̃bjɛ̃d tɑ̃]

Zwei Stunden (lang).
Deux heures. [døz‿œʀ]

Von 10 bis 11.
De dix à onze. [də dis a ɔ̃z]

Bis 5 Uhr.
Jusqu'à/Avant cinq heures. [ʒyska/avɑ̃ sɛ̃k‿œʀ]

Seit wann?
Depuis quand ? [dəpɥi kɑ̃]

Seit 8 Uhr morgens.
Depuis huit heures du matin. [dəpɥi ɥit‿œʀ dy matɛ̃]

Seit einer halben Stunde.
Depuis une demi-heure. [dəpɥi yn dəmijœʀ]

Seit acht Tagen.
Depuis huit jours. [dəpɥi ɥi ʒuʀ]

ab und zu	de temps en temps [də tɑ̃z‿ɑ̃ tɑ̃]
abends	le soir [lə swaʀ]
am Sonntag	dimanche [dimɑ̃ʃ]
am Wochenende	ce week-end [sə wikɛnd]
bald	bientôt [bjɛ̃to]
diese Woche	cette semaine [sɛt səmɛn]
früh	tôt [to]
früher	*(eher)* plus tôt [ply to]; *(einst)* autrefois [otʀəfwa]
gegen Mittag	vers midi [vɛʀ midi]
gestern	hier [jɛʀ]
heute	aujourd'hui [ɔʒuʀdɥi]
heute Morgen/heute Abend	ce matin/ce soir [sə matɛ̃/sə swaʀ]
in 14 Tagen	dans quinze jours [dɑ̃ kɛ̃z ʒuʀ]
in einer Woche	dans une semaine [dɑ̃zyn səmɛn]
innerhalb einer Woche	en une semaine [ɑ̃n‿yn səmɛn]
jeden Tag	tous les jours [tu le ʒuʀ]
jetzt	maintenant [mɛ̃tnɑ̃]
kürzlich	l'autre jour [lotʀə ʒuʀ]
letzten Montagmorgen	lundi dernier au matin [lɛ̃di dɛʀnje o matɛ̃]
manchmal	quelquefois [kɛlkəfwa]
mittags	le midi [lə midi]
morgen	demain [dəmɛ̃]

morgen früh/morgen Abend	demain matin/demain soir [dəmɛ̃ matɛ̃/dəmɛ̃ swaʀ]
morgens	le matin [lə matɛ̃]
nachmittags	l'après-midi [lapʀɛmidi]
nächstes Jahr	l'année prochaine [lane pʀɔʃɛn]
nachts	la nuit [la nɥi]
spät	tard [taʀ]
später	plus tard [ply taʀ]
stündlich	toutes les heures [tut lez‿œʀ]
täglich	tous les jours [tu le ʒuʀ]
tagsüber	pendant la journée [pɑ̃dɑ̃ la ʒuʀne]
übermorgen	après-demain [apʀɛ dmɛ̃]
um diese Zeit	à cette heure-ci [a sɛt‿œʀ si]
vor zehn Minuten	il y a dix minutes [il‿ja di minyt]
vorgestern	avant-hier [avɑ̃t‿jɛʀ]
vormittags	le matin [lə matɛ̃]
am Vormittag	dans la matinée [dɑ̃ la matine]

RUND UMS JAHR

Wochentage

Montag	lundi [lɛ̃di]
Dienstag	mardi [maʀdi]
Mittwoch	mercredi [mɛʀkʀədi]
Donnerstag	jeudi [ʒœdi]
Freitag	vendredi [vɑ̃dʀədi]
Samstag	samedi [samdi]
Sonntag	dimanche [dimɑ̃ʃ]

Monate

Januar	janvier [ʒɑ̃vje]
Februar	février [fevʀije]
März	mars [maʀs]
April	avril [avʀil]
Mai	mai [mɛ]
Juni	juin [ʒɥɛ̃]
Juli	juillet [ʒɥijɛ]
August	août [u(t)]
September	septembre [sɛptɑ̃bʀ]
Oktober	octobre [ɔktɔbʀ]
November	novembre [nɔvɑ̃bʀ]
Dezember	décembre [desɑ̃bʀ]

Jahreszeiten

Frühling	le printemps [lə pʀɛ̃tɑ̃]
Sommer	l'été *m* [lete]
Herbst	l'automne *m* [lotɔn]
Winter	l'hiver *m* [livɛʀ]

Traditionen:

- Am 1. Januar will ein wahrscheinlich gallischer Brauch, dass man sich unter dem *gui*, einem Mistelzweig, küsst, damit man das ganze Jahr über Glück hat.
- Am Dreikönigstag gibt es eine *galette* (Blätterteigkuchen mit Mandelpaste), in der eine *fève*, eine dicke Bohne aus Plastik, versteckt ist. Wer sie findet, wird König/in.
- An *la Chandeleur* (Mariä Lichtmess), am 2. Februar, werden Crêpes gegessen, die man zuvor mit einer Münze in der Hand und der Pfanne in der anderen in der Luft gedreht haben muss.
- Am 1. Mai schenkt man sich glückbringende Maiglöckchen, die an vielen Straßenecken angeboten werden. Dieser Tag ist für manche Franzosen der einzige, an dem sie überhaupt einen Wald betreten: Sie wollen ihre Maiglöckchen selbst pflücken.
- Am 14. Juli wird mit Spielmannszug, Feuerwerk und Tanz auf der Straße der Nationalfeiertag gefeiert.

Feiertage

Neujahr
le Nouvel An
[lə nuvɛl‿ɑ̃]

Dreikönigstag
la Fête des Rois [la fɛt de ʀwa]; l'Epiphanie [lepifani]

Karneval
le carnaval [lə kaʀnaval]

Fastnachtsdienstag
le mardi gras
[lə maʀdi gʀa]

Aschermittwoch
le mercredi des cendres
[lə mɛʀkʀədi de sɑ̃dʀ]

Karfreitag
le vendredi saint
[lə vɑ̃dʀədi sɛ̃]

Ostern
Pâques *f*
[pak]

Ostermontag
le lundi de Pâques
[lə lɛ̃did pak]

1. Mai (Tag der Arbeit)
la Fête du Travail
[la fɛt dy tʀavaj]

Der Tag der Arbeit, das Kriegsende am 8. Mai, der Nationalfeiertag und Mariä Himmelfahrt werden so gut wie nie mit ihren Namen bezeichnet, sondern als Daten: *le premier mai, le 8 mai, le 14 juillet et le 15 août*. Übrigens: Würden sie gefragt, wüssten manche Franzosen nicht, wofür der 8. Mai oder der 15. August steht!

8. Mai
le huit mai
[lə ɥi mɛ]

Christi Himmelfahrt
l'Ascension *f*
[lasɑ̃sjɔ̃]

Pfingsten
la Pentecôte
[la pɑ̃tkot]

Pfingstmontag
le lundi de Pentecôte
[lə lɛ̃did pɑ̃tkot]

Fronleichnam
la Fête-Dieu
[la fɛt djø]

Nationalfeiertag (F) (14. Juli)
le quatorze juillet
[lə katɔʀz ʒɥijɛ]

Mariä Himmelfahrt
l'Assomption *f*
[lasɔ̃psjɔ̃]

Allerheiligen (1. Nov.)
la Toussaint
la tusɛ̃]

Waffenstillstandstag (von 1918, 11. Nov.)
l'Armistice *m*
[laʀmistis]

Heiliger Abend
la veille de Noël
[la vɛj də nɔɛl];
le réveillon
[lə ʀevɛjɔ̃]

Weihnachten
Noël [nɔɛl]

Silvester
la Saint-Sylvestre
[la sɛ̃ silvɛstʀ]

Datum

Den Wievielten haben wir heute?
On est le combien aujourd'hui ? [ɔ̃n‿ɛl kɔ̃bjɛ̃ oʒuʀdɥi]

Heute ist der 30. Juni.
Aujourd'hui, c'est le 30 juin. [oʒuʀdɥi sɛl trɑ̃t ʒɥɛ̃]

Hotel oder Ferienwohnung?

Eine Reise zu planen ist eine organisatorische Meisterleistung. Wenn Ihnen ein Sprachführer zur Seite steht, schmälert das keineswegs Ihre Leistung: es vereinfacht sie.

Keine Zeit, in der Fremdsprache auf die Schnelle Mails zu formulieren? Mit diesen fertigen Texten können Sie sichergehen, dass die Buchung klappt.

HOTELBUCHUNG PER E-MAIL

Sehr geehrte Damen und Herren,

am 28.–30. Juni benötige ich für zwei Nächte ein Einzel-/Doppel-/Zweibettzimmer. Ich bitte Sie um Bestätigung mit Preisangabe für die zwei Nächte mit Frühstück. Ich bedanke mich im Voraus.

Mit freundlichen Grüßen

Madame, Monsieur,

Je voudrais réserver une chambre simple/double/twin pour 2 nuits du 28 au 30 juin. Je vous serais reconnaissant/e de me confirmer cette réservation et de me donner le prix pour les deux nuits, petit-déjeuner inclus. Je vous remercie d'avance.

Meilleures salutations

Dear Sir or Madam,

I would like to book a single/double/twin-bedded room for 2 nights from June 28–30. Would you please confirm this reservation and let me know the price for the 2 nights including breakfast? Thanking you in advance.

Yours faithfully,

AUTOVERMIETUNG PER E-MAIL

Sehr geehrte Damen und Herren,

für den Zeitraum vom 20.–27. Juli möchte ich einen Kleinwagen/Mittelklassewagen/einen 7-sitzigen Van vom Flughafen Nizza mieten. Ich möchte den Wagen in Paris-Charles de Gaulle abgeben, da ich von dort abfliege. Bitte teilen Sie mir Ihre Tarife mit und welche Unterlagen ich benötige.

Mit freundlichen Grüßen

Madame, Monsieur,
Je voudrais louer une petite voiture/voiture de classe moyenne/un monospace (pour 7 personnes) du 20 au 27 juillet à l'aéroport de Nice. Je souhaite rendre la voiture à Paris-Charles de Gaulle, puisque je repartirai de là-bas. Pourriez-vous m'informer de vos tarifs et me dire quels papiers il me faudra produire?

Meilleures salutations

Dear Sir/Madam,

I would like to hire a small/mid-range/7-seater people carrier from July 20–27 at Nizza airport. I wish to leave the car at Paris-Charles de Gaulle since I will depart from there. Could you please inform me of your rates and tell me which documents I shall require.

Yours faithfully,

ALLGEMEINE FRAGEN

Hotel – Pension – Privatzimmer

Ich suche ein Hotel, jedoch nicht zu teuer – etwas in der mittleren Preislage.
Je cherche un hôtel pas trop cher – quelque chose dans des prix moyens.
[ʒə ʃɛʀʃ ɛ̃n‿otɛl pa tʀo ʃɛʀ – kɛlkə ʃoz dɑ de pri mwajɛ̃]

Ich suche ein Hotel mit Hallenbad/Golfplatz/Tennisplatz.
Je cherche un hôtel avec piscine/golf/court de tennis.
[ʒə ʃɛʀʃ ɛ̃n‿otɛl avɛk pisin/gɔlf/kuʀ də tenis]

Wissen Sie, wo ich ein schönes Fremdenzimmer finden könnte?
Vous savez où je pourrais trouver une belle chambre d'hôte ?
[vu save u ʒpuʀɛ tʀuve yn bɛl ʃɑ̃br dot]

Für wie viele Leute?
Pour combien de personnes ? [puʀ kɔ̃bjɛ̃ də pɛrsɔn]

Könnten Sie mir ein kinderfreundliches Hotel empfehlen?
Pourriez-vous me recommander un hôtel adapté aux besoins des enfants ?
[puʀje vum‿ʀəkɔmɑ̃de ɛ̃n‿otɛl adapte o bəzwɑ̃ dez ɑ̃fɑ̃]

Könnten Sie mir bitte Informationen senden, welche Hotels in ... für Behinderte geeignet sind?
Pourriez-vous m’envoyer des informations sur les hôtels de .... qui sont accessibles aux handicapés ?
[puʀje vu mɑ̃vwaje dez‿ɛ̃fɔrmasjɔ̃ syʀ lez‿otɛl də … ki sɔ̃t‿aksɛsibl‿oʒ‿ɑ̃dikape]

Welche Hotels und Campingplätze haben behindertengerechte Einrichtungen?
Quels sont les hôtels et campings qui sont aménagés pour handicapés ?
[kɛl sɔ̃ lez‿otɛl e kɑ̃piɲ ki sɔt‿amenaʒe puʀ ɑ̃dikape]

Sind Hunde erlaubt?
Les chiens sont-ils autorisés ?
[le ʃjɛ̃ sɔ̃ til otoʀize]

Wie viel kostet das pro Woche?
Quel est le prix pour une semaine ? [kɛl ɛ lə pʀi puʀ yn səmɛn]

Ferienhäuser/Ferienwohnungen

Ich suche eine Ferienwohnung oder einen Bungalow.
Je cherche une location pour les vacances : un appartement ou un bungalow [ʒə ʃɛʀʃ yn lɔkasjɔ̃ puʀ le vakɑ̃s ɛ̃n‿apartəmɑ̃ u ɛ̃ bɛ̃ngalo]

Könnten Sie mir einen Ferienbauernhof empfehlen?
Vous pourriez me recommander une ferme qui loue pour les vacances ? [vu puʀjem ʀəkɔmɑ̃de yn fɛʀm ki lu puʀ le vakɑ̃s]

Gibt es ...?
Est-ce qu’il y a ... ? [ɛsk‿il‿ja]

- ***ein Kinderbett***
  un lit d’enfants [ɛ̃ li dɑ̃fɑ̃]
- ***einen Fernseher***
  un téléviseur [ɛ̃ televizœʀ]
- ***ein Telefon***
  un téléphone [ɛ̃ telefɔn]
- ***eine Waschmaschine***
  une machine à laver [yn maʃin‿a lave]
- ***eine Spülmaschine***
  un lave-vaisselle [ɛ̃ lav vɛsɛl]

Wie viel muss ich anzahlen und wann ist die Anzahlung fällig?
Combien d'arrhes faut-il verser et jusqu'à quelle date ?
[kɔ̃bjɛ̃ daʀ fot‿il vɛrse e ʒyska kɛl dat]

Wo und wann kann ich die Schlüssel abholen?
Où et quand puis-je venir chercher les clés ?
[u e kɑ̃ pɥiʒ vəniʀ ʃɛʀʃe le kle]

Camping

Ich suche einen schönen Campingplatz an der Küste. Könnten Sie mir etwas empfehlen?
Je cherche un beau terrain de camping sur la côte. Pourriez-vous me recommander quelque chose ?
[ʒə ʃɛʀʃ ɛ̃ bo tɛrɛ̃d kɑ̃piŋ syʀ la kot purje vum ʀkɔmɑ̃de kɛlkə ʃoz]

Im Gespräch

Ich finde Sie sehr sympathisch.

Es gibt Sätze, bei denen es sich absolut lohnt, sie zu verstehen. Und noch viel mehr, sie aktiv einzusetzen.

Savoir-vivre

Das viel zitierte **savoir-vivre** bedeutet nicht, dass man weiß, wie man das Leben genießt, sondern vielmehr wie man sich in jeder Lebenslage zu verhalten hat. Dabei geht es durchaus auch um so einfache Dinge wie dem Nächsten die Türe aufzuhalten, bei entsprechenden Anlässen Blumen zu schenken, kurz: man weiß, wie man sich benimmt. Dazu gehört auch, dass man großzügig mit **merci** (*Danke*) und **pardon** (*Verzeihung*) umgeht. **Pardon** zum Beispiel sagt man in Frankreich selbst dann schon, wenn man in einer Tür an jemandem vorbeigeht.

BEGRÜSSEN UND VERABSCHIEDEN

Bonjour genügt!

Zur Begrüßung sagt man **bonjour** (*Guten Morgen, Guten Tag*) oder **bonsoir** (*Guten Abend*) (In Frankreich ist es unhöflich, jemanden, den man nur flüchtig kennt, mit dem Namen anzureden.) Man verabschiedet sich mit **au revoir** (*Auf Wiedersehen*). **Salut** kann alles ersetzen, darf allerdings nur bei Personen angewendet werden, die man duzt.
Man fragt auch **ça va ?** (*Wie geht's?*) und darauf antwortet man oft mit **ça va** – unabhängig vom tatsächlichen Befinden.
Eines müssen Sie sich jedoch abgewöhnen: „Mach's gut". Dafür gibt es nämlich keine richtige Entsprechung.

Begrüßen

Guten Morgen!
Bonjour! [bɔ̃ʒuʀ]

Guten Tag!
Bonjour! [bɔ̃ʒuʀ]

Guten Abend!
Bonsoir! [bɔ̃swaʀ]

Hallo!/Grüß dich!
Salut! [saly]

Wie geht es Ihnen?
Comment allez-vous ? [kɔmɑ̃t‿ale vu]

Wie geht's?
(Comment) Ça va ? [(kɔmɑ̃) sa va]

Danke. Und Ihnen/dir?
Bien, merci. Et vous-même/toi ? [bjɛ̃ mɛʀsi e vu mɛm/twa]

Sich vorstellen

Wie ist Ihr Name, bitte?
Comment vous appelez-vous ? [kɔmɑ̃ vuz‿aple vu]

Wie heißt du?
Comment tu t'appelles ? [kɔmɑ̃ ty tapɛl]

Ich heiße ...
Je m'appelle ... [ʒə mapɛl…]

Darf ich bekannt machen? Das ist ...
Puis-je faire les présentations ? C'est ... [pɥiʒ fɛʀ le pʀezɑ̃tasjø sɛ…]

- *Frau X.*
  Madame X. [madam]
- *Herr X.*
  Monsieur X. [məsjø]
- *mein Mann./meine Frau.*
  mon mari. [mɔ̃ maʀi]
  /ma femme. [ma fam]
- *mein Sohn./meine Tochter.*
  mon fils. [mɔ̃ fis]
  /ma fille. [ma fij]
- *mein Freund./meine Freundin.*
  mon ami. [mɔ̃n‿ami]
  /mon amie. [mɔ̃n‿ami]
- *mein Partner./meine Partnerin.*
  mon compagnon./ma compagne. [mɔ̃ kɔ̃paɲɔ̃ / ma kɔ̃paɲ]

Darf ich Ihnen/dir meine Visitenkarte geben?
Je peux vous/te donner ma carte de visite ?
[ʒpø vu/tə dɔne ma kaʀt də vizit]

Verabschieden

Auf Wiedersehen!
Au revoir ! [o ʀvwaʀ]

Bis später!
A tout à l'heure ! [a tut‿a lœʀ]

Bis morgen!
A demain ! [a dmɛ̃]

Bis bald!
A bientôt ! [a bjɛ̃to]

Gute Nacht!
Bonne nuit ! [bɔn nɥi]

Tschüss!
Salut ! [saly]

Gute Reise!
Bon voyage ! [bɔ̃ vwajaʒ]

Es war schön, Sie/dich kennen zu lernen.
J'ai été content/e de faire votre/ta connaissance
[ʒɛ ete kɔ̃tɑ̃ dfɛʀ vɔt‿kɔnɛsɑ̃s]

HÖFLICHKEIT

Bitte

Bitte.
S'il vous plaît./S'il te plaît.
[sil vu plɛ/sil tə plɛ]

De rien! [də ʀjɛ̃] *(als Antwort auf „Danke!")*

Ja, bitte.
Oui, je veux bien. [wi ʒvø bjɛ̃]

Nein, danke!
Non, merci! [nɔ̃ mɛʀsi]

Gestatten Sie?
Vous permettez ? [vu pɛʀmɛte]

Entschuldigen Sie bitte die Störung.
Excusez-moi de vous déranger. [ɛkskyze mwa dvu derɑ̃ʒe]

Entschuldigen Sie, dürfte ich Sie etwas fragen?
Excusez-moi, je pourrais vous demander quelque chose ?
[ɛkskyse mwa ʒpurɛ vu dmɑ̃de kɛlkə ʃoz]

Könnten Sie mir sagen, ...?
Pourriez-vous me dire ... ? [purje vu mdiʀ...]

Können Sie mir bitte helfen?
Vous pouvez m'aider, s'il vous plaît ? [vu puve mede sil vu plɛ]

Darf/Dürfte ich Sie um einen Gefallen bitten?
Je peux/je pourrais vous demander un service ?
[ʒpø/ʒpurɛ vu dəmɑ̃de ɛ̃ sɛʀvis]

Dank

Einfach „Danke!"

Auf *merci* antwortet man im Französischen meistens nichts. Wahrscheinlich fällt es einem schwer, wenn man sein ganzes Leben auf *Danke* mit *Bitte* o. Ä. geantwortet hat ...

Vielen Dank, Sie haben mir sehr geholfen.
Merci beaucoup. Vous m'avez bien aidé/e.
[mɛrsi boku. vu mave bjɛ̃ nede]

Danke!
Merci! [mɛʀsi]

Danke, sehr gern!
Merci, bien volontiers! [mɛʀsi bjɛ̃ vɔlɔ̃tje]

Das ist nett, danke.
Vous êtes bien aimable, merci. [vuz‿ɛt bjɛ‿ɛmabl mɛʀsi]

Bitte sehr./Gern geschehen.
De rien./Je vous en prie. [də ʀjɛ̃/ʒvuz‿ɑ̃ pʀi]

Entschuldigung

Entschuldigung!
Excusez-moi/Excuse-moi. [ɛkskyze mwa/ɛkskyz mwa]

Das tut mir sehr leid!
Je suis vraiment désolé/e [ʒə sɥi vrɛmɑ̃ desole]

Tut mir leid, dass ich zu spät komme!
Désolé/e (d'arriver aussi tard) [dezɔle daʀive osi taʀ]

Es war nicht so gemeint.
Ce n'est pas ce que je voulais dire. [snɛ pa skə ʒvulɛ diʀ]

Keine Ursache!/Macht nichts!
Je vous en prie./Ça ne fait rien! [ʒvuz‿ɑ̃ pʀi/san fɛ ʀjɛ̃]

Das ist leider nicht möglich.
C'est malheureusement impossible. [sɛ malœʀøzmɑ̃t‿ɛ̃pɔsibl]

Wünsche

Herzlichen Glückwunsch!
Toutes mes félicitations! [tut me felisitasjɔ̃]

Alles Gute zum Geburtstag!
Bon anniversaire! [bɔn‿anivɛʀsɛʀ]

Viel Glück!/Viel Erfolg!
Bonne chance! [bɔn ʃɑ̃s]

Ich drücke Ihnen die Daumen.
Je croise les doigts pour vous! [ʒkrwaz le dwa puʀ vu]

***Gesundheit!** (nach Niesen)*
A vos souhaits! [a vo suɛ]

Gute Besserung!
Bon rétablissement [bɔ̃ ʀetablismɑ̃]

MITEINANDER REDEN

Angaben zur Person

Wie alt sind Sie/bist du?
Quel âge avez-vous?/Tu as quel âge ? [kɛl‿aʒ ave vu/ty a kɛl aʒ]

Ich bin 39.
J'ai 39 ans. [ʒɛ tʀɑ̃tnœvɑ̃]

Was machen Sie/machst du beruflich?
Qu'est-ce que vous faites/tu fais dans la vie ?
[kɛs‿kə vu fɛt/ty fɛ dɑ̃ la vi]

Ich bin ...
Je suis ... [ʒə sɥi]

- ***Lehrer/in.***
  Professeur. [pʀɔfɛsœʀ]
- ***arbeitslos.***
  au chômage. [o ʃomaʒ]
- ***Freiberufler.***
  travailleur indépendant.
  [tʀavajœʀ ɛ̃depɑ̃dɑ̃]
- ***Rentner/in.***
  retraité/e. [ʀətʀɛte]

Ich arbeite bei ...
Je travaille chez ... [ʒtʀavaj ʃe]

Ich gehe noch zur Schule.
Je vais encore à l'école. [ʒvɛ ɑ̃kɔʀ a lekɔl]

Ich bin Student/in.
Je suis étudiant/étudiante. [ʒsɥiz‿etydjɑ̃/etydjɑ̃t]

Herkunft und Aufenthalt

Sind Sie/Bist du von hier?
Vous êtes/Tu es d'ici ? [vuz‿ɛt/ty ɛ disi]

Woher kommen Sie/kommst du?
D'où êtes-vous?/Tu es d'où ? [du ɛt vu/ty ɛ du]

Ich komme aus ...
Je viens ... [ʒə vjɛ̃]

- ***Deutschland.***
  d'Allemagne. [dalmaɲ]
- ***der Schweiz.***
  de Suisse. [dø sɥis]
- ***Österreich.***
  d'Autriche. [dotʀiʃ]

Sind Sie/Bist du schon lange in ...?
Vous êtes/Tu es à ... depuis longtemps ? [vuz‿ɛt/ty ɛ a ... dəpɥi lɔ̃tɑ̃]

Ich bin seit ... hier.
Je suis là depuis ... [ʒsɥi la dəpɥi]

Wie lange bleiben Sie/bleibst du?
Vous allez/Tu vas rester combien de temps ?
[vuz‿ale/ty va ʀɛste kɔ̃bjɛ̃d tɑ̃]

Sind Sie/Bist du zum ersten Mal hier?
C'est la première fois que vous venez/que tu viens ici ?
[sɛ la pʀəmjɛʀ fwa kvu vnɛ/kty vjɛ̃ isi]

Gefällt es Ihnen/dir?
Ça vous/te plaît ? [sa vu/tə plɛ]

Hier ist meine ...
Voici mon ... [vwasi mɔ̃]

Wie ist Ihre/deine ...
Quelle est votre/ton ... [kɛl ɛ vɔtʀ/tɔ̃ ...]

- ***Adresse?***
  adresse ? [adʀɛs]
- ***E-Mail-Adresse?***
  adresse mail ? [adʀɛs meil]
- ***Telefonnummer?***
  numéro de téléphone ? [nymeʀod‿telefɔn]
- ***Handynummer?***
  numéro de portable/mobile ? [nymeʀod‿pɔʀtabl/mɔbil]

Sind Sie/Bist du auf Facebook?
Êtes-vous/Es-tu sur Facebook ? [ɛt vu/ɛ ty syʀ feisbuk]

Verständigungsschwierigkeiten

Wie bitte?
Comment ? [kɔmɑ̃]
Pardon ? [paʀdɔ̃]

Ich verstehe Sie nicht.
Je ne comprends pas. [ʒən kɔ̃pʀɑ̃ pa]

Können Sie das bitte wiederholen?
Vous pouvez répéter, s'il vous plaît ? [vu puve ʀepete sil vu plɛ]

Könnten Sie bitte etwas langsamer sprechen?
Vous pourriez parler un peu plus lentement, s'il vous plaît ?
[vu puʀje paʀle ɛ̃ pø ply lɑ̃tma sil vu plɛ]

Ja, ich verstehe.
Oui, je comprends. [wi ʒkɔ̃pʀa]

Sprechen Sie/ Sprichst du ...
Vous parlez/ Tu parles ... [vu paʀle/ ty paʀl]

- ***Deutsch?***
  allemand ? [almɑ̃]
- ***Englisch?***
  anglais ? [ɑ̃glɛ]
- ***Französisch?***
  français ? [fʀɑ̃sɛ]

Ich spreche nur wenig ...
Je parle un tout petit peu ... [ʒpaʀl ɛ̃ tu pti pø]

Könnten Sie es mir bitte aufschreiben?
Vous pourriez me l'écrire, s'il vous plaît ? [vu puvem lekʀiʀ sil vu plɛ]

SMALLTALK

Komplimente

Wie schön!
Très bien ! [tʀɛ bjɛ̃]

Das ist wunderbar!
C'est formidable ! [sɛ fɔʀmidabl]

Das ist sehr nett von Ihnen/dir!
C'est très gentil de votre/ta part ! [sɛ tʀɛ ʒɑ̃ti də vɔtʀə/ta paʀ]

Ich finde Sie sehr sympathisch.
Je vous trouve très sympathique [ʒə vu tʀuv tʀɛ sɛ̃patik]

Das Essen hat super geschmeckt!
Le repas était excellent. [lə ʀəpa etɛt‿ɛksɛlɑ̃]

Es ist wirklich traumhaft hier!
C'est vraiment fantastique ici ! [sɛ vʀɛmɑ̃ fɑ̃tastik‿isi]

Sie sprechen sehr gut Deutsch.
Vous parlez très bien allemand. [vu paʀle tʀɛ bjɛ̃ almɑ̃]

Das sieht gut aus!
Ça a l'air bien ! [sa a lɛʀ bjɛ̃]
Ça a l'air bon ! [sa a lɛʀ bɔ̃] *(Essen)*

angenehm	agréable [agʀeablə]
ausgezeichnet	excellent [ɛkselɑ̃]
beeindruckend	impressionnant [ɛ̃pʀɛsjɔnɑ̃]
freundlich	aimable [ɛmablə]
gemütlich	*(Ort)* sympa [sɛ̃pa]
herrlich	splendide [splɑ̃did]
hübsch	joli [ʒɔli]
lecker	délicieux [delisjø]
liebenswürdig	aimable [ɛmablə]
schön	beau [bo]

Familie

Sind Sie verheiratet?
Vous êtes marié/e ? [vuz‿ɛt maʀje]

Haben Sie Kinder?
Vous avez des enfants ? [vuz‿ave dez‿ɑ̃nfɑ̃]

Ja, aber sie sind schon erwachsen.
Oui, mais ils sont déjà adultes. [wi mɛz‿il sɔ̃ deʒa adylt]

Wie alt sind Ihre Kinder?
Quel âge ont vos enfants ? [kɛl aj‿ɔ̃ voz‿ɑ̃fɑ̃]

Meine Tochter ist 8 (Jahre alt) und mein Sohn ist 5 (Jahre alt).
Ma fille a 8 ans et mon fils 5 ans. [ma fij‿a ɥit‿ɑ̃ e mɔ̃ fis sɛ̃k‿ɑ̃]

Freizeit

Haben Sie/Hast du ein Hobby?
Vous avez/Tu as un hobby ? [vuz‿ave/ty a ɛ̃ ɔbi]

Was machst du in der Freizeit?
Qu'est-ce que tu fais pendant ton temps libre ?
[kɛs kø ty fɛ pɑ̃dɑ̃ tɔ tɑ̃ libʀ]

Mögen Sie/Magst du …?
Est-ce que vous aimez/tu aimes … ? [ɛs kø vuz‿ɛme/ty ɛm]

Hören Sie/Hörst du gerne Musik?
Est-ce que vous aimez/tu aimes écouter de la musique ?
[ɛs kø vuz‿ɛme/ty ɛm‿ekute də la myzik]

Ich verbringe viel Zeit mit …
Je passe beaucoup de temps avec … [ʒpas bokud tɑ̃ avɛk]

Ich lese sehr gern.
J'aime beaucoup lire. [ʒɛm boku liʀ]

Ich arbeite gern im Garten.
J'aime bien jardiner. [ʒɛm bjɛ̃ ʒaʀdine]

Ich male ein wenig.
Je peins un peu. [ʒə pɛ̃ ɛ̃ pø]

Ich sammle Briefmarken/Antiquitäten.
Je collectionne les timbres/les antiquités.
[ʒə kɔlɛksjɔn le tɛ̃bʀə/lez‿ɑ̃tikite]

Ich jogge/schwimme/fahre Rad.
Je fais du jogging/de la natation/du vélo.
[ʒə fɛ dy dʒɔgiɲ/də la natasjɔ̃/dy velo]

Ich spiele einmal in der Woche Tennis/Volleyball.
Je joue une fois par semaine au tennis/volley-ball.
[ʒə ʒu yn fwa paʀ səmɛn o tɛnis/vɔlɛbol]

Ich gehe regelmäßig ins Fitnesscenter.
Je vais régulièrement au fitness [ʒə vɛ ʀegyljɛrmɑ̃ o fitnɛs]

Treiben Sie Sport?
Vous faites du sport? [vu fɛt dy spɔʀ]

Ich spiele …
Je fais du/de la … [ʒə fɛ dy/də la]

Ich bin ein Fan von …
Je suis un/e passionné/e de … [ʒə sɥiz‿ɛ̃/yn pasjɔne də]

Ich gehe gern …
J'aime bien aller … [jɛm bjɛ̃ ale]

Wofür interessieren Sie sich so?
Vous vous intéressez à quoi ? [vu vuz‿ɛ̃terese a kwa]

Ich interessiere mich für …
Je m'intéresse à …/au … [ʒə mɛ̃teʀɛs a/o]

Ich bin bei … aktiv.
Je fais partie d'un/d'une … [ʒə fɛ paʀti dɛ̃/dyn]

kochen	faire la cuisine [fɛʀ la kɥizin]
malen	peindre [pɛ̃dʀ]

musizieren	faire de la musique [fɛʀ də la myzik]
reisen	voyager [vwajaʒe]
Sprachen lernen	apprendre des langues [apʀɑ̃dʀ de lɑ̃g]
töpfern	faire de la poterie [fɛr də la pɔtʀi]
zeichnen	dessiner [dɛsine]

Wetter

Was für ein herrliches/schreckliches Wetter!
Quel temps superbe/affreux ! [kɛl tɑ̃ sypɛʀb/afʀø]

Was sagt der Wetterbericht?
Que dit la météo ? [kə di la meteo]

Wie viel Grad haben wir?
Quelle température fait-il ? [kɛl tɑ̃peʀatyʀ fɛt‿il]

Religion und kulturelle Besonderheiten

Welchem Glauben gehören Sie/gehörst du an?
Quelle est votre/ta religion ? [kɛl ɛ vɔtʀə/ta ʀəliʒjɔ̃]

Ich bin …
Je suis … [ʒə sɥi]

- ***Buddhist/in.***
  bouddhiste. [budist]
- ***Christ/in.***
  chrétien/ne. [kʀetjɛ̃/ɛn]
- ***Katholik/in.***
  catholique. [katolik]
- ***Protestant/in.***
  protestant/e. [pʀɔtɛstɑ̃/t]
- ***Jude/Jüdin.***
  juif/juive. [ʒɥif/ʒɥiv]
- ***Moslem/Muslima.***
  musulman/e. [mysylmɑ̃/mysylman]

Ich bin nicht religiös.
Je n'ai pas de religion. [ʒnɛ pad‿ʀəliʒjɔ̃]

Entschuldigung, ich wollte Ihnen/dir nicht zu nahe treten.
Excusez-moi, je ne voulais pas être indiscret/ète.
[ɛkskyse-mwa, ʒən‿ vulɛ pa ɛtʀ‿ɛ̃diskʀɛ/ɛt]

Das ist gegen meine Religion.
C'est contre ma religion. [sɛ kɔ̃tʀ ma ʀəliʒjɔ̃]

Ich esse kein/e … Das ist gegen meinen Glauben.
Je ne mange pas de … C'est contre mes croyances.
[ʒən mɑ̃ʒ pa də … sɛ kɔ̃tʀ me krwajɑ̃s]

Zustimmen und Kommentieren

Gut.
Bon/Bien. [bɔ̃/bjɛ̃]

Richtig.
Tout à fait. [tut‿a fɛ]

Einverstanden!/Abgemacht!
D'accord ! [dakɔʀ]

Geht in Ordnung!
C'est bon ! [sɛ bɔ̃]

Okay!
OK [okɛ]

Genau.
Exactement. [ɛgzaktəmɑ̃]

Ach!
Ah! [a]

Ach, so!
Ah bon ! [a bɔ̃]

Wirklich?
Vraiment ? [vʀɛmɑ̃]

Interessant!
Intéressant ! [ɛ̃terɛsɑ̃]

Wie schön!
Très bien ! [trɛ bjɛ̃]

Ich verstehe.
Je comprends [ʒkɔ̃prɑ̃]

So ist es eben.
C'est comme ça. [sɛ kɔmsa]

Ganz Ihrer Meinung. Das stimmt.
Tout à fait de votre avis. C'est bien ça. [tut‿a fɛd vɔtʀ‿avi sɛ bjɛ̃ sa]

Das finde ich (sehr) gut.
Je trouve ça (très) bien. [ʒə tʀuv sa (tʀɛ) bjɛ̃]

Gern.
Avec plaisir! [avɛk pleziʀ]

Ablehnen

Ich habe keine Zeit.
Je n'ai pas le temps. [ʒnɛ pal tɑ̃]

Dazu habe ich keine Lust.
Je n'en ai pas envie. [ʒnɑ̃ nɛ paz‿ɑ̃vi]

Damit bin ich nicht einverstanden.
Là, je ne suis pas d'accord. [la ʒən sɥi pa dakɔʀ]

Das kommt nicht in Frage!
Il n'en est pas question ! [il nɑ̃ nɛ pa kɛstjɔ̃]

Auf gar keinen Fall!
En aucun cas ! [ɑ̃n‿okɛ̃ ka]

Ohne mich!
Sans moi ! [sɑ̃ mwa]

Vorlieben

Das gefällt mir./Das gefällt mir nicht.
Ça me plaît/Ça ne me plaît pas. [sam plɛ/san mə plɛ pa]

Ich möchte lieber ...
J'aimerais mieux/Je préférerais ... [ʒɛmʀɛ mjø/ʒpʀefɛʀʀɛ]

Am liebsten wäre mir ...
Ce qui me plairait le plus, ce serait de ... [skim plɛʀɛ lə plys sə sʀɛ də]

Darüber würde ich gerne mehr erfahren.
J'aimerais bien en savoir plus. [ʒɛmʀɛ bjɛ̃ ɑ̃ savwaʀ plys]

Zufriedenheit

Ich bin voll und ganz zufrieden.
Je suis tout à fait satisfait/e ! [ʒsɥi tut‿a fɛ satisfɛ/t]

Ich kann mich nicht beklagen.
Je ne peux pas me plaindre ! [ʒən pø pa mplɛ̃dʀ]

Das hat hervorragend geklappt.
Ça a vraiment très bien marché ! [sa a vʀɛmɑ̃ tʀɛ bjɛ̃ maʀʃe]

Langeweile

Wie langweilig!
Qu'est-ce que c'est ennuyeux ! [kɛs‿kə sɛt‿ɑ̃nwɥijø]

... ist total öde.
La galère ! [la galɛʀ]

Nichtwissen ausdrücken

Das weiß ich nicht.
Je ne sais pas [ʒən sɛ pa]

Keine Ahnung.
Aucune idée [okyn ide]

Unentschlossenheit

Das ist mir egal.
Ça m'est égal. [sa mɛt‿egal]

Ich weiß noch nicht.
Je ne sais pas encore.
[ʒən sɛ paz‿ɑ̃kɔʀ]

Vielleicht.
Peut-être. [pøtɛtʀ]

Wahrscheinlich.
Probablement. [pʀɔbabləmɑ̃]

Freude – Begeisterung

Großartig
Formidable ! [fɔʀmidablə]

Toll!
Génial ! [ʒenjal]

Prima!
Parfait ! [paʀfɛ]

Super!
Super ! [sypɛʀ]

Erstaunen – Überraschung

Ach so?!
Ah bon ?!
[a bɔ̃]

Das ist ja nicht zu fassen!
C'est pas croyable !
[sɛ pa kʀwajabl]

Wirklich?
Vraiment ? [vʀɛmɑ̃]

Unglaublich!
Incroyable ! [ɛ̃kʀwajabl]

Erleichterung

Ein Glück, dass ...!
Heureusement que ... !
[øʀøzmɑ̃ kə]

Gott sei Dank!
Dieu merci ! [djø mɛʀsi]

Endlich!
Enfin ! [ɑ̃fɛ̃]

Gelassenheit

Nur keine Panik/Aufregung!
Pas de panique ! [pad panik]

Machen Sie sich keine Sorgen.
Ne vous faites pas de soucis !
[nvu fɛt pad susi]

Ärger

Das ist aber ärgerlich!
Ça, c'est embêtant ! [sa set‿ɑ̃bɛtɑ̃]

Verflixt!
Mince alors ! [mɛ̃s‿alɔʀ]

Jetzt reicht's!
Ça suffit maintenant ! [sa syfi mɛ̃tnɑ̃]

Das geht mir auf den Geist.
Ça m'énerve. [sa menɛʀv]

Eine Unverschämtheit ist das!/So eine Frechheit!
Quel culot ! [kɛl kylo]

Das darf doch wohl nicht wahr sein!
Mais c'est pas vrai ! [mɛ sɛ pa vʀɛ]

Zurechtweisung

Was fällt Ihnen ein!
Qu'est-ce qui vous prend ! [kɛs ki vu prɑ̃]

Kommen Sie mir bloß nicht zu nahe!
Gardez vos distances ! [gaʀde vo distɑ̃s]

Das kommt gar nicht in Frage.
Il n'en est pas question. [il nɑ̃n‿ɛ pa kɛstjɔ̃]

Bedauern – Enttäuschung

Oh je!
Zut ! [zyt]

Es tut mir leid.
Je suis navré/e/désolé/e.
[ʒə sɥi navʀe/dezɔle]

Es tut mir richtig leid für ….
Je suis vraiment désolé/e pour …
[ʒə sɥi vʀɛmɑ̃ desole puʀ …]

Schade!
Dommage ! [dɔmaʒ]

SICH VERABREDEN

Rendez-vous

Das Wort *rendez-vous* hat im Französischen keinen Beigeschmack: Geschäftsleute haben ein *rendez-vous* miteinander, und ich habe ein *rendez-vous* mit meinem Bruder oder einer Freundin …

Haben Sie/Hast du morgen Abend schon etwas vor?
Vous avez/Tu as quelque chose de prévu pour demain soir ?
[vuz‿ave/ty a kɛlkə ʃoz də pʀevy puʀ dəmɛ̃ swar]

Wollen wir zusammen hingehen?
On peut y aller ensemble, si vous voulez/si tu veux.
[ɔ̃ pø i ale ɑ̃sɑ̃bl si vu vule/si ty vø]

Darf ich Sie/dich morgen Abend zum Essen einladen?
Est-ce que je peux vous inviter/t'inviter à manger demain soir ?
[ɛs‿kəʒ pø vuz‿ɛ̃vite/tɛ̃vite a mɑ̃ʒe dəmɛ̃ swar]

Wann treffen wir uns?
On se voit à quelle heure ? [ɔ̃s vwa a kɛl‿œʀ]

Treffen wir uns heute Abend?
On se voit ce soir ? [ɔ̃s‿vwa sə swar]

Treffen wir uns um 9 Uhr vor .../im ...
On se retrouve à 9 h devant .../au ... [ɔ̃s ʀətʀuva nœv‿œʀ dəvɑ̃/o]

Ich hole Sie/dich ab.
Je viens vous/te chercher. [ʒə vjɛ̃ vu/tə ʃɛʀʃe]

Kann ich Sie/dich wieder sehen?
Est-ce que je peux vous/te revoir ? [ɛs‿kəʒ pø vu/tə ʀəvwaʀ]

Das war wirklich ein netter Abend!
C'était vraiment une soirée sympa ! [setɛ vʀɛmɑ̃ yn swaʀe sɛ̃pa]

FLIRTEN

Du hast wunderschöne Augen.
Tu as des yeux magnifiques. [ty a dez‿jø maɲifik]

Mir gefällt, wie du lachst.
J'aime bien quand tu ris. [ʒɛm bjɛ̃ kɑ̃ ty ʀi]

Ich mag dich.
Tu me plais. [tym plɛ]

Ich finde dich ganz toll!
Je te trouve absolument super ! [ʒtə tʀuv apsɔlymɑ̃ sypɛʀ]

Ich liebe dich!
Je t'aime. [ʒə tɛm]

Hast du einen festen Freund/eine feste Freundin?
Tu as un (petit) ami/ une (petite) amie ?
[ty a ɛ̃ (ptit)‿ami/yn (ptit)‿ami]

Kleiner Freund

Wenn Sie gefragt werden, ob Sie einen kleinen Freund haben, sollten Sie nicht mit „nein" antworten, nur weil Ihr Freund groß ist.
Nein, *un petit ami* (ein kleiner Freund) bedeutet „ein fester Freund" – natürlich auch so in der weiblichen Form.

Bist du verheiratet?
Tu es marié/e ? [ty ɛ maʀie]

- ***Ich lebe mit jemandem zusammen.***
  Je vis en couple. [ʒə viz ɑ̃ kupl]
- ***Ich bin geschieden.***
  Je suis divorcé/e [ʒə sɥi divɔrse]
- ***Ich lebe getrennt.***
  Je suis séparé/e. [ʒə sɥi separe]

Kommst du mit zu mir?
Tu viens chez moi ? [ty vjɛ̃ ʃe mwa]

Ich möchte mit dir schlafen.
J'aimerais coucher avec toi. [ʒɛmʀɛ kuʃe avɛk twa]

Aber nur mit Kondom!
D'accord, mais seulement avec préservatif.
[dakɔʀ mɛ sœlmɑ̃ avɛk pʀezɛʀvatif]

Hast Du welche?
Tu en as ? [ty ɑ̃n‿a]

Wo kann ich welche kaufen?
Où est-ce que je peux en acheter ? [u ɛs‿kəʒ‿pø ɑ̃n‿aʃte]

Nein, das geht mir zu schnell!
Non, ça va trop vite ! [nɔ̃ sa va tʀo vit]

Wir können kuscheln.
On peut se faire des câlins. [ɔ̃ pø sfɛʀ de kalɛ̃]

Bitte geh jetzt!
Va-t-en maintenant ! [vatɑ̃ mɛ̃tnɑ̃]

Lassen Sie mich bitte in Ruhe!
Laissez-moi tranquille, je vous en prie.
[lese mwa tʀɑ̃kil ʒvuz‿ɑ̃ pri]

Foutez-moi la paix ! [fute mwa la pɛ] *(sehr stark)*

Hören Sie sofort damit auf!
Arrêtez tout de suite ! [arɛte tud sɥit]

Unterwegs

Gibt es hier eine Elektrotankstelle?

Wer eine Reise tut, hat nicht nur viel zu erzählen, sondern erst mal viele Fragen.

Wann und wie schnell?

50 km/h in geschlossenen Ortschaften, 90 km/h auf Landstraßen (manchmal sogar 110 km/h) und 130 km/h auf Autobahnen. Wer sich nicht daran hält, muss unter Umständen tief in die Tasche greifen. Selbst wenn man das Tempolimit beachtet, ist Autobahnfahren in Frankreich nicht billig, denn Mautgebühren fallen fast überall an. Man wird jedoch rechtzeitig durch ein Schild *péage* (Maut) vorgewarnt und hat noch die Möglichkeit, rechtzeitig die Autobahn zu verlassen. Und sollten Sie wissen wollen, ob Sie auf Frankreichs Straßen freie Fahrt haben oder im Stau stecken werden, finden Sie alle notwendigen Informationen unter www.bison-fute.fr

FRAGEN NACH DEM WEG

Ortsangaben

links	à gauche [a goʃ]
rechts	à droite [a dʀwat]
geradeaus	tout droit [tu dʀwa]
vor	devant [dəvɑ̃]
hinter	derrière [dɛʀjɛʀ]
neben	à côté de [a kote də]
gegenüber	en face de [ɑ̃ fas də]
hier	ici [isi]
dort	là, là-bas [la, laba]
nah	près [pʀɛ]
weit	loin [lwɛ̃]
nach	à, vers, en direction de [a, vɛʀ, ɑ̃ diʀɛksjɔ̃ də]
Ampel	le feu (de circulation) [lə fø (də siʀkylasjɔ̃)]
Straße	la rue [la ʀy]
Straßenecke	le coin de la rue [lə kwɛ̃ də la ry]
Kreuzung	le carrefour [lə kaʀfuʀ]
Kurve	le virage [lə viʀaʒ]

Wo geht es lang?

Entschuldigen Sie bitte, wie komme ich nach …?
Excusez-moi, pour aller à …, s'il vous plaît ?
[ɛkskyse mwa puʀ ale a sil vu plɛ]

Immer geradeaus bis …
Toujours tout droit jusqu'à … [tuʒuʀ tu dʀwa ʒyska]

Dann bei der Ampel links/rechts abbiegen.
Ensuite, vous tournez à gauche/à droite, au feu.
[ɑ̃sɥit vu tuʀne a goʃ/a dʀwat o fø]

Folgen Sie den Schildern.
Suivez les panneaux. [sɥive le pano]

Das Schild *Toutes directions* (Alle Richtungen) mag viele Ausländer zum Schmunzeln bringen. Und doch bewirkt es oft Wunder und bringt einen dahin, wo man hinwollte!

Ist das weit von hier?
C'est loin d'ici ? [sɛ lwɛ̃ disi]

Es ist ganz in der Nähe.
C'est tout près d'ici. [sɛ tu pʀɛ disi]

Bitte, ist das die Straße nach ...?
Pardon Mme/Mlle/M., je suis bien sur la route de ... ?
[paʀdɔ̃ madam/madmwazɛl/məsjø ʒə sɥi bjɛ̃ suʀ la ʀut də]

Bitte, wo ist ...?
Pardon Mme/Mlle/M., où se trouve ..., s'il vous plaît ?
[paʀdɔ̃ madam/madmwazɛl/məsjø us tʀuv ... sil vu plɛ]

Tut mir leid, das weiß ich nicht.
Je suis désolé/e, je ne sais pas. [ʒə sɥi dezɔle ʒən sɛ pa]

Ich bin nicht von hier.
Je ne suis pas d'ici. [ʒə nsɥ pa disi]

Gehen Sie geradeaus/nach links/nach rechts.
Vous allez tout droit./Vous prenez à gauche/à droite.
[vuz ale tu dʀwa/vu pʀəne a goʃ/a dʀwat]

Erste/Zweite Straße links/rechts.
La première/deuxième rue à gauche/à droite.
[la pʀəmjɛʀ/døzjɛm ʀy a goʃ/a dʀwat]

Überqueren Sie ...
Vous traversez ... [vu tʀavɛʀse]

- ***die Brücke.***
  le pont. [lə pɔ̃]
- ***den Platz.***
  la place. [la plas]
- ***die Straße.***
  la rue. [la ʀy]

Sie nehmen am besten den Bus Nr. ...
Le mieux, c'est de prendre le bus n°... [lə mjø sɛd pʀɑ̃dʀ lə bys nymeʀo]

EINREISEN

Ihren Pass, bitte!
Votre passeport, s'il vous plaît. [vɔtʀə paspɔʀ sil vu plɛ]

Haben Sie ein Visum?
Vous avez un visa ? [vuz ave ɛ̃ viza]

Kann ich das Visum hier bekommen?
Est-ce que je peux obtenir le visa ici ? [ɛs‿kəʒ pø ɔbtəniʀ lə viza isi]

Haben Sie etwas zu verzollen?
Vous avez quelque chose à déclarer ? [vuz ave kɛlkə ʃoz a deklaʀe]

Öffnen Sie bitte den Kofferraum/diesen Koffer!
Ouvrez votre coffre/cette valise, s'il vous plaît !
[uvʀe vɔtʀə kɔfʀ/sɛt valiz sil vu plɛ]

Muss ich das verzollen?
Il faut déclarer ça ? [il fo deklaʀe sa]

Personalien

Familienname	le nom de famille [lə nɔ̃d famij]
Familienstand	la situation de famille [la sityasjɔ̃d famij]
– ledig	célibataire [selibatɛʀ]
– verheiratet	marié/e [maʀje]
– verwitwet	*(Mann)* veuf [vœf]; *(Frau)* veuve [vœv]
Geburtsdatum	la date de naissance [la dat də nɛsɑ̃s]
Geburtsname	le nom de jeune fille [lə nɔ̃d jœn fij]
Geburtsort	le lieu de naissance [lə ljød nɛsɑ̃s]
Personalien	l'identité *f* [lidɑ̃tite]
Staatsangehörigkeit	la nationalité [la nasjɔnalite]
Vorname	le prénom [lə pʀenɔ̃]
Wohnort	le domicile [lə dɔmisil]

An der Grenze

Ausreise	la sortie [la sɔʀti]
Einreise	l'entrée *f* [lɑ̃tʀe]
EU-Bürger	le citoyen européen [lə sitwajɛ̃ øʀɔpeɛ̃]
Führerschein	le permis de conduire [lə pɛʀmid kɔ̃dɥiʀ]
Grenze	la frontière [la fʀɔ̃tjɛʀ]
Grenzübergang	le poste frontière [lə pɔst fʀɔ̃tjɛʀ]
gültig	valable [valabl]
internationaler Impfpass	le carnet international de vaccination [le kaʀnɛ ɛ̃tɛʀnasjɔnal də vaksinasjɔ̃]
Nationalitätskennzeichen	la plaque de nationalité [la plak də nasjɔnalite]
Nummernschild	la plaque d'immatriculation [la plak dimatʀikylasjɔ̃]
Passkontrolle	le contrôle des passeports [lə kɔ̃tʀol de paspɔʀ]
Personalausweis	la carte d'identité [la kaʀt didɑ̃tite]
Reisepass	le passeport [lə paspɔʀ]

grüne Versicherungskarte	la carte verte [la kaʀt vɛʀt]
Visum	le visa [lə viza]
Zoll	la douane [la dwan]
zollfrei	exempt de droits de douane [ɛgzɑ̃ də dʀwad dwan]
Zollgebühren	les droits de douane [le dʀwad dwan]
zollpflichtig	soumis aux droits de douane [sumi o dʀwad dwan]

AUF ZWEI- UND VIERRÄDERN

A bis Z für Fahrer

Auf-/Abfahrt	la bretelle [la bʀətɛl]
Ausfahrt	la sortie (d'autoroute) [la sɔʀti (dotoʀut)]
Autobahn	l'autoroute *f* [lotoʀut]
Autobahngebühr	le péage [lə peaʒ]
Bußgeld	l'amende *f* [lamɑ̃d]
Einfahrt	l'entrée *f* [lɑ̃tʀe]
GPS *(Global Positioning System)*	le GPS [lə ʒepeɛs]
Hauptstraße	la rue principale [la ʀy pʀɛ̃sipal]
Landstraße	la route secondaire [la ʀut səgɔ̃dɛʀ]; la route départementale [la ʀut depaʀtəmɑ̃tal]
Maut	le péage [lə peaʒ]
Nebenstraße	la rue adjacente [la ʀy adʒasɑ̃t]
Promillegrenze	le taux d'alcoolémie maximal [lə to dalkɔlemi maksimal]
Radarkontrolle	le contrôle radar [lə kɔ̃tʀol ʀadaʀ]
Rastplatz	l'aire de repos [lɛʀ də ʀəpo]; l'aire de service [lɛʀ də sɛʀvis]
Raststätte	le restoroute [lə ʀɛstoʀut]
Schnellstraße	la voie rapide [la vwa ʀapid]
Segway	le gyropode [lə ʒiʀopɔd]
Stau	l'embouteillage *m* [lɑ̃butɛjaʒ]
trampen	faire de l'auto-stop [fɛʀ də lotostɔp]
Tramper	l'auto-stoppeur/l'auto-stoppeuse [lotostɔpœʀ/lotostɔpøz]
Wegweiser	le poteau indicateur [lə pɔto ɛ̃dikatœʀ]

An der Tankstelle/Raststätte

Wo ist bitte die nächste Tankstelle?
Où est la station-service la plus proche, s'il vous plaît ?
[u ɛ la stasjɔ̃ sɛʀvis la ply pʀɔʃ sil vu plɛ]

Gibt es hier eine Elektrotankstelle?
Est-ce qu'il y a une borne de recharge électrique par ici ?
[ɛs‿kil‿ja yn bɔʀn də ʀəʃaʀʒ‿elɛ̃ktʀik paʀ‿isi]

Ich möchte ... Liter
Je voudrais ... litres, s'il vous plaît. [ʒvudʀɛ ... litʀə sil vu plɛ]

- *Benzin (bleifrei).*
  Du (sans plomb) 95 (octanes). [dy (sɑ̃ plɔ̃) katʀə vɛ̃kɛ̃z(‿ɔktan)]
- *Super (bleifrei).*
  Du (sans plomb) 98 (octanes). [dy (sɑ̃ plɔ̃) katʀə vɛ̃ dizɥit(‿ɔktan)]
- *Diesel.*
  Du gazole/gasoil. [dy gazɔl/gazwal]

Super bitte, für 30 Euro.
Du 98, s'il vous plaît, pour 30 euros.
[dy katʀə vɛ̃ dizɥit sil vu plɛ puʀ tʀɑ̃t‿øʀo]

Voll tanken, bitte!
Le plein, s'il vous plaît! [lə plɛ̃ sil vu plɛ]

Ich hätte gern eine Straßenkarte dieser Gegend.
Je voudrais une carte routière de la région, s'il vous plaît.
[ʒvudʀɛ yn kaʀt ʀutjɛʀ də la ʀeʒjɔ̃ sil vu plɛ]

Wo sind bitte die Toiletten?
Où sont les toilettes, s'il vous plaît ? [u sɔ̃ le twalɛt, sil vu plɛ]

Gibt es eine Behindertentoilette?
Il y a des toilettes pour handicapés ? [ilja de twalɛt puʀ ɑ̃dikape]

Gibt es hier einen Wickelraum?
Vous avez une nurserie ici ? [vuz‿ave yn‿nœʀsəʀi isi]

Hinweise und Informationen

Arrêt interdit	Halten verboten
Attention	Achtung
Chantier	Baustelle
Chaussée déformée	Schlechte Fahrbahn
Danger	Gefahr
Dérapage	Schleudergefahr
Descente dangereuse	starkes Gefälle
Déviation	Umleitung
Ecole	Auf Schulkinder achten
Entrée interdite	Einfahrt verboten
Fin d'interdiction de stationner	Ende des Parkverbots
Gravillons	Rollsplitt
Haute tension	Hochspannung

Hôpital	Krankenhaus
Péage	Maut
Poids lourds	Lastwagen
Priorité à droite	Rechtsvorfahrt
Prudence	Vorsicht
Ralentir	Langsamer fahren
Rappel	Erinnerung an ein vorausgegangenes Gebots- oder Verbotsschild
Secours routier français	Pannenhilfe, Straßenwacht
Serrer à droite (à gauche)	Rechts (Links) fahren
Sortie d'autoroute	Autobahnausfahrt
Sortie de véhicules	Ausfahrt frei halten
Stationnement interdit	Parken verboten
Trous en formation	Schlechte Fahrbahn
Virage dangereux	Gefährliche Kurve
Zone à stationnement réglementé	Kurzparkzone

Parken

Kostenlos

Oft ist das Parken in der Mittagszeit zwischen 12 und 14 Uhr frei. Schauen Sie daher erst am Parkscheinautomat nach, ob Sie Geld einwerfen müssen! Dieser nette Brauch gilt allerdings nicht in Paris!

Entschuldigen Sie bitte, gibt es hier in der Nähe eine Parkmöglichkeit?
Excusez-moi, est-ce qu'il y a un parking près d'ici, s'il vous plaît ?
[ɛkskyse mwa ɛs‿kil‿ja ɛ̃ paʀkiŋ pʀɛ disi sil vu plɛ]

Ist der Parkplatz bewacht?
Est-ce que le parking est gardé ? [ɛs‿kə lə paʀkiŋ ɛ gaʀde]

Wie hoch ist die Parkgebühr pro Stunde?
Quel est le tarif pour une heure? [kɛl‿ɛl taʀif puʀ yn‿œʀ]

Ist das Parkhaus die ganze Nacht geöffnet?
Est-ce que le parking est ouvert toute la nuit ?
[ɛs‿kə lə paʀkiŋ ɛt‿uvɛʀ tut la nɥi]

Eine Panne

Ich habe eine Panne.
Je suis en panne. [ʒə sɥiz‿ɑ̃ pan]

Ich habe einen Platten.
J'ai un pneu crevé. [ʒɛ ɛ̃ pnø kʀəve]

Ich habe kein Benzin mehr.
Je n'ai plus d'essence. [ʒə nɛ ply dɛsɑ̃s]

Die Batterie ist leer.
La batterie est à plat. [la batʀi ɛt‿a pla]

Könnten Sie mir Starthilfe geben?
Vous pourriez m'aider à démarrer ? [vu puʀje mɛde a demaʀe]

Gibt es hier in der Nähe eine Werkstatt?
Pardon Mme/Mlle/M., est-ce qu'il y a un garage près d'ici, s'il vous plaît ?
[paʀdɔ̃ madam/madmwazɛl/məsjø ɛs‿kil‿ja ɛ̃ gaʀaʒ pʀɛ disi sil vu plɛ]

Könnten Sie bitte für mich den Pannendienst anrufen?
Vous pourriez téléphoner pour moi à un service de dépannage, s'il vous plaît ?
[vu puʀje telefɔne puʀ mwa a ɛ̃ sɛʀvis də depanaʒ sil vu plɛ]

Könnten Sie mir beim Reifenwechsel helfen?
Vous pourriez m'aider à changer la roue, s'il vous plaît ?
[vu puʀje mede a ʃɑ̃ʒe la ʀu sil vu plɛ]

Könnten Sie mich ... mitnehmen?
Vous pourriez m'emmener ... [vu purje mɑ̃mne]

- ***bis zur nächsten Tankstelle***
  jusqu'à la prochaine station-essence ? [ʒyska la pʀɔʃɛn stasjɔ̃ɛsɑ̃s]
- ***bis zur nächsten Werkstatt***
  jusqu'au prochain garage? [ʒysko pʀɔʃɛ̃ gaʀaʒ]

Abschleppdienst .... le service de dépannage [lə sɛʀvis də depanaʒ]
abschleppen .... remorquer [ʀəmɔʀke]
Abschleppseil .... le câble de remorquage [lə kablə də ʀəmɔʀkaʒ]
Abschleppwagen .... la dépanneuse [la depanøz]
Benzinkanister .... le bidon d'essence [lə bidɔ̃ dɛsɑ̃s]
Ersatzrad .... la roue de secours [la ʀud səkuʀ]
Flickzeug .... le kit de réparation [lə kit də ʀepaʀasjɔ̃]
Luftpumpe .... la pompe [la pɔ̃p]
Notrufsäule .... le téléphone de secours [lə telefɔn də skuʀ]
Panne .... la panne [la pan]
Pannendienst .... le service de dépannage [lə sɛʀvis də depanaʒ]
Platten .... le pneu crevé [lə pnø kʀəve]
Starthilfekabel .... le câble de démarrage [lə kablə də demaʀaʒ]

Wagenheber .... le cric [lə kʀik]
Warnblinkanlage .... les feux de détresse [le fɔ də detʀɛs]
Warndreieck .... le triangle de présignalisation [lə tʀijɑ̃gl də pʀesiɲalizasjɔ̃]
Werkzeug .... les outils *m* [lez‿uti]

In der Werkstatt

Das Auto springt nicht an.
Ma voiture ne démarre pas. [ma vwatyʀ nə demaʀ pa]

Mit dem Motor stimmt was nicht.
J'ai des ennuis de moteur. [ʒɛ dez‿ɑ̃nɥid mɔtœʀ]

... ist/sind defekt.
... est/sont défectueux/défectueuse(s). [ɛ/sɔ̃ defɛktyø/defɛktyøz]

Der Wagen verliert Öl.
Il y a une fuite d'huile. [il‿ja yn fɥit dɥil]

Rechts ist ein komisches Geräusch zu hören
Il y a un drôle de bruit à droite. [il‿ja ɛ̃ dʀol də bʀɥi a dʀwat]

Können Sie mal nachsehen?
Vous pouvez jeter un coup d'œil, s'il vous plaît ? [vu puve ʒte ɛ̃ ku dœj sil vu plɛ]

Wann ist der Wagen/das Motorrad fertig?
Quand est-ce que ma voiture/ma moto sera prête ? [kɑ̃t‿ɛs‿kə ma vwatyʀ/ma mɔto səʀa pʀɛt]

Was wird es ungefähr kosten?
Ça va coûter combien à peu près ? [sa va kute kɔ̃bjɛ̃ a pø pʀɛ]

Abblendlicht .... les codes *m* [le kɔd]
Alarmanlage .... le système d'alarme [lə sistɛm dalaʀm]
Anlasser .... le démarreur [lə demaʀœʀ]
Automatik(getriebe) .... la boîte automatique [la bwat otomatik]
Benzinpumpe .... la pompe à essence [la pɔ̃p‿a ɛsɑ̃s]
Blinklicht .... le clignotant [lə kliɲɔtɑ̃]
Bremsflüssigkeit .... le liquide de frein [lə likid də fʀɛ̃]
Bremslichter .... les stops *m* [le stɔp]
Defekt .... le défaut [lə defo]
Delle .... la bosse [la bɔs]
Erdgastankstelle .... la station GPL [la stasjɛ̃ ʒepeɛl]
Elektrotankstelle .... la borne de recharge électrique [la bɔʀn də rəʃaʀʒ‿elɛktʀik]
Fernlicht .... les feux de route [le fød ʀut]
Frostschutzmittel .... l'antigel *m* [lɑ̃tiʒɛl]

Gang	la vitesse [la vitɛs]
- erster Gang	la première [la pʀəmjɛʀ]
- Leerlauf	le point mort [lə pwɛ̃ mɔʀ]
- Rückwärtsgang	la marche arrière [la maʀʃ aʀjɛʀ]
Gaspedal	l'accélérateur *m* [lakseleʀatœʀ]
Getriebe	la boîte de vitesses [la bwat də vitɛs]
Handbremse	le frein à main [lə fʀɛ̃ a mɛ̃]
Hupe	le klaxon [lə klaksɔn]
Keilriemen	la courroie de transmission [la kuʀwa də tʀɑ̃smisjɔ̃]
Kratzer	l'éraflure *f* [leʀaflyʀ]
Kühlwasser	l'eau de refroidissement *f* [lod ʀəfʀwadismɑ̃]
Kupplung	l'embrayage *m* [lɑ̃bʀɛjaʒ]
Kurzschluss	le court-circuit [lə kuʀsiʀkɥi]
Lichtmaschine	la dynamo [la dinamo]
Luftfilter	le filtre à air [lə filtʀ a ɛʀ]
Motor	le moteur [lə mɔtœʀ]
Motorhaube	le capot [lə kapo]
Öl	l'huile *f* [lɥil]
Ölwechsel	la vidange [la vidɑ̃ʒ]
Rad	la roue [la ʀu]
Reifen	le pneu [lə pnø]
Rücklicht	les feux arrière [le fø aʀjɛʀ]
Schaden	le dommage [lə dɔmaʒ]
Schraube	la vis [la vis]
Standlicht	les feux de position [le fød pozisjɔ̃]
Stoßstange	le pare-chocs [lə paʀʃɔk]
Tachometer	le compteur [lə kɔ̃tœʀ]
Tank	le réservoir [lə ʀezɛʀvwaʀ]
Verbandskasten	la trousse de secours [la tʀus də skuʀ]
Warnblinkanlage	les feux de détresse [le fød detʀɛs]
Warndreieck	le triangle de signalisation [lə tʀijɑ̃gl də siɲalizasjɔ̃]
elektronische Wegfahrsperre	l'antidémarrage électronique [lɑ̃tidemaʀaʒ elɛktʀɔnik]
Werkstatt	le garage [lə gaʀaʒ]
Windschutzscheibe	le pare-brise [lə paʀbʀiz]
Winterreifen	le pneu neige [lə pnø nɛʒ]
Zündkerze	la bougie [la buʒi]
Zündung	l'allumage *m* [lalymaʒ]

Verkehrsunfall

Ein Unfall ist passiert!
Il y a eu un accident. [il‿ja y ɛ̃n‿aksidɑ̃]

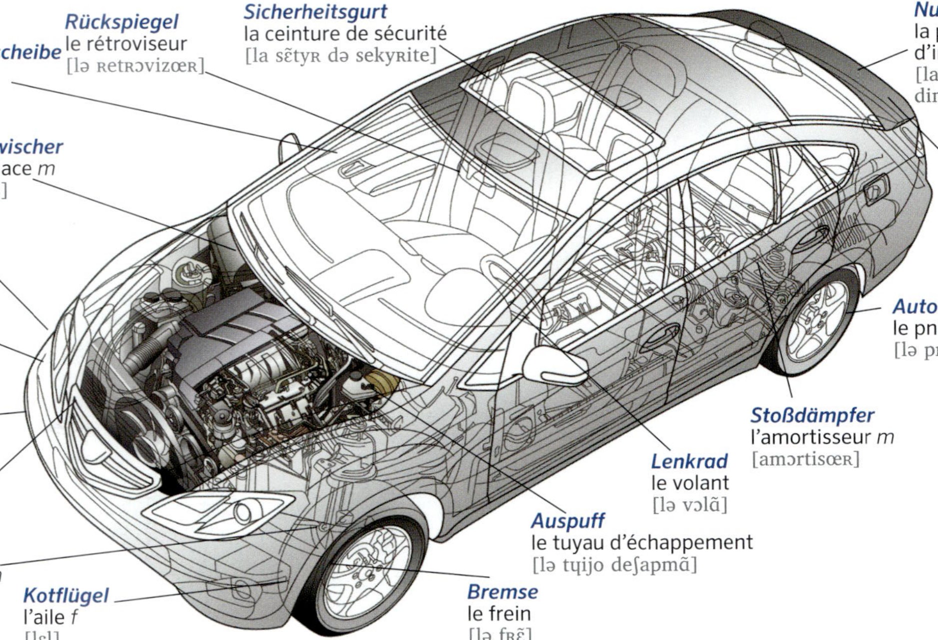

Windschutzscheibe
le pare-brise
[lə paʀbʀiz]
Rückspiegel
le rétroviseur
[lə ʀetʀɔvizœʀ]
Sicherheitsgurt
la ceinture de sécurité
[la sɛ̃tyʀ də sekyʀite]
Nummernschild
la plaque d'immatriculation
[la plak dimatʀikylasjɔ̃]
Scheibenwischer
l'essuie-glace *m*
[lesɥi glas]
Kofferraum
le coffre
[lə kɔfʀ]
Blinker
le clignotant
[lə kliɲɔtɑ̃]
Scheinwerfer
le phare
[lə faʀ]
Autoreifen
le pneu
[lə pnø]
Stoßstange
le pare-chocs
[lə paʀʃɔk]
Stoßdämpfer
l'amortisseur *m*
[amɔʀtisœʀ]
Kühler
le radiateur
[lə ʀadjatœʀ]
Lenkrad
le volant
[lə vɔlɑ̃]
Auspuff
le tuyau d'échappement
[lə tɥijo deʃapmɑ̃]
Achse
l'axe *m*
[lacs]
Kotflügel
l'aile *f*
[lɛl]
Bremse
le frein
[lə fʀɛ̃]

Rufen Sie bitte schnell ...
Appelez vite ... [aple vit]

- ***einen Krankenwagen!***
  une ambulance ! [yn‿ɑ̃bylɑ̃s]
- ***die Polizei!***
  la police ! [la pɔlis]
- ***die Feuerwehr!***
  les pompiers ! [le pɔ̃pje]

Unfall ohne Polizei

Zur ständigen Ausrüstung eines französischen Autofahrers gehört neben dem Verbandskasten ein Unfallprotokoll, denn Franzosen sind es gewohnt, ihre Unfälle mit Blechschaden ohne Polizei zu lösen. Die Versicherungen einigen sich dann untereinander. Sollten Sie der französischen Sprache nicht ganz mächtig sein, ist es vielleicht doch ratsam, die Polizei zu holen.

Haben Sie Verbandszeug?
Vous avez une trousse de secours ? [vuz‿ave yn tʀus də skuʀ]

Sie haben ...
Vous ... [vu]

- ***die Vorfahrt nicht beachtet.***
  n'avez pas respecté la priorité. [nave pa ʀɛspɛkte la pʀijɔʀite]
- ***nicht geblinkt.***
  n'avez pas mis votre clignotant. [nave pa mi vɔtʀə kliɲɔtɑ̃]

Sie sind ...
Vous ... [vu]

- ***zu schnell gefahren.***
  rouliez trop vite. [ʀulje tʀo vit]
- ***bei Rot über die Kreuzung gefahren.***
  avez brûlé un feu rouge. [‿zave bʀyle ɛ̃ fø ʀuʒ]

Können Sie als Zeuge aussagen?
Vous pouvez servir de témoin ? [vu puve sɛʀviʀ də temwɛ̃]

Geben Sie mir bitte Ihren Namen und Ihre Anschrift.
Donnez-moi votre nom et votre adresse, s'il vous plaît.
[dɔne mwa vɔtʀə nɔ e vɔtʀ‿adʀɛs sil vu plɛ]

Bei welcher Versicherung sind Sie?
Vous êtes chez quel assureur ? [vuz‿ɛt ʃe kɛl‿asyʀœʀ]

Vielen Dank für Ihre Hilfe!
Je vous remercie beaucoup de votre aide !
[ʒə vu ʀəmɛʀsi boku də vɔtʀ‿ɛd]

Auto-, Motorrad- und Fahrradvermietung

Ich möchte für zwei Tage/eine Woche … mieten.
Je voudrais louer pour deux jours/une semaine …
[ʒvudʀɛ lue puʀ dø ʒuʀ/yn səmɛn]

- ***einen (Gelände-)Wagen***
  une voiture tout terrain/un 4×4. [yn vwatyʀ tu tɛʀɛ̃/ɛ̃ katkat]
- ***ein Motorrad***
  une moto. [yn mɔto]
- ***einen Motorroller***
  un scooter. [ɛ̃ skutɛʀ]
- ***ein Fahrrad***
  un vélo. [ɛ̃ velo]

Bitte mit …
Avec … svp. [avɛk … sil vu plɛ]

- ***Automatik.***
  boîte automatique [bwat‿otomatik]
- ***Klimaanlage.***
  climatisation [klimatizasjɔ̃]
- ***Navigationsgerät.***
  GPS [ʒepeɛs]

Gibt es für Körperbehinderte Leihwagen mit Handgas?
Vous avez des voitures avec commandes à mains pour handicapés ?
[vuz‿ave de vwatyʀ avɛk kɔmɑ̃da mɛ̃ puʀ ɑ̃dikape]

Kann man hier irgendwo Behindertenfahrräder leihen?
Peut-on louer ici quelque part des bicyclettes pour handicapés ?
[pøt‿ɔ̃ lue isi kɛlkə paʀ de bisiklɛt puʀ ɑ̃dikape]

Wie viel kostet es pro Tag/Woche?
Quel est le tarif à la journée/semaine ? [kɛl‿ɛl taʀif a la ʒuʀne/smɛn]

Ist das einschließlich unbegrenzter Kilometerzahl?
C'est avec kilométrage illimité ? [sɛt‿avɛk kilɔmetraʒ ilimite]

Wie viel verlangen Sie pro gefahrenem Kilometer?
Quel est le prix au kilomètre ? [kɛl‿ɛl pʀi o kilɔmɛtʀ]

Ist es möglich, das Fahrzeug in … abzugeben?
Est-ce qu'il est possible de rendre le véhicule à … ?
[ɛs‿kil‿ɛ pɔsibl də ʀɑ̃dʀə lə veikyl a]

Haben Sie eine Straßenkarte?
Vous avez une carte ? [vuz‿ave yn kaʀt]

Ich möchte auch einen Schutzhelm leihen.
Je voudrais aussi louer un casque. [ʒə vudrɛ osi lue ɛ̃ kask]

Haben Sie einen Kindersicherheitsgurt?
Vous avez une ceinture de sécurité pour enfants ?
[vuz‿ave yn sɛ̃tyʀ də sekyʀite puʀ ɑ̃fɑ̃]

Verleihen Sie Kinderautositze?
Vous louez des sièges-enfants pour les voitures ?
[vu lue de sjɛʒɑ̃fɑ̃ puʀ le vwatyʀ]

Babyschale	le siège-bébés [lə sjɛʒbebe]
Führerschein	le permis de conduire [lə pɛʀmid kɔ̃dɥiʀ]
Handbike	le déambulateur [lə deɑ̃bylatœʀ]
Handgas	les commandes manuelles [le kɔmɑ̃d manyɛl]
hinterlegen	déposer [depoze]
Kaution	la caution [la kosjɔ̃]
Kindersitz	le siège-enfants [lə sjɛʒɑ̃fɑ̃]
Kindersitzkissen	le réhausseur [lə ʀeosœʀ]
Lenkraddrehknopf	le volant mobile [lə vɔlɑ̃ mɔbil]
Nierengurt	la ceinture de moto [la sɛ̃tyʀ də mɔtɔ]
Papiere	les papiers *m* [le papje]
Schiebedach	le toit ouvrant [lə twa uvʀɑ̃]
Sturzhelm	le casque [lə kask]
Teilkasko	l'assurance au tiers [lasyʀɑ̃s o tjɛʀ]
grüne Versicherungskarte	la carte verte [la kaʀt vɛʀt]
Wochenendpauschale	le forfait-weekend [lə fɔʀfɛ wikɛnd]
Zündschlüssel	la clé de contact [la kled kɔ̃takt]

IN DER LUFT

Einen Flug buchen

Können Sie mir bitte sagen, wann die nächste Maschine nach ... fliegt?
Vous pouvez me dire quand part le prochain avion pour ..., s'il vous plaît ? [vu puvem diʀ kɑ̃ paʀ lə pʀɔʃɛn‿avjɔ̃ puʀ … sil vu plɛ]

Sind noch Plätze frei?
Est-ce qu'il y a encore des places ? [ɛs‿kil‿ja ɑ̃kɔʀ de plas]

Ich möchte einen einfachen Flug nach ...
Je voudrais un billet d'avion pour ... en aller simple.
[ʒvudʀɛ ɛ̃ bijɛ davjɔ̃ puʀ … ɑ̃n‿ale sɛ̃pl]

Ich möchte einen Hin- und Rückflug nach ... buchen.
Je voudrais réserver un billet d'avion pour ... en aller retour.
[ʒvudʀɛ ʀezɛʀve ɛ̃ bijɛ davjɔ̃ puʀ … ɑ̃n‿ale ʀtuʀ]

Lenker
le guidon
[lə gidɔ̃]
Gangschaltung
le dérailleur
[deraiœʀ]
Vorderlicht
le phare
[lə faʀ]
Bremse
le frein
[lə fʀɛ̃]
Nabe
le moyeu
[mwaio]
Speiche
le rayon
[lə rɛjɔ̃]
Rad
la roue
[la ʀu]
Pedal
la pédale
[la pedal]
Sattel
la selle
[la sɛl]
Luftpumpe
la pompe à air
[la pɔ̃p a ɛʀ]
Rücklicht
les feux arrière
[le fø aʀjɛʀ]
Schlauch
la chambre à air
[la ʃɑ̃br a ɛʀ]
Mantel
le pneu
[lə pnø]
Kette
la chaîne
[la ʃɛn]

Was kostet bitte der Flug Touristenklasse/ Business?
Combien coûte le vol en classe économique/affaires ?
[kɔ̃bjɛ kut lə vɔl ɑ̃ klas ekɔnɔmik/afɛʀ]

Ich möchte bitte ...
Je voudrais ... [ʒə vudʀɛ]

- ***einen Fensterplatz.***
  une place à la fenêtre, s'il vous plaît. [yn plas a la fnɛtʀ sil vu plɛ]
- ***einen Platz am Gang.***
  une place sur l'allée, s'il vous plaît. [yn plas syʀ lale sil vu plɛ]

Wir reisen mit einem Kleinkind. Könnten wir Plätze ganz vorn bekommen?
Nous voyageons avec un enfant en bas-âge. Pourrions-nous avoir des places sur le devant ?
[nu vwajaʒɔ̃ avɛk ɛ̃n‿ɑ̃fɑ̃ ɑ̃ bazaʒ puʀjɔ̃ nu avwaʀ de plas syʀl dəvɑ̃]

Ich möchte diesen Flug umbuchen.
Je voudrais changer ce vol. [ʒə vudʀɛ ʃɑ̃ʒe sə vɔl]

Am Flughafen

Wo ist bitte ...
Où se trouve ... , s'il vous plaît ? [us tʀuv ... sil vu plɛ]

- ***... Halle/Terminal ...?***
  ... le hall/le terminal ... [lə ol/lə tɛʀminal]
- ***... der Check-in-Automat?***
  ... la borne d'enregistrement automatique
  [la bɔʀn dɑ̃ʀəʒistʀəmɑ̃ otomatik]
- ***... der Schalter der ...-Fluggesellschaft?***
  ... le comptoir de la compagnie ... [lə kɔ̃twaʀ də la kɔ̃paɲi ...]

Gibt es für den Flug einen Vorabend-/Telefon-/ Internet-Checkin?
Est-ce que pour ce vol je peux réserver la veille/par téléphone/par Internet ?
[ɛs‿kə puʀ sə vɔl ʒpø ʀesɛʀve la vɛj/paʀ telefɔn/paʀ ɛ̃tɛʀnɛt]

Könnte ich bitte Ihren Flugschein sehen?
Je pourrais voir votre billet, s'il vous plaît ?
[ʒə puʀɛ vwaʀ vɔtʀə bijɛ sil vu plɛ]

Kann ich das/diese Flüssigkeit als Handgepäck mitnehmen?
Je peux prendre ça/ce liquide comme bagage à mains ?
[ʒpø pʀɑ̃dʀ sa/sə likid kɔm bagaʒ‿a mɛ̃]

Ich habe einen Laptop im Handgepäck.
J'ai un portable dans mon bagage à mains.
[ʒɛ ɛ̃ pɔʀtabl dɑ̃ mɔ̃ bagaʒ‿a mɛ̃]

Kann ich einen eigenen (faltbaren) Rollstuhl/einen Buggy im Flugzeug mitnehmen?
Je peux emporter mon fauteuil roulant (pliant)/une poussette dans l'avion ? [ʒpø ɑ̃pɔʀte mɔ̃ fotœj ʀulɑ̃ (pliɑ̃)/yn pusɛt dɑ̃ lavjɔ̃]

Wird ein Rollstuhl am Abflug-/Zielflughafen bereitgestellt?
Il y a un fauteuil roulant de prévu au départ/à l'arrivée à l'aéroport ? [il‿ja ɛ̃ fotøj ʀulɑ̃ də pʀevy o depaʀ/a laʀive a laeʀopoʀ]

Wann landet die Maschine aus ...?
A quelle heure arrive l'avion en provenance de ... ? [a kɛl œr‿ariv lavjɔ̃ ɑ̃ pʀɔvnɑ̃s də]

An Bord

Könnten Sie mir bitte ein Glas Wasser bringen?
Vous pourriez m'apporter un verre d'eau, s'il vous plaît ? [vu puʀje mapɔʀte ɛ̃ vɛʀ do sil vu plɛ]

Könnte ich bitte noch ein Kissen/eine Decke haben?
Je pourrais avoir encore un coussin/une couverture, s'il vous plaît ? [ʒpuʀɛ avwaʀ ɑ̃kɔʀ ɛ̃ kusɛ̃/yn kuvɛʀtyʀ sil vu plɛ]

Würde es Ihnen etwas ausmachen, mit mir den Platz zu tauschen?
Ça vous ennuierait de changer de place avec moi ? [sa vuz‿ɑ̃nɥiʀɛd‿ʃɑ̃ʒed plas avɛk mwa]

Ankunft

Mein Gepäck ist verloren gegangen.
Mes bagages ont été égarés. [me bagaʒ ɔ̃t‿ete egaʀe]

Mein Koffer ist beschädigt worden.
Ma valise est abîmée. [ma valiz ɛt‿abime]

Wo fährt der Bus in Richtung ... ab?
D'où part le bus pour ... ? [du paʀ lə bys puʀ]

Abflug	le départ [lə depaʀ]; le décollage [lə dekɔlaʒ]
Ankunft	l'arrivée *f* [laʀive]
Ankunftszeit	l'heure d'arrivée *f* [lœʀ daʀive]
Anschluss	la correspondance [la kɔʀɛspɔ̃dɑ̃s]
Auslandsflug	le vol international [lə vɔl ɛ̃tɛʀnasjɔnal]
Bordkarte	la carte d'embarquement [la kaʀt dɑ̃baʀkəmɑ̃]
einchecken	faire les formalités d'embarquement [fɛʀ le fɔʀmalite dɑ̃baʀkəmɑ̃]
elektronisches Ticket	le ticket électronique [lə tikɛ elɛktʀɔnik]
Flug	le vol [lə vɔl]

Flugbegleiter/in	le steward/l'hôtesse de l'air [lə stiwaʀt/lotɛs də lɛʀ]
Fluggesellschaft	la compagnie aérienne [la kɔ̃paɲi aeʀjɛn]
Flughafen	l'aéroport *m* [laeʀɔpɔʀ]
Flughafenbus	le bus pour l'aéroport [lə bys puʀ laeʀɔpɔʀ]
Flughafengebühr	les taxes d'aéroport [le taks daeʀɔpɔʀ]
Flugsteig, Gate	la porte d'embarquement [la pɔʀt dɑ̃baʀkəmɑ̃]
Gepäck	les bagages *m* [le bagaʒ]
Gepäckabfertigung	l'enregistrement des bagages [lɑ̃ʀʒistʀəmɑ̃ de bagaʒ]
Gepäckausgabe	l'arrivée des bagages [laʀive de bagaʒ]
Gepäckwagen	le chariot [lə ʃaʀjo]
Inlandsflug	le vol intérieur [lə vɔl ɛ̃teʀjœʀ]
Internetbuchung	la réservation par Internet [la ʀezɛʀvasjɔ̃ paʀ ɛ̃tɛʀnɛt]
Landung	l'atterrissage *m* [lateʀisaʒ]
Notausgang	la sortie de secours [la sɔʀtid səkuʀ]
Notlandung	l'atterrissage forcé [lateʀisaʒ fɔʀse]
Notrutsche	le toboggan d'évacuation [lə tɔbɔgɑ̃ devakyasjɔ̃]
Pilot	le pilote [lə pilɔt]
Schwimmweste	le gilet de sauvetage [lə ʒilɛd sovtaʒ]
Sicherheitsgebühr	la taxe de sécurité [la taks də sekyʀite]
Sicherheitskontrolle	le contrôle de sécurité [lə kɔ̃tʀol də sekyʀite]
Spucktüte	le sac à vomi [lə sak‿a vɔmi]
stornieren	annuler [anyle]
Terminal	le terminal [lə tɛʀminal]
Übergewicht	l'excédent de bagages [lɛksedɑ̃d bagaʒ]
umbuchen	changer [ʃɑ̃ʒe]
Verspätung	le retard [lə ʀətaʀ]
zollfreier Laden	la boutique hors-taxes [la butik ɔʀtaks]
Zwischenlandung	l'escale *f* [lɛskal]

AUF SCHIENEN

Fahrkarten kaufen

Zwei Karten nach ..., einfach bitte.
Deux allers simples pour ... s'il vous plaît. [døz‿ale sɛ̃pl puʀ ... sil vu plɛ]

- ***2. Klasse/1. Klasse***
  deuxième/première classe [døzjɛm/pʀəmjɛʀ klas]

Bitte eine Rückfahrkarte nach ...
Un aller-retour pour... s'il vous plaît. [ɛ̃n‿alleʀtuʀ puʀ … sil vu plɛ]

Gibt es eine Ermäßigung für Kinder/Studenten/Senioren?
Est-ce qu'il y a une réduction pour les enfants/les étudiants/les seniors ?
[ɛs‿kil‿ja yn ʀedyksjɔ̃ puʀ lez‿ɑ̃fɑ̃/lez‿etydjɑ̃/le senjɔʀ]

Gibt es einen Spartarif?
Est-ce qu'il y a un tarif économique ? [ɛs‿kil‿ja ɛ̃ taʀif ekonomik]

Muss ich einen Platz reservieren?
Est-ce que je dois réserver une place ? [ɛs‿kə ʒə dwa ʀesɛʀve yn plas]

Ich möchte gern zwei Plätze reservieren:
Je voudrais réserver deux places, s'il vous plaît :
[ʒvudʀɛ ʀezɛʀve dø plas sil vu plɛ]

- ***im ICE nach ...***
  dans le TGV pour ... [dɑ̃l teʒeve puʀ]
- ***am ... um ... Uhr***
  le ... à ....heures [lə … a … œʀ]
- ***im Liegewagen***
  dans la voiture-couchette [dɑ̃ la vwatyʀ kuʃɛt]
- ***im Schlafwagen***
  dans le wagon-lit [dɑ̃l vagɔ̃li]

Schneller mit der Bahn

Wenn Sie schnell vorankommen wollen, empfiehlt es sich, die Bahn zu nehmen. Der Hochgeschwindigkeitszug TGV (*Train à grande vitesse*) macht es möglich, bei Geschwindigkeiten bis zu 300 km/h die Strecke Paris-Marseille (863 km) in 3 Stunden und 10 Minuten zurückzulegen. Man braucht zwar eine Reservierung, diese ist aber bis 5 Minuten vor der Abfahrt zu bekommen.
Viele Schnäppchen sind auch online erhältlich unter www.voyages-sncf.com.

Um wie viel Uhr habe ich in ... Anschluss nach ...?
A quelle heure est-ce que j'ai une correspondance à ... pour ... ?
[a kɛl œʀ ɛs kə ʒɛ yn kɔʀɛspɔ̃dɑ̃s a … puʀ]

Wie oft muss ich da umsteigen?
Combien de fois est-ce que je dois changer ?
[kɔ̃bjɛ̃d fwa ɛs kəʒ dwa ʃɑ̃ʒe]

Entwerten ratsam

Sie finden auf jedem Bahnsteig bzw. in kleineren Bahnhöfen vor den Bahnsteigen orangefarbene Automaten für das Entwerten der Tickets. Wer mit einer ungestempelten Fahrkarte erwischt wird, gilt – trotz Unkenntnis – als Schwarzfahrer und muss Strafe zahlen. Ausländische Reisende bilden da keine Ausnahme ...

Wo kann ich eine Fahrkarte kaufen?
Où est-ce que je peux acheter un billet ? [u ɛs kə ʒə pø aʃte ɛ̃ bijɛ]

Ich möchte diesen Koffer als Reisegepäck aufgeben.
Je voudrais faire enregistrer ma valise en bagage accompagné.
[ʒvudʀɛ fɛʀ ɑ̃ʀʒistʀe ma valiz ɑ̃ bagaʒ akɔ̃paɲe]

Wo kann ich mein Fahrrad aufgeben?
Où est-ce que je peux faire enregistrer mon vélo ?
[u ɛs kə ʒpø fɛʀ ɑ̃ʀʒistʀe mɔ̃ velo]

Ist der Einstieg in die Wagen ebenerdig?
Est-ce que la montée dans les voitures est au niveau du sol ?
[ɛs‿kə la mɔ̃te dɑ̃ le vwatyʀ ɛt‿o nivo dy sɔl]

Entschuldigen Sie bitte, von welchem Gleis fährt der Zug nach ... ab?
Excusez-moi, le train pour ... part de quelle voie, s'il vous plaît ?
[ɛkskyze mwa lə tʀɛ̃ puʀ ... paʀ də kɛl vwa sil vu plɛ]

Im Zug

Ist dieser Platz noch frei?
Cette place est encore libre ? [sɛt plas‿ɛt‿ɑ̃kɔʀ libʀ]

Darf ich bitte das Fenster öffnen/schließen?
Est-ce que je peux ouvrir/fermer la fenêtre, s'il vous plaît ?
[ɛs‿kəʒ pø uvʀiʀ/fɛʀme la fnɛtʀ sil vu plɛ]

Entschuldigen Sie, ich glaube, das ist mein Platz. Hier ist meine Platzreservierung.
Excusez-moi, je crois que c'est ma place. Voilà ma réservation.
[ɛkskyze mwa ʒkʀwa ksɛ ma plas vwala ma ʀesɛʀvasjɔ̃]

Könnte mir jemand beim Umsteigen behilflich sein?
Est-ce que quelqu'un pourrait m'aider à changer de train ?
[ɛs‿kə kɛlkɛ̃ puʀɛ mede a ʃɑ̃ʒed tʀɛ̃]

Abfahrt	le départ [lə depaʀ]
Abfahrtszeit	l'heure de départ [lœʀ də depaʀ]
Abteil	le compartiment [lə kɔ̃paʀtimɑ̃]
ankommen	arriver [aʀive]
Aufenthalt	l'arrêt *m* [laʀɛ]
Ausdruck	l'impression *f* [lɛ̃pʀɛsjɔ̃]
aussteigen	descendre [desɑ̃dʀ]
Autoreisezug	*(nachts)* le train autos-couchettes [lə tʀɛ̃ otokuʃɛt]; *(tags)* le service auto-express [lə sɛʀvis oto ɛkspʀɛs]
BahnCard	la carte Escapades [la kaʀt‿ɛskapad]
Bahnhof	la gare [la gaʀ]
Begleitperson	l'accompagnateur/-trice [lakɔ̃paɲatœʀ/tʀis]
Bistrowagen	la voiture-bar [la vwatyʀ baʀ]
einsteigen	monter (dans le train) [mɔ̃te (dɑ̃l tʀɛ̃)]
entwerten	composter [kɔ̃pɔste]
Ermäßigung	la réduction [la ʀedyksjɔ̃]
Fahrkarte	le billet [lə bijɛ]
Fahrkartenkontrolle	le contrôle des billets [lə kɔ̃tʀol de bijɛ]
Fahrkartenschalter	le guichet [lə giʃɛ]
Fahrplan	l'horaire (de chemin de fer) [lɔʀɛʀ (də ʃəmɛ̃d fɛʀ)]
Fahrpreis	le prix du billet [lə pʀi dy bijɛ]
Fensterplatz	le coin-fenêtre [lə kwɛ̃ fnɛtʀ]
Gang	le couloir [lə kulwaʀ]
Gepäck	les bagages *m* [le bagaʒ]
Gepäckaufbewahrung	la consigne [la kɔ̃siɲ]
Gepäckschalter	le guichet des bagages [lə giʃɛ de bagaʒ]
Gleis	la voie [la vwa]

Großraumwagen	le wagon sans compartiments [lə vagɔ̃ sɑ̃ kɔ̃paʀtimɑ̃]
Hauptbahnhof	la gare principale [la gaʀ pʀɛ̃sipal]
Interrail	Interrail [ɛ̃tɛʀʀaj]
Internetbuchung	la réservation par Internet [la ʀesɛʀvasjɔ̃ paʀ ɛ̃tɛʀnɛt]
Kinderfahrkarte	le billet enfants [lə bijɛ ɑ̃fɑ̃]
Liegewagenplatz	la couchette [la kuʃɛt]
Minibar	la vente ambulante [la vɑ̃t‿ɑ̃bylɑ̃t]
Nichtraucherabteil	le compartiment non-fumeurs [lə kɔ̃paʀtimɑ̃ nɔ̃ fymœʀ]
Platzreservierung	la réservation [la ʀezɛʀvasjɔ̃]
Reservierung	la réservation [la ʀezɛʀvasjɔ̃]
Rollstuhlfahrer/in	la personne en fauteuil roulant [la pɛʀsɔn ɑ̃ fotœj ʀulɑ̃]
Rückfahrkarte	le billet aller-retour [lə bijɛ aləʀtuʀ]
Schaffner/in	le contrôleur/la contrôleuse [lə kɔtʀolœʀ/la kɔ̃tʀoløz]
Schließfach	la consigne automatique [la kɔ̃siɲ‿otɔmatik]
Schwerbehinderte(r)	le/la handicapé/e [lə/la ɑ̃dikape]
Speisewagen	le wagon-restaurant [lə vagɔ̃ ʀɛstɔʀɑ̃]
Wagennummer	le numéro de la voiture [lə nymeʀo də la vwatyʀ]
Wartesaal	la salle d'attente [la sal datɑ̃t]
Werktag	le jour ouvrable [lə ʒuʀ uvʀablə]
Zug	le train [lə tʀɛ̃]
Zugchef	le chef de bord [lə ʃɛf də bɔʀd]
Zuschlag	le supplément [lə syplemɑ̃]

Hinweise und Informationen

L'accès aux quais	Zu den Bahnsteigen
Arrivée	Ankunft
Buffet	Erfrischungen/Snacks
Consigne	Schließfach
Dames	Damen
Eau non potable	Kein Trinkwasser
Fumeurs	Raucher
Horaire des trains	Fahrplan
Lavabos	Waschraum
Libre	Frei
Messieurs	Herren
Non-fumeurs	Nichtraucher
Occupé	Besetzt
Passage souterrain	Unterführung

Passerelle	Übergang
Quai	Bahnsteig
Renseignements	Auskunft
Salle d'attente	Wartesaal
Signal d'alarme	Notbremse
Sortie	Ausgang
Toilettes	Toiletten
Voie	Gleis
Voiture-couchettes	Liegewagen
W.C.	Toilette
Wagon-lit	Schlafwagen
Wagon-restaurant	Speisewagen

AUF DEM WASSER

Europäisch und weiblich in Lyon

Die Ufer der Rhône sind neu gestaltet worden und 2007 den Bewohnern von Lyon zu Freizeitzwecken zurückgegeben worden. Wie viele andere europäische Großstädte sorgt Lyon mit diesem Projekt für eine höhere Lebensqualität. So kam man auf die Idee, an diesen Ufern ein Zeichen für Europa zu setzen. Von Ellen Macarthur bis Marie Curie über Anna Lindh sind 12 europäische Frauen ausgesucht worden, die die europäische Geschichte geprägt haben- für Deutschland Marlene Dietrich und für Österreich Bertha von Suttner. So können jetzt Spaziergänger Leben und Werk dieser berühmten europäischen Frauen entdecken.

Eine Schiffsfahrt buchen

Könnten Sie mir sagen, wann das nächste Schiff/die nächste Fähre nach ... abfährt?
Pourriez-vous me dire quand part le prochain bateau/le prochain ferry pour ... ? [purie vum diʀ kɑ̃ paʀ lə pʀɔʃɛ̃ bato/lə pʀɔʃɛ̃ feʀi puʀ ...]

Wie lange dauert die Überfahrt?
La traversée dure combien de temps ? [la tʀavɛʀse dyʀ kɔ̃bjɛ̃d tɑ̃]

Wann legen wir in ... an?
Quand est-ce qu'on arrive à ... ? [kɑ̃t‿ɛs kɔ̃n‿aʀiv a]

Wie lange haben wir in ... Aufenthalt?
L'escale à ... dure combien de temps ? [leskal a … dyʀ kɔ̃bjɛ̃d tɑ̃]

Ich möchte ...
Je voudrais ... [ʒvudʀɛ]

- ***eine Schiffskarte nach ...***
  un billet pour ... [ɛ̃ bijɛ puʀ]
- ***1. Klasse***
  en première classe [ɑ̃ pʀəmjɛʀ klas]
- ***Touristenklasse***
  en classe touristes [ɑ̃ klas tuʀist]
- ***eine Einzelkabine***
  une cabine pour une personne [yn kabin puʀ yn pɛʀsɔn]
- ***eine Zweibettkabine***
  une cabine pour deux personnes [yn kabin puʀ dø pɛʀsɔn]

Ich möchte eine Karte für die Rundfahrt um ... Uhr bitte.
Je voudrais un billet pour le départ de ... heures, s'il vous plaît.
[ʒvudʀɛ ɛ̃ bijɛ puʀ lə depaʀ də … œʀ sil vu plɛ]

An Bord

Ich suche Kabine Nr. ...
Je cherche la cabine numéro ... [ʒə ʃɛʀʃ‿la kabin nymero]

Wo ist bitte der Speisesaal/der Aufenthaltsraum?
Où est la salle à manger/le salon s'il vous plaît ?
[u ɛ la sal‿a mɑ̃ʒe/lə salɔ̃]

Ich fühle mich nicht wohl.
Je ne me sens pas très bien. [ʒən mə sɑ̃ pa tʀɛ bjɛ̃]

Könnten Sie bitte den Schiffsarzt rufen?
Pourriez-vous appeler le médecin de bord, s'il vous plaît.
[puʀie vu aple lə medsɛ̃d bɔʀ sil vu plɛ]

Könnten Sie mir bitte ein Mittel gegen Seekrankheit geben?
Pourriez-vous me donner un médicament contre le mal de mer, s'il vous plaît.
[purje vum dɔne ɛ̃ medikamɑ̃ kɔ̃tʀ lə mal də mɛʀ sil vu plɛ]

anlegen in	faire escale à [feʀ ɛskal a]
Anlegestelle	l'embarcadère *f* [lɑ̃baʀkadɛʀ]
Buchung	la réservation [la ʀesɛʀvasjɔ̃]

Dampfer	le vapeur [lə vapœʀ]
Deck	le pont [lə pɔ̃]
Fähre	*(Fluss)* le bac [lə bak]; *(Meer)* le ferry [lə fɛʀi]
Fahrkarte	le billet [lə bijɛ]
Festland	la terre ferme [la tɛʀ fɛʀm]; le continent [lə kɔ̃tinɑ̃]
Hafen	le port [lə pɔʀ]
Kabine	la cabine [la kabin]
Kai	le quai [lə kɛ]
Kapitän	le capitaine [lə kapitɛn]
Klimaanlage	la climatisation [la klimatizasjɔ̃]
Kreuzfahrt	la croisière [la kʀwazjɛʀ]
Küste	la côte [la kot]
Landausflug	l'excursion à terre [lɛkskyʀsjɔ̃ a tɛʀ]
Luftkissenboot	l'hovercraft *m* [lɔvœʀkʀaft]; l'aéroglisseur *m* [laeʀoglisœʀ]
Rettungsboot	le canot de sauvetage [lə kanod sovtaʒ]
Rettungsring	la bouée de sauvetage [la bued sovtaʒ]
Rundfahrt	le circuit [lə siʀkɥi]
Schwimmweste	le gilet de sauvetage [lə ʒilɛd sovtaʒ]
Seegang	l'état de la mer [leta də la mɛʀ]
seekrank sein	avoir le mal de mer [avwaʀ lə mal də mɛʀ]
Tragflügelboot	l'hydroglisseur *m* [lidʀoglisœʀ]

MIT BUS UND BAHN

Welche Karte?

Obwohl U-Bahn und Busse in Paris preiswert sind, lohnt es sich oft, eine Tageskarte zu nehmen (**une carte Mobilis**). Diese Karte ist auch in Verbindung mit einigen weiteren Ermäßigungen für 2–5 Tage unter dem Namen *Paris Visite* erhältlich (beide bei den Fahrkartenschaltern der Metro).
Wer vor den Museen nicht warten möchte, kann stattdessen den *Museum* Pass besorgen, der 2, 4 oder 6 Tage lang freien Eintritt zu 60 Museen in und um Paris gewährt.
Ein bisschen Planung und Kalkül müsste Ihnen die Entscheidung erleichtern.

Bitte, wo ist die nächste ...
Où se trouve ... [us tʀuv]

- ***Bushaltestelle?***
  l'arrêt de bus le plus proche ? [laʀɛd bys lə ply pʀɔʃ]
- ***Straßenbahnhaltestelle?***
  l'arrêt de tram le plus proche ? [laʀɛd tʀam lə ply pʀɔʃ]
- ***U-Bahnstation?***
  la station de métro la plus proche ? [la stasjɔ̃d metʀo la ply pʀɔʃ]

Paris Underground

Paris Underground kann man auch anders erleben als durch die Katakomben, z. B. durch die Kanalisation und die Tunnel, die damit einhergehen: 2400 Km sind es insgesamt. Es ist eine Stadt unter der Stadt, da jede Galerie den Namen der Straße auf der Oberfläche trägt. Es gibt sogar Leute, die sich darin verlaufen haben: Jean Valjean (Les Misérables) ist der berühmteste unter ihnen. Damit Sie zumindest den Eingang nicht verpassen: Quai d'Orsay, gegenüber Nummer 93!
Aber es gibt noch weitere unterirdische Gänge, und zwar unter dem Cochin Krankenhaus. Sollten Sie sich nie gefragt haben, woher die Steine für die Kathedrale Notre-Dame hergekommen sind, spätestens jetzt bekommen Sie hierauf die Antwort: Fast ein Drittel der Steine kommen aus diesem Steinbruch. Kein Wunder also, wenn die Gänge eine Länge von 1,2km haben. Allerdings müssen Sie Ihren Besuch so gut planen, dass Sie an den Tagen des offenen Denkmals (*journées du patrimoine*) da sind. Ansonsten bleibt der Eingang nur denjenigen vorbehalten, die diese Steinbrüche pflegen – sowie einigen priviligierten Gruppen. Es sei denn, Sie werden Mitglied (www.seadacc.com).

Auch mit „Öffis“

Paris lässt sich gut mit öffentlichen Bussen entdecken. Nehmen Sie beispielsweise den Bus 42 vom *Gare du Nord* Richtung *Parc André-Citroën*. Er fährt an der Oper, der *Madeleine*, der *Assemblée Nationale*, dem *Place de la Concorde*, der *Pont de l'Alma*, der *Avenue Montaigne* (mit den vielen Designer-Geschäften) und am Eiffelturm vorbei. Billiger können Sie kaum an eine Stadtrundfahrt kommen ...

Gibt es Niederflurbusse?
Il y a des bus à marche surbaissée ? [il‿ja de bys‿a maʀʃ syʀbese]

Welche Linie fährt nach ...?
C'est quelle ligne pour ..., s'il vous plaît ? [sɛ kɛl liɲ puʀ … sil vu plɛ]

Wann fährt die erste/letzte U-Bahn nach ...?
Le premier/dernier métro pour ... est à quelle heure ?
[lə pʀəmje/dɛʀnje metʀo puʀ … ɛt‿a kɛl œʀ]

Entschuldigen Sie, ist das der Bus nach ...?
Excusez-moi, c'est bien le bus pour ... ? [ɛkskyze mwa sɛ bjɛ̃l bys puʀ]

Wie viele Haltestellen sind es bis ...?
Il y a combien d'arrêts jusqu'à ... ? [ilja kɔ̃bjɛ̃ daʀɛ ʒyska]

Entschuldigen Sie, wo muss ich aussteigen/umsteigen?
Excusez-moi, à quel arrêt est-ce que je dois descendre/changer ?
[ɛkskyze mwa a kɛl‿aʀɛ ɛs kəʒ dwa desɑ̃dʀ/ʃɑ̃ʒe]

Könnten Sie mir bitte Bescheid geben, wenn ich aussteigen muss?
Vous pourriez me dire quand je dois descendre, s'il vous plaît ?
[vu purjem diʀ kɑ̃ʒ dwa desɑ̃dʀ sil vu plɛ]

Gibt es ...
Est-ce qu'il y a ... [ɛs‿kil‿ja …]

- ***Tageskarten?***
  des tickets pour la journée ? [de tikɛ puʀ la ʒuʀne]
- ***Wochenkarten?***
  des tickets pour la semaine ? [de tikɛ puʀ la smɛn]
- ***Touristentickets?***
  des pass tourisme ? [de pas tuʀism]

Bitte, einen Fahrschein nach ...
Un billet pour ..., s'il vous plaît. [ɛ̃ bijɛ puʀ … sil vu plɛ]

Der Fahrkartenautomat ist kaputt/defekt.
Le distributeur de billets ne marche pas.
[lə distʀibytœʀd bije nə maʀʃ pa]

Der Automat nimmt keine Geldscheine an.
Le distributeur n'accepte pas les billets.
[lə distʀibytœʀ naksɛptə pa le bije]

Abfahrt	le départ [lə depaʀ]
Bus	le bus [lə bys]
Busbahnhof	la gare routière [la gaʀ ʀutjɛʀ]
einsteigen	monter [mɔ̃te]
Endstation	le terminus [lə tɛʀminys]
entwerten	composter [kɔ̃pɔste]
Fahrkartenautomat	le distributeur de billets [lə distʀibytœʀ də bijɛ]
Fahrplan	l'horaire (des bus/du métro/des trolleys) [lɔʀɛʀ (de bys/dy metʀo/de tʀɔlɛ)]
Fahrpreis	le prix du billet [lə pʀi dy bijɛ]
Fahrschein	le billet [lə bijɛ]
Fahrscheinentwerter	le composteur [lə kɔ̃pɔstœʀ]
Haltestelle	l'arrêt *m* [laʀɛ]; la station [la stasjɔ̃]
Kontrolleur	le contrôleur [lə kɔ̃tʀolœʀ]
Mehrfahrtenkarte	le carnet de tickets [lə kaʀnɛd tikɛ]
Nahverkehrszug	le train de banlieue [lə tʀɛ̃d bɑ̃ljø]
Obus	le trolley [lə tʀɔlɛ]
Richtung	la direction [la diʀɛksjɔ̃]
S-Bahn	le métro [lə metʀo]
Schaffner	le contrôleur [lə kɔ̃tʀolœʀ]
Stadtbus	le bus [lə bys]
Straßenbahn	le tram [lə tʀam]
Tageskarte	le billet pour une journée [lə bijɛ puʀ yn ʒuʀne]
U-Bahn	le métro [lə metʀo]
Überlandbus	le car [lə kaʀ]
Wochenkarte	la carte hebdomadaire [la kaʀt ɛbdɔmadɛʀ]
Zahnradbahn	le chemin de fer à crémaillère [lə ʃmɛ̃d fɛʀ a kʀemajɛʀ]

MIT DEM TAXI

Bitte ein Taxi an die Adresse ... für jetzt gleich/für (morgen) ... Uhr.
Pourriez-vous envoyer un taxi tout de suite/(demain) à ... heures à cette adresse ... [puʀje vu ɑ̃vwuaje ɛ̃ taksi tudswit/(dəmɛ̃) a ... œʀ a sɛt‿adʀɛs]

Entschuldigen Sie bitte, wo ist der nächste Taxistand?
Excusez-moi, où est la station de taxis la plus proche, s'il vous plaît ?
[ɛkskyse mwa u ɛ la stasjɔ̃d taksi la ply pʀɔʃ sil vu plɛ]

Bringen Sie mich bitte zu (dieser Adresse).
Conduisez-moi à (cette adresse), s'il vous plaît.
[kɔ̃dɥise mwa a sɛt‿adʀɛs sil vu plɛ]

Zum Bahnhof, bitte.
A la gare, s'il vous plaît. [a la gaʀ sil vu plɛ]

Zum ... Hotel, bitte.
A l'hôtel ..., s'il vous plaît. [a lotɛl ... sil vu plɛ]

In die ...-Straße, bitte.
Rue ..., s'il vous plaît. [ʀy ... sil vu plɛ]

Nach ..., bitte.
A ..., s'il vous plaît. [a ... sil vu plɛ]

Könnten Sie bitte hier halten?
Vous pourriez m'arrêter ici, s'il vous plaît ? [vu puʀje maʀete isi sil vu plɛ]

Wie viel kostet es nach ...?
Il faut compter combien pour aller à ... [il fo kɔ̃te kɔ̃bjɛ̃ puʀ‿ale a]

Das ist zu viel.
C'est trop. [sɛ tʀo]

Könnten Sie mir bitte eine Quittung ausstellen?
Vous pourriez me donner un reçu, s'il vous plaît ?
[vu puʀjem dɔne ɛ̃ ʀsy silvu plɛ]

Das ist für Sie.
Gardez la monnaie. [gaʀde la mɔnɛ]

anhalten	arrêter [aʀete]
anschnallen	mettre la ceinture [mɛtʀ la sɛ̃tyʀ]
Hausnummer	le numéro de la maison/de l'immeuble [lə nymeʀo də la mɛzɔ̃/də limœbl]
Kilometerpreis	le prix au kilomètre [lə pʀi o kilɔmɛtʀ]
Pauschalpreis	le prix forfaitaire [lə pʀi fɔʀfɛtɛʀ]
Quittung	le reçu [lə ʀəsy]
Sicherheitsgurt	la ceinture de sécurité [la sɛ̃tyʀ də sekyʀite]
Taxifahrer/in	le chauffeur/la chauffeuse de taxi [lə ʃofœʀ/la ʃoføz də taksi]
Taxistand	la station de taxis [la stasjɔ̃ də taksi]
Trinkgeld	le pourboire [lə puʀbwaʀ]

Übernachtung

Wir möchten ein Zimmer mit Meerblick.

Sie können Ihre Übernachtungswünsche selbstverständlich auch pantomimisch darstellen – aber die sprachliche Variante erleichtert doch Vieles.

Französisch träumen

Bevor Sie sich für eine der üblichen Hotelketten mit immer gleicher Ausstattung entscheiden, sollten Sie vielleicht einmal nach einem Hotel mit etwas mehr Charakter Ausschau halten.

- *Logis de France* ist ein Zusammenschluss von mehr als 3000 Hotels mit französischem Flair in allen Kategorien. Bei der Bewertung wurden die Sterne durch Kamine ersetzt. (www.logisdefrance.fr)
- Wer lieber in Privatunterkünften übernachten will, wird unter den mehr als 50000 Übernachtungsmöglichkeiten von Gîtes de France sicherlich fündig (www.gitesdefrance.fr).

AN DER TOURISTENINFORMATION

Könnten Sie mir bitte … empfehlen?
Vous pourriez m'indiquer …, s'il vous plaît?
[vu puʀje mɛ̃dike … sil vu plɛ]

- ***ein gutes Hotel***
  un bon hôtel [ɛ̃ bɔ̃n‿otɛl]
- ***ein einfaches Hotel***
  un hôtel pas trop cher [ɛ̃n‿otɛl pa tʀo ʃɛʀ]
- ***eine Pension***
  une pension [yn pɑ̃sjɔ̃]

Ist es zentral/ruhig/in Strandnähe gelegen?
Est-ce qu'il/qu'elle est dans le centre/dans un quartier tranquille/ près de la plage ?
[ɛs‿kil/kɛl ɛ dɑ̃l sɑ̃tʀ/dɑ̃z‿ɛ̃ kaʀtje tʀɑ̃kil/pʀɛ də la plaʒ]

Können Sie mir etwas in der Nähe empfehlen?
Vous pouvez me recommander quelque chose dans le coin ?
[vu puve mʀəkɔmɑ̃de kɛlkə ʃoz dɑ̃l kwɛ̃]

Gibt es hier auch ....?
Est-ce qu'il y a aussi ... ici ? [ɛs‿kil‿ja osi … isi]

- ***einen Campingplatz***
  un terrain de camping [ɛ̃ tɛʀɛ̃d kɑ̃piŋ]
- ***eine Jugendherberge***
  une auberge de jeunesse [yn‿obɛʀʒ də ʒœnɛs]

HOTEL – PENSION – PRIVATZIMMER

Im Hotel angekommen

Ich habe ein Zimmer reserviert. Mein Name ist ...
J'ai réservé une chambre. Je m'appelle ...
[ʒɛ ʀesɛʀve yn ʃɑ̃bʀə ʒə mapɛl]

Wir haben reserviert.
Nous avons réservé. [nuz‿avɔ̃ ʀesɛʀve]

Haben Sie noch Zimmer frei?
Est-ce que vous avez encore des chambres de libres ?
[ɛs‿kə vuz‿ave ɑ̃kɔʀ de ʃɑ̃bʀə də libʀ]

- ***... für eine Nacht***
  ... pour une nuit [puʀ yn nɥi]
- ***... für zwei Tage***
  ... pour deux jours [puʀ dø ʒuʀ]
- ***... für eine Woche***
  ... pour une semaine [puʀ yn səmɛn]

Haben Sie Familienzimmer?
Est-ce que vous avez des chambres familiales ?
[ɛs kə vuz‿ave de ʃɑ̃bʀ familjal]

Nein, leider nicht.
Non, désolé/e. [nɔ̃ dezɔle]

Ja, was für ein Zimmer wünschen Sie?
Oui, qu'est-ce que vous désirez comme chambre ?
[wi kɛs‿kə vu dezire kɔm ʃɑ̃bʀ]

Mit Stil und Stille

Wenn Sie es vorziehen, in Schlössern, Herrenhäusern oder (alten) Abteien zu schlafen, haben Sie die Qual der Wahl. Einige finden Sie unter www.chateauxmanoirs.fr oder www.relaischateaux.fr.
Und wenn Sie vom Stress geplagt sind, sollten Sie sich vielleicht für eines der Herrenhäuser mit Charme und garantierter Stille (= *silence* im Französischen) entscheiden, die unter www.relaisdusilence.fr zu entdecken sind.

Ich hätte gern ...
Je voudrais ... [ʒə vudʀɛ]

- ***ein Einzelzimmer***
  une chambre pour une personne [yn ʃɑ̃bʀ puʀ yn pɛʀsɔn]
- ***ein Doppelzimmer***
  une chambre double [yn ʃɑ̃bʀə dubl]
- ***ein Zweibettzimmer***
  une chambre à deux lits/une twin [yn ʃɑ̃bʀ‿a dø li/yn twin]
- ***ein ruhiges Zimmer***
  une chambre calme [yn ʃɑ̃bʀə kalm]
- ***mit Dusche***
  avec douche [avɛk duʃ]
- ***mit Bad***
  avec salle de bains [avɛk sal də bɛ̃]
- ***mit Blick aufs Meer***
  avec vue sur la mer [avɛk vy syʀ la mɛʀ]

Wie man sich bettet...

In Hotels sind die Preise entweder außen oder im Eingangsbereich angeschlagen. Und normalerweise verstehen sich diese Preise pro Zimmer, nicht pro Person. Für ein Zimmer mit 2 Betten sagt man: **une chambre à 2 lits** oder **une twin**. **Une chambre double** ist in der Regel mit einem großen Bett. Das Frühstück ist im Preis nicht enthalten, wobei es manchmal eine Verhandlungssache sein kann, es dennoch ohne Aufpreis zu bekommen (aber nur manchmal). Nicht selten wird inzwischen statt des kargen französischen Frühstücks ein Frühstücksbüffet angeboten.

Kann ich das Zimmer ansehen?
Est-ce que je peux voir la chambre ? [ɛs‿kəʒ pø vwaʀ la ʃɑ̃bʀ]

Es ist gut, ich nehme es.
C'est bien, je la prends. [sɛ bjɛ̃, ʒla pʀɑ̃]

Können Sie noch ein drittes Bett/Kinderbett dazustellen?
Est-ce que vous pouvez installer un troisième lit/un lit pour enfant ?
[ɛs‿kə vu puve ɛ̃stale ɛ̃ tʀwazjɛm li/ɛ̃ li puʀ ɑ̃fɑ̃]

Ist das Frühstück inklusive?
Est-ce que le petit-déjeuner est inclus ? [ɛs‿kə lə ptideʒœne ɛt‿ɛ̃kly]

Gibt es eine Ermäßigung für Kinder?
Il y a aussi des réductions pour les enfants ?
[il‿ja osi de ʀedyksjɔ̃ puʀ lez‿ɑ̃fɑ̃]

Was kostet das Zimmer mit ...
Quel est le prix de la chambre avec ... [kɛl‿ɛ lə pʀi də la ʃɑ̃bʀ avɛk]

- ***Frühstück?***
  petit-déjeuner compris ? [pti deʒœne kɔ̃pʀi]
- ***Halbpension?***
  en demi-pension ? [ɑ̃ dmi pɑ̃sjɔ̃]
- ***Vollpension?***
  en pension complète ? [ɑ̃ pɑ̃sjɔ̃ kɔ̃plɛt]

Wo kann ich den Wagen abstellen?
Où est-ce que je peux garer ma voiture ?
[u ɛs‿kəʒ pø gaʀe ma vwatyʀ]

- ***In unserer Garage.***
  Dans notre garage. [dɑ̃ nɔtʀə gaʀaʒ]
- ***Auf unserem Parkplatz.***
  Sur notre parking. [syʀ nɔtʀə paʀkiŋ]

Fragen und Bitten

Ab wann gibt es Frühstück?
Le petit-déjeuner est à partir de quelle heure ? [lə pti deʒœne ɛt‿a paʀtiʀ də kɛl‿œʀ]

Wann sind die Essenszeiten?
Quelles sont les heures des repas ? [kɛl sɔ̃ lez‿œʀ de ʀpa]

Wo ist der Speisesaal?
Où est la salle à manger ? [u ɛ la sal a mɑ̃ʒe]

Wo ist der Frühstücksraum?
Où est-ce qu'on prend le petit-déjeuner ? [u ɛs‿kɔ̃ pʀɑ̃l‿ptideʒœne]

Können Sie mich bitte morgen früh um 7 Uhr wecken?
Vous pouvez me réveiller demain matin à 7 heures, s'il vous plaît ? [vu puvem ʀevɛje dmɛ̃ matɛ̃ a sɛt œʀ sil vu plɛ]

Könnten Sie mir bitte ... bringen?
Vous pourriez m'apporter ... [vu puʀje mapɔʀte]

- ***ein Badetuch***
  une serviette de bains. [yn sɛʀvjɛt də bɛ̃]
- ***noch eine Decke***
  encore une couverture. [ɑ̃kɔʀ yn kuvɛʀtyʀ]

Wie funktioniert ...?
Comment fonctionne ... ? [kɔmɑ̃ fɔ̃ksjɔn]

Die 11 bitte.
La 11, s'il vous plaît. [la ɔ̃z sil vu plɛ]

Gibt es ... im Zimmer?
Est-ce qu'il y a ... dans la chambre ? [ɛs‿kil‿ja ... dɑ̃ la ʃɑ̃bʀ]

- ***Internetanschluss***
  un accès Internet [ɛ̃n‿aksɛ ɛ̃tɛʀnɛt]
- ***Fernsehen***
  la télévision [la televizjɔ̃]

Haben Sie WLAN?
Vous avez la Wi-Fi ? [vuz‿ave la wifi]

Wo kann ich ins Internet gehen?
Où est-ce qu'il y a un accès Internet ? [u ɛs‿kilja ɛ̃n‿aksɛ ɛ̃tɛʀnɛt]

Wo kann ich ...
Où est-ce que je peux ... [u ɛs keʒ pø]

- ***hier etwas trinken?***
  boire quelque chose ici ? [bwaʀ kɛlkə ʃoz isi]
- ***ein Auto mieten?***
  louer une voiture ? [lue yn vwatyʀ]

- ***das Auto abstellen?***
  garer la voiture ? [gaʀe la vjatyʀ]
- ***hier telefonieren?***
  téléphoner ici ? [telefɔne isi]

Gibt es einen Safe im Zimmer?
Est-ce qu'il y a un coffre-fort dans la chambre ?
[ɛs‿kilja ɛ̃ kɔfʀəfɔʀ dɑ̃ la ʃɑ̃bʀ]

Haben Sie eine Nachricht für mich?
Vous avez un message pour moi ? [vuz‿ave ɛ̃ mɛsaʒ puʀ mwa]

Gibt es hier eine Kinderbetreuung?
Est-ce qu'il y a une garderie ici ? [ɛs‿kil‿ja yn gaʀdʀi isi]

Ab welchem Alter?
A partir de quel âge ? [a paʀtiʀ də kɛl aʒ]

Haben Sie ein Babyfon?
Vous avez un interphonebébés ? [vuz‿aveɛ̃n‿ɛ̃ntɛʀfɔnbebe]

Alles in Ordnung?

Das Zimmer ist heute nicht geputzt worden.
Ma chambre n'a pas été nettoyée aujourd'hui.
[ma ʃɑ̃bʀ na paz‿ete nɛtwaje oʒuʀdɥi]

Die Klimaanlage funktioniert nicht.
L'air conditionné ne fonctionne pas. [lɛʀ kɔ̃disjɔne nə fɔ̃ksjɔn pa]

Der Wasserhahn tropft.
Le robinet goutte. [lə ʀɔbinɛ gut]

Es kommt kein (warmes) Wasser.
Il n'y a pas d'eau (chaude). [il nja pa do (ʃod)]

Die Toilette/Das Waschbecken ist verstopft.
Les toilettes sont bouchées/Le lavabo est bouché.
[le twalɛt sɔ̃ buʃe/lə lavabo ɛ buʃe]

Ich hätte gern ein anderes Zimmer.
J'aimerais une autre chambre, s'il vous plaît.
[ʒɛmʀɛ yn‿otʀə ʃɑ̃bʀə sil vu plɛ]

Auschecken und Bezahlen

Ich reise heute Abend/morgen um ... Uhr ab.
Je pars ce soir/demain à ... heures. [ʒə paʀ sə swaʀ/dəmɛ̃ a … œʀ]

Kann ich mein Gepäck (bis heute Abend) hier lassen?
Est-ce que je peux laisser mon bagage ici (jusqu'à ce soir) ?
[ɛs‿kəʒ‿pø lɛse mɔ̃ bagaʒ isi (ʒyska sə swaʀ)]

Könnten Sie bitte die Rechnung fertig machen?
Vous pouvez préparer la note, s'il vous plaît ?
[vu puve pʀepaʀe la nɔt sil vu plɛ]

Kann ich bitte meinen Pass zurückhaben?
Vous pouvez me rendre mon passeport, s'il vous plaît ?
[vu puvem‿ʀɑ̃dʀ mɔ̃ paspɔʀ, sil vu plɛ]

Nehmen Sie Kreditkarten?
Vous prenez les cartes de crédit ? [vu pʀəne le kaʀt də kʀedi]

Könnten Sie mir bitte ein Taxi rufen?
Vous pourriez m'appeler un taxi, s'il vous plaît ?
[vu puʀje maple ɛ̃ taksi sil vu plɛ]

Vielen Dank für alles! Auf Wiedersehen!
Merci pour tout ! Au revoir ! [mɛʀsi puʀ tu o ʀvwaʀ]

Abendessen	le dîner [lə dine]
Abfalleimer	la poubelle [la pubɛl]
Aschenbecher	le cendrier [lə sɑ̃dʀije]
Aufenthaltsraum	le salon [lə salɔ̃]
Auffahrtrampe	la rampe d'accès [la ʀɑ̃p daksɛ]
Aufzug	l'ascenseur *m* [lasɑ̃sœʀ]
Babyfon	l'interphone *m* [lɛ̃tɛʀfɔn]
Babysitter	le baby-sitter [lə bebisitɛʀ]
Badetuch	la serviette de bains [la sɛʀvjɛt də bɛ̃]
Badewanne	la baignoire [la bɛɲwaʀ]
Badezimmer	la salle de bains [la sal də bɛ̃]
Balkon	le balcon [lə balkɔ̃]
barrierefrei	sans obstacle [sɑ̃z‿ɔpstakl]
Becher	le gobelet [lə gɔblɛ]
Bett	le lit [lə li]
Bettdecke	la couverture [la kuvɛʀtyʀ]
Bettwäsche	les draps *m* [le dʀa]
Bidet	le bidet [le bidɛ]
Brausenkopf	la pomme de douche [la pɔm də duʃ]
Briefpapier	le papier à lettres [lə papje a lɛtʀ]
Dusche	la douche [la duʃ]
Duschsitz	la douche assise [la duʃ asiz]
Duschvorhang/Schiebetür	le rideau/la porte coulissante [lə ʀido/la pɔʀt kulisɑ̃t]
ebenerdig	au niveau du sol [o nivo dy sɔl]
Empfangshalle	le hall [lə ol]
Etage	l'étage *m* [letaʒ]
Fenster	la fenêtre [la fnɛtʀ]
Fernseher	le téléviseur [lə televizœʀ]
Fernsehraum	la salle de télévision [la sal də televizjɔ̃]

Frühstück .... le petit-déjeuner [lə pti deʒœne]
Frühstücksbüfett .... le buffet (de petit-déjeuner) [lə byfɛ (də pti deʒœne)]
Frühstücksraum .... la salle de petit-déjeuner [la sal də pti deʒœne]
Garage .... le garage [lə gaʀaʒ]
Gedeck .... le couvert [lə kuvɛʀ]
Glas .... le verre [lə vɛʀ]
Glühbirne .... l'ampoule *f* [lɑ̃pul]
Halbpension .... la demi-pension [la dmipɑ̃sjɔ̃]
Handbrause .... la douchette [la duʃɛt]
Handtuch .... la serviette de toilette [la sɛʀvjɛt də twalɛt]
Hauptsaison .... la pleine saison [la plɛn sɛzɔ̃]
Heizung .... le chauffage [lə ʃofaʒ]
Kinderbecken .... le bassin pour enfants [lə basɛ̃ puʀ ɑ̃fɑ̃]
Kinderbetreuung .... la garderie [la gaʀdəʀi]
Kinderbett .... le lit d'enfant [lə li dɑ̃fɑ̃]
Kleiderbügel .... le cintre [lə sɛtʀ]
Klimaanlage .... l'air conditionné [lɛʀ kɔ̃disjɔne]
Kopfkissen .... l'oreiller *m* [lɔʀɛje]
Lampe .... la lampe [la lɑ̃p]
Licht .... la lumière [la lymjɛʀ]
Lichtschalter .... l'interrupteur *m* [lɛ̃teʀyptœʀ]
Matratze .... le matelas [lə matla]
Minibar .... le minibar [lə minibaʀ]
Mittagessen .... le déjeuner [lə deʒœne]
Motel .... le motel [lə mɔtɛl]
Nachsaison .... l'arrière-saison *f* [laʀjɛʀsɛzɔ̃]
Nachttisch .... la table de nuit [la tablə də nɥi]
Nachttischlampe .... la lampe de chevet [la lɑ̃p də ʃvɛ]
Notizblock .... le bloc-notes [lə blɔknɔt]
Parkplatz .... la place de stationnement [la plas də stasjɔnmɑ̃]
Pension .... la pension (de famille) [la pɑ̃sjɔ̃(d famij)]
Portier .... le portier [lə pɔʀtje]; le/la concierge [lə/la kɔ̃sjɛʀʒ]
Powernap .... la petite sieste [la ptit sjɛst]
Preisliste .... la liste des prix [la list de pʀi]
Radio .... la radio [la ʀadjo]
reinigen .... nettoyer [nɛtwaje]
reparieren .... réparer [ʀepaʀe]
Reservierung .... la réservation [la ʀezɛʀvasjɔ̃]
Restaurant .... le restaurant [lə ʀɛstɔʀɑ̃]
Rezeption .... la réception [la ʀesɛpsjɔ̃]

rollstuhlgerecht	aménagé/équipé pour handicapés [amenaʒe/ekipe puʀ ɑ̃dikape]
Safe	le coffre-fort [lə kɔfʀəfɔʀ]
Schlüssel	la clé [la kle]
Schrank	l'armoire *f* [laʀmwaʀ]
Schuhputzzeug	le nécessaire à cirage [le nesesɛʀ‿a siʀaʒ]
Sessel	le fauteuil [lə fotœj]
Speisesaal	la salle à manger [la sal a mɑ̃ʒe]
Steckdose	la prise de courant [la pʀiz də kuʀɑ̃]
Stecker	la fiche [la fiʃ]
stufenloser Zugang	l'accès sans marche [laksɛ sɑ̃ maʀʃ]
Stuhl	la chaise [la ʃɛs]
Swimmingpool	la piscine [la pisin]
Terrasse	la terrasse [la tɛʀas]
Tisch	la table [la tabl]
Toilette	les toilettes *f* [le twalɛt]
Toilettenpapier	le papier hygiénique [lə papje iʒjenik]
Transferbus	la navette [la navɛt]
Übernachtung	la nuit [la nɥit]
Ventilator	le ventilateur [lə vɑ̃tilatœʀ]
Verlängerungswoche	la semaine supplémentaire [la smɛn syplemɑ̃tɛʀ]
Vollpension	la pension complète [la pɑ̃sjɔ̃ kɔ̃plɛt]
Vorsaison	l'avant-saison *f* [lavɑ̃sɛzɔ̃]
Waschbecken	le lavabo [lə lavabo]
Wäschewechsel	le changement de linge [lə ʃɑ̃ʒmɑ̃d lɛ̃ʒ]
Wasser	l'eau *f* [lo]
– kaltes Wasser	l'eau froide [lo fʀwad]
– warmes Wasser	l'eau chaude [lo ʃod]
Wasserglas	le verre à eau [lə vɛʀ a o]
Wasserhahn	le robinet [lə ʀɔbinɛ]
WLAN	la Wi-Fi [la wifi]
Wolldecke	la couverture de laine [la kuvɛʀtyʀ də lɛn]
Zimmer	la chambre [la ʃɑ̃bʀ]
Zimmermädchen	la femme de chambre [la fam də ʃɑ̃bʀ]
Zimmertelefon	le téléphone (de la chambre) [lə telefɔn (də la ʃɑ̃bʀ)]
Zwischenstecker	la prise multiple [la pʀiz myltipl]

FERIENHÄUSER UND FERIENWOHNUNGEN

Ich habe ... gebucht/gemietet.
J'ai réservé/loué ... [ʒɛ ʀezɛʀve/lue]

- ***die Wohnung ...***
  l'appartement ... [lapaʀtəmɑ̃]
- ***das Haus ...***
  la maison ... [la mɛzɔ̃]

... bei Ihnen
... chez vous. [... ʃe vu]

Wo holen wir die Schlüssel?
Où est-ce qu'on va chercher les clés ? [u‿ɛs‿kɔ̃ va ʃɛʀʃe le kle]

Ist der Strom- und Wasserverbrauch im Mietpreis enthalten?
Est-ce que l'eau et l'électricité sont comprises dans la location ?
[ɛs‿kə lo e lelɛktʀisite sɔ̃ kɔ̃pʀiz dɑ̃ la lɔkasjɔ̃]

Sind Haustiere erlaubt?
Est-ce que les animaux domestiques sont admis ?
[ɛs‿kə lez‿animo dɔmɛstik sɔ̃t‿admi]

Müssen wir die Endreinigung selbst übernehmen?
Est-ce que nous devons faire nous-mêmes le nettoyage de fin de séjour ? [ɛs‿kə nu dvɔ̃ fɛʀ numɛm lə nɛtwajaʒ də fɛ̃d seʒuʀ]

Wohin kommt der Müll?
Où est-ce qu'on dépose les ordures ? [u‿ɛs‿kɔ̃ depoz lez‿ ɔʀdyʀ]

Geben Sie mir bitte die Kaution zurück?
Vous me rendez la caution, s'il vous plaît ?
[vum‿ʀɑ̃de la kosjɔ̃ sil vu plɛ]

Wo gibt es hier ein Lebensmittelgeschäft?
Où est-ce qu'il y a une épicerie ici ? [u‿ɛs‿kil‿ja yn‿episʀi isi]

Die wichtigsten Wörter

Anreisetag	le jour de l'arrivée [lə ʒuʀ də laʀive]
Anzahlung	l'acompte *m* [lakɔ̃t]
Apartment	le studio [lə stydjo]
Bauernhof	la ferme [la fɛʀm]
Bungalow	le bungalow [lə bɛ̃galo]
Endreinigung	le nettoyage de fin de séjour [lə nɛtwajaʒ də fɛ̃d seʒuʀ]
Ferienanlage	le village de vacances [lə vilaʒ də vakɑ̃s]
Ferienhaus	la maison de vacances/de campagne [la mɛzɔ̃d vakɑ̃s/kɑ̃paɲ]

Hausbesitzer	le propriétaire (de la maison) [lə pʀɔpʀijetɛʀ (də la mɛzɔ̃)]
Haustiere	les animaux domestiques [lez‿animo dɔmɛstik]
Kaution	la caution [la kosjɔ̃]
Kochnische	le coin-cuisine [lə kwɛ̃kɥizin]
Küche	la cuisine [la kɥizin]
Miete	le loyer [lə lwaje]
Müll	les ordures *f* [les‿ɔʀdyʀ]
Mülltrennung	le tri des déchets [lə tʀi de deʃɛ]
Nebenkosten	les charges *f* [le ʃaʀʒ]
Schlafzimmer	la chambre à coucher [la ʃɑ̃bʀ a kuʃe]
Schlüsselübergabe	la remise des clés [la ʀəmiz de kle]
Strom	le courant (électrique) [lə kuʀɑ̃ (elɛktʀik)]
Stromspannung	le voltage [lə vɔltaʒ]
Studio	le studio [lə stydjo]
vermieten	louer [lue]
Wasserverbrauch	la consommation d'eau [la kɔ̃sɔmasjɔ̃ do]
Wohnzimmer	la salle de séjour [la sal də seʒuʀ]

Was man so braucht

Backofen	le four [lə fuʀ]
Besen	le balai [lə balɛ]
Bräter	la sauteuse [la sotøz]
Bügeleisen	le fer à repasser [lə fɛʀ‿a ʀəpase]
Eierbecher	le coquetier [lə kɔktje]
Eimer	le seau [lə so]
Etagenbett	les lits superposés [le li sypɛʀpoze]
Gasherd	la gazinière [la gazinjɛʀ]
Geschirr	la vaisselle [la vɛsɛl]
Geschirrtuch	le torchon [lə tɔʀʃɔ̃]
Glas	le verre [lə vɛʀ]
Herd	la cuisinière [la kɥizinjɛʀ]
Kaffeefilter	les filtres à café [filtʀ‿a kafe]
Kaffeelöffel	la petite cuillère [la ptit kɥijɛr]
Kaffeemaschine	la cafetière électrique [la kaftjɛʀ elɛktʀik]
Kehrschaufel	la balayette [la balɛjɛt]
Küchensieb	la passoire [la paswaʀ]
Kühlschrank	le réfrigérateur [lə ʀefʀiʒeʀatœʀ] le frigo [lə fʀigo]
Mixer	le mixeur [lə miksœr]
Pfanne	la poêle [la pwal]
Putzmittel	le produit d'entretien [lə prodɥid‿ɑ̃tʀətjɛ̃]
Reibe	la râpe [la rɑp]
Rührlöffel	la cuillère en bois [la kɥijɛʀ‿ɑ̃ bwa]
Schlafcouch	le canapé-lit [lə kanapeli]
Schneebesen	le fouet [lə fuɛ]
Schneidebrett	la planche à découper [la plɑ̃ʃ‿a dekupe]
Schöpfkelle	la louche [la luʃ]
Schüssel	le plat [lə pla]
Staubsauger	l'aspirateur *m* [l aspiratœʀ]
Tasse	la tasse [la tas]
Trockner	le sèche-linge [lə sɛʃlɛ̃ʒ]
Waschmaschine	la machine à laver [la maʃin‿a lave]
Wasserkocher	la bouilloire électrique [la bujwaʀ elɛktʀik]
Wischmopp	la serpillière [la sɛʀpijɛr]

Könnten Sie mir sagen, ob es in der Nähe einen Campingplatz gibt?
Vous pourriez me dire s'il y a un terrain de camping par ici ?
[vu puʀjem diʀ sil‿ja ɛ̃ tɛʀɛ̃d kɑ̃piŋ paʀ isi]

Haben Sie noch Platz für einen Wohnwagen/ein Zelt?
Vous avez encore de la place pour une caravane/une tente ?
[vuz‿ave ɑ̃kɔʀ də la plas puʀ yn kaʀavan/yn tɑ̃t]

Wie hoch ist die Gebühr pro Tag und Person?
Quel est le tarif par jour et par personne ?
[kɛl‿ɛl taʀif paʀ ʒuʀ e paʀ pɛʀsɔn]

Wie hoch ist die Gebühr für ...
Quel est le tarif pour ... [kɛl‿ɛl taʀif puʀ]

- ***ein Auto?***
  une voiture ? [yn vwatyʀ]
- ***einen Wohnwagen?***
  une caravane ? [yn kaʀavan]
- ***ein Wohnmobil?***
  un camping-car ? [ɛ̃ kɑ̃piŋkaʀ]
- ***ein Zelt?***
  une tente ? [yn tɑ̃t]

Vermieten Sie stationäre Wohnwagen?
Vous louez des caravanes ? [vu lue de kaʀavan]

Wir bleiben ... Tage/ Wochen.
Nous restons ... jours/semaines. [nu ʀɛstɔ̃ ... ʒuʀ/smɛn]

Wo sind ...
Où sont ... [u sɔ̃]

- ***die Toiletten?***
  les toilettes ? [le twalɛt]
- ***die Waschräume?***
  les sanitaires ? [le sanitɛʀ]
- ***die Duschen?***
  les douches ? [le duʃ]

Camping	le camping [lə kɑ̃piŋ]
Campingausweis	la licence de camping [la lisɑ̃s də kɑ̃piŋ]
Campingführer	le guide de camping-caravaning [lə gid də kɑ̃piŋ kaʀavaniŋ]
Campingplatz	le (terrain de) camping [lə (tɛʀɛ̃ də) kɑ̃piŋ]
Gasflasche	la bouteille de gaz [la butɛj də gaz]
Gaskartusche	la cartouche de gaz [la kaʀtuʃ də gaz]
Gaskocher	le réchaud à gaz [lə ʀeʃo a gaz]
Geschirrspülbecken	l'évier pour la vaisselle [levje puʀ la vɛsɛl]
Hammer	le marteau [lə maʀto]
Hering	la sardine [la saʀdin]
Kocher	le réchaud [lə ʀeʃo]
Petroleumlampe	la lampe à pétrole [la lɑ̃p a petʀɔl]
Propangas	le propane [lə pʀɔpan]
Schlafsack	le sac de couchage [lə sak də kuʃaʒ]
Spaten	la bêche [la bɛʃ]
Steckdose	la prise de courant [la pʀiz də kuʀɑ̃]
Stecker	la fiche [la fiʃ]
Strom	le courant (électrique) [lə kuʀɑ̃ (elɛktʀik)]
Stromanschluss	la prise de courant [la pʀiz də kuʀɑ̃]
Taschenlampe	la lampe de poche [la lɑ̃p də pɔʃ]
Trinkwasser	l'eau potable [lo pɔtabl]
Voranmeldung	la réservation [la ʀezɛʀvasjɔ̃]
Waschraum	les lavabos *m* [le lavabo]
Wasser	l'eau *f* [lo]
Wasserkanister	le bidon d'eau [lə bidɔ̃ do]
Wohnmobil	le camping-car [lə kɑ̃piŋkaʀ]
Wohnwagen	la caravane [la kaʀavan]
Zelt	la tente [la tɑ̃t]
zelten	camper [kɑ̃pe]

RESTA
Hotel
Restaurant

Essen und Trinken

Habe ich *das* bestellt?

Sie müssen nicht unbedingt jeden Menschen verstehen, aber bei einer Speisekarte ist es von großem Vorteil.

Gewusst wo

- Das **cafe** bietet vorrangig Getränke an, aber auch *croissants* oder *baguettes, sandwichs* und weitere Kleinigkeiten für den kleinen Hunger. Im **café-tabac** werden auch Tabakwaren, Zeitungen/Zeitschriften, Briefmarken, Telefonkarten und Busfahrkarten verkauft.
- Im **café-restaurant** bekommen Sie komplette warme Gerichte.
- **Bistrot** ist zwar die allgemeine Bezeichnung für das Café um die Ecke und für alle kleinen Lokale, gleichzeitig aber kann ein **bistrot** auch ein kleines Restaurant in alter Tradition sein, d.h. oft mit rot-weiß karierten Tischtüchern und in der Regel guten und preiswerten Menüs.
- Die **brasserie** war ursprünglich ein Bierlokal. Inzwischen aber versteht man darunter ein großes **café-restaurant**, mitunter mit elsässischen Spezialitäten. In einer **brasserie** können Sie sich zudem meist mit einem einzigen Gericht begnügen, ohne schief angesehen zu werden.
- Im **restaurant** dagegen wird oft erwartet, dass man mehrere Gänge und dazu auch noch Wein bestellt.
- Der **salon de thé** entspricht dem deutschen Café, und der Begriff **crêperie** gehört schon längst zum deutschen Wortschatz.

ESSEN GEHEN

Wo gibt es hier …
Vous pourriez m'indiquer … [vu puʀje mɛ̃dike]

ein gutes Restaurant?
un bon restaurant ? [ɛ̃ bɔ̃ ʀɛstɔʀɑ̃]

ein nicht zu teures Restaurant?
un restaurant pas trop cher ? [ɛ̃ ʀɛstɔʀɑ̃ pa tʀo ʃɛʀ]

IM RESTAURANT

Wann und was

Normalerweise wird das **déjeuner** (*Mittagessen*) zwischen 12.30 Uhr und 14.00 Uhr serviert, das **dîner** (*Abendessen*) zwischen 19.30 Uhr und 22 Uhr. **Du pain** (*frisches Brot*) und **une carafe d'eau** (*ein Krug Leitungswasser*) stehen schon auf dem Tisch und werden kostenlos nachgereicht.
Zu Mittag essen viele Franzosen ein **hors d'œuvre** (*kalte Vorspeise*) wie z. B. **crudités** (*Rohkostsalat*), ein Hauptgericht, Käse und/oder Nachtisch. Abends isst man leichter: eine Suppe, ein Salat mit Schinken o. Ä., Käse und/oder Jogurt.
Berufstätige, die vor Ort essen, keine Kantine haben und sich auch nicht mit einem Sandwich begnügen wollen, essen in kleinen Restaurants, die ein **plat du jour** (*Tagesgericht*) anbieten.
In den letzten Jahren sind so genannte **formules** entstanden. Das sind mögliche Kombinationen zu Sonderpreisen: z. B. Vorspeise/Tagesgericht/Getränk oder Tagesgericht/Nachtisch/Kaffee.
Vegetarische Menüs haben in Frankreich noch Seltenheitswert.

Ich möchte für heute Abend einen Tisch für vier Personen reservieren.
Je voudrais retenir une table pour ce soir, pour quatre personnes.
[ʒvudʀɛ ʀtənir yn tablə puʀ sə swaʀ puʀ katʀə pɛʀsɔn]

Ist dieser Tisch noch frei?
Est-ce que cette table est libre, s'il vous plaît ?
[ɛs‿kə sɛt tabl ɛ libʀ sil vu plɛ]

Einen Tisch für zwei/drei Personen, bitte.
Une table pour deux/trois personnes, s'il vous plaît.
[yn tablə puʀ dø/tʀwa pɛʀsɔn sil vu plɛ]

Wo sind bitte die Toiletten?
Où sont les toilettes, s'il vous plaît ? [u sɔ̃ le twalɛt sil vu plɛ]

Gibt es hier einen Wickelraum?
Vous avez une nurserie ici ? [vuz‿ave yn‿nœʀsəʀi isi]

Haben Sie eine (Nicht-)Raucherzone?
Vous avez un espace (non-)fumeurs ? [vuz ave ɛ̃n ɛspas (nɔ̃) fymœʀ]

Ich möchte ...
Je voudrais ... [ʒə vudʀɛ …]

- *die Speisekarte, bitte.*
  la carte, s'il vous plaît. [la kaʀt sil vu plɛ]
- *die Getränkekarte, bitte.*
  la carte des boissons, s'il vous plaît. [la kaʀt de bwasɔ̃ sil vu plɛ]

Was können Sie mir empfehlen?
Qu'est-ce que vous me conseillez ? [kɛs‿kə vum kɔ̃sɛje]

Ich hätte gerne etwas Typisches aus der Region.
J'aimerais quelque chose de typique de la région.
[ʒɛmʀɛ kɛlkə ʃoz də tipik də la ʀeʒjɔ̃]

Gibt es auch Kinderportionen?
Vous faites des demi-portions pour les enfants ?
[vu fɛt de dmipɔʀsjɔ̃ puʀ lez‿ɑ̃fɑ̃]

Haben Sie schon gewählt?
Vous avez choisi ? [vuz‿ave ʃwazi]

Ich nehme ...
Je prends ... [ʒə pʀɑ̃]

Als Vorspeise/Hauptgericht/Nachtisch nehme ich ...
Comme entrée/plat principal/dessert, je prends ...
[kɔm ɑ̃tʀe/desɛʀ/pla pʀɛ̃sipal ʒə pʀɑ̃]

Ich möchte keine Vorspeise, danke.
Je ne veux pas d'entrée, merci. [ʒən vø pa dɑ̃tʀe mɛʀsi]

Könnte ich statt ... ... haben?
Est-ce qu'à la place de ... je pourrais avoir ... ?
[ɛs‿ka la plas də … ʒə puʀɛ avwaʀ]

Ich esse kein ...
Je ne mange pas de ... [ʒən mɑ̃ʒ pa də …]

Ich bin ...
Je suis ... [ʒə sɥi …]

- *Diabetiker/Diabetikerin.*
  diabétique. [djabetik]
- *Vegetarier/Vegetarierin.*
  végétarien/ne. [veʒetaʀjɛ̃/ɛn]
- *Veganer/Veganerin.*
  végétalien/ne. [veʒetaljɛ̃/ɛn]
- *Flexitarier/Flexitarierin.*
  flexitarien/ne [flɛksitaʀjɛ̃/jɛn]

Ich bin allergisch gegen ...
Je suis allergique au/aux [ʒə sɥiz‿alɛʀʒik‿o]

- ***Eier.***
  œufs. [z‿ø]
- ***Gluten.***
  gluten. [glytɛn]
- ***Milchprodukte.***
  produits laitiers. [pʀɔdɥi lɛtje]
- ***Natriumglutamat.***
  glutamat. [glytamat]
- ***Nüsse.***
  noix. [nwa]

Wie möchten Sie Ihr Steak haben?
Comment voulez-vous votre steak ? [kɔmɑ̃ vule vu vɔtʀə stɛk]

gut durch
bien cuit [bjɛ̃ kɥi]

halb durch
à point [a pwɛ̃]

englisch
saignant [sɛɲɑ̃]

Was möchten Sie trinken?
Qu'est-ce que vous voudriez boire ? [kɛs‿kə vu vudʀje bwaʀ]

Bitte ein Glas ...
Un verre de ..., s'il vous plaît. [ɛ̃ vɛʀ də … sil vu plɛ]

Bitte eine Flasche/eine halbe Flasche ...
Une bouteille/Une demi-bouteille de ..., s'il vous plaît.
[yn butɛj/yn dəmibutɛj də … sil vu plɛ]

Guten Appetit!
Bon appétit ! [bɔn‿apeti]

Zum Wohl!
A votre santé/A la vôtre. [a vɔtʀ sɑ̃te/a la votʀ]

Haben Sie noch einen Wunsch?
Vous désirez encore quelque chose ? [vu deziʀe ɑ̃kɔʀ kɛlkə ʃoz]

Bitte bringen Sie uns ...
Apportez-nous ..., s'il vous plaît. [apɔʀte nu … sil vu plɛ]

Könnten Sie uns noch etwas Brot/Wasser/Wein bringen?
Est-ce que vous pourriez nous apporter encore un peu de pain/d'eau/de vin, s'il vous plaît ?
[ɛs‿kə vu puʀje nuz‿apɔʀte ɑ̃kɔʀ ɛ̃ pød pɛ̃/do/də vɛ̃ sil vu plɛ]

Könnten Sie bitte noch einen Kinderstuhl bringen?
Vous pourriez nous apporter une chaise d'enfants, s'il vous plaît ?
[vu purje nuz‿apɔʀte yn ʃɛz dɑ̃fɑ̃ sil vu plɛ]

Könnten Sie bitte das Fläschchen warm machen?
Vous pourriez réchauffer le biberon, s'il vous plaît ?
[vu puʀje reʃofe lə bibʀɔ̃ silvuplɛ]

SICH BESCHWEREN

Höflich, aber bestimmt!

Wenn Sie etwas zu beanstanden haben, leiten Sie Ihre Beschwerde bitte immer mit einem *Excusez-moi*, z. B.: *Excusez-moi, mais je n'ai pas de* ... ein. Bei der zweiten Beschwerde im selben Lokal dürfen Sie allerdings ruhig auf das *Excusez-moi* verzichten.

Hier fehlt ein/e ...
Je n'ai pas de ... [ʒnɛ pad]

Haben Sie mein/e ... vergessen?
Vous pensez à mon/ma/mes ... ? [vu pɑ̃se a mɔ̃/ma/me]

Das habe ich nicht bestellt.
Ce n'est pas ce que j'ai commandé. [snɛ pa skə ʒɛ kɔmɑ̃de]

Die Suppe ist kalt/versalzen.
Le potage est froid/trop salé. [lə pɔtaʒ ɛ fʀwa/tʀo sale]

Das Fleisch ist zäh/zu fett.
Cette viande est dure/trop grasse. [sɛt viɑ̃d‿ɛ dyʀ/tʀo gʀas]

Der Fisch ist nicht frisch.
Le poisson n'est pas frais. [lə pwasɔ̃ nɛ pa fʀɛ]

Nehmen Sie es bitte zurück.
Vous pouvez le remporter, s'il vous plaît ?
[vu puve lə ʀɑ̃pɔʀte sil vu plɛ]

Holen Sie bitte den Chef.
Allez chercher le patron, je vous prie. [ale ʃɛʀʃel patʀɔ̃ ʒvu pʀi]

BEZAHLEN

Die Rechnung bitte/Bezahlen, bitte.
L'addition, s'il vous plaît. [ladisjɔ̃ sil vu plɛ]

Bitte alles zusammen.
Je paie le tout. [ʒə pɛ lə tu]

Ist die Bedienung inklusive?
Le service est compris ? [lə sɛʀvis ɛ kɔ̃pʀi]

Die Rechnung scheint mir nicht zu stimmen.
Je crois qu'il y a une erreur dans l'addition.
[ʒə kʀwa kil‿ja yn‿ɛʀœʀ dɑ̃ ladisjɔ̃]

Zahlen, bitte!

Einige Tipps zu französischen Gewohnheiten in *cafés* und *restaurants:*
- Essen mehrere Leute mit „getrennter Kasse" zusammen, bekommt man die Gesamtrechnung und regelt erst nach dem Bezahlen, wer welche Posten übernimmt.
- Das Trinkgeld lässt man in der Regel lässig auf dem Tisch oder in dem dafür bestimmten Tellerchen liegen. Es bringt dem Gebenden zwar kein direktes Dankeschön, dies sollte aber kein Grund sein, weniger zu geben.

Das habe ich nicht gehabt. Ich hatte …
Je n'ai pas pris de … J'ai pris … [ʒnɛ pa pʀi də … ʒɛ pʀi]

Hat es geschmeckt?
Ça a été ? [sa a ete]

Ça vous a plu? [sa vuz‿a ply]

Das Essen war ausgezeichnet.
Le repas était excellent. [lə ʀəpa etɛt‿ɛksɛlɑ̃]

Das ist für Sie.
Voilà pour vous. [vwala puʀ vu]

Es stimmt so.
C'est bien comme ça. [sɛ bjɛ̃ kɔm sa]

Paris wie zu Hause erleben

Im Café *Les Pères Populaires* kann man sich wie zu Hause fühlen. Es ist gemütlich - mit alten zusammengewürfelten Sofas und Tischen (mit entsprechenden Tapeten) - und preiswert zugleich. Also, wer denkt, Paris sei teuer, kennt diese kleine Bar nicht, in der viele Studenten verkehren. Übrigens: Sollten Sie den Friedhof *Père Lachaise* (mit den Gräbern von vielen Berühmtheiten wie Edith Piaf, Jim Morrison oder Oscar Wilde) besichtigen, liegen beide „Etablissements" im selben Arrondissement (20ème): *Les Pères Populaires, 46 rue de Buzenval.*

In allen Schattierungen

Die französische Kaffeekultur ist bei weitem nicht so entwickelt wie in Italien, aber einige Nuancen sollte man doch kennen. So wird oft bestellt:
- *un grand crème = un grand café au lait*
- *un petit crème = un petit café au lait*
- *un grand noir = un grand café noir*
- *un petit noir* oder *un express*
- *une noisette* (eine Nuss) ist ein schwarzer Kaffee mit etwas Milch.

Je nach Gegend können die Bezeichnungen und deren Bedeutungen etwas variieren.

Was trinken Sie?
Qu'est-ce que vous buvez ? [kɛs‿kə vu byve]

Ich möchte einen Kaffee, bitte.
Je voudrais un café, s'il vous plaît. [ʒvudʀɛ ɛ̃ kafe sil vu plɛ]

... einen schwarzen Kaffee
... un café noir [ɛ̃ kafe nwaʀ]

... einen Espresso
... un café express [ɛ̃ kafe ɛkspʀɛs]

... einen Milchkaffee
... un café au lait [ɛ̃ kafe o lɛ]

... einen Kaffee mit Sahne
... un café crème [ɛ̃ kafe kʀɛm]

Ich möchte einen Chai Latte/einen grünen Smoothie.
Je voudrais un chai latte/un smoothie vert. [ʒvudʀɛ ɛ̃ tʃaj late/ɛ̃ smuti vɛʀ]

Einen frisch gepressten Zitronensaft.
Un citron pressé. [ɛ̃ sitʀɔ̃ pʀese]

Eine Limonade mit Pfefferminzsirup.
Un diabolo menthe. [ɛ̃ djabolo mɑ̃t]

Ich hätte gern einen Tee natur/mit Milch/mit Zitrone.
J'aimerais un thé nature/au lait/au citron. [ʒɛmʀɛ ɛ̃ te natyʀ/o lɛ/o sitʀɔ̃]

Ein Bier vom Fass, bitte.
Une (bière) pression, s'il vous plaît. [yn (bjɛʀ) pʀɛsjɔ̃ sil vu plɛ]

Das ist meine Runde.
C'est ma tournée. [sɛ ma tuʀne]

Das Gleiche noch einmal, bitte.
La même chose, s'il vous plaît. [la mɛm ʃoz sil vu plɛ]

Was haben Sie zu essen?
Qu'est-ce que vous avez à manger ? [kɛs kə vuz‿ave a mɑ̃ʒe]

Wir haben Omelette, eine Aufschnittplatte, hausgemachte Pastete oder Croque-monsieur.
Nous avons des omelettes, de la charcuterie, du pâté maison ou des croque-monsieur.
[nuz‿avɔ̃ dez ɔmlɛt, də la ʃaʀkytʀi, dy pate mɛsɔ̃ u de kʀɔkməsjø]

Abendessen .... le dîner [lə dine]
alkoholfrei .... sans alcool [sɑ̃z‿alkɔl]
Aschenbecher .... le cendrier [lə sɑ̃dʀije]
Besteck .... les couverts *m* [le kuvɛʀ]
Bestellung .... la commande [la kɔmɑ̃d]
Diabetiker .... le diabétique [lə djabetik]
Dressing .... l'assaisonnement *m* [lasɛzɔnmɑ̃]
Essig .... le vinaigre [lə vinɛgʀ]
vom Fass .... à la pression [a la pʀɛsjɔ̃]
fettarm .... light [lajt]
Fläschchenwärmer .... le chauffe-biberon [lə ʃofbibʀɔ̃]
Fleck .... la tache [la taʃ]
Frühstück .... le petit-déjeuner [lə pti deʒœne]
Gabel .... la fourchette [la fuʀʃɛt]
Gang .... le plat [lə pla]
Gedeck .... le couvert [lə kuvɛʀ]
Gericht .... le plat [lə pla]
Getränk .... la boisson [la bwasɔ̃]; la consommation [la kɔ̃sɔmasjɔ̃]

Gewürz – l'épice *f* [lepis]
Glas – le verre [lə vɛʀ]
Wasserglas – le verre à eau [lə vɛʀ a o]
Weinglas – le verre à vin [lə vɛʀ a vɛ̃]
glutenfrei – sans gluten [sɑ̃ glytɛn]
Gräte – l'arête *f* [laʀɛt]
hart – dur [dyʀ]
Hauptspeise – le plat principal [lə pla pʀɛ̃sipal]
hausgemacht – (fait) maison [(fɛ) mɛzɔ̃]
heiß – très chaud [tʀɛ ʃo]
hungrig sein – avoir faim [avwaʀ fɛ̃]
kalorienarm – allégé [aleʒe]
Kellner/in – le garçon/la serveuse [lə gaʀsɔ̃/la sɛʀvøz]
Ketchup – le ketchup [lə kɛtʃəp]
Kinderteller – le menu enfants [lə məny ɑ̃fɑ̃]
Knochen – l'os *m* [lɔs]
Koch/Köchin – le cuisinier/la cuisinière [lə kɥizinje/la kɥizinjɛʀ]
Korkenzieher – le tire-bouchon [lə tiʀbuʃɔ̃]
lieblich – *(Wein)* doux/moelleux [du/mwɛlø]
Löffel – la cuillère [la kɥijɛʀ]
Teelöffel – la cuillère à café [la kɥijɛʀ a kafe]
Mayonnaise – la mayonnaise [la majɔnɛz]
Messer – le couteau [lə kuto]
Mittagessen – le déjeuner [lə deʒœne]
Nachtisch – le dessert [lə desɛʀ]
Ober – le garçon [lə gaʀsɔ̃]; *(Anrede)* Monsieur ! [məsjø]
Öl – l'huile *f* [lɥil]
Pfannengericht – le plat fait à la poêle [lə pla fɛ a la pwal]
Pfeffer – le poivre [lə pwavʀ]
Pfefferstreuer – la poivrière [la pwavʀijɛʀ]
Portion – la portion [la pɔʀsjɔ̃]
Rost – le gril [lə gʀil]
Salatbüfett – le buffet de salades [lə byfɛd salad]
Salz – le sel [lə sɛl]
Salzstreuer – la salière [la saljɛʀ]
Scheibe – la tranche [la tʀɑ̃ʃ]
Schonkost – la cuisine diététique [la kɥizin djetetik]
Schüssel – le plat [lə pla]
Senf – la moutarde [la mutaʀd]
Serviette – la serviette [la sɛʀvjɛt]
Soße – la sauce [la sos]
Speisekarte – la carte [la kaʀt]
Streetfood – la street food [la stʀit fud]
Strohhalm – la paille [la paj]
Suppe – la soupe [la sup]; le potage [lə pɔtaʒ]

Suppenteller	l'assiette creuse [lasjɛt kʀøz]
Süßstoff	les sucrettes *f* [le sykʀɛt]
Tagesgericht	le plat du jour [lə pla dy ʒuʀ]
Tasse	la tasse [la tas]
Untertasse	la soucoupe [la sukup]
Teller	l'assiette *f* [lasjɛt]
Tischtuch	la nappe [la nap]
Trinkgeld	le pourboire [lə puʀbwaʀ]
trocken	*(Wein)* sec [sɛk]
vegetarisch	végétarien [veʒetaʀjɛ]
Vorspeise	l'entrée *f* [lɑ̃tʀe]
Wasser	l'eau *f* [lo]
Wickeltisch	la table à langer [la tabla lɑ̃ʒe]
Wrap	le wrap [lə vʀap]
würzen	assaisonner [asɛzɔne]
Zahnstocher	le cure-dents [lə kyʀdɑ̃]
Zucker	le sucre [lə sykʀə]

Zubereitung

durchgebraten	bien cuit [bjɛ̃ kɥi]
frittiert	à la poêle [a la pwal]
gar	à point [a pwɛ̃]
gebacken	frit [fʀi]
gebraten	rôti [ʀoti]
am Spieß	à la broche [a la bʀɔʃ]
vom Grill	sur le gril [syʀ lə gʀil]
in der Pfanne	à la poêle [a la pwal]
gedämpft	à l'étouffée [a letufe]
gedünstet	à l'étuvée [a letyve]
gefüllt	farci [faʀsi]
gegart	cuit à l'eau [kɥi a lo]
gegrillt	grillé [gʀije]
gekocht	bouilli [buji]
geräuchert	fumé [fyme]
geröstet (Kartoffeln)	rissolées [ʀisɔle]
geschmort	en daube [ɑ̃ dob]
mager	maigre [mɛgʀ]
roh	cru [kʀy]
saftig	juteux [ʒytø]
sauer	aigre [ɛgʀ]
scharf	épicé [epise]
süß	doux/douce [du/dus]
überbacken	gratiné [gʀatine]
im Wasserbad	au bain-marie [o bɛ̃ maʀi]
zäh	coriace [kɔrjas]
zart	tendre [tɑ̃dʀ]

Carte Speisekarte

Petit-déjeuner Frühstück

café noir [kafe nwaʀ]	schwarzer Kaffee
café au lait [kafe o lɛ]	Kaffee mit Milch
café décaféiné [kafe dekafeine]	koffeinfreier Kaffee
thé au lait/citron [te o lɛ/sitrɔ̃]	Tee mit Milch/Zitrone
infusion [ɛ̃fyzjɔ̃]	Kräutertee
chocolat chaud [ʃɔkɔla ʃo]	heiße Schokolade
jus de fruits [ʒyd fʀɥi]	Fruchtsaft
œuf à la coque [œf a la kɔk]	weich gekochtes Ei
œufs brouillés [ø bʀuje]	Rühreier
œufs au bacon [ø o bekɔ̃]	Eier mit Speck
pain/petit pain/toast [pɛ̃/pti pɛ̃/tost]	Brot/Brötchen/Toast
beurre [bœʀ]	Butter
fromage [fʀɔmaʒ]	Käse
saucisson [sosisɔ̃]	Wurst
jambon [ʒɑ̃bɔ̃]	Schinken
confiture [kɔ̃fityʀ]	Marmelade
miel [mjɛl]	Honig
muesli [mysli]	Müsli
yaourt [jaurt]	Joghurt
fruit [fʀɥi]	Obst

Potages et soupes — Suppen

bisque d'écrevisses
[bisk dekʀəvis] ... Flusskrebssuppe
bouillabaisse [bujabɛs] ... südfranzösische Fischsuppe
consommé de poulet
[kɔ̃sɔmed pulɛ] ... Hühnersuppe
potage au cresson
[pɔtaʒ‿o kʀesɔ̃] ... Kressecremsuppe
potage de légumes
[pɔtaʒ də legym] ... Gemüsecremsuppe
soupe à l'oignon [sup a lɔɲɔ̃] ... Zwiebelsuppe
soupe de poisson
[sup də pwasɔ̃] ... Fischsuppe
velouté d'asperges
[vəlute daspɛʀʒ] ... Spargelcremsuppe

Entrées — Vorspeisen

asperges à la crème
[aspɛʀʒ a la kʀɛm] ... Spargel mit Rahmsoße
assiette de charcuterie
[asjɛt də ʃaʀkytʀi] ... Aufschnittplatte

Kalt oder warm?

Franzosen verfügen über zwei Wörter für Vorspeisen. Kalt heißen sie eher *hors d'œuvre*, warm *entrée*. Im Alltagsleben nimmt man es nicht so genau und bezeichnet oft alle Vorspeisen mit *entrée*.

avocat aux crevettes
[avɔka o kʀəvɛt] ... Avocado mit Krabben
bouchée à la reine
[buʃe a la ʀɛn] ... Königinpastete
carpaccio de bœuf
[kaʀpatʃjo də bœf] ... Carpaccio vom Rind
cœurs d'artichauts
[kœʀ daʀtiʃo] ... Artischockenherzen
crudités variées
[kʀydite vaʀje] ... Rohkostteller

escargots à la bourguignonne [ɛskaʀgo a la buʀgiɲɔn]	Weinbergschnecken in Knoblauchbutter
feuilleté de chèvre chaud [fœjte də ʃɛvʀə ʃo]	warmer Ziegenkäse in Blätterteig
foie gras [fwa gʀa]	Gänsestopfleber
hors d'œuvre variés [ɔʀ dœvʀə vaʀje]	Vorspeisenteller
jambon de Bayonne [ʒɑ̃bɔ̃ də bajɔn]	roher Schinken aus Bayonne
jambon fumé [ʒɑ̃bɔ̃ fyme]	geräucherter Schinken
melon au porto [məlɔ̃ o pɔʀto]	Melone mit Portwein
œufs à la russe [ø a la ʀys]	russische Eier
pâté de campagne [pated kɑ̃paɲ]	Bauernpastete
pâté de foie [pated fwa]	Leberpastete
pissenlits au lard [pisɑ̃li o laʀ]	Löwenzahnsalat mit Speck
quiche au chèvre [kiʃ‿o ʃɛvʀ]	Quiche mit Ziegenkäse
quiche lorraine [kiʃ lɔʀɛn]	Quiche mit Schinken
rillettes [ʀijɛt]	Schweinefleischpastete im Topf
salade niçoise [salad niswaz]	gemischter Salat aus Tomaten, Oliven, grünen Bohnen, Kartoffeln und Thunfisch
saumon fumé [somɔ̃ fyme]	Räucherlachs
tartare de saumon [taʀtaʀ də somɔ̃]	Lachstatar
terrine de canard [tɛʀin də kanaʀ]	Entenpastete
terrine de saumon [tɛʀin də somɔ̃]	Lachspastete

Poissons — Fisch

Poissons de mer	Meeresfische
aiglefin [ɛgləfɛ̃]	Schellfisch
cabillaud [kabijo]	Kabeljau
calamars frits [kalmaʀ fʀi]	gebratener Tintenfisch
colin [kɔlɛ̃]	Seelachs
daurade [dɔʀad]	Goldbrasse
espadon [ɛspadɔ̃]	Schwertfisch
hareng [aʀɑ̃]	Hering
lotte [lɔt]	Seeteufel
maquereau [makʀo]	Makrele

morue [mɔʀy]	Stockfisch
pavé de saumon [pave də somɔ̃]	(dickes) Lachssteak
rouget [ʀuʒɛ]	Rotbarbe
sole [sɔl]	Seezunge
steak de thon [stɛk də tɔ̃]	Thunfischsteak
turbot [tyʀbo]	Steinbutt
Poissons d'eau douce	Süßwasserfische
anguille [ɑ̃gij]	Aal
brochet [bʀɔʃɛ]	Hecht
carpe [kaʀp]	Karpfen
perche [pɛʀʃ]	Barsch
petite friture [ptit fʀityʀ]	gebratene kleine Fische
quenelles de brochet [kənɛl də bʀɔʃɛ]	Hechtklößchen
requin [ʀəkɛ̃]	Haifisch
sandre [sɑ̃dʀ]	Zander
truite meunière [tʀɥit mønjɛʀ]	Forelle Müllerin

Crustacés et coquillages — Schaltiere und Muscheln

coquilles Saint-Jacques [kɔkij sɛ̃ʒak]	Jakobsmuscheln
crabe [kʀab]	Krebs
crevettes [kʀəvɛt]	Garnelen, Krabben
écrevisse [ekʀəvis]	Flusskrebs
homard [ɔmaʀ]	Hummer
huîtres [ɥitʀ]	Austern
langouste [lɑ̃ust]	Languste
langoustine [lɑ̃gustin]	Kaisergranat
marmite de moules [maʀmit də mul]	Muscheln im Topf
moules [mul]	Miesmuscheln
plateau de fruits de mer [plato də fʀɥi də mɛʀ]	verschiedene Meeresfrüchte
poêlée de Saint-Jacques [pwale də sɛ̃ʒak]	Jakobsmuschelpfanne

Viandes — Fleisch

agneau [aɲo]	Lammfleisch
bœuf [bœf]	Rindfleisch
brochettes d'agneau [bʀɔʃɛt daɲo]	Lammspieße
mouton [mutɔ̃]	Hammelfleisch
porc [pɔʀ]	Schweinefleisch
veau [vo]	Kalbfleisch
blanquette de veau [blɑ̃kɛt də vo]	Kalbsfrikassee
bœuf bourguignon [bœf buʀgiɲɔ̃]	geschmortes Rindfleisch in Rotwein
cassoulet [kasulɛ]	verschiedenene Fleischsorten (u. a. Gänsefleisch) mit weißen Bohnen (Toulouse)
choucroute [ʃukʀut]	Sauerkraut mit diversen Fleischsorten (Elsass)
cochon de lait [kɔʃɔ̃d lɛ]	Spanferkel
côte de bœuf [kot də bœf]	Rippenstück vom Rind
entrecôte [ɑ̃tʀəkot]	Zwischenrippenstück vom Rind
escalope de veau [ɛskalɔp də vo]	Kalbschnitzel
escalope panée [ɛskalɔp pane]	Wiener Schnitzel
filet de bœuf [filɛd bœf]	Rinderfilet
foie [fwa]	Leber
gigot d'agneau [ʒigo daɲo]	Lammkeule
grillade de bœuf [gʀijad də bœf]	gegrilltes Rinderkotelett
grillades [gʀijad]	Grillplatte
jarret de veau [ʒaʀɛd vo]	Kalbshaxe
langue [lɑ̃g]	Zunge
onglet [ɔ̃glɛ]	(sehr gutes) Rindersteak
pieds de cochon [pjed kɔʃɔ̃]	Schweinsfüße
paupiettes [popjɛt]	Rouladen
pavé de bœuf [pave də bœf]	(dickeres) Rindersteak
ris de veau [ʀid vo]	Kalbsbries
rognons [ʀɔɲɔ̃]	Nieren
rôti [ʀoti]	Braten
sauté de veau [soted vo]	Kalbsragout
steak [stɛk]	Steak
steak au poivre [stɛk‿o pwavʀ]	Pfeffersteak

steak tartare [stɛk taʀtaʀ]	Rindertatar
tournedos [tuʀnədo]	dickes Filetsteak
tripes [tʀip]	Kutteln

Volailles et gibier — Geflügel und Wild

caille [kaj]	Wachtel
canard à l'orange [kanaʀ a lɔʀɑ̃ʒ]	Ente mit Orange
civet de lièvre [sivɛ də ljɛvʀ]	Hasenpfeffer
coq au vin [kɔko vɛ̃]	Hahnragout in Rotwein
cuissot de chevreuil [kɥisod ʃəvʀœj]	Rehkeule
dinde truffée [dɛ̃d tryfe]	Truthahn mit Trüffeln
faisan [fəzɑ̃]	Fasan
lapin chasseur [lapɛ̃ ʃasœʀ]	Kaninchen nach Jägerart
magret de canard [magʀɛdə kanaʀ]	Entenbrust
oie aux marrons [wa o maʀɔ̃]	Gans mit Maronenfüllung
perdrix [pɛʀdʀi]	Rebhuhn
pigeon [piʒɔ̃]	Taube
pintade [pɛ̃tad]	Perlhuhn
poulet rôti [pulɛ ʀoti]	Brathähnchen
sanglier [sɑ̃glije]	Wildschwein

Légumes — Gemüse

aubergine [obɛʀʒin]	Aubergine
chou [ʃu]	Kohl
chou-fleur [ʃuflœʀ]	Blumenkohl
courgette [kuʀʒɛt]	Zucchini
endives braisés [ɑ̃div bʀɛze]	gedünsteter Chicorée
épinards en branches [epinaʀ ɑ̃ bʀɑ̃ʃ]	Blattspinat
fenouil [fənuj]	Fenchel

flageolets [flaʒɔlɛ] ... grüne Bohnenkerne
jardinière de légumes [ʒaʀdiɲɛʀ də legym] ... gemischtes Gemüse
petits pois [pti pwa] ... Erbsen
pommes dauphine/duchesse [pɔm dofin/dyʃɛs] ... croquettes
pommes de terre sautées [pɔm də tɛʀ sote] ... Bratkartoffeln
pommes mousseline [pɔm muslin] ... Kartoffelpüree
pommes nature/vapeur, [pɔm natyʀ/vapœʀ]
pommes anglaises [pɔmz‿ɑ̃glɛz] ... Salzkartoffeln
frites [fʀit] ... Pommes frites
pommes allumettes [pɔm‿alymɛt] ... dünne Pommes frites
ratatouille niçoise [ʀatatuj niswaz] ... Mischgemüse aus Tomaten, Paprika, Auberginen und Zucchini
salsifis [salsifi] ... Schwarzwurzeln
tomates farcies [tɔmat faʀsi] ... gefüllte Tomaten

Pâtes et riz — Teigwaren und Reis

macaronis [makaʀɔni] ... Makkaroni
nouilles [nuj] ... Nudeln
riz [ʀi] ... Reis

Fromages — Käse

assortiment de fromages [asɔʀtimɑ̃ də fʀɔmaʒ] ... Käseauswahl
fromage au lait cru [fʀɔmaʒ o lɛ kʀy] ... Rohmilchkäse
fromage blanc [fʀɔmaʒ blɑ̃] ... feiner Quark
fromage de brebis [fʀɔmaʒ də bʀəbi] ... Schafskäse
fromage de chèvre [fʀɔmaʒ də ʃɛvʀ] ... Ziegenkäse
gruyère [gʀyjɛʀ] ... Schweizer Käse
petit suisse [pti sɥis] ... kleine Feinquarkröllchen
roquefort [ʀɔkfɔʀ] ... Käse mit grünem Schimmel

Desserts — Nachspeisen

baba au rhum [baba o ʀɔm]	rumgetränkter Hefekuchen
beignets aux pommes [bɛɲɛ o pɔm]	Apfelbeignets
charlotte [ʃaʀlɔt]	Süßspeise aus Löffelbiskuits mit Früchten und Vanillecreme
crème caramel [kʀɛm kaʀamɛl]	Karamell-Vanillecreme
crème Sabayon [kʀɛm sabajɔ]	Weinschaumcreme
gâteau [gato]	Kuchen
omelette norvégienne [ɔmlɛt nɔʀveʒjɛn]	mit Vanilleeis gefüllter, überbackener Eierschnee
profiteroles [pʀɔfitʀɔl]	kleine Windbeutel mit Cremefüllung
tarte aux fraises [taʀt o fʀɛz]	Erdbeertorte
tarte Tatin [taʀt tatɛ̃]	gestürzter Apfelkuchen

Fruits — Obst

abricots [abʀiko]	Aprikosen
cerises [səʀiz]	Kirschen
macédoine de fruits [masedwan də fʀɥi]	Fruchtsalat
pêches [pɛʃ]	Pfirsiche
poires [pwaʀ]	Birnen
pommes [pɔm]	Äpfel
prunes [pʀyn]	Pflaumen
raisins [ʀɛzɛ̃]	Trauben

Glaces — Eis

au café [o kafe]	Kaffeeeis
au chocolat [o ʃɔkɔla]	Schokoladeneis
à la fraise [a la fʀɛz]	Erdbeereis
à la pistache [a la pistaʃ]	Pistazieneis
à la vanille [a la vanij]	Vanilleeis
café liégeois [kafe ljeʒwa]	Eiskaffee
coupe maison [kup mɛzɔ̃]	Eisbecher nach Art des Hauses
dame blanche [dam blɑ̃ʃ]	Vanilleeis mit Schokoladensoße
poire Belle-Hélène [pwaʀ bɛl elɛn]	Birne mit Eis und Schokoladensoße
sorbet au citron [sɔʀbɛ o sitʀɔ̃]	Zitronensorbet

Carte des boissons Getränkekarte

Vin rouge/ vin blanc — Rotwein/ Weißwein

un (verre de vin) rouge [ɛ̃ (vɛʀ də vɛ̃) ʀuʒ]	ein Glas Rotwein
1 quart de vin blanc [ɛ̃ kaʀ də vɛ̃ blɑ̃]	ein Viertel Weißwein
1 pichet de rosé [ɛ̃ piʃɛd ʀoze]	20 bis 50 cl. Rosé
Appellation contrôlée [apelasjɔ̃ cɔ̃ntrɔle]	Markenweine (garantierte Herkunftsbezeichnung)
Beaujolais [boʒɔlɛ]	frischer, fruchtiger Rotwein
Bordeaux [bɔʀdo] (rouge)]	fruchtiger, harmonischer Rotwein;
(blanc)	trockener oder likörähnlicher Weißwein
Bourgogne [buʀgɔɲ]	Burgunder (kräftiger Rotwein)
Champagne [ʃɑ̃paɲ]	Champagner
Côtes-de-Provence [kot də pʀɔvɑ̃s]	leichter Rotwein oder Rosé
Côtes-du-Rhône [kot dy ʀon]	vollmundiger Rotwein

Bière — Bier

(bière) pression [(bjɛʀ) pʀesjɔ̃]	offenes Bier
demi [dmi]	allgemeine Bezeichnung für ein Bier (entspricht einem kleinem Bier)
bière en bouteille [bjɛʀ ɑ̃ butɛj]	Flaschenbier
bière blanche [bjɛ̃ʀ blɑ̃ʃ]	Weizenbier

Apéritifs — Aperitifs

Byrrh [biʀ]	Aperitifs mit Chinarinde
Dubonnet, Muscat (Rivesaltes, Frontignan) [dybɔnɛ myska ʀivsalt fʀɔ̃tiɲɑ̃]	Aperitifweine
Pastis (Pernod, Ricard) [pastis pɛʀno ʀikaʀ]	Aperitifs mit Anisgeschmack
Suze [syz]	Aperitif mit Enziangeschmack

Alcools et liqueurs — Schnäpse und Liköre

Armagnac [aʀmaɲak]	Weinbrand
Calvados [kalvados]	Apfelschnaps
Cognac [kɔɲak]	Weinbrand
Chartreuse [ʃaʀtʀøz]	Kräuterlikör
Framboise [fʀɑ̃bwaz]	Himbeergeist
Marc [maʀ]	Tresterschnaps
Mirabelle [miʀabɛl]	Mirabellenschnaps
Rhum [ʀɔm]	Rum
Cidre [sidʀ]	Apfelwein
Jus de fruits [ʒyd fʀɥi]	Fruchtsäfte

FISCH UND MEERESFRÜCHTE

Auster
l'huître
f [lɥitʀ]

Dosenfisch
le poisson en conserve
[lə pwasɔ̃ ɑ̃ kɔ̃sɛʀv]

Fischfilet
le filet de poisson
[lə filɛd‿pwasɔ̃]

Flusskrebs
l'écrevisse
[lekrəvis]

Forelle
la truite
[la tʀɥit]

Garnele
la crevette rose
[la kʀəvɛt ʀoz]

Heilbutt
le turbot
[lə tyʀbo]

Herzmuschel
la coque
[la kɔk]

Hummer
le homard
[lə ɔmaʀ]

Kabeljau
le cabillaud
[lə kabijo]

Karpfen
la carpe
[la kaʀp]

Krake
le poulpe
[lə pulp]

Krebs
le crabe
[le kʀab]

Lachssteak
la darne de saumon
[la daʀn də somɔ̃]

Makrele
le maquereau
[lə makʀo]

Miesmuschel
la moule
[la mul]

Sardine
la sardine
[la saʀdin]

Scholle
le carrelet
[lə karlɛ]

Seeteufel
la baudroie/ la lotte
[la bodrwa/la lɔt]

Seezunge
la sole
[la sɔl]

Tintenfisch
la seiche
[la sɛʃ]

Tunfisch
le thon
[lə tɔ̃]

Venusmuschel
les palourdes
f [le paluʀd]

Zander
le sandre
[lə sɑ̃dʀ]

FRÜHSTÜCK

Ahornsirup
le sirop d'érable
[lə siʀo deʀabl]

Baguette
la baguette
[la bagɛt]

Brezel
le bretzel
[lə bʀɛtsəl]

Erdnussbutter
le beurre de cacahuètes
[lə bœʀ də kakawɛt]

Cornflakes
les cornflakes *m*
[le kɔʀnflɛks]

Croissant
le croissant
[lə kʀwasɑ̃]

Butter
le beurre
[lə bœʀ]

gekochtes Ei
l'œuf à la coque
[lœf‿a la kɔk]

Honig
le miel
[lə miel]

Joghurt
le yaourt
[lə jauʀt]

Kaffee
le café
[lə kafe]

Käse
le fromage
[lə fʀɔmaʒ]

Knäckebrot
le pain suédois
[lə pɔ̃ swedwa]

Marmelade
la confiture
[la kɔ̃fityʀ]

Omelett
l'omelette
[lɔmlɛt]

Milch
le lait
[lə lɛ]

Pfannkuchen
les crêpes
[le kʀɛp]

Rührei
l'œuf brouillé
[lœf bʀuje]

Saft
le jus
[lə ʒy]

Schokoladenaufstrich
la crème de chocolat

Schwarzbrot
le pain noir
[lə pɛ̃ nwaʀ]

Spiegelei
l'œuf sur le plat
[lœf syʀ lə pla]

Tee
le thé
[lə te]

Toast
le toast
[lə tost]

GEMÜSE

Artischocke
l'artichaut *m*
[laʀtiʃo]

Aubergine
l'aubergine *f*
[lobɛʀʒin]

Avocado
l'avocat *m*
[lavɔka]

Blumenkohl
le chou-fleur
[lə ʃuflœʀ]

Brokkoli
le brocoli
[lə bʀɔkɔli]

Champignons
les champi-
gnons *m*
[le ʃãpiɲɔ̃]

Chilischote
le piment
[lə pimã]

Erbsen
les pois *m*
[le pwa]

Gurken
les concombres
[le kɔ̃kɔ̃bʀ]

Karotten
les carottes *f*
[le kaʀɔt]

Kartoffeln
les pommes
de terre
[le pɔm də tɛʀ]

Knoblauch
l'ail *m*
[laj]

Kopfsalat
la laitue
[la lɛty]

Kürbis
le potiron
[lə pɔtiʀɔ̃]

Lauch
le poireau
[lə pwaʀo]

Oliven
les olives *f*
[lezɔliv]

Paprika
le poivron
[lə pwavʀɔ̃]

Radieschen
les radis *m*
[le ʀadi]

Ruccola
la roquette
[la ʀɔkɛt]

Spargel
les asperges *f*
[lez aspɛʀʒ]

Spinat
les épinards *m*
[lez‿epinaʀ]

Tomate
les tomates *f*
[le tɔmat]

Zucchini
la courgette
[la kuʀʒɛt]

Zwiebel
les oignons *m*
[lez‿ɔɲɔ̃]

OBST

Ananas
l'ananas *m*
[lanana]

Apfel
les pommes *f*
[le pɔm]

Aprikose
les abricots *m*
[lez‿abʀiko]

Bananen
les bananes
f [le banan]

Birne
les poires *f*
[le pwaʀ]

Cashewnüsse
les noix de
cajou *f*
[le nwad kaʒu]

Erdbeere
les fraises *f*
[le fʀɛz]

Feige
la figue
[la fig]

Grapefruit
le pample-
mousse
[lə pɑ̃pləmus]

Haselnüsse
les noisettes
f [le nwazɛt]

Himbeere
les framboises *f*
[le fʀɑ̃bwaz]

Kirsche
les cerises *f*
[le sʀiz]

Kiwis
les kiwis *m*
[le kiwi]

Kokosnuss
la noix de coco
[la nwad koko]

Limette
la limette
[la limɛt]

Mango
la mangue
[la mɑ̃g]

Melone
les melons *m*
[le məlɔ̃]

Nektarine
la nectarine
[nɛktaʀin]

Orange
l'orange *f*
[lɔʀɑ̃ʒ]

Papaya
la papaye
[la papaj]

Pfirsiche
les pêches *f*
[le pɛʃ]

Pflaume
les prunes *f*
[le pʀyn]

Weintrauben
les raisins *m*
[le ʀɛzɛ]

Zitrone
le citron
[lə sitʀɔ̃]

Ausflüge und Kultur

Wie lange haben Sie geöffnet?

Der kulturelle Wert bestimmter Fragen eröffnet sich einem oftmals erst, wenn es zu spät ist.

Zur Abwechslung

Mehr als 80 Museen zählt die Stadt Paris. Den *Louvre* oder das *Musée d'Orsay* kennt wohl fast jeder, aber vielleicht haben Sie bei Ihrem nächsten Besuch Lust, einige ausgefallenere Museen zu entdecken? Bei den drei ersten geht es – typisch französisch!? – um Parfum, Liebe und Wein:

- *Le Musée du Parfum* (9 Rue Scribe, Métro Blanche)
- *Le Musée de l'Erotisme* (72 Boulevard de Clichy, Métro Blanche)
- *Le Musée du Vin* (Rue des Eaux, Métro Passy)

Die drei nächsten spannen den Bogen von schönen Gebrauchsobjekten bis zur Magie:

- *Le Musée du Stylo* – Das Museum für Stifte (3 rue de Maupassant, Métro Rue de la Pompe)
- *Le Musée de la Contrefaçon* – Das Museum der Nachahmungen (16 rue de la Faisanderie, Métro Pte Dauphine)
- *Le Musée de la Magie* – Das Museum der Magie (11 Rue St-Paul, Métro St-Paul)

Und da aller guten Dinge drei sind, hier noch drei weitere Tipps:

- Auch ein Museum für Kinder gibt es in Paris: *Le Musée en Herbe* (21 rue Hérold, Métros Les Halles, Palais Royal oder Sentier)
- Im *Institut du monde arabe* (Institut der arabischen Welt), das zur Förderung eines besseren Verständnisses zwischen Frankreich und der arabischen Welt gegründet wurde, können Sie auf der Terrasse im 9. Stock, z. B. bei einer Tasse Pfefferminztee (*un thé à la menthe*) den Blick auf die Seine und die Inseln *La Cité* und *Saint-Louis* genießen.

AN DER TOURISTENINFORMATION

Haben Sie ...
Vous avez ... [vuz‿ave]

- ***einen Stadtplan von ...?***
  un plan de ... ? [ɛ̃ plɑ̃ də]
- ***ein Verzeichnis der Museen und Galerien?***
  une liste des musées et galeries ? [yn list de myze e galʀi]
- ***einen Audioführer?***
  un audioguide ? [ɛ̃n‿odjɔgid]

Haben Sie einen Veranstaltungskalender für diese Woche?
Vous avez le programme des manifestations de cette semaine ?
[vuz‿ave lə pʀɔgʀam de manifɛstasjɔ̃ də sɛt səmɛn]

Können Sie mir bitte sagen, welche Sehenswürdigkeiten es hier gibt?
Pouvez-vous me dire quels sont les monuments à voir ici, s'il vous plaît ? [puve vum diʀ kɛl sɔ̃ le mɔnymɑ̃ a vwaʀ isi sil vu plɛ]

Sie müssen unbedingt ... besichtigen/besuchen.
Il faut absolument visiter ... [il fot‿apsɔlymɑ̃ vizite]

Wann ist das Museum geöffnet?
Quelles sont les heures d'ouverture du musée ?
[kɛl sɔ̃ lez‿œʀ duvɛʀtyʀ dy myze]

Gibt es Stadtrundfahrten?
Est-ce qu'il y a des visites guidées de la ville en car ?
[ɛs‿kil‿ja de vizit gide də la vil ɑ̃ kaʀ]

Was kostet denn die Rundfahrt, bitte?
Quel est le prix du tour, s'il vous plaît ? [kɛl‿ɛl pʀi dy tuʀ sil vu plɛ]

SEHENSWÜRDIGKEITEN - MUSEEN

Öffnungszeiten, Führungen, Eintrittskarten

Wie lange haben Sie geöffnet?
Vous êtes ouverts jusqu'à quelle heure ? [vuz‿ɛtz‿uvɛʀ ʒyska kɛl‿œʀ]

Heilig!

In kleineren Städten ist die Mittagspause von 12-14 Uhr noch heilig. Spätestens ab 12.30 Uhr werden Sie bei vielen Geschäften (und leider auch bei manchen Sehenswürdigkeiten) vor verschlossenen Türen stehen. Als Ausgleich ist das Parken zwischen 12 und 14 Uhr fast immer kostenlos (sogar in größeren Städten, Paris ausgenommen).

Wann beginnt die nächste Führung?
Quand commence la prochaine visite guidée ?
[kɑ̃ kɔmɑ̃s la pʀɔʃɛn vizit gide]

Gibt es auch eine Führung in Deutsch/Englisch?
Est-ce qu'il y a une visite guidée en allemand/anglais ?
[ɛs‿kil‿ja yn vizit gide ɑ̃n almɑ̃/ɑ̃glɛ]

Aus Afrika und Asien

Im *Musee des Arts Premiers*, das vom Stararchitekten Jean Nouvel konzipiert wurde, treffen sich Künste und Kulturen aus Afrika, Asien, Amerika und Ozeanien.
Was Picasso und viele andere Maler aus dem letzten Jahrhundert zu einer neuen Richtung inspirierte, wird Ihnen in 3500 Exponaten präsentiert.
Auch wenn Sie nicht viel Zeit haben, können Sie - dank einer Audioführung - in zwei Stunden schon einen guten Gesamteindruck bekommen. Haben Sie mehr Zeit übrig, können Sie u. a. an einem Workshop (Tanz, Musik oder bildende Kunst) teilnehmen.
Übrigens: Sie dürfen nicht abreisen, ohne den einzigen vertikalen Park Europas bewundert zu haben. Die 800 m2 der Nordfassade des Museums sind nach einem einmaligen Verfahren des Botanikers Patrick Blanc mit 15000 Pflanzen bepflanzt worden.

Darf man hier fotografieren?
Est-ce qu'on peut prendre des photos ? [ɛs‿kɔ̃ pø pʀɑ̃dʀ de fɔto]

Zwei Eintrittskarten, bitte
Deux billets, s'il vous plaît. [dø bijɛ sil vu plɛ]

Zwei Erwachsene und ein Kind.
Deux adultes et un enfant. [døz‿adylt e ɛ̃n‿ɑ̃fɑ̃]

Gibt es Ermäßigungen für ...
Est-ce qu'il y a des réductions pour ... [ɛs kil‿ ja de ʀedyksjɔ̃ puʀ]

- ***... Kinder?***
  les enfants ? [lez‿ɑ̃fɑ̃]
- ***... Studenten?***
  les étudiants ? [lez‿etydjɑ̃]
- ***... Senioren?***
  les seniors ? [le senjɔʀ]
- ***... Gruppen?***
  les groupes ? [le gʀup]

Gibt es einen Katalog zur Ausstellung?
Est-ce qu'il y a un catalogue de l'exposition ?
[ɛs‿kil‿ja ɛ̃ katalɔg də lɛkspozisjɔ̃]

Ist die Ausstellung für Gehbehinderte über Aufzüge erreichbar?
L'exposition est-elle accessible aux handicapés par des ascenceurs ?
[lɛkspozisjɔ̃ ɛt‿ɛl aksɛsibl o ɑ̃dikape paʀ dez‿asɑ̃sœʀ]

Gibt es spezielle Führungen für Behinderte/Stadtführungen für Gehörlose?
Il y a des visites guidées spécialement pour handicapés/des visites de la ville pour les malentendants ? [il‿ja de vizit gide spesjalmɑ̃ puʀ ɑ̃dikape/de vizit də la vil puʀ le malɑ̃tɑ̃dɑ̃]

Können Induktionsschleifen für Hörbehinderte eingeschaltet werden?
Est-ce que vous pouvez brancher la boucle magnétique pour les malentendants ?
[ɛs‿kə vu puve bʀɑ̃ʃe la buklə maɲetik puʀ le malɑ̃tɑ̃dɑ̃]

Gibt es Museumsführungen/Theateraufführungen für Taubstumme/Blinde?
Il y a des visites du musée/des représentations théâtrales pour les malentendants/les non-voyants ? [il‿ja de vizit du myze/de ʀəpʀezɑ̃tasjɔ̃ teatʀal puʀ le malɑ̃tɑ̃dɑ̃/le nɔ̃vwajɑ̃]

Freier Eintritt

Damit Sie in Paris nicht zu viel Geld ausgeben, sollten Sie Ihren Aufenthalt für das erste Wochenende im Monat planen. Dann können Sie den *Louvre* und einige andere Museen "für umsonst“ besuchen. Wann auch immer Sie nach Paris fahren, sollten Sie mit bedenken, dass dienstags manche Museen geschlossen sind.

Geheimtipp

Eines der schönsten Museen von Paris ist auch eines der unbekanntesten und befindet sich beim *Parc Monceau*. Das *Museum Nissim de Camondo* wurde nach dem *Petit Trianon* in Versailles erbaut und enthält eine der schönsten Kunstsammlungen aus dem 18. Jahrhundert. Durch das Museum bleibt die Erinnerung an die Familie de Camondo und an ihr Schicksal lebendig. Ein Muss!

Was? Wann? Wo?

Ist das ...?
C'est ... ? [sɛ]

Wann wurde dieses Gebäude erbaut/restauriert?
Quand est-ce que ce bâtiment a été construit/restauré ?
[kɑ̃t‿ɛs‿kə sə batimɑ̃ a ete kɔ̃stʀɥi/ʀɛstɔʀe]

Von wem ist dieses Bild?
Qui a peint ce tableau ? [ki a pɛ̃ sə tablo]

Die wichtigsten Wörter

Besichtigung	la visite [la vizit]
Denkmalschutz	la protection des monuments [la pʀɔtɛksjɔ̃ de mɔnymɑ̃]
Fremdenführer/in	le/la guide [lə/la gid]
Fremdenverkehrsamt	l'office de tourisme [lɔfis də tuʀism]; le syndicat d'initiative [lə sɛ̃dika dinisjativ]

Führung	la visite guidée [la vizit gide]
Funde	les vestiges archéologiques [le vɛstiʒ aʀkeɔlɔʒik]
Fußgängerzone	la zone piétonne [la zɔn pjetɔn]
Gasse	la ruelle [la ʀyɛl]
Geburtsstadt	la ville natale [la vil natal]
Geschichte	l'histoire *f* [listwaʀ]
Haus	la maison [la mɛzɔ]
Kaiser/in	l'empereur/l'impératrice [lɑ̃pʀœʀ/lɛ̃peʀatʀis]
König/in	le roi/la reine [lə ʀwa/la ʀɛn]
Kunst	l'art *m* [laʀ]
Markt	le marché [lə maʀʃe]
Museum	le musée [lə myze]
Öffnungszeiten	les heures d'ouverture [lez‿œʀ duvɛʀtyʀ]
Park	le parc [lə paʀk] le jardin public [lə ʒaʀdɛ̃ pyblik]
rekonstruieren	reconstituer [ʀəkɔ̃stitye]
Religion	la religion [la ʀəliʒjɔ̃]
restaurieren	restaurer [ʀɛstɔʀe]
Sehenswürdigkeiten	les curiosités *f* [le kyʀjosite]
Stadtrundfahrt	la visite guidée de la ville [la vizit gide də la vil]
Stadtteil	le quartier [lə kaʀtje]
Stadtzentrum	le centre-ville [lə sɑ̃tʀ vil]
Straße	la rue [la ʀy]
Überreste	les vestiges *m* [le vɛstiʒ]; les restes *m* [le ʀɛst]
Volkskundemuseum	le musée d'art populaire [lə myze daʀ pɔpylɛʀ]
Vorort	la (ville de) banlieue [la (vil də) bɑ̃ljø]
Wachablösung	la relève de la garde [la ʀəlɛv də la gaʀd]
Wahrzeichen	l'emblème *m* [lɑ̃blɛm]

Architektur

Europas größter Buddha

Er ist 10 m hoch, vergoldet und steht im Stadtwald von Paris *le bois de Vincennes*, also im Osten der Stadt. 1931 fand in diesem Naherholungsgebiet mit vier Seen eine *Expo coloniale* statt. 1977 wurde der ehemalige Pavillon von Kamerun restauriert und zu einer Pagode umfunktioniert.

Abtei	l'abbaye *f* [labei]
Altar	l'autel *m* [lotɛl]
Altstadt	la vieille ville [la vjɛj vil]
Amphitheater	l'amphithéâtre *m* [lɑ̃fiteatʀ]
Archäologie	l'archéologie *f* [laʀkeɔlɔʒi]
Architekt/in	l'architecte *mf* [laʀʃitɛkt]
Architektur	l'architecture *f* [laʀʃitɛktyʀ]
Arena	l'arène *f* [laʀɛn]
Arkaden	les arcades *f* [lez‿aʀkad]
Ausgrabungen	les fouilles *f* [le fuj]
Bauwerk	le bâtiment *m* [lə batimɑ̃]; l'édifice *m* [ledifis]
Bogen	l'arc *m* [laʀk]
Brücke	le pont [lə pɔ̃]
Brunnen	la fontaine [la fɔ̃tɛn]
Burg	le château [lə ʃato]
Dach	le toit [lə twa]
Decke	le plafond [lə plafɔ̃]
Denkmal	le monument [lə mɔnymɑ̃]
Dom	la cathédrale [la katedʀal]
Fassade	la façade [la fasad]
Fenster	la fenêtre [la fənɛtʀ]
Festung	la forteresse [la fɔʀtəʀɛs]
Flügel	l'aile *f* [lɛl]
Friedhof	le cimetière [lə simtjɛʀ]
Gebäude	le bâtiment [lə batimɑ̃]
Gedenkstätte	le mémorial [lə memɔʀjal]
Gewölbe	la voûte [la vut]
Giebel	le fronton [lə fʀɔ̃tɔ̃]
Grab	la tombe [la tɔ̃b]
Grabmal	le tombeau [lə tɔ̃bo]
Innenhof	la cour intérieur [la kuʀ‿ɛ̃teʀjœʀ]
Inschrift	l'inscription *f* [lɛ̃skʀipsjɔ̃]
Kanzel	la chaire [la ʃɛʀ]
Kapelle	la chapelle [la ʃapɛl]
Katakomben	les catacombes *f* [le katakɔ̃b]
Kathedrale	la cathédrale [la katedʀal]
Kirche	*(kath.)* l'église *f* [legliz]; *(ev.)* le temple [lə tɑ̃pl]
Kirchturm	le clocher [lə klɔʃe]
Kloster	le monastère [lə mɔnastɛʀ]; le couvent [lə kuvɑ̃]
Kreuzgang	le cloître [lə klwatʀ]
Krypta	la crypte [la kʀipt]
Kuppel	la coupole [la kupɔl]; le dôme [lə dom]
Markthalle	les halles *f* [le al]

Mauer le mur [lə myʀ]
Mausoleum le mausolée [lə mozɔle]
Menhir le menhir [lə mɛniʀ]
Obelisk l'obélisque *m* [lɔbelisk]
Oper l'opéra *m* [lɔpeʀa]
Palast le palais [lə palɛ]
Platz la place [la plas]
Portal le portail [lə pɔʀtaj]
Rathaus *(Verwaltung)* la mairie [la mɛʀi]; *(hist. Gebäude)* *m* l'hôtel de ville [lotɛl də vil]
Ruine la ruine [la ʀɥin]
Säule la colonne [la kɔlɔn]
Schatzkammer la salle du trésor [la sal dy tʀezɔʀ]
Schloss le château [lə ʃato]
Springbrunnen le jet d'eau [lə ʒɛ do]
Stadtmauer les murs de la ville [le myʀ də la vil]
Tempel le temple [lə tɑ̃pl]
Theater le théâtre [lə teatʀ]
Tor la porte [la pɔʀt]
Triumphbogen l'arc de triomphe [laʀk də tʀijɔ̃f]
Turm la tour [la tuʀ]
Universität l'université *f* [lynivɛʀsite]
Wallfahrtskirche l'église de pèlerinage [legliz də pɛlʀinaʒ]
wieder aufbauen reconstruire [ʀəkɔ̃stʀɥiʀ]

Bildende Kunst

Akt le nu [lə ny]
Aquarell l'aquarelle *f* [lakwaʀɛl]
Ausstellung l'exposition *f* [lɛkspozisjɔ̃]
Bild le tableau [lə tablo]
Bildhauer le sculpteur [lə skyltœʀ]
Bronze le bronze [lə bʀɔ̃z]
Exponat la pièce exposée [la pjɛs ɛkspoze]
Fotografie la photographie [la fɔtogʀafi]
Galerie la galerie (de peinture) [la galəʀi (də pɛ̃tyʀ)]
Gemälde la peinture [la pɛ̃tyʀ]; le tableau [lə tablo]
Glasmalerei la peinture sur verre [la pɛ̃tyʀ syʀ vɛʀ]
Goldschmiedekunst l'orfèvrerie *f* [lɔʀfɛvʀəʀi]
Grafik l'art graphique [laʀ gʀafik]
Holzschnitt la gravure sur bois [la gʀavyʀ syʀ bwa]
Keramik la céramique [la seʀamik]
Kopie la copie [la kɔpi]
Kreuz la croix [la kʀwa]

Kruzifix	le crucifix [lə kʀysifi]
Kunstgewerbe	les arts décoratifs [lez‿aʀ dekɔʀatif]
Lithografie	la lithographie [la litɔgʀafi]
Maler	le peintre [lə pɛ̃tʀ]
Malerei	la peinture [la pɛ̃tyʀ]
Modell	le modèle [lə mɔdɛl]
Mosaik	la mosaïque [la mɔzaik]
Original	l'original *m* [lɔʀiʒinal]
Plakat	l'affiche *f* [lafiʃ]
Plastik	la sculpture [la skyltyʀ]
Porträt	le portrait [lə pɔʀtʀɛ]
Porzellan	la porcelaine [la pɔʀsəlɛn]
Radierung	(la gravure à) l'eau-forte [(la gʀavyʀ a) lofɔʀt]
Schnitzerei	la sculpture sur bois [la skyltyʀ syʀ bwa]
Siebdruck	la sérigraphie [la seʀigʀafi]
Skulptur	la sculpture [la skyltyʀ]
Statue	la statue [la staty]
Stillleben	la nature morte [la natyʀ mɔʀt]
Terrakotta	la terre cuite [la tɛʀ kɥit]
Töpferei	la poterie [la pɔtʀi]
Torso	le torse [lə tɔʀs]
Vase	le vase [lə vaz]
Zeichnung	le dessin [lə dɛsɛ̃]

Stilrichtungen und Epochen

antik	antique [ɑ̃tik]
Barock	le baroque [lə baʀɔk]
Blütezeit	l'apogée *m* [lapɔʒe]
Bronzezeit	l'âge de bronze [laʒ də bʀɔ̃z]
byzantinisch	byzantin [bizɑ̃tɛ]
Christentum	le christianisme [lə kʀistjanism]
Dynastie	la dynastie [la dinasti]
Epoche	l'époque *f* [lepɔk]
Expressionismus	l'expressionnisme *m* [lɛkspʀɛsjɔnism]
Gotik	le gothique [lə gɔtik]
griechisch	grec [gʀɛk]
heidnisch	païen/païenne [pajɛ̃/pajɛn]
Impressionismus	l'impressionnisme *m* [lɛ̃pʀɛsjɔnism]
Jahrhundert	le siècle [lə sjɛkl]
Jugendstil	l'Art nouveau [laʀ nuvo]
keltisch	celte [sɛlt]
Klassizismus	le classicisme [lə klasisism]
Kubismus	le cubisme [lə kybism]
Manierismus	le maniérisme [lə manjeʀism]

Mittelalter	le Moyen Age [lə mwajɛn‿aʒ]
modern	moderne [mɔdɛʀn]
normannisch	normand [nɔʀmɑ̃]
Renaissance	la Renaissance [la ʀənɛsɑ̃s]
Rokoko	le rococo [lə ʀɔkɔko]
Romanik	l'art roman [laʀ ʀɔmɑ̃]
Romantik	le romantisme [lə ʀɔmɑ̃tism]
Steinzeit	l'âge de pierre [laʒ də pjɛʀ]
Stil	le style [lə stil]
Surrealismus	le surréalisme [lə syʀʀealism]
vorgeschichtlich	préhistorique [pʀeistɔʀik]
Wikinger	les Vikings [le vikiŋ]
Zisterzienser	les cisterciens [le sistɛʀsjɛ̃]

KULTUR PUR

Kult-Disco in Paris

Es ist sicherlich nicht die einzige Disko mit Kultcharakter in Paris – und so etwas wechselt des öfteren -, aber eine Disko, die in den Räumen eines früheren Swingerclubs untergekommen ist, die „hat schon was“. Im Untergeschoss sind noch Spuren von dieser bewegten Vergangenheit zu entdecken: Eine Tanzstange und ein Hammam, das inzwischen in eine Raucherecke verwandelt worden ist. So eine Disco hat natürlich „Museumswert“.
Zu sehen im *Raymond Club, 13 rue Dussoubs, Paris 2ème*

Könnten Sie mir sagen, welches Stück heute Abend im Theater gespielt wird?
Pourriez-vous me dire quelle pièce on joue ce soir au théâtre ?
[purje vum diʀ kɛl pjɛs ɔ̃ ʒu sə swaʀ o teatʀ]

Was läuft morgen Abend im Kino?
Qu'est-ce qu'on joue demain soir au cinéma ?
[kɛs‿kɔ̃ ʒu dəmɛ̃ swaʀ o sinema]

Können Sie mir ein Theaterstück empfehlen?
Vous pouvez me recommander une pièce de théâtre ?
[vu puve mʀəkɔmɑ̃de yn pjɛs də teatʀ]

Wann beginnt die Vorstellung?
A quelle heure commence la représentation ?
[a kɛl‿œʀ kɔmɑ̃s la ʀəpʀezɑtasjɔ̃]

Wo bekommt man Karten?
Où est-ce qu'on peut prendre les billets ? [u ɛs‿kɔ̃ pø pʀɑdʀ lə bije]

Kann man Karten reservieren?
On peut réserver des places ? [ɔ̃ pø ʀesɛʀve de plas]

Ich habe Karten vorbestellt auf den Namen …
J'ai réservé des places au nom de … [ʒɛ ʀesɛʀve de plas o nɔ̃ də]

Bitte zwei Karten für heute Abend.
Deux billets pour ce soir, s'il vous plaît.
[dø bije puʀ sə swaʀ sil vu plɛ]

Bitte zwei Plätze zu … Euro.
Deux places à … euros, s'il vous plaît. [dø plas a …øʀo sil vu plɛ]

Kann ich bitte ein Programm haben?
Un programme, s'il vous plaît. [ɛ̃ pʀɔgʀam sil vu plɛ]

Kann ich bei Ihnen ein Opernglas ausleihen?
Est-ce que je peux louer des jumelles de théâtre chez vous ?
[ɛs kəʒ pø lue de ʒymɛl də teatʀ ʃe vu]

Eintrittskarte	le billet [lə bijɛ]
Festival	le festival [lə fɛstival]
Garderobe	le vestiaire [lə vɛstjɛʀ]
Kasse	la caisse [la kɛs]
Pause	l'entracte *m* [lɑ̃tʀakt]
Programmheft	le programme [lə pʀɔgʀam]
Vorstellung	*(Kino)* la séance [la seɑ̃s]; *(Theater)* la représentation [la ʀəpʀesɑ̃tasjɔ̃]
Vorverkauf	la location [la lɔkasjɔ̃]; la réservation [la ʀezɛʀvasjɔ̃]

Theater

Akt	l'acte *m* [lakt]
Aufführung	la représentation [la ʀəpʀezɑ̃tasjɔ̃]
Ballett	le ballet [lə balɛ]
Drama	le drame [lə dʀam]
Freilufttheater	le théâtre en plein air [lə teatʀ ɑ̃ plɛn‿ɛʀ]
Inszenierung	la mise en scène [la miz‿ɑ̃ sɛn]
Kabarett	le cabaret [lə kabaʀɛ]
Kabarettist	le chansonnier [lə ʃɑ̃sɔnje]
Kleinkunstbühne	le café-théâtre [lə kafeteatʀ]
Komödie	la comédie [la kɔmedi]
Loge	la loge [la lɔʒ]
Musical	la comédie musicale [la kɔmedi myzikal]
Oper	l'opéra *m* [lɔpeʀa]
Operette	l'opérette *f* [lɔpeʀɛt]
Parkett	le parterre [lə paʀtɛʀ]

Premiere la première [la pʀəmjɛʀ]
1. Rang le balcon [lə balkɔ̃]
Schauspiel le spectacle [lə spɛktakl]
Schauspieler/in l'acteur/l'actrice [laktœʀ/laktʀis]; le comédien/la comédienne [lə kɔmedjɛ̃/la kɔmedjɛn]
Spielplan le programme [lə pʀɔgʀam]
Tänzer/in le danseur/la danseuse [lə dɑ̃sœʀ/la dɑ̃søz]
Theater le théâtre [lə teatʀ]
Theaterstück la pièce de théâtre [la pjɛs də teatʀ]
Tragödie la tragédie [la tʀaʒedi]
Varietee les variétés *f* [le vaʀjete]
Volksstück la pièce populaire [la pjɛs pɔpylɛʀ]

Konzert

Blues le blues [lə bluz]
Chor le chœur [lə kœʀ]
Dirigent/in le/la chef d'orchestre [lə/la ʃɛf dɔʀkɛstʀ]
Folk le folk [lə fɔlk]
Jazz le jazz [lə dʒaz]
Klassik la musique classique [la mysik klasik]
Komponist/in le compositeur/la compositrice [lə kɔ̃pozitœʀ/la kɔ̃pɔsitʀis]
Konzert le concert [lə kɔ̃sɛʀ]
– ***Kammerkonzert*** le concert de musique classique [lə kɔ̃sɛʀ də myzik klasik]
– ***Kirchenkonzert*** le concert en église [lə kɔ̃sɛʀ ɑ̃n‿egliz]
– ***Sinfoniekonzert*** le concert symphonique [lə kɔ̃sɛʀ sɛ̃fɔnik]
Orchester l'orchestre *m* [lɔʀkɛstʀə]
Pop le pop [lə pɔp]
Rap le rap [lə ʀap]
Rock le rock [lə ʀɔk]
Reggae le reggae [lə ʀege]
Sänger/in le chanteur/la chanteuse (la cantatrice) [lə ʃɑ̃tœʀ/la ʃɑ̃tøz (la kɑ̃tatʀis)]
Solist/in le/la soliste [lə/la sɔlist]
Soul le soul [le sol]
Techno la techno [la tɛkno]
Volksmusik la musique folklorique [la mysik fɔlklɔʀik]

Im Original

Dass Sie Französisch nicht so gut beherrschen, muss nicht unbedingt bedeuten, dass Sie auf Kino verzichten müssen. Gerade in Paris werden relativ viele Filme in der Originalfassung gezeigt. Halten Sie einfach in den Veranstaltungsprogrammen wie *Pariscope* oder *L'Officiel des spectacles* nach den beiden Buchstaben V.O. (*version originale*) Ausschau. Und übrigens: Dienstag ist Kinotag, also billiger.

Film ... le film [lə film]
- ***Actionfilm*** ... le film d'action [lə film daksjɔ̃]
- ***Dokumentarfilm*** ... le documentaire [lə dɔkymɑ̃tɛʀ]
- ***Drama*** ... le drame [lə dʀam]
- ***Klassiker*** ... le classique [lə klasik]
- ***Komödie*** ... la comédie [la kɔmedi]
- ***Kurzfilm*** ... le court-métrage [lə kuʀmetʀaʒ]
- ***Schwarzweißfilm*** ... le film en noir et blanc [lə film ɑ̃ nwaʀ e blɑ̃]
- ***Sciencefictionfilm*** ... le film de science-fiction [lə film də sjɑ̃sfiksjɔ̃]
- ***Thriller*** ... le film policier [lə film pɔlisje]
- ***Western*** ... le western [lə wɛstɛʀn]
- ***Zeichentrickfilm*** ... le dessin animé [lə dɛsɛ̃ anime]

Filmschauspieler/in ... l'acteur/l'actrice de cinéma [laktœʀ/laktʀis də sinema]

Hauptrolle ... le rôle principal [lə ʀol pʀɛ̃sipal]

Kino ... le cinéma [lə sinema]
- ***Freilichtkino*** ... le cinéma en plein air [lə sinema ɑ̃ plɛn‿ɛʀ]
- ***Programmkino*** ... le ciné-club [lə sineklœb]

Originalfassung ... la version originale (la v.o.) [la vɛʀsjɔ̃ ɔʀiʒinal (la ve o)]

Regie ... la mise en scène [la miz‿ɑ̃ sɛn]

Untertitel ... les sous-titres *m* [le sutitʀ]

AM ABEND

Was ist … los?
Qu'est-ce qui se passe … [kɛs‿kis‿pas]

- ***dieses Wochenende***
  ce week-end ? [sə wikɛnd]
- ***heute Abend***
  ce soir ? [sə swaʀ]

Gibt es hier ...
Est-ce qu'il y a ici ... [ɛs‿kil‿ja isi]

- ***Livemusik?***
  de la musique live ?
  [də la mysik lajv]
- ***ein Kino?***
  un cinéma ? [ɛ̃ sinema]
- ***ein Theater?***
  un théâtre ? [ɛ̃ teatʀ]
- ***Kneipen?***
  des cafés ? [de kafe]
- ***eine Disco?***
  une disco ? [yn disko]
- ***eine Schwulen-/Lesbenszene?***
  des bars gays/lesbiens ?
  [de baʀ gɛ/lɛsbjɛ̃]

Wer spielt/singt?
Qui est-ce qui joue/chante ? [ki‿ɛs‿ki ʒu/ʃɑ̃t]

Wo kann man hier tanzen gehen?
Où est-ce qu'on peut aller danser ici ? [u ɛs kɔ̃ pø ale dɑ̃se isi]

Bar	le bar [lə baʀ]
Diskothek	la discothèque [la diskɔtɛk]
Klub	le club [lə klœb]
Kneipe	le bistrot [lə bistʀo]
Livemusik	la musique en direct [la myzik ɑ̃ diʀɛkt]
Nachtklub	la boîte de nuit [la bwat də nɥi]
Party	la soirée [la swaʀe]; la fête [la fɛt]
Show	le show [lə ʃo]
Spielkasino	le casino [lə kazino]
tanzen	danser [dɑ̃se]

FESTE FEIERN

Festivals

Die bekanntesten französischen Festivals sind wahrscheinlich das *Festival de Cannes* für Kinofilme und das *Festival d'Avignon* für den Theaterbereich. Allerdings finden gerade im Sommer fast überall kleine *Festivals* und *Fêtes* jeder Art statt. Schreiben (faxen/mailen) Sie vorher an das Fremdenverkehrsamt der Gegend, die Sie besuchen wollen, und fragen Sie nach einem *calendrier des Fêtes et des Festivals de la région*.

Könnten Sie mir bitte sagen, wann das ...-Festival stattfindet?
Pourriez-vous me dire quand a lieu le festival de/du ... ?
[puʀje vum diʀ kɑ̃ a ljø lə fɛstival də/dy]

- ***vom ... bis ...***
  du ... au ... [dy o]
- ***jedes Jahr im August***
  tous les ans au mois d'août [tu lez‿ɑ̃ o mwa du(t)]
- ***alle 2 Jahre***
  tous les deux ans [tu le døz‿ɑ̃]

Kann jeder teilnehmen?
Tout le monde peut y participer ? [tul mɔ̃d pø i paʀtisipe]

Festival	le festival [lə fɛstival]
Feuerwerk	le feu d'artifice [lə fø daʀtifis]
Flohmarkt	la foire à la brocante [la fwaʀa la bʀɔkɑ̃t]; le marché aux puces [lə maʀʃe o pys]
Jahrmarkt	le fête foraine [la fɛt fɔʀɛn]
Karneval	le carnaval [lə kaʀnaval]
Kirmes	la kermesse [la kɛʀmɛs]
Prozession	la procession [la pʀɔsɛsjɔ̃]
Umzug	le cortège [lə kɔʀtɛʒ]
Zirkus	le cirque [lə siʀk]

EINEN AUSFLUG MACHEN

Wann treffen wir uns?
A quelle heure est le rendez-vous ? [a kɛl œʀ ɛl ʀɑ̃devu]

Wo ist der Treffpunkt?
Où est le point de rendez-vous ? [u ɛl pwɛ̃d ʀɑ̃devu]

Kommen wir am/an ... vorbei?
Est-ce que nous allons passer devant le/la ... ?
[ɛs kə nuz‿alɔ̃ pase dəvɑ̃ lə/la]

Besichtigen wir auch ...?
Est-ce qu'on va visiter également ... ? [ɛs‿kɔ̃ va vizite egalmɑ̃]

Ausflug	l'excursion *f* [lɛkskyʀsjɔ̃]
Aussichtspunkt	le point de vue [lə pwɛ̃d vy]
Berg	la montagne [la mɔ̃taɲ]
Bergdorf	le village de montagne [lə vilaʒ də mɔ̃taɲ]
Botanischer Garten	le jardin botanique [lə ʒaʀdɛ̃ bɔtanik]
Deich	la digue [la dig]
Felswand	la falaise [la falɛz]
Fischerort	le village de pêcheurs [lə vilaʒ də pɛʃœʀ]

Fluss la rivière [la ʀivjɛʀ]
Freilichtmuseum le musée en plein air [lə myze ɑ̃ plɛn‿ɛʀ]
Freizeitpark le parc de loisirs [lə paʀk də lwaziʀ]
Gebirge la montagne [la mɔ̃taɲ]
Gipfel le sommet [lə sɔmɛ]
Grotte la grotte [la gʀɔt]
Heide la lande [la lɑ̃d]
Hinterland l'arrière-pays *m* [laʀjɛʀpei]
Höhle la caverne [la kavɛʀn]
Inselrundfahrt le tour de l'île [lə tuʀ də lil]
Landschaft le paysage [lə peizaʒ]
Lava la lave [la lav]
Leuchtturm le phare [lə faʀ]
Markt le marché [lə maʀʃe]
Museumsdorf le village-musée [lə vilaʒmyze]
Nationalpark le parc national [lə paʀk nasjɔnal]
Naturschutzgebiet la réserve naturelle [la ʀesɛʀv natyʀɛl]
Pass le col [lə kɔl]
Quelle la source [la suʀs]
Rundfahrt le circuit [lə siʀkɥi]
Schlucht la gorge [la gɔʀʒ]
See le lac [lə lak]; *(Meer)* la mer [la mɛʀ]
Sternwarte l'observatoire *m* [lɔbsɛʀvatwaʀ]
Tagesausflug l'excursion pour une journée [lɛkskyʀsjø puʀ yn ʒuʀne]
Tal la vallée [la vale]
Tropfsteinhöhle la grotte (à stalactites et à stalagmites) [la gʀɔt (a stalaktit e a stalagmit)]
Umgebung les environs *m* [lez‿ɑ̃viʀɔ̃]
Vogelschutzgebiet le parc ornithologique [lə paʀk ɔʀnitɔlɔʒik]
Vulkan le volcan [lə vɔlkɑ̃]
Wald la forêt [la fɔʀɛ]
Waldbrand l'incendie de forêt [lɛ̃sɑ̃did fɔʀɛ]
Wallfahrtsort le lieu de pèlerinage [lə ljød pɛlʀinaʒ]
Wasserfall la cascade [la kaskad]
Wildpark le parc animalier [lə paʀk animalje]
Zoo le zoo [lə zo]

Sport und Wellness

Was machen Sie im Urlaub?

Nichts Anstrengendes zu tun kann ziemlich schweißtreibend sein.
Man sagt auch "Das Leben genießen" dazu.

Entschuldigen Sie, gibt es hier ein ...
Excusez-moi, est-ce qu'il y a ... ici ? [ɛkskyse mwa ɛs‿kil‿ja … isi]

- ***Schwimmbad?***
  une piscine [yn pisin]
- ***Freibad?***
  une piscine en plein air [yn pisin ɑ̃ plɛn‿ɛʀ]
- ***Hallenbad?***
  une piscine couverte [yn pisin kuvɛʀt]

Eine Eintrittskarte, bitte!
Un billet, s'il vous plaît ! [ɛ̃ bijɛ sil vu plɛ]

Könnten Sie mir sagen, wo die ... sind?
Pourriez-vous me dire où sont les ... [puʀje vum diʀ u sɔ̃ le]

- ***Duschen***
  douches ? [duʃ]
- ***Umkleidekabinen***
  cabines ? [kabin]

Ist der Strand ...
C'est une plage ... [sɛt‿yn plaʒ]

- ***sandig?***
  de sable ? [də sabl]
- ***steinig?***
  de galets ? [də galɛ]

Gibt es hier Seeigel/Quallen/Algen?
Est-ce qu'il y a ici des oursins/des méduses/des algues ?
[ɛs‿kil‿ja isi dez‿uʀsɛ̃/de medyz/dez‿alg]

Ist die Strömung stark?
Est-ce qu'il y a un fort courant ? [ɛs‿kil‿ja ɛ̃ fɔʀ kuʀɑ̃]

Können Sie mir sagen, ob es für Kinder gefährlich ist?
Vous pouvez me dire si c'est dangereux pour les enfants ?
[vu puvem diʀ si sɛ dɑ̃ʒʀø puʀ lez‿ɑ̃fɑ̃]

Wann ist Ebbe/Flut?
C'est quand la marée basse/haute ? [sɛ kɑ̃ la maʀe bas/ot]

Ich möchte ... mieten.
Je voudrais louer ... [ʒə vudʀɛ lue]

- ***einen Liegestuhl***
  un transat/une chaise-longue. [ɛ̃ tʀɑ̃zat/yn ʃɛz lɔ̃g]
- ***einen Sonnenschirm***
  un parasol. [ɛ̃ paʀasɔl]

- *ein Boot*
  un canot. [ɛ̃ kano]
- *ein Paar Wasserski*
  des skis nautiques. [de ski notik]

Was kostet das pro Stunde/pro Tag?
Quel est le tarif à l'heure/à la journée ? [kɛl‿ɛl taʀif a lœʀ/a la ʒuʀne]

Bademeister	le maître-nageur [lə mɛtʀənaʒœʀ]
Beach-Volleyball	le volley-ball de plage [lə vɔlɛbol də plaʒ]
FKK-Strand	la plage de nudistes [la plaʒ də nydist]
Kinderbecken	le bassin pour enfants [lə basɛ̃ puʀ ɑ̃fɑ̃]
Liegewiese	la pelouse [la pluz]
Luftmatratze	le matelas pneumatique [lə matla pnømatik]
Planschbecken	la pataugeoire [la patoʒwaʀ]
schwimmen	nager [naʒe]
Schwimmer	le nageur [lə naʒœʀ]
Schwimmflossen	les palmes *f* [le palm]
Schwimmflügel	les bracelets *m* [le bʀaslɛ]
Schwimmring	la bouée [la bue]
Spielplatz	l'aire de jeux [lɛʀ də ʒø]
Tretboot	le pédalo [lə pedalo]
Windschirm	le pare-vent [lə paʀvɑ̃]

AKTIV WERDEN

Welche Sportmöglichkeiten gibt es hier?
Qu'est-ce qu'on peut pratiquer comme sports ici?
[kɛ̃s‿kɔ̃ pø pʀatike kɔm spɔʀ isi]

Gibt es hier …
Est-ce qu'il y a … ici ? [ɛs‿kil‿ja isi]

- *einen Golfplatz?*
  un terrain de golf [ɛ̃ tɛʀɛ̃d gɔlf]
- *einen Tennisplatz?*
  un court de tennis [ɛ̃ kuʀ də tenis]

Wo kann man hier …
Où est-ce qu'on peut … [u ɛs‿kɔ̃ pø]

- *angeln?*
  pêcher ? [pɛʃe]
- *gut wandern?*
  faire des belles randonnées ? [fɛʀ de bɛl ʀɑ̃dɔne]

Wo kann ich … ausleihen?
Où est-ce que je peux louer … ? [u ɛs kəʒ pø lue]

Ich möchte einen ...kurs für Anfänger/Fortgeschrittene machen.
Je voudrais prendre des cours de ... pour débutants/avancés. [ʒvudʀɛ pʀɑ̃dʀ de kuʀ də ... puʀ debytɑ̃/avɑ̃se]

Darf ich mitspielen?
Est-ce que je peux jouer avec vous ? [ɛs‿kə ʒpø ʒue avɛk vu]

Möchten Sie/Möchtest du mitspielen?
Vous voulez/Tu veux jouer avec nous ? [vu vule/ty vø ʒue avɛk nu]

Das wäre toll!
Ce serait super ! [sə sʀɛ sypɛʀ]

Eintrittskarte	le billet [lə bijɛ]
Fitnessarmband	le bracelet d'activité [lə bʀaslɛ daktivite]
gewinnen	gagner [gaɲe]
Kasse	la caisse [la kɛs]
Niederlage	la défaite [la defɛt]
Rennen	la course [la kuʀs]
Schiedsrichter	l'arbitre *m* [laʀbitʀ]
Sieg	la victoire [la viktwaʀ]
Spiel	le match [lə matʃ]
Sportplatz	le terrain de sport [lə tɛʀɛ̃d spɔʀ]
Stadion	le stade [lə stad]
unentschieden	match nul [matʃ nyl]
verlieren	perdre [pɛʀdʀ]
Wettkampf	la compétition [la kɔ̃petisjɔ̃]

Wassersport

Bootsführerschein	le permis-bateau [lə pɛʀmi bato]
Canyoning	le canyoning [lə kanjɔniŋ]
Harpune	le harpon [lə aʀpɔ̃]
Hausboot	la péniche [la peniʃ]
Gerätetauchen	la plongée sous-marine [la plɔ̃ʒe sumaʀin]
Kanu	le canoë [lə kanɔe]
Motorboot	le canot automobile [lə kano otomɔbil]
Neoprenanzug	la combinaison de plongée [la kɔ̃binɛzɔ̃d plɔ̃ʒe]
Paddelboot	le canoë [lə kanɔe]; le kayak [lə kajak]
paddeln	faire du canoë/du kayak [fɛʀ dy kanɔe/dy kajak]
Rafting	le rafting [lə ʀaftiŋ]
Regatta	les régates *f* [le ʀegat]
Rückholservice	le convoyage [lə kɔ̃vwajaʒ]
Ruder	la rame [la ʀam]

Ruderboot	la barque/le canot (à rames) [la baʀk/lə kano (a ʀam)]
Rudern, rudern	(faire de) l'aviron [(fɛʀ də) laviʀɔ̃]
Sauerstoffgerät	la bouteille d'oxygène [la butɛj dɔksiʒɛn]
Schlauchboot	le canot pneumatique [lə kano pnømatik]
Schnorchel	le tuba [lə tyba]
schnorcheln	faire du snorkeling [fɛʀ dy snɔʀkliɲ]
Segelboot	le bateau à voiles [lə bato a vwal]
Segeln, segeln	(faire de) la voile [(fɛʀ də) la vwal]
Segeltörn	la croisière à la voile [la kʀwazjɛʀ a la vwal]
Surfbrett	le surf [lə sœʀf]
surfen	faire du surf [fɛʀ dy sœʀf]
tauchen	faire de la plongée [fɛʀ də la plɔ̃ʒe]
Taucherausrüstung	l'équipement de plongée [lekipmɑ̃d plɔ̃ʒe]
Taucherbrille	les lunettes de plongée [le lynɛt də plɔʒe]
Wasser wandern (Hausboot)	la croisière fluviale [la kʀwazjɛʀ flyvjal]
Wasserski	le ski nautique [lə ski notik]
Wasserski fahren	faire du ski nautique [fɛʀ dy ski notik]
Wasserskooter	le jet ski [lə dʒɛtski]; le scooter des mers [lə skutɛʀ de mɛʀ]
Windsurfen, windsurfen	(faire de) la planche à voile [(fɛʀ də) la plɑ̃ʃ a vwal]
Windrichtung	la direction du vent [la diʀɛksjɔ̃ dy vɑ̃]

Angeln

Angel	la canne à pêche [la kana pɛʃ]
angeln	pêcher [pɛʃe]
Angelschein	le permis (de pêche) [lə pɛʀmi(d pɛʃ)]
Hafenmeisterei	la capitainerie du port [la kapitɛnʀi dy pɔʀ]
Hochseeangeln	la pêche au gros [la pɛʃ o gʀo]
Schonzeiten	la période de fermeture de la pêche [la peʀjɔd də fɛʀmətyʀ də la pɛʃ]

Ballspiele

Ball	*(klein, z. B. Tennisball)* la balle [la bal]; *(größer, z. B. Fußball)* le ballon [lə balɔ̃]
Basketball	le basket-ball [lə baskɛtbol]
Fußball	le football [lə futbol]
Fußballplatz	le terrain de football [lə tɛʀɛ̃d futbol]
Fußballspiel	le match de football [lə matʃ də futbol]

Halbzeit	la mi-temps [la mitɑ̃]
Handball	le hand-ball [lə ɑ̃dbal]
Mannschaft	l'équipe *f* [lekip]
Netz	le filet [lə filɛ]
Rugby	le rugby [lə ʀygbi]
Tor	*(Schuss)* le but [le byt]; *(Pfosten)* le poteau des buts [lə pɔto de byt]
Torwart	le gardien de buts [lə gaʀdjɛ̃d byt]
Volleyball	le volley-ball [lə vɔlɛbol]

Tennis und Badminton

Badminton	le badminton [lə badmintɔn]
Doppel	le double [lə dubl]
Einzel	le simple [lə sɛ̃pl]
Federball	*(Ball)* le volant [lə vɔlɑ̃]; *(Spiel)* le badminton [lə badmintɔn]
Schläger	la raquette [la ʀakɛt]
Squash	le squash [lə skwaʃ]
Tennis	le tennis [lə tenis]
Tennisschläger	la raquette de tennis [la ʀakɛt də tenis]
Tischtennis	le ping-pong [lə piŋpɔ̃ŋ]

Fitness- und Krafttraining

Aerobic	l'aérobic *m* [laeʀɔbik]
Aquacycling	le vélo dans l'eau [lə velo dɑ̃ lo]
Bodybuilding	la musculation [la myskylasjɔ̃]
Faszientraining	l'entraînement des fascias [lɑ̃tʀɛnmɑ̃ de fasja]
Fitnesscenter	le fitness [lə fitnɛs]
Gymnastik	la gymnastique [la ʒimnastik]
Indoorcycling	le cyclisme en salle [lə siklism ɑ̃ sal]
joggen	faire du jogging [fɛʀ dy dʒɔgiŋ]
Jogging	le jogging [lə dʒɔgiŋ]
Konditionstraining	l'entretien de la forme [lɑ̃tʀətjɛ̃ də la fɔʀm]
Pilates-Training	la méthode Pilates [la metɔd pilat]
Spinning®	le spinning [lə spiniŋ]
Stretching	le stretching [lə stʀɛtʃiŋ]
Wirbelsäulengymnastik	la gymnastique corrective [la ʒimnastik kɔʀɛktiv]
Zumba®	la zumba [la zumba]

„Le Marathon le plus long du Monde“

Der längste Marathon der Welt verläuft durch einige der berühmtesten Weinberge und Schlösser Frankreichs wie *Pauillac, St-Julien, St Estèphe et Haut-Médoc*. Allerdings gibt es einige Spielregeln, die ihn vom klassischen Marathon unterscheiden. Man läuft verkleidet und/oder in Gruppen, und unterwegs sind sowohl musikalische Stopps (mit Tanz-einlagen!) als auch Weinetappen (mit Verkostungen!) vorgesehen. Bei Kilometer 38 sind sogar Austern und bei Kilometer 39 Steaks an der Reihe! Knapp 10000 Teilnehmer und Teilnehmerinnen sind jedes Jahr dabei - davon ein Drittel aus dem Ausland (aus 50 Ländern). Probieren Sie es doch mal aus!

An der Seine entlang radeln

Seit Juni 2013 sind die 2,3 km Ufer zwischen der Alma Brücke und dem Orsay Museum wieder Spaziergängern, Joggern, Skatern und Radlern zugänglich und somit dem Sport, der Kultur und der Natur gewidmet. Vor dem *Musée d'Orsay* ist eine Treppe aus Stahl und Holz gebaut worden, die sich zwar als Kunstwerk versteht, aber bei Veranstaltungen an der Seine als Sitzfläche benutzt werden soll. Von da aus hat man einen wunderschönen Ausblick auf die Seine. Am anderen Ende ist ein schwimmender Garten aus 5 Inseln entstanden, um den Parisern und Touristen die Vegetation und die Tierwelt entlang der Seine näher zu bringen.

Elektrofahrrad	le vélo électrique [lə velo elɛktʀik]
Fahrrad	le vélo [lə velo]; la bicyclette [la bisiklɛt]
Fahrradhelm	le casque de protection [lə kask də pʀɔteksjɔ̃]
Fahrradweg	la piste cyclable [la pistə siklabl]
Flickzeug	le kit de réparation des pneus [lə kit də ʀepaʀasjɔ̃ de pnø]
Handbike	le déambulateur [lə deɑ̃bylatœʀ]
Luftpumpe	la pompe [la pɔ̃p]
Mountainbike	le V.T.T. (vélo tout terrain) [lə vetete (velo tu tɛʀɛ̃)]
Rad fahren	faire du vélo [fɛʀ dy velo]
Radsport	le cyclisme [lə siklism]

Radtour	la randonnée cycliste [la ʀɑ̃dɔne siklist]
Rennrad	le vélo de course [lə velod kuʀs]
Roller	les rollers *m* [le ʀɔlɛʀ]
Schlauch	la chambre à air [la ʃɑ̃bʀ‿a ɛʀ]
Trekkingrad	le V.T.C. (vélo tout chemin) [lə vetese (velo tu ʃmɛ̃)]

Wandern und Bergsteigen

Ich möchte eine Bergtour machen.
Je voudrais faire une randonnée en montagne.
[ʒvudʀɛ fɛʀ‿yn ʀɑ̃dɔne ɑ̃ mɔ̃taɲ]

Können Sie mir eine interessante Route auf der Karte zeigen?
Vous pouvez me montrer un itinéraire intéressant sur la carte ?
[vu puve mə mɔ̃tʀe ɛ̃n‿itineʀɛʀ‿ɛ̃teʀɛsɑ̃ syʀ la kaʀt]

Führt dieser Weg nach …?
Est-ce que ce chemin conduit à … ? [ɛs‿kə sə ʃmɛ̃ kɔ̃dɥi a]

Ich habe mich verlaufen.
Je me suis perdu/e. [ʒəm‿sɥi pɛʀdy]

Bergsteigen	l'alpinisme *m* [lalpinism]
Fernwanderweg	le chemin de grande randonnée [lə ʃəmɛ̃d gʀɑ̃d ʀɑ̃dɔne]
Freeclimbing	la varape [la vaʀap]
Gehzeiten	la durée de la marche [la dyʀe də la maʀʃ]
Route	l'itinéraire *m* [litineʀɛʀ]
Schutzhütte	le refuge [lə ʀəfyʒ]
Sicherungsseil	la corde de rappel [la kɔʀd də ʀapɛl]
Tagestour	la randonnée (pour la journée) [la ʀɑ̃dɔne (puʀ la ʒuʀne)]
Trekking	le trekking [lə tʀɛkiɲ]
Wanderkarte	la carte de randonnées [la kaʀt də ʀɑ̃dɔne]
Wandern	la randonnée pédestre [la ʀɑ̃dɔne pedɛstʀ]
wandern	faire de la randonnée [fɛʀ də la ʀɑ̃dɔne]
Wanderweg	le chemin de randonnée [lə ʃəmɛ̃ də ʀɑ̃dɔne]

Reiten

Ausritt	la promenade à cheval [la pʀɔmnad a ʃval]
Pferd	le cheval [lə ʃval]
Polo	le polo [lə pɔlo]
reiten	faire du cheval [fɛʀ dy ʃval]
Reitschule	l'école d'équitation [lekɔl dekitasjɔ̃]

Golf

18-Loch-Platz	le golf 18 trous [lə gɔlf dizɥi tʀu]
abschlagen	frapper la balle [fʀape la bal]
Clubhaus	la clubhouse [la klœbaus]
Golf	le golf [lə gɔlf]
Golfclub	le club de golf [lə clœb də gɔlf]
Golfschläger	la crosse de golf [la kʀɔs də gɔlf]
Greenfee	le greenfee [lə gʀinfi]
Parcours	le parcours [lə paʀkuʀ]

Flugsport

Aufstieg	la montée [la monte]
Drachenfliegen	le deltaplane [lə dɛltaplan]
Fallschirmspringen	le parachutisme [lə paʀaʃytism]
Gleitschirm	le parapente [lə paʀapɑ̃t]
Heißluftballon	la montgolfière [la mɔ̃gɔlfjɛʀ]
Paragliding	le parapente [lə paʀapɑ̃t]
Schleppschirm	*(am Strand)* le parachute ascencionnel [lə paʀaʃyt asɑ̃sjɔnɛl]
Segelfliegen	le vol à voile [lə vɔl a vwal]
Weltumrundung	le tour de la terre [lə tuʀ də la tɛʀ]

Winterurlaub

Wo kann ich Skier ausleihen?
Où est-ce que je peux louer des skis ? [u ɛs‿kə‿ʒpø lue de ski]

Ich möchte Skier und Skistiefel ausleihen.
Où est-ce que je peux louer des skis et des chaussures de ski ?
[u ɛs‿kə‿ʒpø lue de ski e de ʃosyʀ də ski]

Eine Tageskarte, bitte.
Un forfait pour la journée, s'il vous plaît.
[ɛ̃ fɔrfɛ puʀ la ʒuʀne silvuplɛ]

Wie viele Punkte kostet dieser Skilift?
Combien de points coûte ce remonte-pentes ?
[kɔ̃bjɛ̃d pwɛ̃ kut sə ʀəmɔ̃tpɑ̃t]

Um wie viel Uhr ist die letzte Bergfahrt/Talfahrt?
A quelle heure est la dernière remontée/descente ?
[a kɛl‿œʀ‿ɛ la dɛʀnjɛʀ ʀəmɔ̃te/desɑ̃t]

Babylift	le remonte-pentes pour enfants [lə ʀəmɔ̃tpɑ̃t puʀ ɑ̃fɑ̃]
Bergstation	La station supérieure du téléphérique [la stasjɔ̃ syperjœr dy telefeʀik]
Curling	le curling [lə kœʀliŋ]
Eisbahn	la patinoire [la patinwaʀ]
Eishockey	le hockey sur glace [lə ɔkɛ syʀ glas]
Eislauf	le patinage [lə patinaʒ]
Langlaufski	le ski de fond [lə skid fɔ̃]
Loipe	la piste de ski de fond [la pistə də skid fɔ̃]
Mittelstation	l'arrêt intermédiaire du téléski [laʀɛ ɛ̃tɛʀmedjɛʀ dy teleski]
Pulverschnee	la (neige) poudreuse [la (nɛʒ) pudʀøz]
Schlepplift	le téléski [lə teleski]; le remonte-pente [lə ʀəmɔ̃tpɑ̃t]

Zutreffend

Ein Schlepplift wird zwar *téléski* oder *remonte-pente* genannt, doch die dritte Bezeichnung – an sich die gebräuchlichste – ist vielleicht die schönste: *un tire-fesses* (ein Pobackenzieher)!

alpiner Skilauf	le ski alpin [lə ski alpɛ̃]
Schlitten	la luge [la lyʒ]
Schlitten fahren	faire de la luge [fɛʀ də la lyʒ]
Schlittschuhe	les patins à glace *m* [le patɛ̃ a glas]
Seilbahn	le téléphérique [lə telefeʀik]
Sessellift	le télésiège [lə telesjɛʒ]
Ski	le ski [lə ski]
Ski laufen	skier [skje]; faire du ski [fɛʀ dy ski]
Skibindung	la fixation [la fiksasjɔ̃]
Skibrille	les lunettes de ski [le lynɛt də ski]
Skikurs	les cours de ski; les leçons de ski [le kuʀ/ləsɔ̃ də ski]
Skilehrer/in	le moniteur/la monitrice de ski [lə mɔnitœʀ/la mɔnitʀis də ski]
Skistöcke	les bâtons *m* [le batɔ̃]
Snowboard	le surf des neiges [lə sœʀf de nɛʒ]
Tagespass	le forfait-journée [lə fɔʀfɛʒuʀne]
Talstation	le point de départ du téléski [lə pwɛ̃d depaʀ dy teleski]
Wochenpass	le forfait-semaine [lə fɔʀfɛsmɛn]

Sonstige Sportarten

Boulespiel	le jeu de boules [lə ʒød bul]; la pétanque [la petɑ̃k]
Bowling	le bowling [lə buliɲ]
Bungeejumping	le saut à l'élastique [lə so a lelastik]
E-Bike	le vélo électrique [lə velo elɛktʀik]
Inliner	le roller [lə ʀɔlɛʀ]
Inline skaten	faire du roller [fɛʀ dy ʀɔlɛʀ]
Kegeln	le jeu de quilles [lə ʒød kij]
Leichtathletik	l'athlétisme *m* [latletism]
Minigolf	le minigolf [lə minigɔlf]
Rollschuh	le patin à roulettes [lə patɛ̃ a ʀulɛt]
Skateboard	la planche à roulettes [la plɑ̃ʃ a ʀulɛt]
Skateboard fahren	faire de la planche à roulettes [fɛʀ də la plɑ̃ʃ a ʀulɛt]
Slacklining	la slackline [la slaklajn]

WELLNESS

Ich möchte … buchen.
Je voudrais réserver … . [ʒvudʀɛ ʀezɛʀve]

- ***eine …-Massage/Anwendung***
  un massage/soin de … . [ɛ̃ masaʒ/swɛ̃ də]

Haben Sie heute Termine frei?
Avez-vous des rendez-vous libres aujourd'hui?
[ave vu de ʀɑ̃devu libʀ oʒuʀdɥi]

Wie viele Anwendungen bekomme ich noch?
Il me reste encore combien de soins ? [il mə ʀɛst‿ɑ̃kɔʀ kɔ̃bjɛ̃d‿swɛ̃]

Ich möchte noch einige zusätzliche …
J'aimerais quelques … supplémentaires. [ʒɛmʀɛ kɛlkə syplemɑ̃tɛʀ]

Könnte ich einen anderen Termin bekommen?
Je pourrais avoir un autre rendez-vous ?
[ʒə puʀɛz‿avwaʀ ɛ̃n‿otʀə ʀɑ̃devu]

Machen Sie auch eine …?
Faites-vous aussi un/une … ? [fɛt vuz‿osi ɛ̃n/yn]

Ich möchte … Produkte.
Je voudrais des produits … [ʒə vudʀɛ de pʀɔdɥi]

- ***parfümfreie***
  sans parfum. [sɑ̃ paʀfy]
- ***allergiegetestete***
  testés contre les allergies. [tɛste kɔ̃tʀ lez‿alɛʀʒi]
- ***tierversuchsfreie***
  non testés sur les animaux. [nɔ̃ tɛste syʀ lez‿animo]

Anwendung	le soin [lə swɛ̃]
Aqua-Jogging	la gym aquatique [la ʒim‿akwatik]
Akupressur	la digitopuncture [la diʒitopɔ̃ktyʀ]
Akupunktur	l'acupuncture *f* [lakypɔ̃ktyʀ]
Aromabad	le bain aux huiles essentielles [lə bɛ̃ oz‿ɥilz‿ɛsɑ̃sjɛl]
Aromatherapie	l'aromathérapie *f* [laʀomateʀapi]
Augenbrauen färben	se faire teindre les sourcils [sə fɛʀ tɛ̃dʀ le suʀsi]
Ayurveda	l'Ayurveda *m* [lajyʀveda]
Bäder	les bains *m* [le bɛ̃]
Beautybehandlung	le traitement de beauté [lə tʀɛtmɑ̃d‿bote]
Behandlung	le soin [lə swɛ̃]
Dampfbad	le bain turc [lə bɛ̃ tyʀk]
– römisches ~	le bain romain [lə bɛ̃ ʀomɛ̃]
– Hamam	le hammam [lə amam]

Diätkost	les aliments diététiques *m* [lez‿alimɑ̃ djetetik]
entschlacken, entgiften	se purger, se désintoxiquer [sə pyrʒe, sə dezɛ̃tɔksike]
Fango	l'application de boue *f* [laplikasjɔ̃ də bu]
Fuß(reflexzonen)massage	la réflexologie plantaire [la reflɛksɔlɔʒi plɑ̃tɛʀ]
Ganzkörpermassage	le soin du corps [lə swɛ̃ dy kɔʀ]
Gesichtsbehandlung	le soin du visage [lə swɛ̃ dy vizaʒ]
Hautstraffung	la tension de la peau [la tɑ̃nsjɔ̃ də la po]
Heilbad	le bain curatif [lə bɛ̃ kyʀatif]
Heilfasten	le jeûne curatif [lə ʒøn kyʀatif]
Heubad	le bain de foin [lə bɛ̃d‿fwɛ̃]
Kneippanwendung	le soin de balnéothérapie [lə swɛ̃d balneɔteʀapi]
Körperpackung	l'enveloppement du corps [lɑ̃vlɔpmɑ̃ dy kɔʀ]
Kurtaxe	la taxe de séjour [la taks də seʒuʀ]
Licht- und Elektrotherapie	la luminothérapie/l'électrothérapie [la lyminoteʀapi/lelɛktroteʀapi]
Lymphdrainage	le drâinage lymphatique [lə drɛnaʒ lɛ̃fatik]
Maniküre	la manucure [la manykyʀ]
Massage	le massage [lə masaʒ]
Meditation	la méditation [la meditasjɔ̃]
Pediküre	la pédicure [la pedikyʀ]
Peeling	le peeling [lə piliŋ]
Sauna	le sauna [lə sona]
– finnische ~	le sauna finlandais [fɛ̃lɑ̃dɛ]
Solarium	le solarium [lə sɔlariɔm]
Therapie	la thérapie [la teʀapi]
Thermalbad	le bain thermal [lə bɛ̃ tɛʀmal]
Wellenbad	la piscine à vagues [la pisin‿a vag]
Whirlpool	le jacuzzi [lə ʒakyzi]
Yoga	le yoga [lə joga]

KREATIV WERDEN

Ich möchte ... belegen.
Je voudrais participer à ... [ʒə vudʀɛ paʀtisipe a]

- ***einen Sprachkurs***
  un cours de langue. [ɛ̃ kuʀ də lɑ̃g]
- ***einen Töpferkurs***
  un cours de poterie. [ɛ̃ kuʀ də pɔtʀi]
- ***einen Kochkurs***
  un cours de cuisine. [ɛ̃ kuʀ də kɥizin]

Wie viele Stunden sind pro Tag vorgesehen?
Combien y a-t-il d'heures par jour ? [kɔ̃bjɛ̃ jatil dœʀ paʀ juʀ]

Ist die Teilnehmerzahl begrenzt?
Est-ce que le nombre de participants est limité ?
[ɛs kə lə nɔ̃bʀ də paʀtisipɑ̃ ɛ limite]

Sind Vorkenntnisse erforderlich?
Est-ce qu'il faut des connaissances de base ?
[ɛs kil fo de kɔnɛsɑ̃s də baz]

Bis wann muss man sich anmelden?
Jusqu'à quand faut-il s'inscrire ? [ʒyska kɑ̃ fotil sɛ̃skʀiʀ]

Sind die Materialkosten inklusive?
Les frais de matériel sont-ils inclus ? [le fʀɛd mateʀjɛl sɔ̃t‿il ɛ̃kly]

Was ist mitzubringen?
Qu'est-ce qu'il faut apporter ? [kɛskil fo apɔʀte]

Aktzeichnen	le dessin sur modèle [lə desɛ̃ syʀ modɛl]
Aquarellmalen	l'aquarelle *f* [lakwaʀɛl]
Bauchtanz	la danse du ventre [la dɑ̃s dy vɑ̃tʀ]
Fotografieren	la photographie [la fɔtogʀafi]
Goldschmieden	l'orfèvrerie *f* [lɔʀfɛvʀəʀi]
Holzwerkstatt	l'atelier de bois [latəlje də bwa]
Kochen	la cuisine [la kwizin]
Kurs	le cours [lə kuʀ]
Malen	la peinture [la pɛ̃tyʀ]
Schauspielworkshop	l'atelier de théâtre [latəlje də teatʀ]
Theatergruppe	le groupe théâtral [lə gʀup teatʀal]
Trommeln	le tam-tam [lə tamtam]
Workshop	l'atelier *m* [latəlje]

LAVANDE
LAVANDE

Shoppen und Einkaufen

Wie viel kostet das?

Eine der wichtigsten Urlaubsfragen, um Ihre private Schuldenkrise und große Rettungsschirme zu vermeiden.

Groß einkaufen zum kleinen Preis

Kleinere Supermärkte (*supermarchés*) werden Sie in Frankreich sehr viel seltener finden als zu Hause. Dafür bestimmen oft Riesensupermärkte (*hypermarchés*) die Landschaft am Rande der Städte. Bis auf Charme bieten sie alles, was das Herz begehrt – und vor allem viele Sonderangebote (*promotions*). Wer allerdings speziell auf Schnäppchen aus ist, sollte zumindest im Januar und Juli auf das Schild *Soldes* (Ausverkauf) in den Schaufenstern achten.

FRAGEN FÜR DIE EINKAUFSTOUR

Ich suche ...

Werden Sie schon bedient?
On vous sert ?
[ɔ̃ vu sɛʀ]

Kann ich Ihnen helfen?
Je peux vous aider ?
[ʒə pø vuz‿ede]

Danke, ich sehe mich nur um.
Merci, je regarde.
[mɛʀsi ʒə ʀəgaʀd]

Ich möchte ...
Je voudrais ... [ʒvudʀɛ]
J'aimerais ... [ʒɛmʀɛ]

Ich suche ...
Je cherche ... [ʒə ʃɛʀʃ]

Haben Sie ...?
Vous avez ... ? [vuz‿ave]

Darf es sonst noch etwas sein?
Il vous faut autre chose ? [il vu fo otʀə ʃoz]

Handeln und kaufen

Wie handelt man ...?

Feilschen ist in Frankreich nur noch auf Flohmärkten möglich. In einer bestimmten Situation kann es natürlich mal sein, dass Sie einen kleinen Rabatt für angemessen halten. Also könnten Sie vielleicht fragen: **Vous faites une réduction?** (*Geben Sie einen Rabatt?*)
Auf den meisten Flohmärkten verkaufen Profis und Amateure. Sie heißen **Marchés aux puces** und **foires à la brocante**. Viele Gemeinden organisieren Flohmärkte für Privatpersonen. Diese heißen **foires a tout** oder **bric a brac**.
Und schließlich gibt es noch Flohmärkte für gehobene Ansprüche: die **salons d'antiques**.

Wie viel kostet das?
Combien ça coûte ? [kɔ̃bjɛ̃ sa kut]

Das ist aber teuer!
C'est cher ! [sɛ ʃɛʀ]

Geben Sie einen Rabatt?
Vous faites une réduction ? [vu fɛt‿yn ʀedyksjɔ̃]

Gut, ich nehme es.
Bon, alors je le/la prends. [bɔ̃ alɔʀ ʒəl/ʒla pʀɑ̃]

Kann ich mit der Kreditkarte zahlen?
Je peux payer par carte ? [ʒə pø pɛje paʀ kaʀt]

Reklamieren

Ich möchte das bitte zurückgeben.
Je voudrais rendre ça, s'il vous plaît. [ʒə vudʀɛ ʀɑ̃dʀ sa, sil vu plɛ]

Es ist beschädigt/kaputt!
C'est abîmé/cassé ! [sɛt‿abime/kase]

Ich möchte bitte mein Geld zurück!
Je voudrais être remboursé/e, s'il vous plaît !
[ʒə vudʀɛ ɛtʀ ʀɑ̃buʀse, sil vu plɛ]

Kann ich das bitte umtauschen?
Je peux l'échanger, s'il vous plaît ? [ʒpø leʃɑ̃ʒe, sil vu plɛ]

Bis Mitternacht

Grundsätzlich können Sie in Frankreich davon ausgehen, dass jedes Geschäft bis 19 Uhr geöffnet ist, manche sogar bis 19.30 Uhr, *hypermarchés* meistens bis 22 Uhr. Sonntags werden Sie zumindest bis 12 Uhr noch alles bekommen, was Sie möchten. Und sollten Sie einmal am Heiligabend in Frankreich sein, werden Sie in manchen *hypermarchés* bis Mitternacht einkaufen können.

Horaires d'ouverture .... Öffnungszeiten
Ouvert .... offen
Fermé .... geschlossen
Vacances jusqu'au … .... Betriebsferien bis …

Entschuldigen Sie, wo ist …?
Excusez-moi, où est …?
[ɛkskyze mwa u ɛ]

Antiquitätengeschäft	le magasin d'antiquités [lə magazɛ̃d ɑ̃tikite]
Apotheke	la pharmacie [la farmasi]
Bäckerei	la boulangerie [la bulɑ̃ʒri]
Bioladen	le magasin de produits naturels [lə magazɛ̃d prɔdɥi natyrɛl]
Blumengeschäft	le/la fleuriste [lə/la flœrist]
Buchhandlung	la librairie [la librɛri]
Computerfachgeschäft	le magasin d'informatique [lə magazɛ̃d ɛ̃fɔrmatik]
Drogerie	la droguerie [la drɔgri]
Elektrohandlung	le magasin d'électro-ménager [lə magazɛ̃d elɛktromenaʒe]
Feinkostgeschäft (internationale Spezialitäten)	l'épicerie fine [lepisri fin]
(hausgemachte Produkte)	le traiteur [lə trɛtœr]
Fischgeschäft	la poissonnerie [la pwasɔnri]
Flohmarkt	le marché aux puces [lə marʃe o pys]
Fotogeschäft	le magasin de photos [lə magazɛ̃d fɔto]
Frisör	le salon de coiffure [lə salɔ̃d kwafyr]
Handyladen	la boutique de téléphones [la butik də telefɔn]
Juwelier	la bijouterie [la biʒutri]
Kaufhaus	le grand magasin [lə grɑ̃ magazɛ̃]; la pâtisserie [la patisri]
Kunsthändler	le marchand d'objets d'art [lə marʃɑ̃d ɔbʒɛ dar]
Lebensmittelgeschäft	l'épicerie *f* [lepisri]
Lederwarengeschäft	la maroquinerie [la marɔkinri]
Markt	le marché [lə marʃe]
Metzgerei	la boucherie [la buʃri]
Obst- und Gemüsehändler	le magasin de fruits et légumes [lə magazɛd frɥi e legym]
Optiker	l'opticien *m* [lɔptisjɛ̃]
Parfümerie	la parfumerie [la parfymri]
Reformhaus	le magasin de produits diététiques [lə magazɛ̃d prɔdɥi djetetik]
Reinigung	la teinturerie [la tɛ̃tyrəri]
Reisebüro	l'agence de voyages [laʒɑ̃s də vwajaʒ]

Schneider/in	le tailleur/la couturière [lə tajœʀ/la kutyʀjɛʀ]
Schreibwarengeschäft	la papeterie [la papɛtʀi]
Schuhgeschäft	le magasin de chaussures [lə magazɛ̃d ʃosyʀ]
Schuhmacher	le cordonnier [lə kɔʀdɔnje]
Souvenirladen	le magasin de souvenirs [lə magazɛ̃d suvniʀ]
Spielwarengeschäft	le magasin de jouets [lə magazɛ̃d ʒuɛ]
Spirituosengeschäft	le magasin de (vins et) spiritueux [lə magazɛ̃d (vɛ̃ e) spiʀityø]
Sportartikel	le magasin (d'articles) de sport [lə magazɛ̃ (daʀtikl) də spɔʀ]
Supermarkt	le supermarché [lə sypɛʀmaʀʃe]
Süßwarengeschäft	la confiserie [la kɔ̃fizʀi]
Tabakladen	le bureau de tabac [lə byʀod taba]
Trödler	le brocanteur [lə bʀɔkɑ̃tœʀ]
Uhrmacher	l'horloger *m* [lɔʀlɔʒe]
Waschsalon	la laverie [la lavʀi]
Weinhandlung	le magasin de vins [lə magazɛ̃d vɛ̃]
Zeitungshändler	le marchand de journaux [lə maʀʃɑ̃d ʒuʀno]

LEBENSMITTEL KAUFEN

Was darf es sein?
Vous désirez ? [vu deziʀe]

Geben Sie mir bitte ...
Donnez-moi ..., s'il vous plaît. [dɔne mwa … sil vu plɛ]

- ***ein Kilo ...***
  un kilo de ... [ɛ̃ kilo də]
- ***10 Scheiben ...***
  dix tranches de ... [di tʀɑ̃ʃ də]
- ***ein Stück von ...***
  un morceau de ... [ɛ̃ mɔʀso də]
- ***eine Packung ...***
  un paquet de ... [ɛ̃ pakɛ də]
- ***ein Glas ...***
  un verre de ... [ɛ̃ vɛʀ də]
- ***eine Dose ...***
  une boîte de ... [yn bwat də]
- ***eine Flasche ...***
  une bouteille de ... [yn butɛj də]
- ***eine Einkaufstüte.***
  un sac en plastique [ɛ̃ sak ɑ̃ plastik]

Bitte schneiden Sie es in Scheiben.
Vous le coupez en tranches, s.v.p. ? [vul kupe ɑ̃ tʀɑ̃ʃ silvuplɛ]

Darf es auch etwas mehr sein?
Ça fait un peu plus. C'est bien ? [sa fɛ ɛ̃ pø plys sɛ bjɛ̃]

Darf es noch etwas sein?
Et avec ça ? [e avɛk sa]

Danke, das ist alles.
Non, merci. C'est tout. [nɔ̃ mɛʀsi sɛ tu]

Was ist das?
Qu'est-ce que c'est ? [kɛs‿kə sɛ]

Kann ich es probieren?
Je peux l'essayer ? [ʒə pø lɛsɛje]

Verkaufen Sie ...?
Vous vendez ... [vu vɑ̃de ...]

- ***Bioprodukte***
  des produits bio ? [de pʀɔdɥi bjo]
- ***Produkte aus der Region***
  des produits de la région ? [de pʀɔdɥi dla ʀeʒjɔ̃]

abgelaufen	périmé/e [peʀime]
Haltbarkeit	la conservation [la kɔ̃sɛʀvasjɔ̃]
ohne Konservierungsstoffe	sans conservateurs [sɑ̃ kɔ̃sɛʀvatœʀ]

Obst	Les fruits
Ananas	l'ananas *m* [lanana]
Äpfel	les pommes *f* [le pɔm]
Apfelsinen	les oranges *f* [lez‿ɔʀɑ̃ʒ]
Aprikosen	les abricots *m* [lez‿abʀiko]
Bananen	les bananes *f* [le banan]
Birnen	les poires *f* [le pwaʀ]
Brombeeren	les mûres *f* [le myʀ]
Datteln	les dattes *f* [le dat]
Erdbeeren	les fraises *f* [le fʀɛz]
Feigen	les figues *f* [le fig]
Grapefruit	le pamplemousse [lə pɑ̃pləmus]
Kirschen	les cerises *f* [le sʀiz]
Kiwi	le kiwi [lə kiwi]
Kokosnuss	la noix de coco [la nwad koko]
Mandarinen	les mandarines *f* [le mɑ̃daʀin]
Mandeln	les amandes *f* [lez‿amɑd]

Mango	la mangue [la mɑ̃g]
Melone	*(Honig~)* le melon [lə məlɔ̃]; *(Wasser~)* la pastèque [la pastɛk]
Nüsse	les noix *f* [le nwa]
Obst	les fruits *m* [le fʀɥi]
Pfirsiche	les pêches *f* [le pɛʃ]
Pflaumen	les prunes *f* [le pʀyn]
Weintrauben	les raisins *m* [le ʀɛzɛ̃]
Zitronen	les citrons *m* [le sitʀɔ̃]

Gemüse — Légumes

Artischocken	les artichauts *m* [lez‿aʀtiʃo]
Auberginen	les aubergines *f* [lez‿obɛʀʒin]
Avocado	l'avocat *m* [lavɔka]
Blumenkohl	le chou-fleur [lə ʃuflœʀ]
Bohnen	les haricots *m* [le aʀiko]
– grüne Bohnen	les haricots verts [le aʀiko vɛʀ]
– weiße Bohnen	les haricots blancs [le aʀiko blɑ̃]
Chicoree	l'endive *f* [lɑ̃div]
Erbsen	les petits pois *m* [le pti pwa]
Fenchel	le fenouil [lə fənuj]
Gemüse	les légumes *m* [le legym]
Gurke	le concombre [lə kɔ̃kɔ̃bʀ]; *(kleiner)* le cornichon [lə kɔʀniʃɔ̃]
Karotten	les carottes *f* [le kaʀɔt]
Kartoffeln	les pommes de terre *f* [le pɔm də tɛʀ]
Kichererbsen	les pois chiches *m* [le pwa ʃiʃ]
Knoblauch	l'ail *m* [laj]
Kohl	le chou [lə ʃu]
Kürbis	le potiron [lə pɔtiʀɔ̃]
Lauch	le poireau [lə pwaʀo]
Linsen	les lentilles *f* [le lɑ̃tij]
Mais	le maïs [lə mais]
Oliven	les olives *f* [lezɔliv]
Paprika(schote)	le poivron [lə pwavʀɔ̃]
Petersilie	le persil [lə pɛʀsi]
Salat	la salade [la salad]
Kopfsalat	la laitue [la lɛty]
Sellerie	le céleri [lə sɛlʀi]
Spargel	l'asperge *f* [laspɛʀʒ]
Spinat	les épinards *m* [lez‿epinaʀ]
Tomaten	les tomates *f* [le tɔmat]
Zucchini	la courgette [kuʀʒɛt]
Zwiebeln	les oignons *m* [lez‿ɔɲɔ̃]

Backwaren, Süßwaren | Pain, Pâtisserie, Confiserie ...

Bonbons	les bonbons *m* [le bɔ̃bɔ̃]
Brot	le pain [lə pɛ̃]
– ***Graubrot***	le pain bis [lə pɛ̃ bi]
– ***Schwarzbrot***	le pain noir [lə pɛ̃ nwaʀ]
– ***Vollkornbrot***	le pain complet [lə pɛ̃ kɔ̃plɛ]
– ***Weißbrot***	le pain blanc [lə pɛ̃ blɑ̃]

Wie lang darf es sein?

... könnte Sie ein Bäcker fragen, wenn Sie ein Weißbrot möchten. Es gibt sie nämlich in unterschiedlicher Größe. Am kleinsten ist **la ficelle** (*der Bindfaden*). Dann kommt das Baguette. Größer ist **la flûte** (*die Flöte*). Und für den ganz großen Hunger sollte man **le pain** (*das Brot*) kaufen.

Brötchen	le petit pain [le pti pɛ̃]
– ***belegtes Brötchen***	le sandwich [le sɑ̃dwitʃ]
Cornflakes	les cornflakes *m* [le kɔʀnflɛks]
Eis	la glace [la glas]
Gebäck	les pâtisseries *f* [le patisʀi]
Haferflocken	les flocons d'avoine [le flɔkɔ̃ davwan]
Honig	le miel [lə mjɛl]
Kekse	les biscuits *m* [le biskɥi]
Kuchen	le gâteau [lə gato]
Marmelade	la confiture [la kɔ̃fityʀ]
Müsli	le musli [lə mysli]
Schokolade	le chocolat [lə ʃɔkɔla]

Schokoriegel	la barre de chocolat [la baʀ də ʃɔkɔla]
Süßigkeiten	les friandises *f* [le fʀijɑ̃diz]
Toast	le toast [lə tost]

Eier und Milchprodukte — Œufs et Produits laitiers

Butter	le beurre [lə bœʀ]
Buttermilch	le babeurre [lə babœʀ]
Eier	les œufs *m* [lez‿ø]
Joghurt	le yaourt [lə jauʀt]
Käse	le fromage [lə fʀɔmaʒ]
– ***Schafskäse***	le fromage de brebis [lə fʀɔmaʒ də bʀəbi]
– ***Weichkäse***	le fromage à pâte molle [lə fʀɔmaʒ a pat mɔl]
– ***Ziegenkäse***	le fromage de chèvre [lə fʀɔmaʒ də ʃɛvʀ]
Milch	le lait [lə lɛ]
– ***fettarme Milch***	le lait écrémé [lə lɛ ekʀeme]
Quark	le fromage blanc [lə fʀɔmaʒ blɑ̃]
Sahne	la crème [la kʀɛm]
– ***saure Sahne***	la crème aigre [la kʀɛm ɛgʀ]
– ***Schlagsahne***	la crème chantilly [la kʀɛm ʃɑ̃tiji]

Fleisch- und Wurstwaren — Viandes et Charcuterie

Aufschnitt	les tranches de charcuterie/de viande froide [lə tʀɑ̃ʃ də ʃaʀkytʀi/də vjɑ̃d fʀwad]
Fleisch	la viande [la vjɑ̃d]
Gulasch	le/la goulasch [lə/la gulaʃ]
Hackfleisch	la viande hachée [la vjɑ̃d aʃe]
Hähnchen	le poulet [lə pulɛ]
Hammelfleisch	le mouton [lə mutɔ̃]
Kalbfleisch	le veau [lə vo]
Kaninchen	le lapin [lə lapɛ̃]
Kotelett	la côtelette [la kotlɛt]
Lammfleisch	l'agneau *m* [laɲo]
Leberpastete	le pâté de foie [lə pated fwa]
Rindfleisch	le bœuf [lə bœf]
Salami	le salami [lə salami]
Schinken	le jambon [lə ʒɑ̃bɔ̃]
– ***gekochter Schinken***	le jambon cuit/blanc/de Paris [lə ʒɑ̃bɔ̃ kɥi/blɑ̃/də paʀi]
– ***roher Schinken***	le jambon cru [lə ʒɑ̃bɔ̃ kʀy]
Schweinefleisch	le porc [lə pɔʀ]

Wurst	la charcuterie [la ʃaʀkytʀi]
Würstchen	la saucisse [la sosis]

Fisch und Meeresfrüchte	Poissons et Fruits de mer
Aal	l'anguille *f* [lɑ̃gij]
Austern	les huîtres *f* [lez‿ɥitʀ]
Barsch	la perche [la pɛʀʃ]
Fisch	le poisson [lə pwasɔ̃]
Garnelen	les crevettes roses [le kʀəvɛt ʀoz]
Goldbrasse	la dorade [la dɔʀad]
Hering	le hareng [lə aʀɑ̃]
Krabben	les crevettes *f* [le kʀəvɛt]
Krebs	le crabe [le kʀab]
Makrele	le maquereau [lə makʀo]
Miesmuscheln	les moules *f* [le mul]
Muscheln	les coquillages *f* [le kɔkijaʒ]
Schwertfisch	l'espadon *m* [lɛspadɔ̃]
Seezunge	la sole [la sɔl]
Thunfisch	le thon [lə tɔ̃]
Tintenfisch	la seiche [la sɛʃ]
Venusmuschel	les palourdes *f* [le paluʀd]

Gewürze	Aromates
Basilikum	le basilic [lə bazilik]
Bohnenkraut	la sarriette [la saʀjɛt]
Chili	le piment [lə pimɑ̃]
Dill	l'aneth *m* [lanɛt]
Estragon	l'estragon *m* [lɛstʀagɔ̃]
Ingwer	le gingembre [lə ʒɛ̃ʒɑ̃bʀ]
Kerbel	le cerfeuil [lə sɛʀfœj]
Knoblauch	l'ail *m* [laj]
Koriander	la coriandre [la kɔʀjɑ̃dʀ]
Kräuter	les herbes *f* [lez‿ɛʀb]
Kümmel	le cumin [lə kymɛ̃]
Lorbeer	le laurier [lə lɔʀje]
Majoran	la marjolaine [la maʀʒɔlɛn]
Minze	la menthe [la mɑ̃t]
Muskatnuss	la (noix de) muscade [la (nwad) myskad]
Nelken	les clous de girofle [le klud ʒiʀɔfl]
Oregano	l'origan *m* [lɔʀigɑ̃]
Paprika	le paprika [lə papʀika]; *(scharf)* le piment [lə pimɑ̃]

Petersilie	le persil [lə pɛʀsi]
Pfeffer	le poivre [lə pwavʀ]
Rosmarin	le romarin [lə ʀɔmaʀɛ̃]
Safran	le safran [lə safʀɑ̃]
Salbei	la sauge [la soʒ]
Thymian	le thym [lə tɛ̃]
Zimt	la cannelle [la kanɛl]
Zwiebel	l'oignon *m* [loŋɔ̃]

Dies und das — Ceci cela

Essig	le vinaigre [lə vinɛgʀ]
Gemüsebrühwürfel	le bouillon-cube [lə bujɔ̃ kyb]
Margarine	la margarine [la maʀgaʀin]
Mayonnaise	la mayonnaise [la majɔnɛz]
Mehl	la farine [la faʀin]
Nudeln	les nouilles *f* [le nuj]
Öl	l'huile *f* [lɥil]
Olivenöl	l'huile d'olive [lɥil dɔliv]
Reis	le riz [lə ʀi]
Salz	le sel [lə sɛl]
Senf	la moutarde [la mutaʀd]
Zucker	le sucre [lə sykʀ]

Getränke — Boissons

Apfelsaft	le jus de pommes [lə ʒyd pɔm]
Bier	la bière [la bjɛʀ]
– alkoholfreies Bier	la bière sans alcool [la bjɛʀ sɑ̃z‿alkɔl]
Champagner	le champagne [lə ʃɑ̃paɲ]
Kaffee	le café [lə kafe]
– koffeinfreier Kaffee	décaféiné [dekafeine]
Limonade	la limonade [la limɔnad]
Mineralwasser	l'eau minérale *f* [lo mineʀal]
– mit Kohlensäure	gazeuse [gazøz]
Orangensaft	le jus d'orange [lə ʒy dɔʀɑ̃ʒ]
Tee	le thé [lə te]
– Grüner Tee	le thé vert [lə te vɛʀ]
– Früchtetee	le thé aux fruits [lə te o fʀɥi]
– Kamillentee	l'infusion de camomille [lɛ̃fyzjɔ̃ də kamɔmij]
– Kräutertee	la tisane [la tizan]
– Pfefferminztee	le thé à la menthe [lə te a la mɑ̃t]
– Schwarztee	le thé noir [lə te nwaʀ]
Teebeutel	le sachet de thé [lə saʃɛd te]

Wein	le vin [lə vɛ̃]
- ***Rosé***	le (vin) rosé [lə vɛ̃ ʀoze]
- ***Rotwein***	le (vin) rouge [lə vɛ̃ ʀuʒ]
- ***Weißwein***	le (vin) blanc [lə vɛ̃ blɑ̃]

Etiketten

Sollten Sie einen guten Wein mitbringen wollen, achten Sie auf zwei Klassifikationshinweise: *Appellation d'origine contrôlée* (Geprüfte Herkunftsbezeichnung) und *Mis en bouteille au château* (Erzeugerabfüllung).

BÜCHER, ZEITSCHRIFTEN UND SCHREIBWAREN

Ich hätte gern ...
Je voudrais ... [ʒvudʀɛ]

- ***eine deutsche Zeitung.***
  un journal allemand. [ɛ̃ ʒuʀnal almɑ̃]
- ***eine Zeitschrift.***
  un magazine. [ɛ̃ magazin]
- ***einen Reiseführer.***
  un guide touristique. [ɛ̃ gid tuʀistik]
- ***eine Wanderkarte dieser Gegend.***
  une carte des randonnées de la région.
  [yn kaʀt de ʀɑ̃dɔne də la ʀeʒjɔ̃]

Bücher, Zeitschriften und Zeitungen

Buch	le livre [lə livʀ]
Comic-Heft	la bande dessinée [la bɑ̃d desine]
Frauenzeitschrift	le magazine féminin [lə magazin feminɛ̃]
Illustrierte	le magazine [lə magazin]
Kochbuch	le livre de cuisine [lə livʀ də kɥizin]
Kriminalroman	le roman policier [lə ʀɔmɑ̃ pɔlisje]
Landkarte	la carte (géographique) [la kaʀt (ʒeɔgʀafik)]
Reiseführer	le guide touristique [lə gid tuʀistik]
Roman	le roman [lə ʀɔmɑ̃]
Spielkarten	les cartes à jouer [le kart‿a ʒue]
Stadtplan	le plan (de la ville) [lə plɑ̃ (də la vil)]
Straßenkarte	la carte routière [la kaʀt ʀutjɛʀ]
Tageszeitung	le quotidien [lə kɔtidjɛ̃]
Taschenbuch	le livre de poche [lə livʀə də pɔʃ]
Zeitschrift	le magazine [lə magazin]
Zeitung	le journal [lə ʒuʀnal]

Schreibwaren

Ansichtskarte
la carte postale [la kaʀt pɔstal]

Bleistift
le crayon [lə krɛjɔ̃]

Block
le bloc [lə blok]

Briefpapier
le papier à lettres [lə papje a lɛtʀ]

Briefumschlag
l'enveloppe *f* [lɑ̃vlɔp]

Farbstift
le crayon de couleur [lə kʀɛjɔ̃d kulœʀ]

Kugelschreiber
le stylo à bille [lə stilo a bij]

Malbuch
l'album à colorier [lalbɔm a kɔlɔʀje]

Notizblock
le bloc-notes [lə blɔknɔt]

Papier
le papier [lə papje]

Schreibwaren
les articles de papeterie [lez‿aʀtikl də papɛtʀi]

DROGERIEARTIKEL → ZEIGEBILDER AM KAPITELENDE

allergiegetestet	testé/e contre les allergies [teste kɔ̃tʀ lez‿alɛʀʒi]
Babynahrung	la nourriture pour bébés [la nuʀityʀ puʀ bebe]
Creme	la crème [la kʀɛm]
Faden	le fil [lə fil]
Gesichtscreme	la crème pour le visage [la kʀɛm puʀ lə vizaʒ]
Haarfestiger	le fixateur [lə fiksatœʀ]
Haargel	le gel pour les cheveux [lə ʒɛl puʀ le ʃvø]
Haarklammern	les épingles à cheveux [lez‿epɛ̃gl a ʃvø]
Kamm	le peigne [lə pɛɲ]
Knopf	le bouton [lə butɔ̃]
Lichtschutzfaktor	l'indice de protection [lɛ̃dis də pʀɔtɛksjɔ̃]
Mückenschutz	le produit anti-moustique [lə prodɥi ɑ̃timustik]
Nadel	l'aiguille *f* [lɛgɥij]
Nagellack	le vernis à ongles [lə vɛʀni a ɔ̃gl]
Nagellackentferner	le dissolvant [lə disɔlvɑ̃]
Papiertaschentücher	les mouchoirs en papier [le muʃwaʀ ɑ̃ papje]
Puder	la poudre [la pudʀ]
Rasierklingen	les lames de rasoir [le lam də ʀazwaʀ]
Rasierpinsel	le blaireau [lə blɛʀo]
Rasierwasser	la lotion après-rasage [la lɔsjɔ̃ apʀɛʀazaʒ]
Reinigungsmilch	le lait nettoyant [lə lɛ nɛtwajɑ̃]
Rouge	le fard à joues [lə faʀ‿a ʒu]
Sauger	la tétine [la tetin]
Saugflasche	le biberon [lə bibʀɔ̃]
Schnuller	la sucette (de caoutchouc) [la sysɛt (də kautʃu)]
Slipeinlagen	les protège-slips *m* [le pʀɔtɛʒslip]
Sonnenmilch	le lait solaire [lə lɛ sɔlɛʀ]
Sonnenöl	l'huile solaire [lɥil sɔlɛʀ]
Spiegel	le miroir [lə miʀwaʀ]
Spülbürste	la brosse pour la vaisselle [la bʀɔs puʀ la vɛsɛl]
Spülmittel	le produit pour laver la vaisselle [lə pʀɔdɥi puʀ lave la vɛsɛl]
Spültuch	le torchon [lə tɔʀʃɔ̃]
Waschlappen	le gant de toilette [lə gɑ̃d twalɛt]
Waschmittel	la lessive [la lɛsiv]
Watte	le coton hydrophile [lə kɔtɔ̃ idʀɔfil]
Wattestäbchen	le coton-tige [lə kɔtɔ̃tiʒ]

Windeln	les couches *f* [le kuʃ]
Zahnseide	le fil dentaire [lə fil dɑ̃tɛʀ]
Zahnstocher	le cure-dent [lə kyr dɑ̃]

ELEKTROARTIKEL/COMPUTER

Adapter	l'adaptateur *m* [ladaptatœʀ]
Akku	la batterie [la batʀi]
Batterie	la pile [la pil]
CD/DVD	le CD/DVD [lə sede/devede]
Drucker	l'imprimante *m* [lɛ̃pʀimɑ̃t]
Föhn	le sèche-cheveux [lə sɛʃ ʃəvø]
Glühbirne	l'ampoule *f* [lɑ̃pul]
GPS	le GPS [lə ʒepeɛs]
Google Brille	les Google glass [le gugœl glas]
Handy	le portable/le mobile [lə pɔʀtabl/lə mɔbil]
Kopfhörer	les écouteurs *m* [lez‿ekutœʀ]
Ladegerät	le rechargeur [lə ʀəʃaʀʒœʀ]
Ladekabel	*(Handy)* le chargeur [lə ʃaʀʒœʀ]; *(Laptop)* le câble réseau [lə kɑbl ʀezo]
Laptop	le (ordinateur) portable [lə (ɔʀdinatœʀ) pɔʀtabl]
Lautsprecher	le haut-parleur [lə opaʀlœʀ]
Memorystick	la clé USB [la kle yɛsbe]
MP3-Player	le MP3 [lə ɛmpetʀwa]
Notebook	le portable [lə pɔʀtabl]
Rohling	le CD/DVD vierge [lə sede/devede vjɛʀʒ]
Smartphone	le smartphone [lə smaʀtfɔn]
Speicherkarte	la carte mémoire [la kaʀt memwaʀ]
Stecker	la fiche [la fiʃ]
Tablet-PC	la tablette [la tablɛt]
USB-Stick	la clé USB [la kle yɛsbe]
Verlängerungsschnur	la rallonge [la ʀalɔ̃ʒ]

FOTOARTIKEL

Ich brauche ... für diese Kamera.
J'ai besoin ... pour cet appareil-photo [ʒɛ bəzwɛ̃ … puʀ sɛt‿apaʀɛjfoto]

- ***eine Speicherkarte***
  d'une carte-mémoire [dyn kaʀtmemwaʀ]
- ***Akkus***
  d'une batterie [dyn batʀi]
- ***einen Film***
  d'un film [dɛ̃ film]

Ich brauche Passfotos.
J'ai besoin de photos d'identité. [ʒɛ bəzwɛ̃ də fɔto didɑ̃tite]

Kann ich hier Fotos von meiner Kamera auf CD brennen lassen?
Est-ce qu'ici je peux faire graver des photos de mon appareil photo sur CD ? [ɛs‿kisi ʒpø fɛʀ gʀave de fɔto də mɔ̃n‿apaʀɛj fɔto syʀ sede]

Das funktioniert nicht mehr.
Ça ne marche plus. [san‿maʀʃ ply]

Könnten Sie es reparieren?
Vous pouvez le réparer ? [vu puvel‿ʀepaʀe]

Auslöser	le déclencheur [lə deklɑ̃ʃœʀ]
Belichtungsmesser	le photomètre [lə fɔtomɛtʀ]; le posemètre [lə pozmɛtʀ]
Blitzgerät	le flash [lə flaʃ]
Camcorder	le caméscope [lə kameskɔp]
Digitalkamera	l'appareil *m* photo digital [lapaʀɛj fɔto diʒital]
DVD	le DVD [lə devede]
Einwegkamera	l'appareil photo jetable [lapaʀɛj fɔto ʒətabl]
Filmempfindlichkeit	la sensibilité [la sɑ̃sibilite]
Linse	la lentille [la lɑ̃tij]
Objektiv	l'objectif *m* [lɔbʒɛktif]
Selbstauslöser	le déclencheur automatique [lə deklɑ̃ʃœʀ otɔmatik]
Selfiestick	la perche à selfie [la pɛʀʃ a selfi]
Sofortbildkamera	le polaroïd [lə pɔlaʀɔid]
Stativ	le pied [lə pje]
Sucher	le viseur [lə vizœʀ]
Teleobjektiv	le téléobjectif [lə teleɔbʒɛktif]
Unterwasserkamera	l'appareil photos étanche [lapaʀɛj fɔtɔ etɑ̃ʃ]

BEIM FRISÖR

Waschen und föhnen, bitte.
Shampooing et brushing, s'il vous plaît. [ʃɑ̃pwɛ̃ e bʀœʃiŋ sil vu plɛ]

Schneiden mit/ohne Waschen, bitte.
Une coupe avec/sans shampooing, s'il vous plaît. [yn kup avɛk/sɑ̃ ʃapwɛ̃ sil vu plɛ]

Ich möchte ...
Je voudrais ... [ʒvudʀɛ]

Nur die Spitzen.
Les pointes seulement. [le pwɛ̃t sœlmɑ̃]

Nicht zu kurz/Ganz kurz/Etwas kürzer, bitte.
Pas trop courts/Très courts/Un peu plus courts, s'il vous plaît.
[pa tʀo kuʀ/tʀɛ kuʀ/ɛ̃ pø ply kuʀ sil vu plɛ]

Rasieren, bitte.
Un rasage, s'il vous plaît. [ɛ̃ ʀazaʒ sil vu plɛ]

Vielen Dank. Es ist sehr gut.
Merci beaucoup. C'est très bien. [mɛʀsi boku sɛ tʀɛ bjɛ̃]

Augenbrauen zupfen	épiler les sourcils [epile le suʀsi]
Bart	la barbe [la baʀb]
färben	faire une coloration [fɛʀ yn kɔlɔʀasjɔ̃]
föhnen	faire un brushing [fɛʀ ɛ̃ bʀœʃiŋ]
frisieren	coiffer [kwafe]
Frisur	la coiffure [la kwafyʀ]; la coupe de cheveux [la kup də ʃvø]
Haar	les cheveux [le ʃvø]
kämmen	peigner [peɲe]
Locken	les boucles *f* [le bukl]
Pony	la frange [la fʀɑ̃ʒ]
Scheitel	la raie [la ʀɛ]
Spitzen schneiden	couper les pointes [kupe le pwɛ̃t]
Strähnchen	les mèches [le mɛʃ]
Stufen	en dégradé [ɑ̃ degʀade]
tönen	faire un rinçage [fɛʀ ɛ̃ ʀɛ̃saʒ]
Wimpern färben	se teindre les cils [sə tɛ̃dʀ le sil]

DAS WICHTIGSTE FÜR DEN HAUSHALT

Abfallbeutel	le sac-poubelle [lə sakpubɛl]
Alufolie	le papier (d')alu [lə papje (d)aly]
Bindfaden	la ficelle [la fisɛl]
Brennspiritus	l'alcool à brûler [lakɔl a bʀyle]
Dosenöffner	l'ouvre-boîtes *m* [luvʀəbwat]
Draht	le fil de fer [lə fil də fɛʀ]
Flaschenöffner	l'ouvre-bouteilles *m* [luvʀəbutɛj]
Fleckenentferner	le détachant [lə detaʃɑ̃]
Frischhaltefolie	le film alimentaire [lə film alimɑ̃tɛʀ]
Gabel	la fourchette [la fuʀʃɛt]
Glas	le verre [lə vɛʀ]
Grill	le gril [lə gʀil]
Grillanzünder	l'allume-barbecue *m* [lalymbaʀbəky]
Grillkohle	le charbon de bois [lə ʃaʀbɔ̃d bwa]
Haushaltswaren	les articles ménagers [lez‿aʀtikl menaʒe]
Insektenspray	le spray anti-insectes [lə spʀɛ ɑ̃tiɛ̃sɛkt]

Kerzen	les bougies *f* [le buʒi]
Korkenzieher	le tire-bouchon [lə tiʀbuʃɔ̃]
Kühlelement	le pain de glace [lə pɛ̃d glas]
Kühltasche	la glacière [la glasjɛʀ]
Löffel	la cuillère [la kɥijɛʀ]
Messer	le couteau [lə kuto]
Nadel	l'aiguille *f* [legɥij]
Petroleum	le pétrole [lə petʀɔl]
Plastikbesteck	les couverts en plastique [le kuvɛʀ‿ɑ̃ plastik]
Plastikbeutel	le sac en plastique [lə sak ɑ̃ plastik]
Schere	les ciseaux *m* [le sizo]
Servietten	les serviettes *f* [le sɛʀvjɛt]
Sicherheitsnadel	l'épingle de sûreté [lepɛ̃gl də syʀte]
Streichhölzer	les allumettes *f* [lez‿alymɛt]
Taschenmesser	le couteau de poche [lə kutod pɔʃ]
Thermosflasche®	la (bouteille) thermos [la (butɛj) tɛʀmos]
Trinkflasche	la gourde [la guʀd]
Wäscheklammern	les pinces à linge [le pɛ̃s a lɛ̃ʒ]
Wäscheleine	la corde à linge [la kɔʀd a lɛ̃ʒ]

ETWAS ZUM ANZIEHEN

Farben

Welches die passende Farbe für Sie ist, können wir Ihnen zwar nicht sagen, dafür haben wir aber den richtigen Ausdruck parat.

beige	beige [bɛʒ]
blau	bleu [blø]
braun	marron [maʀɔ]
einfarbig	uni [yni]
farbig	de couleur [də kulœʀ]
gelb	jaune [ʒon]
goldfarben	doré [dɔʀe]
grau	gris [gʀi]
grün	vert [vɛʀ]
lila	lilas [lila]; mauve [mov]
orange	orange [ɔʀɑ̃ʒ]
rosa	rose [ʀoz]
rot	rouge [ʀuʒ]
schwarz	noir [nwaʀ]
silberfarben	argenté [aʀʒɑ̃te]
türkis	turquoise [tyʀkwaz]
violett	violet [vjɔlɛ]
weiß	blanc [blɑ̃]
hellblau/-grün	bleu/vert clair [blø/vɛʀ klɛʀ]
dunkelblau/-grün	bleu/vert foncé [blø/vɛʀ fɔ̃se]

Kleidung

Können Sie mir bitte ... zeigen?
Est-ce que vous pouvez me montrer ..., s'il vous plaît ?
[ɛs‿kə vu puvem mɔ̃tʀe sil vu plɛ]

Kann ich es anprobieren?
Je peux l'essayer ? [ʒpø lesɛje]

Welche (Konfektions-)Größe haben Sie?
Quelle taille faites-vous ? [kɛl taj fɛt vu]

Nicht verzweifeln

Sollten Sie etwas finden, was Ihnen gefällt, verzweifeln Sie nicht, wenn Sie merken, dass Sie eine Nummer größer brauchen als zu Hause. Nein, Sie haben nicht zugenommen, sondern die Größe 38 entspricht in Frankreich Größe 40.

Das ist mir zu …
Il est trop … pour moi. [il ɛ tʀo puʀ mwa]

- ***eng/weit.***
  étroit/large [etʀwa/laʀʒ]
- ***kurz/lang.***
  court/long [kuʀ/lɔ̃]
- ***klein/groß***
  petit/grand [pti/gʀɑ̃]

Das passt gut. Ich nehme es.
Ça me va. Je le/la prends. [sam va ʒəl/ʒla pʀɑ̃]

Das ist nicht ganz, was ich wollte.
Ce n'est pas tout à fait ce que je voulais. [sə nɛ pa tut‿a fɛ skəʒ vulɛ]

Haben Sie das auch noch in einer anderen Farbe?
Vous l'avez encore dans une autre couleur ?
[vu lave ɑ̃kɔʀ dɑ̃z‿yn‿otʀə kulœʀ]

Anorak	l'anorak *m* [lanɔʀak]
Anzug	le costume [lə kɔstym]
Ärmel	la manche [la mɑ̃ʃ]
Badeanzug	le maillot une pièce [lə majo yn pjɛs]
Badehose	le maillot de bain [lə majod bɛ̃]
Bademantel	le peignoir de bain [lə pɛɲwaʀ də bɛ̃]
Baumwolle	le coton [lə kɔtɔ̃]
BH	le soutien-gorge [lə sutjɛ̃gɔʀʒ]
Bikini	le bikini [lə bikini]
Blazer	le blazer [lə blazɛʀ]
Bluse	le chemisier [lə ʃmizje]
bügelfrei	infroissable [ɛ̃fʀwasabl]
Handschuhe	les gants *m* [le gɑ̃]
Hemd	la chemise [la ʃmiz]
Hose	le pantalon [lə pɑ̃talɔ̃]
Hut	le chapeau [lə ʃapo]
– Sonnenhut	le chapeau de soleil [lə ʃapod sɔlɛj]

Kinderkleidung	les habits pour enfants [lez‿abi puʀ ɑ̃fɑ̃]
Jacke	la veste [la vɛst]
Jeans	le jean [lə dʒin]
Jeggings	le jegging [lə (d)ʒɛgiŋ]
Jogginganzug	le jogging [lə (d)ʒɔgiŋ]
Jogginghose	le pantalon de jogging [lə pɑ̃talɔ̃ də (d)ʒɔgiŋ]
Kapuze	la capuche [la kapyʃ]
Kleid	la robe [la ʀɔb]
Kostüm	le tailleur [lə tajœʀ]
Krawatte	la cravate [la kʀavat]
Leggins	le caleçon [lə kalsɔ̃]
Leinen	le lin [lə lɛ̃]; la toile [la twal]
Loop	la boucle [la bukl]
Mantel	le manteau [lə mɑ̃to]; *(Herren)* le pardessus [lə paʀdəsy]
Mütze	la casquette [la kaskɛt]
Pullover	le pull-over [lə pylɔvɛʀ]
Regenjacke	le k-way/la veste de pluie [lə kawɛ/la vɛstə də plɥi]
Reißverschluss	la fermeture éclair [la fɛʀmətyʀ‿eklɛʀ]
Rock	la jupe [la ʒyp]
Sakko	la veste [la vɛst]
Schal	l'écharpe *f* [leʃaʀp]
Schirm	le parapluie [lə paʀaplɥi]
Seide	la soie [la swa]
Shorts	le short [lə ʃɔʀt]
Skihose	le pantalon de ski [lə pɑ̃talɔ̃ də ski]
Slip	le slip [lə slip]
Socken	les chaussettes *f* [le ʃosɛt]
Strickjacke	la veste de laine [la vɛstə də lɛn]
Strumpfhose	les collants *m* [le kɔlɑ̃]
Sweatshirt	le sweat-shirt [lə swit ʃœʀt]
Tankini	le tankini [lə tɑ̃kini]
T-Shirt	le t(ee)-shirt [lə tiʃœʀt]
Unterwäsche	les sous-vêtements *m* [le suvɛtmɑ̃]
Wolle	la laine [la lɛn]

Schuhe und Taschen

Ich habe Schuhgröße ...
Je chausse du ... [ʒə ʃos dy]

Sie sind zu eng.
Elles sont trop étroites. [ɛl sɔ̃ tʀop‿etrwat]

Sie sind zu groß.
Elles sont trop grandes. [ɛl sɔ̃ tʀo gʀɑ̃d]

Absatz	le talon [lə talɔ̃]
Badeschuhe	les chaussures en plastique (pour la baignade) [le ʃosyʀ ɑ̃ plastik (puʀ la bɛɲad)]
Flipflops	les tongs *f* [le tɔ̃g]
Gummistiefel	les bottes en caoutchouc [le bɔt ɑ̃ kautʃu]
Gürtel	la ceinture [la sɛ̃tyʀ]
Handtasche	le sac à main [lə sak‿a mɛ̃]
Koffer	la valise [la valiz]
Lederjacke	la veste de cuir [la vɛstə də kɥiʀ]
Ledermantel	le manteau de cuir [lə mɑ̃tod kɥiʀ]
Reisetasche	le sac de voyage [lə sak də vwajaʒ]
Rucksack	le sac à dos [lə sak a do]
Sandalen	les sandales *f* [le sɑ̃dal]
Schnürsenkel	le lacet [lə lasɛ]
Schuh	la chaussure [la ʃosyʀ]
Schuhbürste	la brosse à chaussures [la bʀɔs a ʃosyʀ]
Schuhcreme	le cirage [lə siʀaʒ]
Schulterriemen	les courroies *f* [le kuʀwa]
Skistiefel	les chaussures de ski [le ʃosyʀ də ski]
Sneakers	les sneakers [le snikɛʀ]
Sneakersocke	la chaussette à sneacker [la ʃosɛt a snikɛʀ]
Sohle	la semelle [la smɛl]
Stiefel	les bottes *f* [le bɔt]
Strandschuhe	les chaussures de plage [le ʃosyʀ də plaʒ]
Tasche	le sac [lə sak]
Trolley(koffer/-tasche)	la valise à roulettes [la valiz‿a ʀulɛt]
Turnschuhe	les tennis *f* [le tɛnis]; *(höhere)* les baskets *m* [le baskɛt]
Umhängetasche	la sacoche [la sakɔʃ]
Wander-/Trekkingschuh	les chaussures de randonnée/montagne [ʃosyʀ də ʀɑ̃dɔne/mɔ̃taɲ]

In der Reinigung

Ich möchte diese Sachen reinigen/waschen lassen.
Je voudrais faire nettoyer/laver ces affaires.
[ʒvudʀɛ fɛʀ nɛtwaje/lave sez‿afɛʀ]

Wann sind sie fertig?
Quand est-ce qu'elles seront prêtes? [kɑ̃t‿ɛs kɛl səʀɔ̃ pʀɛt]

bügeln	repasser [ʀəpase]
chemisch reinigen	nettoyer (à sec) [nɛtwaje (a sɛk)]
Wäsche (zum Waschen)	la lessive [la lɛsiv]

BEIM OPTIKER

Würden Sie mir bitte diese Brille/das Gestell reparieren?
Vous pouvez me réparer ces lunettes/la monture, s'il vous plaît ?
[vu puvem ʀepaʀe se lynɛt/la mɔ̃tyʀ sil vu plɛ]

Ich bin kurzsichtig/weitsichtig.
Je suis myope/hypermétrope. [ʒə sɥi mjɔp/ipɛʀmetʀɔp]

Wie ist Ihre Sehstärke?
Quelle est votre correction ? [kɛl‿ɛ vɔtʀə kɔʀɛksjɔ̃]

rechts ..., links ...
œil droit ..., œil gauche ... [œj dʀwa œj goʃ]

Wann kann ich die Brille abholen?
Quand est-ce que je peux venir chercher mes lunettes ?
[kɑ̃t‿ɛs‿kəʒ pø vniʀ ʃɛʀʃe me lynɛt]

Ich brauche ...
Il me faudrait ... [il mə fodʀɛ]

- ***Aufbewahrungslösung.***
  du liquide de conservation. [dy likid də kɔ̃sɛʀvasjɔ̃]
- ***Reinigungslösung.***
  du liquide de nettoyage. [dy likid də nɛtwajaʒ]
- ***für harte/weiche Kontaktlinsen.***
  pour lentilles dures/molles. [puʀ lɑ̃tij dyʀ/mɔl]

Ich suche ...
Je cherche ... [ʒə ʃɛʀʃ]

- ***eine Sonnenbrille.***
  des lunettes de soleil. [de lynɛt də sɔlɛj]
- ***ein Fernglas.***
  des jumelles. [de ʒymɛl]
- ***Eintageslinsen.***
  des lentilles journalières. [de lɑ̃tij ʒuʀnaljɛʀ]

SOUVENIRS KAUFEN

Ich hätte gern ...
Je voudrais ... [ʒvudʀɛ]

- ***ein hübsches Andenken.***
  un joli souvenir. [ɛ̃ ʒɔli suvniʀ]
- ***etwas Typisches aus dieser Gegend.***
  un souvenir typique de la région. [ɛ̃ suvniʀ tipik də la ʀeʒjɔ̃]

Ich möchte etwas nicht zu Teures.
Je voudrais quelque chose de pas trop cher.
[ʒvudʀɛ kɛlkə ʃoz də pa tʀo ʃɛʀ]

Das ist aber hübsch.
Tiens, ça c'est joli. [tjɛ̃ sa sɛ ʒɔli]

Könnten Sie mir das bitte als Geschenk verpacken?
Vous pourriez me faire un paquet-cadeau, s'il vous plaît ?
[vu purje mə fɛʀ ɛ pakɛ kado, sil vu plɛ]

Danke schön, ich habe nichts gefunden (, das mir gefällt).
Merci, je n'ai rien trouvé (à mon goût).
[mɛʀsi ʒnɛ ʀjɛ̃ tʀuve (a mɔ̃ gu)]

echt	authentique [otɑ̃tik]
Folkloreladen	le magasin de souvenirs [lə magazɛ̃d suvniʀ]
handgemacht	fait-main [fɛmɛ̃]
Keramik	la céramique [la seʀamik]
kitschig	kitsch [kitʃ]
Mitbringsel	le souvenir [lə suvniʀ]
regionales Produkt/ Spezialität	le produit régional/la spécialité régionale [lə pʀɔdɥi ʀeʒjɔnal/la spesjalite ʀeʒjɔnal]
Schmuck	les bijoux *m* [le biʒu]
Töpferwaren	la poterie [la pɔtʀi]

IM TABAKLADEN

Eine Schachtel/Eine Stange ...
Un paquet/Une cartouche de ... [ɛ̃ pakɛ/yn kaʀtuʃ də]

- ***mit/ohne Filter, bitte.***
  filtre/sans filtre, s'il vous plaît. [filtʀ/sɑ̃ filtʀ sil vu plɛ]

Zehn Zigarren/Zigarillos, bitte.
Dix cigares/cigarillos, s'il vous plaît. [di sigaʀ/sigaʀijo sil vu plɛ]

Aschenbecher	le cendrier [lə sɑ̃dʀije]
E-Zigarette	la cigarette électronique [la sigaʀɛt elɛktʀɔnik]
Feuerzeug	le briquet [lə bʀikɛ]
Pfeife	la pipe [la pip]
Pfeifentabak	le tabac à pipe [lə taba a pip]
Streichhölzer	les allumettes [lez‿alymɛt]
Zigarette	la cigarette [la sigaʀɛt]
Zigarettentabak	le tabac à cigarettes [lə taba a sigaʀɛt]
Zigarillo	le cigarillo [lə sigaʀijo]
Zigarre	le cigare [lə sigaʀ]

UHREN UND SCHMUCK

Anhänger	le pendentif [lə pɑ̃dɑ̃tif]
Armband	le bracelet [lə bʀaslɛ]
Armbanduhr	la montre-bracelet [la mɔ̃tʀəbʀaslɛ]
Brosche	la broche [la bʀɔʃ]
Gold	l'or *m* [lɔʀ]
Kette	le collier [lə kɔlje]
Kristall	le cristal [lə kʀistal]
Modeschmuck	les bijoux fantaisie [le biʒu fɑ̃tɛzi]
Ohrringe/Ohrstecker	les boucles d'oreilles [le buklə dɔʀɛj]
Perle	la perle [la pɛʀl]
Ring	la bague [la bag]
Schmuck	les bijoux *m* [le biʒu]
Silber	l'argent *m* [laʀʒɑ̃]
wasserdicht	étanche [etɑ̃ʃ]

DROGERIEARTIKEL

Bürste
la brosse
[la bʀɔs]

Damenbinde
la serviette hygiénique
[la sɛʀvjɛt iʒjenik]

Deo(dorant)
le déodorant
[lə deɔdɔʀɑ̃]

Duschgel
le gel douche
[lə ʒɛl duʃ]

Haargummis
les élastiques *m* [lez‿elastik]

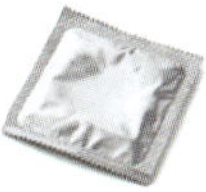

Kondom
le préservatif
[lə pʀezɛʀvatif]

Lippenpomade
le baume pour lèvres
[le bom puʀ lɛvʀ]

Lippenstift
le rouge à lèvres
[lə ʀuʒ a lɛvʀ]

Pflaster
le sparadrap
[lə spaʀadʀa]

Rasierer
le rasoir
[lə ʀazwaʀ]

Seife
le savon
[lə savɔ̃]

Shampoo
le shampooing
[lə ʃɑ̃pwɛ̃]

Sonnencreme
la crème solaire
[la kʀɛm sɔlɛʀ]

Tampon
le tampon
[le tɑ̃pɔ̃]

Taschentücher
les mouchoirs *m* [le muʃwar]

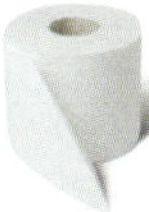

Toilettenpapier
le papier hygiénique
[lə papje iʒjenik]

Wattestäbchen
le coton-tige
[lə kɔtɔ̃tiʒ]

Wimperntusche
le mascara
[lə maskaʀa]

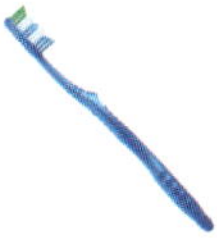

Zahnbürste
la brosse à dents
[la bʀɔs a dɑ̃]

Zahncreme, Zahnpasta
le dentifrice
[lə dɑ̃tifʀis]

CAFE

Können Sie mir bitte sagen ...?

Wo, wie, wann ...? Eines lehrt uns das Leben: nicht zu fragen ist die bei Weitem schlechteste Wahl!

Vermutlich wollen Sie im Urlaub mit all dem am liebsten nichts zu tun haben. Mit der Polizei, dem Arzt, der Apotheke ... Und bestimmt finden Sie es gut, wenn Sie folgende Orte schnell auffinden: eine Post, eine Bank, ein Internetcafe ... In diesem Kapitel informieren wir Sie rund um diese Themen.

IN DER APOTHEKE

Könnten Sie mir bitte sagen, wo die nächste Apotheke (mit Nachtdienst) ist?
Pourriez-vous me dire où est la pharmacie (de garde) la plus proche, s'il vous plaît ?
[puʀje vu mə diʀ u ɛ la faʀmasi (də gaʀd) la ply pʀɔʃ sil vu plɛ]

Könnten Sie mir bitte etwas gegen ... geben?
Pourriez-vous me donner quelque chose contre ..., s'il vous plaît ?
[puʀje vum dɔne kɔ̃lkə ʃoz kɔ̃tʀ sil vu plɛ]

Abführmittel	le laxatif [lə laksatif]
Aspirin®	l'aspirine *f* [laspiʀin]
Augentropfen	le collyre [lə kɔliʀ]
Beruhigungsmittel	le tranquillisant [lə tʀɑ̃kilizɑ̃]
Bindehautentzündung	la méningite [la menɛ̃ʒit]
Brandsalbe	la pommade contre les brûlures [la pɔmad kɔ̃tʀ le bʀylyʀ]
Desinfektionsmittel	l'antiseptique *m* [lɑ̃tisɛptik]
Elastikbinde	la bande élastique [la bɑ̃d elastik]
Elektrolytlösung	la solution de réhydratation [la sɔlysjɔ̃ də ʀeidʀatasjɔ̃]
Fieberthermometer	le thermomètre [lə tɛʀmɔmɛtʀ]
Halstabletten	les pastilles contre le mal de gorge [le pastij kɔ̃tʀ lə mal də gɔʀʒ]
Hustensaft	le sirop contre la toux [lə siʀo kɔ̃tʀ la tu]
Insulin	l'insuline *f* [lɛ̃sylin]
Jod(tinktur)	la teinture d'iode [la tɛ̃tyʀ djɔd]
Kamillentinktur	l'essence de camomille *f* [lesɑ̃s də kamɔmij]
Kondom	le préservatif [lə pʀezɛʀvatif]
Kopfschmerztabletten	les cachets contre les maux de tête [le kaʃɛ kɔ̃tʀ le mod tɛt]
Kreislaufmittel	le médicament pour la circulation [lə medikamɑ̃ puʀ la siʀkylasjɔ̃]
Läuse	les poux *m* [le pu]

Notice	Beipackzettel
Composition	Zusammensetzung
Indications	Anwendungsgebiete
Contre-indications	Gegenanzeigen
Effets secondaires	Nebenwirkungen
Autres effets possibles	Wechselwirkungen

Posologie	Dosierungsanleitung
Prendre ... une fois/ ... plusieurs fois par jour	1 x/mehrmals täglich ... einnehmen
un cachet	1 Tablette
20 gouttes	20 Tropfen
une mesure	1 Messbecher
avant les repas	vor dem Essen
après les repas	nach dem Essen
à jeun	auf nüchternen Magen
avaler avec un peu d'eau	unzerkaut mit etwas Flüssigkeit einnehmen
dissoudre dans un peu d'eau	in etwas Wasser auflösen
laisser fondre dans la bouche	im Mund zergehen lassen
externe	äußerlich
appliquer une fine couche sur la peau et masser	dünn auf die Haut auftragen und einreiben
les nourrissons	Säuglinge
les enfants en bas-âge (jusqu'à ... ans)	Kleinkinder (bis zu ... Jahren)
les jeunes enfants	Schulkinder
les grands enfants	Jugendliche
les adultes	Erwachsene
Ne pas laisser à la portée des enfants	Für Kinder unzugänglich aufbewahren!

Mittel gegen ~ ...	produit contre ... [pʀɔdɥi kɔ̃tʀ]
Medikament	le médicament [lə medikamɑ̃]
Mittel	le remède [ʀəmɛd]
Mittel gegen Insektenstiche	le produit contre les piqûres d'insecte [lə pʀɔdɥi kɔ̃tʀ le pikyʀ dɛ̃sɛkt]
Mullbinde	la gaze [la gaz]
Ohrentropfen	les gouttes pour les oreille [le gut puʀ lez‿ɔʀɛj]
Pflaster	le sparadrap [lə spaʀadʀa]

Pille danach	la pilule du lendemain [la pilyl dy lɑ̃dmɛ̃]
Puder	la poudre [la pudʀ]
Rezept	l'ordonnance *f* [lɔʀdɔnɑ̃s]
Salbe	la pommade [la pɔmad]
Schlaftabletten	les somnifères *m* [le sɔmnifɛʀ]
Schmerztabletten	les cachets contre la douleur [le kaʃɛ kɔ̃tʀ la dulœʀ]
Sonnenbrandsalbe	la pommade contre les coups de soleil [la pɔmad kɔ̃tʀ le ku də sɔlɛj]
Tablette	le comprimé [lə kɔ̃pʀime]; le cachet [lə kaʃɛ]
Traubenzucker	le sucre de raisin [lə sykʀə də ʀɛzɛ̃]
Tropfen	les gouttes *f* [le gut]
Verhütungsmittel	le contraceptif [lə kɔ̃tʀasɛptif]
Vitamintabletten	la vitamine [la vitamin]
Zäpfchen	les suppositoires *m* [le sypozitwaʀ]

BEIM ARZT

Könnten Sie mir einen guten ... empfehlen?
Vous pourriez m'indiquer un bon ... s'il vous plaît ?
[vu puʀje mɛ̃dike ɛ̃ bɔ̃ sil vu plɛ]

- ***Arzt/Ärztin***
  médecin [medsɛ̃]
- ***Augenarzt***
  oculiste [ɔkylist]
- ***Frauenarzt***
  gynéco(logue) [ʒinekɔ(lɔg)]
- ***Hals-Nasen-Ohren-Arzt***
  oto-rhino(-laryngologiste) [ɔtoʀino(laʀɛ̃gɔlɔʒist)]
- ***Hautarzt***
  dermato(logue) [dɛʀmatɔ(lɔg)]
- ***Kinderarzt***
  pédiatre [pedjatʀ]
- ***Praktischen Arzt***
  généraliste [ʒeneʀalist]
- ***Urologen***
  urologue [yʀɔlɔg]
- ***Zahnarzt***
  dentiste [dɑ̃tist]

Wo ist ihre/seine Praxis?
Où se trouve son cabinet, s'il vous plaît ? [u stʀuv sɔ̃ kabinɛ sil vu plɛ]

Beschwerden beschreiben

Französische Krankheitsdiagnosen

Wenn es um Beschwerden geht, gibt es länderspezifische Unterschiede: Deutsche geben meist ihrem Kreislauf die Schuld, die Franzosen dagegen ihrer Leber. Natürlich ist das für sie kein Grund, etwas weniger zu trinken. Nein, Franzosen essen dafür vorsichtshalber weniger Eier!

Was für Beschwerden haben Sie?
Qu'est-ce qui ne va pas ? [kɛs‿kin va pa]

Ich habe Fieber.
J'ai de la fièvre. [ʒɛ dla fjɛvʀ]

Mir ist oft schlecht/übel.
J'ai souvent mal au cœur. [ʒɛ suvɑ̃ malo kœʀ]

Mir ist oft schwindelig.
J'ai souvent des vertiges. [ʒɛ suvɑ̃ de vɛʀtiʒ]

Ich bin ohnmächtig geworden.
Je me suis évanoui/e. [ʒəm sɥiz‿evanwi]

Ich bin stark erkältet.
Je suis très enrhumé/e. [ʒə sɥi tʀɛz‿ɑ̃ʀyme]

Ich habe Kopfschmerzen/Halsschmerzen.
J'ai mal à la tête/à la gorge. [ʒɛ mal a la tɛt/a la gɔʀʒ]

Ich habe Husten.
Je tousse. [ʒə tus]

Ich bin gestochen/gebissen worden.
J'ai été piqué/e/mordu/e. [ʒɛ ete pike/mɔʀdy]

Ich habe mir den Magen verdorben.
J'ai une indigestion. [ʒe yn‿ɛ̃diʒɛstjɔ̃]

Ich habe Durchfall.
J'ai la diarrhée. [ʒe la djaʀe]

Ich habe Verstopfung.
Je suis constipé/e. [ʒə sɥi kɔ̃stipe]

Ich vertrage das Essen/die Hitze nicht.
Je digère mal./Je ne supporte pas la chaleur.
[ʒə diʒɛʀ mal/ʒən sypɔʀtə pa la ʃalœʀ]

Ich habe mich verletzt.
Je me suis blessé/e. [ʒəm sɥi blese]

Ich bin gestürzt.
Je suis tombé/e. [ʒə sɥi tɔ̃be]

Ich bin allergisch gegen ...
Je suis allergique aux/au ... [ʒə sɥiz alɛʀʒik‿o]

- ***Antibiotika.***
  antibiotiques. [z‿ɑ̃tibjɔtik]
- ***Bienen.***
  abeilles. [z‿abɛj]
- ***Pollen.***
  pollen. [pɔlɛn]

Ich bin gegen ... geimpft.
Je suis vacciné/e contre ... [ʒə sɥi vaksine kɔ̃tʀ]

- ***Hepatitis A/B/A und B***
  l'hépatite A /B /A et B. [lepatit a/b/ a e be]
- ***Tetanus***
  le tétanos. [lə tetanɔs]
- ***Typhus***
  le typhus. [lə tifys]

Können Sie mir bitte etwas gegen ... geben/verschreiben?
Vous pouvez me donner/me prescrire quelque chose contre ..., s'il vous plaît ? [vu puve mə dɔne/mə pʀɛskʀiʀ kɔ̃lkə ʃoz kɔ̃tʀ sil vu plɛ]

Wie oft muss ich es einnehmen?
Je dois le prendre combien de fois par jour ?
[ʒə dwal‿pʀɑ̃dʀ kɔ̃bjɛ̃d‿fwa paʀ ʒuʀ]

Normalerweise nehme ich ...
Normalement je prends ... [nɔʀmalmɑ̃ ʒə pʀɑ̃]

Ich habe einen hohen/niedrigen Blutdruck.
Je fais de l'hypertension/de l'hypotension.
[ʒfɛ də lipɛʀtɑ̃sjɔ̃/də lipotɑ̃sjɔ̃]

Ich bin Allergiker/in.
Je souffre d'allergies. [ʒə sufʀ dalɛʀʒi]

Ich bin ...
Je suis ... [ʒə sɥi]

- ***Diabetiker/in.***
  diabétique. [djabetik]
- ***Epileptiker/in.***
  épileptique. [epilɛptik]
- ***körperbehindert.***
  handicapé/e physique. [ɑ̃dikape fisik]
- ***sehbehindert.***
  mal-voyant/e. [malvwajɑ(t)]

Ich habe ...
J'ai ... [ʒɛ]

- ***Multiple Sklerose.***
  de la sclérose en plaques. [də la skleʀoz ɑ̃ plak]
- ***einen Herzschrittmacher.***
  un pacemaker. [ɛ̃ pɛsmɛkœʀ]

Ich bin schwanger.
J'attends un enfant/Je suis enceinte. [ʒatɑ̃ ɛ̃n‿ɑ̃fɑ̃/ʒə sɥiz‿ɑ̃sɛ̃t]

Bei der Untersuchung

Wo tut es weh?
Où est-ce que vous avez mal ? [u ɛs‿kə vuz‿ave mal]

Ich habe hier Schmerzen.
J'ai des douleurs ici. [ʒɛ de dulœʀ isi]

Bitte, machen Sie sich/Ihren Arm frei.
Déshabillez-vous/Retroussez votre manche, s'il vous plaît. [desabijevu/ʀətʀuse vɔtʀə mɑ̃ʃ sil vu plɛ]

Bitte tief einatmen. Atem anhalten.
Inspirez profondément. Retenez votre respiration. [ɛ̃spiʀe pʀɔfɔ̃demɑ̃ ʀətne vɔtʀə ʀɛspiʀasjɔ̃]

Ich brauche eine Blut-/Urinprobe.
J'ai besoin d'une prise de sang/d'un échantillon d'urine. [ʒɛ bəzwɛ̃ dyn pʀiz də sɑ̃/dɛ̃n‿eʃɑ̃tijɔ̃ dyʀin]

Sie sollten ein paar Tage Bettruhe halten.
Vous devriez garder le lit pendant quelques jours. [vu devʀije gaʀde lə li pɑ̃dɑ̃ kɛlkə ʒuʀ]

Haben Sie einen Impfschein?
Vous avez un certificat de vaccination ? [vuz‿ave ɛ̃ sɛʀtifikad vaksinasjɔ̃]

Ich bin gegen … geimpft.
Je suis vacciné/e contre … [ʒə sɥi vaksine kɔ̃tʀ]

IM KRANKENHAUS

Wie lange muss ich hier bleiben?
Combien de temps est-ce que je vais devoir rester ici ? [kɔ̃bjɛ̃d tɑ̃ ɛs‿kə ʒə vɛ dəvwaʀ ʀɛste isi]

Geben Sie mir bitte …
Donnez-moi …, s'il vous plaît. [dɔne mwa sil vu plɛ]

- ***ein Glas Wasser.***
  un verre d'eau [ɛ̃ vɛʀ do]
- ***eine Schmerztablette.***
  un comprimé contre la douleur [ɛ̃ kɔ̃pʀime kɔ̃tʀ la dulœʀ]
- ***eine Schlaftablette.***
  un somnifère [ɛ̃ sɔmnifɛʀ]
- ***eine Wärmflasche.***
  une bouillotte [yn bujɔt]

Ich kann nicht einschlafen.
Je n'arrive pas à dormir. [ʒə naʀiv pa a dɔʀmiʀ]

Wann darf ich aufstehen?
Quand est-ce que je peux me lever ? [kɑ̃t‿ɛs‿kəʒ pøm ləve]

Ich leide unter …
Je souffre de … [ʒə sufʀ də]

Krankheiten und Beschwerden

Abszess	l'abcès *m* [labsɛ]
Aids	le sida [lə sida]
Allergie	l'allergie *f* [lalɛʀʒi]
allergisch sein gegen …	être allergique à … [ɛtʀ‿alɛʀʒik a]
Angina	l'angine *f* [lɑ̃ʒin]
ansteckend	contagieux [kɔ̃taʒjø]
Antibabypille	la pillule (anticonceptionnelle) [la pilyl (ɑ̃tikɔ̃sɛpsjɔnɛl)]
Antibiotikum	l'antibiotique *m* [lɑ̃tibjɔtik]
Asthma	l'asthme *m* [lasm]
Atembeschwerden	les troubles respiratoires [le tʀubl ʀɛspiʀatwaʀ]
Ausschlag	les rougeurs *f* [le ʀuʒœʀ]
Bänderriss	la rupture de tendon [la ʀyptyʀ də tɑ̃dɔ̃]
Blähungen	les vents *m* [le vɑ̃]
Blinddarmentzündung	l'appendicite *f* [lapɛ̃disit]
Bluthochdruck	l'hypertension *f* [lipɛʀtɑ̃sjɔ̃]
Blutung	le saignement [lə sɛɲəmɑ̃]
Blutvergiftung	la septicémie [la sɛptisemi]
Borreliose	la borréliose [la bɔʀeljoz]
Brechreiz	la nausée [la noze]
brennen	brûler [bʀyle]
Bronchitis	la bronchite [la bʀɔ̃ʃit]
Bruch	*(Knochen~)* la fracture [la fʀaktyʀ]; *(Leisten~)* la hernie [la ɛʀni]
Cholera	le choléra [lə kɔleʀa]
Diabetes	le diabète [lə djabɛt]
Diphtherie	la diphtérie [la difteʀi]
Durchfall	la diarrhée [la djaʀe]
Entzündung	l'inflammation *f* [lɛflamasjɔ̃]
Epilepsie	l'épilepsie *f* [lepilɛpsi]
Erkältung	le rhume [lə ʀym]
Fehlgeburt	la fausse-couche [la foskuʃ]
Fieber	la fièvre [la fjɛvʀ]; la température [la tɑ̃peʀatyʀ]
gebrochen	cassé [kase]
Gehirnerschütterung	la commotion cérébrale [la kɔmɔsjɔ̃ seʀebʀal]

Gehirnschlag	l'embolie cérébrale *f* [lɑ̃bɔli seʀebʀal]
Gelbfieber	la fièvre jaune [la fjɛvʀə ʒon]
Gelbsucht	la jaunisse [la ʒonis]
Geschlechtskrankheit	la maladie vénérienne [la maladi veneʀjɛn]
geschwollen	enflé [ɑ̃fle]
Geschwulst	la grosseur [la gʀɔsœʀ]; la tumeur [la tymœʀ]
Geschwür	l'ulcère *m* [lylsɛʀ]
giftig	venimeux [vənimø]
Gleichgewichtsstörungen	les troubles de l'équilibre [le tʀubl də lekilibʀ]
Grippe	la grippe [la gʀip]
Halsschmerzen	le mal de gorge [lə mal də gɔʀʒ]
Hämorroiden	les hémorroïdes *f* [lez‿emɔʀɔid]
heiser	enroué [ɑ̃ʀue]
Herpes	l'herpès *m* [lɛʀpɛs]
Herzanfall	la crise cardiaque [la kʀiz kaʀdjak]
Herzbeschwerden	les troubles cardiaques [le tʀubl kaʀdjak]
Herzfehler	la déficience cardiaque [la defisjɑ̃s kaʀdjak]
Herzinfarkt	l'infarctus *m* [lɛ̃faʀktys]
Herzrasen	la tachycardie [la takikaʀdi]
Heuschnupfen	le rhume des foins [lə ʀym de fwɛ]
Hexenschuss	le tour de reins [lə tuʀ də ʀɛ̃]; le lumbago [lə lɛ̃bago]
Hirnhautentzündung	la méningite [la menɛ̃ʒit]
HIV-positiv	séropositif [seʀɔpozitif]
Infektion	l'infection *f* [lɛ̃fɛksjɔ̃]
Insektenstich	la piqûre d'insecte [la pikyr dɛ̃sɛkt]
Ischias	la sciatique [la sjatik]
jucken	démanger [demɑ̃ʒe]; gratter [gʀate]
Keuchhusten	la coqueluche [la kɔklyʃ]
Kinderkrankheit	la maladie infantile [la maladi ɛ̃fɑ̃til]
Kinderlähmung	la polio(myélite) [la pɔljɔ(mjelit)]
Knochenbruch	la fracture [la fʀaktyʀ]
Kolik	la colique [la kɔlik]
Kopfschmerzen	les maux de tête *m* [le mod tɛt]
Krampf	la crampe [la kʀɑ̃p]
Krankheit	la maladie [la maladi]
Krebs	le cancer [lə kɑ̃sɛʀ]
Kreislaufstörung	les troubles de la circulation [le tʀubl də la siʀkylasjɔ̃]
Lähmung	la paralysie [la paʀalizi]

Lebensmittelvergiftung	l'intoxication alimentaire [lɛ̃tɔksikasjɔ̃ alimɑ̃tɛʀ]
Leistenbruch	la hernie [la ɛʀni]
Lungenentzündung	la pneumonie [la pnømɔni]
Magenschmerzen	les maux d'estomac [le mod ɛstɔma]
Malaria	la malaria [la malaʀja]
Mandelentzündung	l'inflammation des amygdales [lɛ̃flamasjɔ̃ dez‿amidal]
Masern	la rougeole [la ʀuʒɔl]
Migräne	la migraine [la migʀɛn]
Mittelohrentzündung	l'otite *f* [lɔtit]
Mumps	les oreillons *m* [lez‿ɔʀɛjɔ̃]
Nasenbluten	les saignements de nez [le sɛɲmɑ̃d ne]
Nierenentzündung	la néphrite [la nefʀit]
Nierenstein	le calcul rénal [lə kalkyl ʀenal]
niesen	éternuer [etɛʀnye]
Ohnmacht	l'évanouissement *m* [levanwismɑ̃]; la syncope [la sɛ̃kɔp]
Pilzinfektion	la mycose [la mikoz]
Prellung	la contusion [la kɔ̃tyzjɔ̃]
Qualle	la méduse [la medyz]
Rheuma	le rhumatisme [lə ʀymatism]
Röteln	la rubéole [la ʀybeɔl]
Rückenschmerzen	les douleurs au dos [le dulœʀ o do]
Salmonellen	la salmonelle [la salmɔnɛl]
Salmonellenvergiftung	la salmonellose [la salmɔnɛloz]
Scharlach	la scarlatine [la skaʀlatin]
Schlaflosigkeit	l'insomnie *f* [lɛ̃sɔmni]
Schlaganfall	l'attaque *f* [latak]
Schmerzen	les douleurs *f* [le dulœʀ]
Schnittwunde	la coupure [la kupyʀ]
Schnupfen	le rhume [lə ʀym]
Schüttelfrost	les frissons *m* [le fʀisɔ̃]
Schwellung	l'enflure *f* [lɑ̃flyʀ]
Schwindel	le vertige [lə vɛʀtiʒ]
Sehstörungen	les troubles de la vue [le tʀubl də la vy]
Seitenstich	le point de côté [lə pwɛ̃d kote]
Sodbrennen	les aigreurs d'estomac [lez‿ɛgʀœʀ dɛstɔma]
Sonnenbrand	le coup de soleil [lə kud sɔlɛj]
Sonnenstich	l'insolation *f* [lɛ̃sɔlasjɔ̃]
Stirnhöhlenentzündung	la sinusite [la sinysit]
Tetanus	le tétanos [lə tetanos]
Typhus	la typhoïde [la tifɔid]
Übelkeit	la nausée [la noze]
Verbrennung	la brûlure [la bʀylyʀ]

Verdauungsstörung	les troubles digestifs *m* [le tʀubl diʒɛstif]
Vergiftung	l'empoisonnement *m* [lɑ̃pwazɔnmɑ̃]
verletzen	blesser [blese]
Verletzung	la blessure [la blesyʀ]
verstaucht	foulé [fule]
Verstopfung	la constipation [la kɔ̃stipasjɔ̃]
wehtun	faire mal [fɛʀ mal]
Windpocken	la varicelle [la vaʀisɛl]
Wunde	la plaie [la plɛ]
Zecke	la tique [la tik]
Zerrung	le claquage (musculaire) [lə klakaʒ (myskylɛʀ)]
Zyste	le cyste [lə sist]

Körper und Krankenhaus von A bis Z

Arm	le bras [lə bʀa]
atmen	respirer [ʀɛspiʀe]
Attest	l'attestation *f* [latɛstasjɔ̃]
Augen	les yeux *m* [lez‿jø]
Bauch	le ventre [lə vɑ̃tʀ]
Bein	la jambe [la ʒɑ̃b]
Bescheinigung	le certificat [lə sɛʀtifika]; l'attestation *f* [latɛstasjɔ̃]
Besuchszeit	les heures de visites [lez‿œʀ də vizit]
bewusstlos	sans connaissance [sɑ̃ kɔnɛsɑ̃s]; évanoui [evanwi]
Blase	la vessie [la vesi]
Blinddarm	l'appendice *m* [lapɛ̃dis]
Blut	le sang [lə sɑ̃]
hoher Blutdruck	l'hypertension *f* [lipɛʀtɑ̃sjɔ̃]
niedriger Blutdruck	l'hypotension *f* [lipotɑ̃sjɔ̃]
bluten	saigner [seɲe]
Blutgruppe	le groupe sanguin [lə gʀup sɑ̃gɛ̃]
Bronchien	les bronches *f* [le bʀɔ̃ʃ]
Brust	la poitrine [la pwatʀin]
Bypass	le by-pass [lə bajpas]
Chirurg	le chirurgien [lə ʃiʀyʀʒjɛ̃]
Darm	l'instestin *m* [lɛ̃tɛstɛ̃]
desinfizieren	désinfecter [dezɛ̃fɛkte]
Diagnose	le diagnostic [lə djagnɔstik]
Diät	le régime [lə ʀeʒim]
Eiter	le pus [lə py]
sich erbrechen	vomir [vɔmiʀ]
Finger	le doigt [lə dwa]
Fuß	le pied [lə pje]

Gallenblase	la vésicule biliaire [la vezikyl biljɛʀ]
Gehirn	le cerveau [lə sɛʀvo]
Gehör	l'ouïe *f* [lwi]
Gelenk	l'articulation *f* [laʀtikylasjɔ̃]
Geschlechtsorgane	les organes génitaux *m* [lez‿ɔʀgan ʒenito]
Gesicht	le visage [lə vizaʒ]
Hals	le cou [lə ku]
Hand	la main [la mɛ̃]
Haut	la peau [la po]
Herz	le cœur [lə kœʀ]
Herzschrittmacher	le stimulateur cardiaque [lə stimylatœʀ kaʀdjak]
Herzspezialist	le cardiologue [lə kaʀdjɔlɔg]
Hüfte	la hanche [la ɑ̃ʃ]
Husten	la toux [la tu]
Impfpass	le carnet de vaccinations [lə kaʀnɛd vaksinasjɔ̃]
Impfung	la vaccination [la vaksinasjɔ̃]
Infusion	la perfusion [la pɛʀfyzjɔ̃]
Kopf	la tête [la tɛt]
Knie	le genou [lə ʒnu]
Knöchel	la cheville [la ʃvij]
Knochen	l'os *m* [lɔs]
krank	malade [malad]
Krankenhaus	l'hôpital *m* [lɔpital]
Krankenkasse	la caisse d'assurance-maladie [la kɛs dasyʀɑ̃smaladi]
Krankenpfleger	l'infirmier [lɛfiʀmje]
Krankenschein	la feuille de maladie/de soins [la fœj də maladi/də swɛ̃]
Krankenschwester	l'infirmière [lɛ̃fiʀmjɛʀ]
Leber	le foie [lə fwa]
Lippe	la lèvre [la lɛvʀ]
Lunge	le poumon [lə pumɔ̃]
Magen	l'estomac *m* [lɛstɔma]
Mandeln	les amygdales *f* [lez‿amidal]
Menstruation	les règles *f* [le ʀɛgl]
Mund	la bouche [la buʃ]
Muskel	le muscle [lə myskl]
nähen	recoudre [ʀəkudʀ]
Narbe	la cicatrice [la sikatʀis]
Narkose	l'anesthésie *f* [lanɛstezi]
Nase	le nez [lə ne]
Nerv	le nerf [le nɛʀ]
nervös	nerveux [nɛʀvø]
Niere	le rein [lə ʀɛ]

Ohr	l'oreille *f* [lɔʀɛj]
Operation	l'opération *f* [lɔpeʀasjɔ̃]
Prothese	la prothèse [la pʀɔtɛz]
Puls	le pouls [lə pu]
Rippe	la côte [la kot]
röntgen	faire une radio(graphie) [fɛʀ yn ʀadjo(gʀafi)]
Röntgenaufnahme	la radio(graphie) [la ʀadjo(gʀafi)]
Rücken	le dos [lə do]
Rückgrat	la colonne vertébrale [la kɔlɔn vɛʀtebʀal]
Schienbein	le tibia [lə tibja]
Schiene	l'attelle *f* [latɛl]
Schlüsselbein	la clavicule [la klavikyl]
Schulter	l'épaule *f* [lepol]
Schwangerschaft	la grossesse [la gʀɔsɛs]
schwitzen	transpirer [tʀɑ̃spiʀe]
Speiseröhre	l'œsophage *m* [lezofaʒ]
Sprechstunde	la consultation [la kɔ̃syltasjɔ̃]
Spritze	la piqûre [la pikyʀ]
Station	le service [lə sɛʀvis]
Stich	la piqûre [la pikyʀ]
Stuhlgang	les selles *f* [le sɛl]
Trommelfell	le tympan [lə tɛ̃pɑ̃]
Ultraschalluntersuchung	l'échographie *f* [lekogʀafi]
Unterleib	le bas-ventre [lə bavɑ̃tʀ]
Untersuchung	l'examen *m* [lɛgzamɛ̃]; l'analyse *f* [lanaliz]
Urin	l'urine *f* [lyʀin]
Verband	le pansement [lə pɑ̃smɑ̃]
verbinden	faire un pansement [fɛʀ ɛ̃ pɑ̃smɑ̃]
Verdauung	la digestion [la diʒɛstjɔ̃]
verschreiben	prescrire [pʀɛskʀiʀ]
Virus	le virus [lə viʀys]
Wartezimmer	la salle d'attente [la sal datɑ̃t]
Wirbelsäule	la colonne vertébrale [la kɔlɔn vɛʀtebʀal]
Zehe	l'orteil *m* [lɔʀtɛj]
Zunge	la langue [la lɑ̃g]

BEIM ZAHNARZT

Ich habe (starke) Zahnschmerzen.
J'ai (très) mal aux dents. [ʒə (tʀɛ) mal‿o dɑ̃]

Dieser Zahn (oben/unten/vorn/hinten) tut weh.
C'est cette dent-là (en haut/en bas/devant/derrière) qui me fait mal. [sɛ sɛt dɑ̃la (ɑ̃ o/ɑ̃ ba/devɑ̃/dɛʀjɛʀ) kim fɛ mal]

Ich habe eine Füllung verloren.
J'ai perdu un plombage. [ʒə pɛʀdy ɛ̃ plɔ̃baʒ]

Mir ist ein Zahn abgebrochen.
Je me suis cassé une dent. [ʒəm sɥi kase yn dɑ̃]

Geben Sie mir bitte eine Spritze.
Faites-moi une piqûre, s'il vous plaît. [fɛtmwa yn pikyʀ sil vu plɛ]

Geben Sie mir bitte keine Spritze.
Ne me faites pas de piqûre, s'il vous plaît.
[nəm fɛt pad pikyʀ sil vu plɛ]

Backenzahn	la molaire [la mɔlɛʀ]
Brücke	le bridge [lə bʀidʒ]
Kiefer	la mâchoire [la maʃwaʀ]
Krone	la couronne [la kuʀɔn]
Loch	la carie [la kaʀi]
Plombe	le plombage [lə plɔ̃mbaʒ]
Prothese	la prothèse [la pʀɔtɛz]
Schneidezahn	l'incisive *f* [lɛ̃siziv]
Weisheitszahn	la dent de sagesse [la dɑ̃ də saʒɛs]
Zahn	la dent [la dɑ̃]
Zahnfleisch	les gencives *f* [le ʒɑ̃siv]
Zahnschmerzen	le mal de dents [lə mal də dɑ̃]
ziehen	arracher [aʀaʃe]

BANKGESCHÄFTE TÄTIGEN

Können Sie mir bitte sagen, wo hier eine Bank ist?
Pouvez-vous me dire où il y a une banque par ici, s'il vous plaît ?
[puve vum diʀ u il‿ja yn bɑ̃k paʀ isi sil vu plɛ]

Ich möchte ... Euro (Schweizer Franken) in ... wechseln.
Je voudrais changer ... euros (francs suisses) en ...
[ʒvudʀɛ ʃɑ̃sʒe ...øʀo (fʀɑ̃ sɥis) ɑ̃ ...]

Ich möchte diesen Reisescheck einlösen.
Je voudrais encaisser ce chèque de voyage.
[ʒvudʀɛ ɑ̃kɛse sə ʃɛk də vwajaz]

Auf welchen Betrag kann ich ihn maximal ausstellen?
Quelle est la somme maximale que je peux retirer ?
[kɛl‿ɛ la sɔm maksimal kəʒ pø ʀtiʀe]

Darf ich bitte … sehen?
Vous avez …, s'il vous plaît ? [vuz‿ave … sil vu plɛ]

- ***Ihren Ausweis***
  une pièce d'identité [yn pjɛs didɑ̃tite]
- ***Ihren Pass***
  votre passeport [vɔtʀə paspɔʀ]

Würden Sie bitte hier unterschreiben?
Vous pouvez signer ici, s'il vous plaît ? [vu puve siɲe isi sil vu plɛ]

Der Geldautomat akzeptiert meine Karte nicht.
Le distributeur n'accepte pas ma carte.
[lə distʀibytœʀ naksɛpt pa ma kaʀt]

Der Geldautomat gibt meine Karte nicht mehr heraus.
Le distributeur ne rend pas ma carte.
[lə distribytœʀ nə ʀɑ̃ pa ma kaʀt]

auszahlen	payer [peje]
Bank	la banque [la bɑ̃k]
Bankkarte	la carte bancaire [la kaʀt bɑ̃kɛʀ]
bar	en espèces [ɑ̃n‿ɛspɛs]
Bargeld	l'argent liquide *m* [laʀʒɑ̃ likid]
Bearbeitungsgebühr	la commission [la kɔmisjɔ̃]; les frais bancaires [le fʀɛ bɑ̃kɛʀ]
Betrag	le montant [lə mɔ̃tɑ̃]; la somme [la sɔm]
Cent	le centime [lə sɑ̃tim]
Chipkarte	la carte à puce [la kaʀta pys]
Devisen	les devises *f* [le dəviz]
Euro	l'euro *m* [løʀo]
Formular	le formulaire [lə fɔʀmylɛʀ]
Geheimzahl	le numéro de code [lə nymeʀod kɔd]
Geld	l'argent *m* [laʀʒɑ̃]
Geldautomat	le distributeur de billets [lə distʀibytœʀ də bijɛt]
Geldanweisung	le mandat [lə mɑ̃da]
Geldschein	le billet [lə bijɛ]
Geldwechsel	le change [lə ʃɑ̃ʒ]
Kleingeld	la monnaie [la mɔnɛ]
Kont	le compte [lə kɔt]
Kreditkarte	la carte de crédit [la kaʀtə də kʀedi]
Ladeterminal	la machine de paiement [la maʃin də pɛmɑ̃]
Münze	la pièce de monnaie [la pjɛs də mɔnɛ]
Quittung	le reçu [lə ʀəsy]
Reisescheck	le chèque de voyage [lə ʃɛk də vwajaʒ]
Scheck	le chèque [lə ʃɛk]

einen Scheck ausstellen	faire un chèque [fɛʀ ɛ ʃɛk]
Schweizer Franken	le franc suisse [lə fʀɑ̃ sɥis]
Überweisung	le virement [lə viʀmɑ̃]
telegrafische Überweisung	le mandat télégraphique [lə mɑ̃da telegʀafik]
umtauschen	changer [ʃɑ̃ʒe]
Unterschrift	la signature [la siɲatyʀ]
Währung	la monnaie [la mɔnɛ]
Wechselkurs	le cours de change [lə kuʀ də ʃɑ̃ʒ]
Zahlung	le paiement [lə pɛmɑ̃]

FILMEN UND FOTOGRAFIEREN

Könnten Sie bitte ein Foto von uns machen?
Vous pourriez nous prendre en photo, s'il vous plaît ?
[vu purje nu pʀɑ̃dʀ‿ɑ̃ fɔto sil vu plɛ]

Sie drücken auf diesen Knopf.
Vous appuyez sur ce bouton. [vuz‿apɥie syʀ sə butɔ̃]

Die Entfernung/Blende stellt man so ein.
C'est comme ça qu'on règle la distance/l'ouverture.
[sɛ kɔm sa kɔ̃ ʀɛglə la distɑ̃s/luvɛʀtyʀ]

Dürfte ich Sie fotografieren?
Je pourrais vous prendre en photo ? [ʒpuʀɛ vu pʀɑ̃dʀ‿ɑ̃ fɔto]

Foto	la photo [la fɔto]
Fotoapparat	l'appareil photo [lapaʀɛjfɔto]
fotografieren	photographier [fɔtogʀafje]
Hochformat	le format en hauteur [lə fɔrma ɑ̃ otœr]
Querformat	le format horizontal [lə fɔrma ɔrizɔ̃tal]

ETWAS VERLOREN?

Können Sie mir bitte sagen, wo das Fundbüro ist?
Pouvez-vous me dire où est le bureau des objets trouvés, s'il vous plaît ? [puve vum diʀ u‿ɛl byʀo dez‿ɔbʒɛ tʀuve sil vu plɛ]

Ich habe ... verloren.
J'ai perdu ... [ʒɛ pɛʀdy]

Ich habe meine Handtasche im Zug vergessen.
J'ai oublié mon sac à main dans le train.
[ʒɛ ublije mɔ̃ sak‿a mɛ̃ dɑ̃l tʀɛ̃]

Würden Sie mich bitte benachrichtigen, wenn sie gefunden werden sollte?
Avertissez-moi si on devait le retrouver. [avɛʀtise mwa si ɔ̃ dəvɛl ʀətʀuve]

Hier ist meine Hotelanschrift/Heimatadresse.
Voici l'adresse de mon hôtel/mon adresse personnelle.
[vwasi ladʀɛs də mɔ̃n‿otel/mɔn‿adʀɛs pɛʀsɔnɛl]

IM INTERNETCAFÉ

Wo gibt es in der Nähe ein Internetcafé?
Où est-ce qu'il y a un café Internet dans le coin ?
[u ɛs‿kilja ɛ̃ kafe ɛ̃tɛʀnät dɑ̃l kwɛ̃]

Ich möchte …
Je voudrais … [ʒə vudʀɛ …]

- ***im Internet surfen.***
  surfer sur Internet. [sœʀfe syʀ ɛ̃tɛʀnɛt]
- ***einen Drucker benutzen.***
  utiliser une imprimante. [ytilize yn‿ɛ̃pʀimɑ̃t]
- ***einen Scanner benutzen.***
  utiliser un scanner. [ytilize ɛ̃ skanɛʀ]
- ***eine CD brennen.***
  graver un CD. [gʀave ɛ̃ sede]

Wie viel kostet eine Stunde?/Viertelstunde?
C'est combien pour une heure?/ un quart d'heure ?
[sɛ kɔ̃bjɛ̃ pur‿yn œʀ/ɛ̃ kaʀ dœʀ]

Kann ich … mit diesem Computer verbinden?
Et-ce que je peux brancher … sur cet ordinateur ?
[ɛs‿kə‿ʒpø bʀɑ̃ʃe … syʀ sɛt‿ɔʀdinatœʀ]

- ***meinen USB-Stick***
  ma clé USB [ma kle yɛsbe]
- ***meine Kamera***
  mon appareil photo [mɔ̃n‿aparɛj fɔto]
- ***meinen MP3-Player***
  mon MP3 [mɔ̃n ɛmpetʀwa]

Gibt es einen Passwortschutz?
Est-ce qu'il y a un code ? [ɛs‿kil‿ja ɛ̃ kɔd]

Kann ich bei Ihnen skypen?
Est-ce que je peux skyper chez vous ? [ɛs‿kəʒ‿pø skajpe ʃe vu]

Gibt es Kopfhörer mit Mikrofon?
Est-ce qu'il y a des casques avec micro ? [ɛs‿kil‿ja ɛ̃ kask‿avɛk mikʀo]

Kann ich von hier ein Fax versenden?
Je peux envoyer un fax d'ici ? [ʒə pø ɑ̃vwaje ɛ̃ faks disi]

Kann ich eine Seite ausdrucken?
Je peux imprimer une page ? [ʒpø ɛ̃pʀime yn paʒ]

Hier klappt die Verbindung nicht.
Ici, je n'ai pas de connexion. [isi ʒ‿nɛ pad‿kɔnɛksjɔ̃]

Ich habe Probleme mit dem Computer.
J'ai des problèmes avec l'ordinateur. [ʒɛ de pʀɔblɛm‿avɛk lɔʀdinatœʀ]

Kann ich bei Ihnen Fotos von meiner Digitalkamera auf CD brennen?
Est-ce que chez vous je peux graver des photos directement de mon appareil digital sur CD ? [ɛs‿kə ʃe vu ʒə‿pø gʀave de fɔto diʀɛktmɑ̃ dmɔ̃n‿apaʀɛj diʒital syʀ sede]

BEI DER POLIZEI

Könnten Sie mir bitte sagen, wo das nächste Polizeirevier ist?
Pourriez-vous me dire où est le commissariat de police le plus proche, s'il vous plaît ?
[puʀje vum diʀ u ɛl kɔmisaʀiad pɔlis lə ply pʀɔʃ sil vu plɛ]

Ich möchte anzeigen.
Je voudrais faire une déclaration [ʒvudʀɛ fɛʀ yn deklaʀasjɔ̃]

- ***einen Diebstahl/einen Überfall***
  de vol. [dvɔl]/d'agression. [dagʀɛsjɔ̃]

Mir ist ... gestohlen worden.
On m'a volé ... [ɔ̃ma vɔle]

- ***die Handtasche***
  mon sac à main. [mɔ̃ sak a mɛ̃]
- ***die Brieftasche***
  mon portefeuille. [mɔ̃ pɔʀtəfœj]
- ***mein Fotoapparat***
  mon appareil photo. [mɔ̃n‿apaʀɛj fɔto]
- ***mein Auto/mein Fahrrad***
  ma voiture/mon vélo. [ma vwatyʀ/mɔ̃ velo]

Mein Auto ist aufgebrochen worden
On a fracturé la porte de ma voiture.
[ɔ̃n‿a fʀaktyʀe la pɔʀtə də ma vwatyʀ]

Aus meinem Auto ist ... gestohlen worden.
On a volé ... dans ma voiture. [ɔ̃n‿a vɔle … dɑ̃ ma vwatyʀ]

Mein Sohn/Meine Tochter ist verschwunden
Mon fils/Ma fille a disparu [mɔ̃ fis/ma fij a dispaʀy]

Dieser Mann belästigt mich.
Cet homme m'importune. [sɛt ɔm mɛ̃pɔʀtyne]

Ich bin überfallen/vergewaltigt worden.
J'ai été agressé/e / violé/e. [ʒɛ ete agʀɛse/vjɔle]

Können Sie mir bitte helfen?
Vous pouvez m'aider, s'il vous plaît ? [vu puve mede sil vu plɛ]

Ich möchte einen Anwalt sprechen.
Je voudrais parler à un avocat. [ʒə vudʀɛ paʀle a ɛ̃n‿avoka]

Ihren Namen und Ihre Anschrift, bitte.
Votre nom et votre adresse, s'il vous plaît.
[vɔtʀə nɔ̃ e vɔtʀ‿adʀɛs sil vu plɛ]

Wenden Sie sich bitte an das deutsche/österreichische/Schweizer Konsulat.
Adressez-vous au consulat d'Allemagne/d'Autriche/de Suisse, s'il vous plaît. [adʀɛse vu o kɔ̃syla dalmaɲ/dotʀiʃ/də sɥis sil vu plɛ]

anzeigen	faire une déclaration [fɛʀ yn deklaʀasjɔ̃]
aufbrechen	fracturer [fʀaktyʀe]
Autoradio	l'autoradio *m* [lotoʀadjo]
belästigen	importuner [ɛ̃pɔʀtyne]
beschlagnahmen	confisquer [kɔ̃fiske]
Brieftasche	le portefeuille [lə pɔʀtəfœj]
Dieb	le voleur [lə vɔlœʀ]
Diebstahl	le vol [lə vɔl]
Gefängnis	la prison [la pʀizɔ̃]
Geldbörse	le portemonnaie [lə pɔʀtmɔnɛ]
Gericht	le tribunal [lə tʀibynal]
Kfz-Schein	la carte grise [la kaʀt gʀiz]
Kreditkarte	la carte de crédit [la kaʀt də kʀedi]
Papiere	les papiers *m* [le papje]
Personalausweis	la carte d'identité [la kaʀt didɑ̃tite]
Polizei	la police [la pɔlis]
Polizeiwagen	la voiture de police [la vwatyʀ də pɔlis]
Polizist/in	l'agent de police [laʒɑ̃ pɔlis]
Rauschgift	la drogue [la dʀɔg]
Rechtsanwalt	l'avocat *m* [lavɔka]
Reisepass	le passeport [lə paspɔʀ]
Richter	le juge [lə ʒyʒ]
Scheck	le chèque [lə ʃɛk]
Scheckkarte	la carte bancaire [la kaʀt bɑ̃kɛʀ]
Schlüssel	la clé [la kle]
Schmuggel	la fraude [la fʀod]
Schuld	la culpabilité [la kylpabilite]
sexuelle Belästigung	le harcèlement sexuel [lə aʀsɛlmɑ̃ sɛksyɛl]
Taschendieb	le voleur à la tire [lə vɔlœʀ a la tiʀ]; le pickpocket [lə pikpɔkɛt]
Überfall	*(Person)* l'agression *f* [lagʀɛsjɔ̃]; *(Bank)* le hold-up [ɔldœp]

Untersuchungshaft	la détention préventive [la detɑ̃sjɔ̃ pʀevɑ̃tiv]
Verbrechen	le crime [lə kʀim]
Vergewaltigung	le viol [lə vjɔl]
verhaften	arrêter [aʀɛte]
verlieren	perdre [pɛʀdʀ]
Zeuge	le témoin [lə temwɛ̃]
zusammenschlagen	rouer de coups [ʀued ku]

AUF DER POST

Wo ist bitte ...
Où se trouve ..., s'il vous plaît ? [u stʀuv … sil vu plɛ]

– ***das nächste Postamt?***
le bureau de poste le plus proche [lə byʀod pɔst lə ply pʀɔʃ]
– ***der nächste Briefkasten?***
la boîte aux lettres la plus proche [la bwat o lətʀə la ply pʀɔʃ]

Was kostet ein Brief/eine Postkarte ...
C'est combien, une lettre/une carte postale ...
[sɛ kɔ̃bjɛ̃ yn lɛtʀ/yn kaʀt pɔstal]

– ***nach Deutschland?***
pour l'Allemagne ? [puʀ lalmaɲ]
– ***nach Österreich?***
pour l'Autriche ? [puʀ lotʀiʃ]
– ***in die Schweiz?***
pour la Suisse ? [puʀ la sɥis]

Drei Briefmarken zu ... Cents, bitte.
Trois timbres à ... centimes, s'il vous plaît.
[tʀwa tɛ̃bʀ a … sɑ̃tim sil vu plɛ]

Diesen Brief bitte per ...
Je voudrais envoyer cette lettre ... [ʒvudʀɛ ɑ̃vwaje sɛt lɛtʀ]

– ***Luftpost./Express./Einschreiben***
par avion. [paʀ avjɔ]/en exprès. [ɑ̃n‿ɛkspʀɛs]/
en recommandé. [ɑ̃ ʀkɔmɑ̃de]

Absender	l'expéditeur *m* [lɛkspeditœʀ]
Adresse	l'adresse *f* [ladʀɛs]
ausfüllen	remplir [ʀɑ̃pliʀ]
Brief	la lettre [la lɛtʀ]
Briefkasten	la boîte aux lettres [la bwat‿o lɛtʀ]
Briefmarke	le timbre [lə tɛ̃bʀ]
Eilbrief	la lettre exprès [la lɛtʀ‿ɛkspʀɛs]
Einschreibebrief	la lettre recommandée [la lɛtʀə ʀəkɔmɑ̃de]

Empfänger	le destinataire [lə dɛstinatɛʀ]
Fax	le fax [lə faks]
Faxgerät	le télécopieur [lə telekɔpjœʀ]
frankieren	affranchir [afʀɑ̃ʃiʀ]
Gebühr	la taxe [la taks]; le tarif [lə taʀif]
Gewicht	le poids [lə pwa]
Hauptpostamt	la poste centrale [la pɔst sɑ̃tʀal]
Leerung	la levée [la ləve]
mit Luftpost	par avion [paʀ‿avjɔ̃]
nachsenden	faire suivre [fɛʀ sɥivʀ]
Päckchen	le paquet [lə pakɛ]
Paket	le colis [lə kɔli]
Porto	le port [lə pɔʀ]
Postamt	le bureau de poste [lə byʀod pɔst]
Postkarte	la carte postale [la kaʀt pɔstal]
Postleitzahl	le code postal [lə kɔd pɔstal]
Sondermarke	le timbre de collection [lə tɛ̃bʀə də kɔlɛksjø]
Vordruck	le formulaire [lə fɔʀmylɛ̃ʀ]
Zollerklärung	la déclaration en douane [la deklaʀasjɔ̃ ɑ̃ dwan]

TELEFONIEREN

Allô

Firmenangestellte melden sich gleich mit dem Firmennamen, aber privat meldet man sich nur mit **Allô**. Sie als Anrufer/in dürfen dann fragen, ob Sie richtig verbunden sind – es sei denn, Sie erkennen die Stimme: **Je suis bien chez ... ?** (*Bin ich bei...?*). Erst dann kann das eigentliche Gespräch beginnen.
Die Zahlen einer Telefonnummer werden nicht einzeln, sondern paarweise gesprochen, z. B. 03 21 30 39 91 ergibt *zéro trois vingt-et-un trente trente-neuf quatre-vingt-onze*. Die zwei ersten Ziffern verraten übrigens die Region, in der der Telefonbesitzer lebt. Alle Handynummern beginnen (hingegen) mit 06 oder 07.
So genannte numéros verts (grüne Nummern) mit 0800 am Anfang sind kostenlos. Einige wichtige Telefonnummern:

Renseignements (Auskunft)	12
SAMU (Notarzt/Rettungsdienst)	15
Police (Polizei)	17
Pompiers (Feuerwehr)	18

Um nach Deutschland zu telefonieren, wählt man die 0049 (Österreich: 0043; Schweiz: 0041) vorweg und lässt die 0 der Ortsvorwahl weg.

Ich möchte nach … telefonieren.
Je voudrais téléphoner en … [ʒvudʀɛ telefɔne ɑ̃]

Wie viel kostet es pro Minute?
Ça coûte combien la minute ? [sa kut kɔ̃bjɛ̃ la minyt]

Ich möchte …
Je voudrais …, s'il vous plaît. [ʒvudʀɛ … sil vu plɛ]

- ***eine Telefonkarte.***
  une carte de téléphone [yn kaʀt də telefɔn]
- ***ein R-Gespräch führen.***
  passer un appel en P.C.V. [pase ɛ̃n‿apɛl ɑ̃ peseve]

Wie ist bitte die Vorwahl von …?
Quel est l'indicatif de …, s'il vous plaît ? [kɛl ɛ lɛ̃dikatif də… sil vu plɛ]

Ein Telefongespräch führen

Hier spricht …
Mme/Mlle/M. … à l'appareil.
[madam/ madmwazɛl/məsjø … a lapaʀɛj]

Hallo, mit wem spreche ich?
Allô? Qui est à l'appareil ? [alo ki ɛt‿a lapaʀɛj]

Kann ich bitte Herrn/Frau/ … sprechen?
Est-ce que je pourrais parler à Monsieur/Madame …, s'il vous plaît ?
[ɛs‿kəʒ puʀɛ paʀle a məsjø/madam … sil vu plɛ]

Tut mir leid, er/sie ist nicht da.
Je suis désolé/e, il/elle n'est pas là. [ʒə sɥi dezɔle il/ɛl nɛ pa la]

Möchten Sie eine Nachricht hinterlassen?
Vous voulez laisser un message ? [vu vule lɛse ɛ̃ mɛsaʒ]

Anruf	le coup de téléphone [lə ku də telefɔn]
Anrufbeantworter	le répondeur automatique [lə ʀepɔ̃dœʀ otɔmatik]
anrufen	appeler [aple]; téléphoner à [telefɔne a]
Auskunft	les renseignements *m* [le ʀɑ̃sɛɲəmɑ̃]
Auslandsgespräch	l'appel pour l'étranger [lapɛl puʀ letʀɑ̃ʒe]
besetzt	occupé [ɔkype]
Ferngespräch	la communication interurbaine [la kɔmynikasjɔ̃ ɛ̃tɛʀyʀbɛn]
Gespräch	la communication [la kɔmynikasjɔ̃]; l'entretien téléphonique [lɑ̃tʀətjɛ̃ telefɔnik]
Handy	le portable [lə pɔʀtabl]; le mobile [lə mɔbil]

Hörer	le combiné [lə kɔ̃bine]
Ortsgespräch	la communication en ville [la kɔmynikasjɔ ɑ̃ vil]
R-Gespräch	l'appel en P.C.V. *m* [lapɛl ɑ̃ peseve]
Telefon	le téléphone [lə telefɔn]
Telefonbuch	l'annuaire *m* [lanyɛʀ]
Telefonkarte	la télécarte [la telekaʀt]
Telefonnummer	le numéro de téléphone [lə nymeʀod telefɔn]
Telefonzelle	la cabine téléphonique [la kabin telefɔnik]
Verbindung	la communication [la kɔmynikasjɔ̃]
Vorwahlnummer	l'indicatif *m* [lɛ̃dikatif]
wählen	composer le numéro [kɔ̃pɔse lə nymeʀo]

MIT DEM HANDY

Mein Akku ist leer. Hätten Sie ein Ladekabel für mein Handy?
Ma batterie est vide. Vous auriez un chargeur pour mon téléphone ?
[ma batʀi ɛ vid vuz‿ɔʀje ɛ̃ ʃaʀʒœʀ puʀ mɔ̃ telefɔn]

Ich möchte meine Karte aufladen.
Je voudrais recharger ma carte. [ʒə vudʀɛ ʀʃaʀʒe ma kaʀt]

Mein Provider ist …
Mon fournisseur, c'est … [mɔ̃ fuʀnisœʀ, sɛ …]

Ich hätte gerne …, bitte.
J'aimerais …, s'il vous plaît [ʒɛmʀɛ …, sil vu plɛ]

- ***ein Handy mit einer Prepaid-Karte***
  un mobile à carte prépayée [ɛ̃ mɔbil‿a kaʀt prepɛje]
- ***eine SIM-Karte***
  une carte SIM [yn kaʀt sim]

Könnten Sie mir bitte eine Tarifübersicht geben?
Pourriez-vous me donner une liste des tarifs, s'il vous plaît ?
[puʀje vum‿dɔne yn list de taʀif sil vu plɛ]

Haben Sie Guthabenkarten von …?
Avez-vous des cartes de recharge de …. ?
[ave vu de kaʀt də rəʃaʀʒ də]

Ladegerät	un chargeur [ɛ̃ ʃaʀʒœʀ]
Prepaid-Guthaben	le crédit restant [lə kʀedi ʀɛstɑ̃]
SIM-Karte	la carte SIM [la kaʀtə sim]
Smartphone	le smartphone [lə smaʀtfɔn]

TOILETTE UND BAD

Wo ist bitte die Toilette?
Où sont les toilettes, s'il vous plaît ? [u sɔ̃ le twalɛt sil vu plɛ]

Dürfte ich bei Ihnen die Toilette benutzen?
Je pourrais utiliser vos toilettes ? [ʒpuʀɛ ytilize vo twalɛt]

Würden Sie mir bitte den Schlüssel für die Toiletten geben?
Vous pouvez me donner la clé pour les toilettes, s'il vous plaît ?
[vu puvem dɔne la kle puʀ le twalɛt sil vu plɛ]

Damen	dames [dam]
Handtuch	la serviette de toilette [la sɛʀvjɛt də twalɛt]
Handwaschbecken	le lavabo [lə lavabo]
Herren	hommes [ɔm]
sauber	propre [pʀɔpʀ]
schmutzig	sale [sal]
Seife	le savon [lə savɔ̃]
Stehklosett	l'urinoir *m* [lyʀinwaʀ]
Toilettenpapier	le papier hygiénique [lə papje iʒjenik]

ÜBER DAS WETTER REDEN

Was für ein herrliches/schreckliches Wetter!
Quel temps superbe/affreux ! [kɛl tɑ̃ sypɛʀb/afʀø]

Wie ist das Wetter?
Quel temps fait-il ? [kɛl tɑ̃ fɛt‿il]

Wie wird es morgen sein?
Il va faire quel temps demain ? [il va fɛʀ kɛl tɑ̃ dəmɛ̃]

Es ist sehr kalt/heiß/schwül.
Il fait très froid/chaud/lourd. [il fɛ tʀɛ fʀwa/ʃo/luʀ]

Es ist neblig/windig.
Il y a du brouillard./Il fait du vent. [il‿ja dy bʀujaʀ/il fɛ dy vɑ̃]

Es bleibt schön/schlecht.
Le temps va rester beau./Le mauvais temps va persister.
[lə tɑ̃ va ʀɛste bo/lə movɛ tɑ̃ va pɛʀsiste]

Es wird wärmer/kälter.
Le temps va se radoucir/se rafraîchir. [lə tɑ̃ va sə ʀadusiʀ/sə ʀafʀɛʃiʀ]

Es wird regnen/schneien.
Il va pleuvoir/neiger. [il va pløvwaʀ/nɛʒe]

Die Straßen sind glatt.
Les routes sont verglacées. [le ʀut sɔ̃ vɛʀglase]

Schneeketten sind erforderlich.
Il va falloir mettre des chaînes. [il va falwaʀ mɛtʀə de ʃɛn]

bewölkt	nuageux [nyaʒø]
Blitz	l'éclair *m* [leklɛʀ]
Donner	le tonnerre [lə tɔnɛʀ]
Ebbe	la marée basse [la maʀe bas]
Eis	la glace [la glas]
Flut	la marée haute [la maʀe ot]
Frost	le gel [lə ʒɛl]
Gewitter	l'orage *m* [lɔʀaʒ]
Glatteis	le verglas [lə vɛʀgla]
heiß	très chaud [tʀɛ ʃo]
Hitze	la chaleur [la ʃalœʀ]
kalt	froid [fʀwa]
Luft	l'air *m* [lɛʀ]
nass	humide [ymid]
Nebel	le brouillard [lə bʀujaʀ]
Regen	la pluie [la plɥi]
Schnee	la neige [la nɛʒ]
schwül	lourd [luʀ]
Sonne	le soleil [lə sɔlɛj]
Sturm	la tempête [la tɑ̃pɛt]
Temperatur	la température [la tɑ̃peʀatyʀ]
warm	chaud [ʃo]
wechselhaft	variable [vaʀjabl]
Wetterbericht	le bulletin météo(rologique), [lə byltɛ̃ meteɔ(ʀɔlɔʒik),
Wettervorhersage	les prévisions météo(rologiques) [le pʀevizjɔ̃ meteɔ(ʀɔlɔʒik)]
Wind	le vent [lə vɑ̃]
Windstärke	la force du vent [la fɔʀs dy vɑ̃]
Wolke	le nuage [lə nyaʒ]

Wörterbuch Französisch – Deutsch

A

à [a] *(zeitlich)* um; *(Ort)* in; *(Richtung)* nach
à cause de [a koz də] wegen
à cette heure-ci [a sɛt‿œʀ si] um diese Zeit
à contre-cœur [a kɔ̃tʀəkœʀ] nicht gern
à court terme [a kuʀ tɛʀm] kurzfristig
à jeun [aʒɛ̃] *(beim Arzt)* nüchtern
à l'arrière [a laʀiɛʀ] hinten
à l'étouffée [a letufe] *(Essen)* gedämpft
à l'étuvée [a letyve] *(Essen)* gedünstet
à l'extérieur [a lɛksteʀjœʀ] außen
à l'intérieur [a lɛ̃teʀjœʀ] innen, drin, drinnen
à l'occasion [a lɔkazjɔ̃] gelegentlich
à l'ouest de [a lwɛst də] westlich von
à nous [a nu] uns
à point [a pwɛ̃] *(Essen)* gar
à présent [a pʀezɑ̃] jetzt
à travers [a tʀavɛʀ] quer durch
à vous [a vu] euch; *(höfliche Form)* Ihnen
abbaye [abei] *f* Abtei
abcès [apsɛ] *m* Abszess
abeille [abɛj] *f* Biene
abîmé(e) [abime] verdorben, faul
d'abord [dabɔʀ] erst; *(anfangs)* zunächst, zuerst
abréviation [abʀevjasjɑ̃] *f* Abkürzung
abricot [abʀiko] *m* Aprikose
absolument [apsɔlymɑ̃] unbedingt
accélérateur [akseleʀatœʀ] *m* Gaspedal
accepter [aksɛpte] annehmen
accès sans marche [aksɛ sɑ̃ maʀʃ] *m* stufenloser Zugang
accessibilité [aksɛsibilite] *f* Zugänglichkeit
accident [aksidɑ̃] *m* Unfall; **avoir un ~** [avwaʀ ɛ̃n‿aksidɑ̃] verunglücken
s'acclimatiser [saklimatize] sich akklimatisieren
accompagnateur, accompagnatrice [akɔ̃paɲatœʀ/akɔ̃paɲatʀis] *m, f* Begleitperson
accompagner [akɔ̃paɲe] begleiten
d'accord [dakɔʀ]: **~!** einverstanden!; **se mettre ~** [sə mɛtʀə dakɔʀ] sich einigen
accueillir [akœjiʀ] empfangen
acheter [aʃte] kaufen
acompte [akɔ̃t] *m* Anzahlung
acte [akt] *m* Akt
acteur, actrice [aktœʀ/aktʀis] *m, f* Schaupieler(in)
acteur de cinéma, actrice de cinéma [aktœʀ/aktʀis də sinema] *m, f* Filmschaupieler(in)
acupuncture [akypɔ̃ktyʀ] *f* Akupunkur
adaptateur [adaptatœʀ] *m* Adapter
addition [adisjɔ̃] *f (im Restaurant, Café)* Rechnung
administration [administʀasjɔ̃] *f* Verwaltung; *(Amt)* Behörde
admirer [admiʀe] bewundern
adresse [adʀɛs] *f* Anschrift, Adresse
adulte [adylt] *mf* Erwachsene/r
aérobic [aeʀɔbik] *m* Aerobic
aéroglisseur [aeʀoglisœʀ] *m* Luftkissenboot
aéroport [aeʀɔpɔʀ] *m* Flughafen
affectueux, -euse [afɛktyø, øz] liebevoll
affiche [afiʃ] *f* Plakat
affirmer [afiʀme] behaupten
affranchir [afʀɑ̃ʃiʀ] frankieren
affreux, -euse [afʀø, øz] schrecklich, fürchterlich
âge [aʒ] *m* Alter
agence [aʒɑ̃s] *f* Agentur
agence de voyages [aʒɑ̃s də vwajaʒ] *f* Reisebüro
agent de police [aʒɑ̃d pɔlis] *mf* Polizist(in)
agneau [aɲo] *m* Lammfleisch
agréable [agʀeabl] angenehm
agression [agʀɛsjɔ̃] *f* Aggression; *(Angriff)* Überfall
aide [ɛd] *f* Hilfe
aider: **~ quelqu'un** [ɛde kɛlkɛ̃] jemandem helfen
aigre [ɛgʀ] sauer
aigreurs d'estomac [ɛgʀœʀ dɛstɔma] *fpl* Sodbrennen
aiguille [ɛgɥij] *f* Nadel
ail [aj] *m* Knoblauch
aile [ɛl] *f* Flügel
ailleurs [ajœʀ] anderswo
aimable [ɛmabl] liebenswürdig, freundlich
aimer [ɛme] mögen; *(stärker)* lieben
air [ɛʀ] *m* Luft; **~ conditionné** [ɛʀ kɔ̃disjɔne] Klimaanlage
aire de jeux [ɛʀ də ʒø] *f* Spielplatz
aire de repos [ɛʀ də ʀəpo] *f* Rastplatz

aire de service [ɛʀ də sɛʀvis] *f* Rastplatz
aisé(e) [ɛze] wohlhabend
ajouter [ajute] hinzufügen
alcool à brûler [akɔl a bʀyle] *m* Brennspiritus
allégé(e) [aleʒe] kalorienarm
Allemagne [almaɲ] *f* Deutschland
allemand(e) [almɑ̃, ɑ̃d] deutsch
Allemand(e) [almɑ̃, ɑ̃d] *m(f)* der/die Deutsche
aller [ale] gehen; *(mit Transportmittel)* fahren; ~ **chercher** [ale ʃɛʀʃe] abholen, holen; ~ **se coucher** [ales kuʃe] zu Bett gehen
allergie [alɛʀʒi] *f* Allergie; **je souffre d'~s** [ʒə sufʀ dalɛʀʒi] ich bin Allergiker/Allergikerin
allonger [alɔ̃ʒe] verlängern
allumage [alymaʒ] *m* Zündung
allume-barbecue [alymbaʀbəky] *m* Grillanzünder
allumer [alyme] anzünden
allumette [alymɛt] *f* Streichholz
alpinisme [alpinism] *m* Bergsteigen
Alsace [alzas] *f* Elsass
altitude [altityd] *f* Höhe
amande [amɑ̃d] *f* Mandel
ambassade [ɑ̃basad] *f* Botschaft, diplomatische Vertretung
ambulance [ɑ̃bylɑ̃s] *f* Krankenwagen
améliorer [ameljɔʀe] verbessern
aménagé(e) [amenaʒe] behindertengerecht, rollstuhlgerecht
amende [amɑ̃d] *f* Bußgeld, (Geld-)Strafe
amer, -ère [amɛʀ] bitter
ami(e) [ami] *m(f)* Freund(in); **être ~s** [ɛtʀ‿ami] befreundet sein
amour [amuʀ] *m* Liebe
amphithéâtre [ɑ̃fiteatʀ] *m* Amphitheater
ampoule [ɑ̃pul] *f* Glühbirne
amusement [amyzmɑ̃] *m* Vergnügen, Spaß
amuser: s'~ [samyse] sich amüsieren
amygdales [amidal] *fpl (anatomisch)* Mandeln
an [ɑ̃] *m* Jahr
analyse [analiz] *f* Untersuchung
ananas [anana] *m* Ananas
ancien(ne) [ɑ̃sjɛ̃, ɑ̃sjɛn] *(aus früheren Zeiten)* alt
âne [an] *m* Esel
anesthésie [anɛstezi] *f* Narkose
angine [ɑ̃ʒin] *f* Angina
anglais(e) [ɑ̃glɛ, ɛz] englisch
anguille [ɑ̃gij] *f* Aal
animal [animal] *m* Tier; **animaux domestiques** [animo dɔmɛstik] Haustiere
année [ane] *f* Jahr; ~ **prochaine** [ane pʀɔʃɛn] nächstes Jahr
anniversaire [anivɛʀsɛʀ] *m* Geburtstag
annonce [anɔ̃s] *f* Anmeldung; *(in Zeitung)* Kleinanzeige
annoncer [anɔ̃se] bekannt geben; *(im Radio)* melden
annuaire [anyɛʀ] *m* Telefonbuch
annuel(le) [anyɛl] jährlich
annuler [anyle] *(Fahr-, Flugkarten)* stornieren
anorak [anɔʀak] *m* Anorak
antibiotique [ɑ̃tibjɔtik] *m* Antibiotikum; **~s** [ɑ̃tibjɔtik] Antibiotika
antigel [ɑ̃tiʒɛl] *m* Frostschutzmittel
antique [ɑ̃tik] antik
antiseptique [ɑ̃tisɛptik] *m* Desinfektionsmittel
août [u(t)] August
apogée [apɔʒe] *m* Höhepunkt
appareil [apaʀɛj] *m* Apparat; ~ **photo** [apaʀɛjfɔto] Fotoapparat; ~ **photo digital** [apaʀɛj fɔto diʒital] Digitalkamera; ~ **photos étanche** [apaʀɛj fɔtɔ etɑ̃ʃ] Unterwasserkamera
appartement [apaʀtəmɑ̃] *m* Wohnung
appartenir [apaʀtəniʀ] gehören
appel en P.C.V. [apɛl ɑ̃ peseve] *m* R-Gespräch
appel pour l'étranger [apɛl puʀ letʀɑ̃ʒe] *m* Auslandsgespräch
appeler [apəle] rufen, anrufen; *(Namen geben)* nennen; **s'appeler** [sapəle] heißen
appendicite [apɛ̃disit] *f* Blinddarmentzündung
appétit [apeti] *m* Appetit
applaudissements [aplodismɑ̃] *mpl* Beifall
application de boue [laplikasjɔ̃ də bu] *m* Fango
apporter [apɔʀte] (her)bringen, mitbringen
apprendre [apʀɑ̃dʀ] lernen; *(Informationen erhalten)* erfahren
approcher: s'~ [sapʀɔʃe] sich nähern
après [apʀɛ] *(als Präposition: zeitlich)* nach; *(als Adverb)* danach
après-demain [apʀɛ dmɛ̃] übermorgen
après-midi [apʀɛmidi] *m* Nachmittag, nachmittags
aquarelle [akwaʀɛl] *f* Aquarell; *(Tätigkeit)* Aquarellmalen
arbre [aʀbʀ] *m* Baum
arc [aʀk] *m* Bogen
archéologie [aʀkeɔlɔʒi] *f* Archäologie
architecte [aʀʃitɛkt] *mf* Architekt(in)

architecture [aʀʃitɛktyʀ] *f* Architektur
arène [aʀɛn] *f* Arena
arête [aʀɛt] *f* Gräte
argent [aʀʒɑ̃] *m* Geld; *(Metall)* Silber
argenté(e) [aʀʒɑ̃te] silberfarben
armoire [aʀmwaʀ] *f* Schrank
arrêt [aʀɛ] *m* Haltestelle
arrêter [aʀete] anhalten; *(beenden)* aufhören; *(in Haft nehmen)* verhaften; **s'arrêter** [saʀɛte] stehen bleiben, halten
arrière-pays [aʀjɛʀpei] *m* Hinterland
arrière-saison [aʀjɛʀsɛzɔ̃] *f* Nachsaison
arrière: **en ~** [ɑ̃n aʀjɛʀ] rückwärts
arrivée [aʀive] *f* Ankunft
arrivée des bagages [aʀive de bagaʒ] *f* Gepäckausgabe
arriver [aʀive] ankommen; *(passieren)* geschehen
art [aʀ] *m* Kunst
art graphique [aʀ gʀafik] *m* Grafik
Art nouveau [ar nuvo] Jugendstil
artichaut [aʀtiʃo] *m* Artischocke
articles d'hygiène [aʀtikl diʒjɛn] *mpl* Drogerieartikel
articles de papeterie [aʀtikl də papɛtʀi] *mpl* Schreibwaren
articles ménagers [aʀtikl menaʒe] *mpl* Haushaltswaren
articulation [aʀtikylasjɔ̃] *f* Gelenk
arts décoratifs [aʀ dekɔʀatif] *mpl* Kunstgewerbe
ascenseur [asɑ̃sœʀ] *m* Fahrstuhl
asperge [aspɛʀʒ] *f* Spargel
aspirateur [aspiʀatœʀ] *m* Staubsauger
aspirine [aspiʀin] *f* Aspirin®
assaisonnement [asɛzɔnmɑ̃] *m* Dressing
assaisonner [asɛzɔne] würzen
asseoir: **s'~** [saswaʀ] sich setzen, sich hinsetzen
assez [ase] genug; *(ganz schön)* ziemlich
assiette [asjɛt] *f* Teller; **~ creuse** [asjɛt kʀøz] Suppenteller
assis(e): **être ~** [ɛtʀ asi, iz] sitzen
association [asɔsjasjɔ̃] *f* Verein
assurance [asyʀɑ̃s] *f* Versicherung; **~ au tiers** [asyʀɑ̃s o tjɛʀ] Teilkasko; **~ tous risques** [asyʀɑ̃s tu ʀisk] Vollkasko
asthme [asm] *m* Asthma
atelier [atəlje] *m* Werkstatt
athlétisme [atletism] *m* Leichtathletik
Atlantique [atlɑ̃tik] *m* Atlantik
attaque [atak] *f* Schlaganfall
atteindre [atɛ̃dʀ] erreichen
attelle [atɛl] *f* Schiene
attendre [atɑ̃dʀ] warten, erwarten; **s'~ à** [satɑ̃dʀ a] rechnen mit, erwarten
attention [atɑ̃sjɔ̃] Achtung; **~!** Vorsicht!, Achtung!
atterrissage [ateʀisaʒ] *m* Landung
attestation [atɛstasjɔ̃] *f* Attest, Bescheinigung
attester [atɛste] bescheinigen
attraper [atʀape] fangen
au cas où [o ka u] falls
au chômage [o ʃomaʒ] arbeitslos
au maximum [o maksimɔm] höchstens
au niveau du sol [o nivo dy sɔl] ebenerdig
aubergine [obɛʀʒin] *f* Aubergine
aucun(e) [okɛ̃, yn] kein(e, -r)
au-dessous: **~ de** [odsu (də)] unterhalb
au-dessus: **~ de** [odsy (də)] über
augmenter [ɔgmɑ̃te] zunehmen; *(Preise)* erhöhen
aujourd'hui [ɔʒuʀdɥi] heute
au plus [o ply] höchstens
aussi [osi] auch; **~ ... que** [osi … kə] genauso ... wie
autel [otɛl] *m* Altar
authentique [otɑ̃tik] echt
automatique [otomatik] automatisch
automne [otɔn] *m* Herbst
autoradio [otoʀadjo] *m* Autoradio
autoriser [ɔtɔʀize] genehmigen; *(amtlich)* zulassen
autoroute [otoʀut] *f* Autobahn
autour de [otuʀ də] um (herum)
autre [otʀə] der/die/das andere; **d'~ part** [dotʀə paʀ] andererseits; **l'~** [lotʀ] der/die/das andere; **l'~ jour** [lotʀə ʒuʀ] kürzlich
autrefois [otʀəfwa] früher, einst
autrement [otʀəmɑ̃] *(als Adverb)* anders; *(andernfalls)* sonst
Autriche [otʀiʃ] *f* Österreich
Autrichien(ne) [otʀiʃjɛ̃, -ɛn] *m(f)* Österreicher(in)
avance [avɑ̃s] *f* Vorsprung; **par ~** [paʀ‿avɑ̃s] im Voraus
avant [avɑ̃] *(zeitlich)* vor, vorher; **~ que** [avɑ̃ kə] bevor; **en ~** [ɑ̃n‿avɑ̃] vorwärts
avantage [avɑ̃taʒ] *m* Vorteil, Vorzug
avant-dernier, -ière [avɑ̃dɛʀnje, jɛʀ] vorletzte(r, -s)
avant-hier [avɑ̃t‿jɛʀ] vorgestern
avant-saison [avɑ̃sɛzɔ̃] *f* Vorsaison
avec [avɛk] mit
avenir [avniʀ] *m* Zukunft
averse [avɛʀs] *f* Regenschauer
avertisseur d'incendie [avɛʀtisœʀ dɛ̃sɑ̃di] *m* Feuermelder

aveugle [avœgl] *mf* Blinde/r; *(als Adjektiv)* blind
avocat [avɔka] *m* Avocado
avocat(e) [avɔka, at] *m(f)* Rechtsanwalt, -anwältin
avoir [avwaʀ] haben
avoir besoin de [avwaʀ bəzwɛ̃ də] brauchen
avoir le mal de mer [avwaʀ lə mal də mɛʀ] seekrank sein
avoir soif [avwaʀ swaf] durstig sein
avril [avʀil] April
Ayurveda [ajyʀveda] *m* Ayurveda

B

babeurre [babœʀ] *m* Buttermilch
baby-sitter [bebisitɛʀ] *f* Babysitter
bac [bak] *m (Fluss)* Fähre
bac à sable [bak a sablə] *m* Sandkasten
badminton [badmintɔn] *m (Spiel)* Badminton, Federball
baffle [bafl] *m* Lautsprecher (*Stereoanlage*)
bagages [bagaʒ] *mpl* Gepäck
bague [bag] *f* Ring
baie [bɛ] *f* (große) Bucht
baignoire [bɛɲwaʀ] *f* Badewanne
bain aux huiles essentielles [bɛ̃ oz‿ɥilz‿ɛsɑ̃sjɛl] *m* Aromabad
bain curatif [bɛ̃ kyʀatif] *m* Heilbad
bain de foin [bɛ̃d‿fwɛ̃] *m* Heubad
bain thermal [bɛ̃ tɛʀmal] *m* Thermalbad
baiser [bɛze] *m* Kuss; *(als Verb)* küssen
bal [bal] *m (Fest)* Ball
balade [balad] *f* Spaziergang, Bummel
balcon [balkɔ̃] *m* Balkon
balai [balɛ] *m* Besen
balayette [balɛjɛt] *f* Kehrschaufel
balle [bal] *f* Ball
ballet [balɛ] *m* Ballett
ballon [balɔ̃] *m* Ball
banane [banan] *f* Banane
banc [bɑ̃] *m* Sitzbank
bande élastique [bɑ̃d elastik] *f* Elastikbinde
banlieue [bɑ̃ljø] *f* Vorort
banque [bɑ̃k] *f* Bank
barbe [baʀb] *f* Bart
baroque [baʀɔk] *m* Barock
barque à rames [baʀk a ʀam] *f* Ruderboot
barre de chocolat [baʀ də ʃɔkɔla] *f* Schokoriegel
bas, basse [ba, bas] niedrig, tief; **en ~** [ɑ̃ ba] unten; **vers le ~** [vɛʀ lə ba] abwärts
basilic [bazilik] *m* Basilikum
basket-ball [baskɛtbol] *m* Basketball
baskets [baskɛt] *mpl* (höhere) Turnschuhe
bassin pour enfants [basɛ̃ puʀ ɑ̃fɑ̃] *m* Kinderbecken
bas-ventre [bavɑ̃tʀ] *m* Unterleib
bateau à voiles [bato a vwal] *m* Segelboot
bâtiment [batimɑ̃] *m* Gebäude, Bauwerk
bâton [batɔ̃] *m* Stock
bâtons [batɔ̃] *mpl* Skistöcke
batterie [batʀi] *f* Akku
battre [batʀ] schlagen
beau, belle [bo, bɛl] schön
beaucoup de [boku də] viel
beau-frère [bofʀɛʀ] *m* Schwager
bébé [bebe] *m* Baby
beige [bɛʒ] beige
Belge [bɛlʒ] *mf* Belgier(in)
Belgique [bɛlʒik] *f* Belgien
belle-sœur [bɛlsœʀ] *f* Schwägerin
bénéfice [benefis] *f* Gewinn
béquille [bekij] *f* Krücke
besoin [bəzwɛ̃] *m* Bedürfnis; **avoir ~ de** [avwaʀ bəzwɛ̃ də] brauchen, benötigen
bête [bɛt] dumm
beurre [bœʀ] *m* Butter
biberon [bibʀɔ̃] *m* Saugflasche
bicyclette [bisiklɛt] *f* Fahrrad
bidon d'eau [bidɔ̃ do] *m* Wasserkanister
bidon d'essence [bidɔ̃ dɛsɑ̃s] *m* Benzinkanister
bien [bjɛ̃] *m* Wohl
bien [bjɛ̃] *(als Adverb)* gut; **~ que** [bjɛ̃ kə] obwohl
bien cuit [bjɛ̃ kɥi] durchgebraten
bien que [bjɛ̃ kə] obwohl
bientôt [bjɛ̃to] bald
bienvenu(e) [bjɛ̃vəny] willkommen
bière [bjɛʀ] *f* Bier
bière sans alcool [bjɛʀ sɑ̃z‿alkɔl] *f* alkoholfreies Bier
bigoudis [bigudi] *mpl* Lockenwickler
bijouterie [biʒutʀi] *f* Juwelier
bijoux [biʒu] *mpl* Schmuck
bijoux fantaisie [biʒu fɑ̃tɛzi] *mpl* Modeschmuck
bikini [bikini] *m* Bikini
billet [bijɛ] *m* Geldschein; *(Verkehrsmittel)* Fahrschein, Fahrkarte; **~ aller-retour** [bijɛ alɛʀtuʀ] Rückfahrkarte; **~ d' entrée** [bijɛ dɑ̃tʀe] Eintrittskarte; **~ enfants** [bijɛ ɑ̃fɑ̃] Kinderfahrkarte
billet pour une journée [bijɛ puʀ yn ʒuʀne] *m* Tageskarte
biscuit [biskɥi] *m* Keks

bistrot [bistʀo] *m* Kneipe
blaireau [blɛʀo] *m* Rasierpinsel
blanc, blanche [blɑ̃, blɑɛ̃ʃ] weiß
blanchisserie [blɑ̃ʃisʀi] *f* Wäscherei
blazer [blazɛʀ] *m* Blazer
blesser [blese] verletzen
blessé(e) [blɛse] *m(f)* der/die Verletzte
blessure [blesyʀ] *f* Verletzung
bleu(e) [blø] blau
bloc [blok] *m* Block
blues [bluz] *m* Blues
bœuf [bœf] *m* Rindfleisch
boire [bwaʀ] trinken
bois [bwa] *m* Holz
boisson [bwasɔ̃] *f* Getränk
boîte [bwat] *f* Dose, Schachtel; *(Tanzlokal)* Disko
boîte automatique [bwat otɔmatik] *f* Automatik(getriebe)
boîte aux lettres [bwat‿o lɛtʀ] *f* Briefkasten
boîte de nuit [bwat də nɥi] *f* Nachtklub
boîte de vitesses [bwat də vitɛs] *f* Getriebe
bon [bɔ̃] *m* Gutschein
bon, bonne [bɔ̃, bɔn] *(als Adjektiv)* gut, geeignet, richtig; **~ marché** [bɔ̃ maʀʃe] billig; **être ~** [ɛtʀ bɔ̃] *(Essen)* schmecken
bonbon [bɔ̃bɔ̃] *m* Bonbon
bord [bɔʀ] *m* Rand; *(Meer)* Ufer; **sur les ~s de la Seine** [syʀ le bɔʀ də la sɛn] an der Seine
borréliose [bɔʀeljoz] *f* Borreliose
bosse [bɔs] *f* Delle
botte [bɔt] *f* Stiefel; **~s en caoutchouc** [bɔt ɑ̃ kautʃu] Gummistiefel
bouche [buʃ] *f* Mund
boucherie [buʃʀi] *f* Metzgerei
la boucle [la bukl] Loop
boucle magnétique [buklə maɲetik] *f* Induktionsschleife
boucles [bukl] *fpl* Locken; **~ d'oreilles** [buklə dɔʀɛj] Ohrringe
boue [bu] *f* Schlamm; *(Dreck)* Schmutz
bouée [bue] *f* Schwimmring; **~ de sauvetage** [bued sovtaʒ] Rettungsring
bougie [buʒi] *f* Kerze; *(Auto)* Zündkerze
bouilli(e) [buji] gekocht
bouilloire électrique [bujwaʀ elɛktʀik] *f* Wasserkocher
boulangerie [bulɑ̃ʒʀi] *f* Bäckerei
boules Quies© [bul kjɛs] *fpl* Ohropax®
bouquet [bukɛ] *m* (Blumen-)Strauß
boussole [busol] *f* Kompass
bouteille [butɛj] *f* Flasche
bouteille de gaz [butɛj də gaz] *f* Gasflasche
bouteille d'oxygène [butɛj dɔksiʒɛn] *f* Sauerstoffgerät
bouteille thermos [butɛj tɛʀmos] *f* Thermosflasche®
boutique de téléphones [butik də telefɔn] Handygeschäft
boutique de portables [butik də pɔʀtabl] Handygeschäft
boutique hors-taxes [butik ɔʀtaks] *f* zollfreier Laden
bouton [butɔ̃] *m* Knopf
bowling [buliŋ] *m* Bowling
bracelet [bʀaslɛ] *m* Armband
le bracelet d'activité [lə bʀaslɛ daktivite] Fitnessarmband
bracelets [bʀaslɛ] *mpl* Schwimmflügel
braille [bʀaj] *m* Blindenschrift
brancher [bʀɑ̃ʃe] *(Gerät)* einschalten
bretelle [bʀətɛl] *f* Auf-/Abfahrt
brocanteur [bʀɔkɑ̃tœʀ] *m* Trödler
broche [bʀɔʃ] *f* Brosche
bronches [bʀɔ̃ʃ] *fpl* Bronchien
bronchite [bʀɔ̃ʃit] *f* Bronchitis
bronze [bʀɔ̃z] *m* Bronze
bronzé(e) [bʀɔ̃ze] *(gebräunt)* braun
brosse [bʀɔs] *f* Bürste
brosse à chaussures [bʀɔs a ʃosyʀ] *f* Schuhbürste
brosse à dents [bʀɔs a dɑ̃] *f* Zahnbürste
brosse pour la vaisselle [bʀɔs puʀ la vɛsɛl] *f* Spülbürste
brouillard [bʀujaʀ] *m* Nebel
bruit [bʀɥi] *m* Geräusch; *(laut)* Lärm
brûler [bʀyle] brennen, verbrennen
brûlure [bʀylyʀ] *f* Verbrennung
bruyant(e) [bʀɥijɑ̃, ɑ̃t] laut
buffet (de petit-déjeuner) [byfɛ (də pti deʒœne)] *m* Frühstücksbüfett
buffet de salades [byfɛd salad] *m* Salatbüfett
buisson [bɥisɔ̃] *m* Busch
bulletin météo(rologique) [byltɛ̃ meteɔ(ʀɔlɔʒik)] *m* Wetterbericht
bungalow [bɛ̃galo] *m* Bungalow
bureau [byʀo] *m* Büro
bureau de change [byʀod ʃɑ̃ʒ] *m* Wechselstube
bureau des objets trouvés [byʀo dez‿ɔbʒɛ tʀuve] *m* Fundbüro
bureau de poste [byʀod pɔst] *m* Postamt
bureau de tabac [byʀod taba] *m* Tabakladen
bus [bys] *m* Bus; **~ pour l'aéroport** [bys puʀ laeʀɔpɔʀ] Flughafenbus
but [by(t)] *m* Zweck; *(Bestimmungsort)* Ziel; *(Fußball)* Tor
by-pass [bajpas] *m* Bypass

byzantin(e) [bizɑ̃tɛ, -in] byzantinisch

C

cabane [kaban] *f* Hütte
cabaret [kabaʀɛ] *m* Kabarett
cabine [kabin] *f* Kabine
cabine équipée pour handicapés [kabin ekipe puʀ ɑ̃dikape] *f (auf Schiff)* Rollstuhlkabine
cabine téléphonique [kabin telefɔnik] *f* Telefonzelle
câble de démarrage [kablə də demaʀaʒ] *m* Starthilfekabel
câble de remorquage [kablə də ʀəmɔʀkaʒ] *m* Abschleppseil
câble réseau [kɑbl ʀezo] *m* Ladekabel (*für Laptop*)
cachet [kaʃɛ] *m* Tablette
cachets contre la douleur [kaʃɛ kɔ̃tʀ la dulœʀ] *mpl* Schmerztabletten
cachets contre les maux de tête [kaʃɛ kɔ̃tʀ le mod tɛt] *mpl* Kopfschmerztabletten
cadeau [kado] *m* Geschenk
café [kafe] *m* Kaffee; *(Ort)* Café
café-théâtre [kafeteatʀ] *m* Kleinkunstbühne
cafetière électrique [kaftjɛʀ elɛktʀik] *f* Kaffeemaschine
cafetière électrique [kaftjɛʀ elɛktʀik] *f* Kaffeemaschine
caillouteux, -euse [kajutø, øz] steinig
caisse [kɛs] *f* Kasse; *(Box)* Kiste
caisse d'assurance-maladie [kɛs dasyʀɑ̃smaladi] *f* Krankenkasse
calcul rénal [kalkyl ʀenal] *m* Nierenstein
calculer [kalkyle] rechnen, berechnen
caleçon [kalsɔ] *m* Leggins
calme [kalm] ruhig, still; *(als Substantiv: m)* Ruhe; *(Windstille)* Flaute
calmer: se ~ [sə kalme] sich beruhigen
caméra sous-marine [kamera sumaʀin] *f* Unterwasserkamera
caméscope [kameskɔp] *m* Camcorder
camion [kamjɔ̃] *m* Lastwagen
camper [kɑ̃pe] zelten
camping [kɑ̃piŋ] *m* Camping; **terrain de ~** [tɛʀɛ̃ də kɑ̃piŋ] Campingplatz
camping-car [kɑ̃piŋkaʀ] *m* Wohnmobil
canal [kanal] *m* Kanal
canapé-lit [kanapeli] *m* Schlafcouch
cancer [kɑ̃sɛʀ] *m (Krankheit)* Krebs
canicule [kanikyl] *f* Hitzewelle
canne à pêche [kana pɛʃ] *f* Angel
canne d'aveugle [kan davœglə] *f* Taststock
canoë [kanɔe] *m* Kanu, Paddelboot
canot à rames [kano a ʀam] *m* Ruderboot
canot automobile [kano otomɔbil] *m* Motorboot
canot de sauvetage [kanod sovtaʒ] *m* Rettungsboot
canot pneumatique [kano pnømatik] *m* Schlauchboot
capitaine [kapitɛn] *mf* Kapitän(in)
capitale [kapital] *f* Hauptstadt
capot [kapo] *m* Motorhaube
car [kaʀ] denn
car [kaʀ] *m (Fahrzeug)* Überlandbus
caractéristique (de) [kaʀakteʀistik (də)] typisch (für)
carafe [kaʀaf] *f* Karaffe
caravane [kaʀavan] *f* Wohnwagen
carnaval [kaʀnaval] *m* Karneval
carnet de tickets [kaʀnɛd tikɛ] *m* Mehrfahrtenkarte
carnet de vaccinations [kaʀnɛd vaksinasjɔ̃] *m* Impfpass
carotte [kaʀɔt] *f* Karotte
carrefour [kaʀfuʀ] *m* Kreuzung
carte [kaʀt] *f* Speisekarte
carte à puce [kaʀta pys] *f* Chipkarte
carte bancaire [kaʀt bɑ̃kɛʀ] *f* Geldkarte
carte de crédit [kaʀt də kʀedi] *f* Kreditkarte
carte d'embarquement [kaʀtə dɑ̃baʀkəmɑ̃] *f* Bordkarte
carte d'identité [kaʀt didɑ̃tite] *f* Personalausweis
carte d'invalidité [kaʀt dɛ̃validite] *f* Behindertenausweis
carte de randonnées [kaʀt də ʀɑ̃dɔne] *f* Wanderkarte
carte de téléphone [kaʀt də telefɔn] *f* Telefonkarte
carte géographique [kaʀt ʒeɔgʀafik] *f* Landkarte
carte grise [kaʀtə gʀiz] *f* Kfz-Schein
carte hebdomadaire [kaʀt ɛbdɔmadɛʀ] *f* Wochenkarte
carte mémoire [kaʀt memwaʀ] *f* Speicherkarte
carte postale [kaʀt pɔstal] *f* Postkarte
carte routière [kaʀt ʀutjɛʀ] *f* Straßenkarte
carte verte [kaʀtə vɛʀt] *f* grüne Versicherungskarte
cartouche de gaz [kaʀtuʃ də gaz] *f* Gaskartusche
cas [ka] *m* Vorfall, Fall
cascade [kaskad] *f* Wasserfall

casino [kazino] *m* Spielkasino
casque de moto [kaskə də mɔto] *m* Sturzhelm
casque de protection [kask də pʀɔteksjɔ̃] *m* Fahrradhelm
cassé(e) [kase] gebrochen, kaputt
casse-croûte [kaskʀut] *m* Imbiss
casser [kase] brechen, zerbrechen; **se ~** [sə kase] kaputtgehen, reißen
cathédrale [katedʀal] *f* Kathedrale, Dom
cause [koz] *f* Ursache; **à ~ de** [a koz də] wegen
causer [koze] verursachen
caution [kosjɔ̃] *f* Kaution
caverne [kavɛʀn] *f* Höhle
ce [sə] diese(r, -s); **~ week-end** [sə wikɛnd] am Wochenende
ceinture [sɛ̃tyʀ] *f* Gürtel
ceinture de moto [sɛ̃tyʀ də mɔtɔ] *f* Nierengurt
ceinture de sécurité [sɛ̃tyʀ də sekyʀite] *f* Sicherheitsgurt
célèbre [selɛbʀ] berühmt
céleri [sɛlʀi] *m* Sellerie
célibataire [selibatɛʀ] ledig; *(m)* Junggeselle
celui-là, celle-là, ceux- là, celles-là [səlɥila], [sɛlla], [søla], [sɛlla] jene(r, -s)
cendrier [sɑ̃dʀije] *m* Aschenbecher
centimètre [sɑ̃timɛtʀ] *m* Zentimeter
central(e) [sɑ̃tʀal] zentral
centre [sɑ̃tʀ] *m* Zentrum
centre de gymnastique [sɑ̃tʀ də ʒimnastik] *m* Fitnesscenter
centre social de soins [sɑ̃tʀ sɔsjal də swɛ̃] *m* Sozialstation
centre-ville [sɑ̃tʀ vil] *m* Stadtzentrum
céramique [seʀamik] *f* Keramik
cerises [sʀiz] *fpl* Kirschen
certain(e) [sɛʀtɛ̃, ɛn] *(als Adjektiv)* bestimmt, gewiss
certificat [sɛʀtifika] *m* Attest, Bescheinigung
cerveau [sɛʀvo] *m* Gehirn
ces [se] diese
cet [sɛt] diese(r, -s)
cette [sɛt] diese(r, -s)
chacun(e) [ʃakɛ̃, yn] jede(r)
chagrin [ʃagʀɛ̃] *m* Kummer
chaîne [ʃɛn] *f* Kanal (*Fernsehen*)
chaise [ʃɛz] *f* Stuhl
châlet [ʃalɛ] *m* (Alpen-)Hütte
châlet [ʃalɛ] *m* Clubhaus
chaleur [ʃalœʀ] *f* Hitze
chambre [ʃɑ̃bʀ] *f* Zimmer
chambre à air [ʃɑ̃bʀ a ɛʀ] *f* Schlauch
chambre à coucher [ʃɑ̃bʀ a kuʃe] *f* Schlafzimmer
champ [ʃɑ̃] *m* Feld
champagne [ʃɑ̃paɲ] *m* Champagner
chance [ʃɑ̃s] *f* Glück
change [ʃɑ̃ʒ] *m* (Geld-)Wechsel
changer [ʃɑ̃ʒe] verändern; *(Reise, Fahrt)* umsteigen; *(Geld)* wechseln; **se ~** [sə ʃɑ̃ʒe] sich umziehen
chanson [ʃɑ̃sɔ̃] *f* Lied
chansonnier [ʃɑ̃sɔnje] *m* Kabarettist
chanter [ʃɑ̃te] singen
chanteur, chanteuse, cantatrice [ʃɑ̃tœʀ/ʃɑ̃tøz, kɑ̃tatʀis] Sänger(in)
chantier [ʃɑ̃tje] *m* Baustelle
chapeau [ʃapo] *m* Hut
chapeau de soleil [ʃapod sɔlɛj] *m* Sonnenhut
chapelle [ʃapɛl] *f* Kapelle
chaque [ʃak] jede(r, -s)
charbon de bois [ʃaʀbɔ̃d bwa] *m* Grillkohle
charcuterie [ʃaʀkytʀi] *f* Wurst
charges [ʃaʀʒ] *fpl* Nebenkosten
chargeur [ʃaʀʒœʀ] *m* Ladekabel (*fürs Handy*)
chariot [ʃaʀjo] *m* Gepäckwagen
chasse d'eau [ʃas do] *f* Wasserspülung
chat [ʃa] *m* Katze
château [ʃato] *m* Schloss
château de sable [ʃato də sablə] *m* Sandburg
chaud(e) [ʃo, ʃod] warm; *(stärker)* heiß
chauffage [ʃofaʒ] *m* Heizung
chauffage central [ʃofaʒ sɑ̃tʀal] *m* Zentralheizung
chauffe-biberon [ʃofbibʀɔ̃] *m* Fläschchenwärmer
chauffer [ʃofe] heizen, wärmen
chauffeur, chauffeuse [ʃofœʀ/ʃofœz] *m*, f Fahrer(in); *(Bediensteter)* Chauffeur
chauffeur de taxi, chauffeuse de taxi [ʃofœʀ/ʃofœz də taksi] *m*, f Taxifahrer(in)
chaussettes [ʃosɛt] *fpl* Strümpfe, Socken
la chaussette à sneacker [la ʃosɛt a snikɛʀ] Sneakersocke
chaussure [ʃosyʀ] *f* Schuh
chaussure de montagne [ʃosyʀ də mɔ̃taɲ] *f* Wanderschuh, Trekkingschuh
chaussure de plage [ʃosyʀ də plaʒ] *f* Strandschuh
chaussure de randonnée [ʃosyʀ də ʀɑ̃dɔne] *f* Wanderschuh, Trekkingschuh
chaussure de ski [ʃosyʀ də ski] *f* Skistiefel
chaussure en plastique (pour la baignade) [ʃosyʀ ɑ̃ plastik (puʀ la bɛɲad)] *f* Badeschuh

chef d'orchestre [ʃɛf dɔʀkɛstʀ] *mf* Dirigent(in)
chemin [ʃmɛ̃] *m* Weg
chemin de fer à crémaillère [ʃmɛ̃d fɛʀ a kʀemajɛʀ] *m* Zahnradbahn
chemin de randonnée [ʃəmɛ̃ də ʀɑ̃done] *m* Wanderweg
chemise [ʃmiz] *f* Hemd
chemisier [ʃmizje] *m* Bluse
chèque de voyage [ʃɛk də vwajaʒ] *m* Reisescheck
cher, chère [ʃɛʀ] lieb, teuer; *(Anrede)* liebe(r)
chercher [ʃɛʀʃe] suchen; **aller ~** [ale ʃɛʀʃe] holen, abholen
chéri(e) [ʃeʀi] *m(f)* Liebling
cheval [ʃval] *m* Pferd
cheveux [ʃvø] *mpl* Haar(e)
cheville [ʃvij] *f* Knöchel
chien [ʃjɛ̃] *m* Hund
chien d'aveugle [ʃjɛ̃ davœgl] *m* Blindenhund
chirurgien [ʃiʀyʀʒjɛ̃] *mf* Chirurg(in)
choc [ʃɔk] *m* Zusammenstoß
chocolat [ʃɔkɔla] *m* Schokolade
chœur [kœʀ] *m* Chor
choisir [ʃwaziʀ] wählen, auswählen
choix [ʃwa] *m* Wahl, Auswahl
choléra [kɔleʀa] *m* Cholera
chômage [ʃomaʒ] *m* Arbeitslosigkeit
chose [ʃoz] *f* Ding, Sache
chou [ʃu] *m* Kohl
chou-fleur [ʃuflœʀ] *m* Blumenkohl
christianisme [kʀistjanism] *m* Christentum
cicatrice [sikatʀis] *f* Narbe
ciel [sjɛl] *m* Himmel
cigare [sigaʀ] *m* Zigarre
cigarette [sigaʀɛt] *f* Zigarette; **la ~ électronique** [la sigaʀɛt elɛktʀɔnik] E-Zigarette
cigarillo [sigaʀijo] *m* Zigarillo
cimetière [simtjɛʀ] *m* Friedhof
cinéma [sinema] *m* Kino
cinéma en plein air [sinema ɑ̃ plɛn‿ɛʀ] *m* Freilichtkino
cintre [sɛ̃tʀ] *m* Kleiderbügel
cirage [siʀaʒ] *m* Schuhcreme
circuit [siʀkɥi] *m* Rundfahrt
circulation [siʀkylasjɔ̃] *f* Verkehr
cirque [siʀk] *m* Zirkus
ciseaux [sizo] *mpl* Schere
ciseaux à ongles [sizo a ɔ̃gl] *mpl* Nagelschere
citoyen européen, citoyenne européenne [sitwajɛ̃, ɛn øʀɔpeɛ̃, ɛn] *m, f* EU-Bürger(in)
citron [sitʀɔ̃] *m* Zitrone
clair(e) [klɛʀ] hell; *(durchsichtig)* klar; *(evident)* deutlich
claquage (musculaire) [klakaʒ (myskylɛʀ)] *m* Zerrung
classe [klas] *f* Klasse
classicisme [klasisism] *m* Klassizismus
classique [klasik] *m* Klassiker
clavicule [klavikyl] *f* Schlüsselbein
clé [kle] *f* Schlüssel
clé de contact [kled kɔ̃takt] *f* Zündschlüssel
clé USB [kle yɛsbe] *f* USB-Stick
client(e) [klijɑ̃, ɑ̃t] *m(f)* Kunde, Kundin
clignotant [kliɲɔtɑ̃] *m* Blinker
climat [klima] *m* Klima
clocher [klɔʃe] *m* Kirchturm
cloître [klwatʀ] *m* Kreuzgang
clou de girofle [klud ʒiʀɔfl] *m* Nelke
club de golf [clœb də gɔlf] *m* Golfclub
clubhouse [klœbaus] *f* Clubhaus
code [kɔd] *m* Türcode
code postal [kɔd pɔstal] *m* Postleitzahl
codes [kɔd] *mpl* Abblendlicht
cœur [kœʀ] *m* Herz
coffre [kɔfʀ] *m* Kofferraum
coffre-fort [kɔfʀəfɔʀ] *m* Safe
coiffer [kwafe] frisieren
coiffeur, coiffeuse [kwafœʀ/ kwaføz] *m*, f Friseur, Friseuse
coiffure [kwafyʀ] *f* Frisur
coin [kwɛ̃] *m* Ecke
coin-cuisine [kwɛ̃kɥizin] *m* Kochnische
coin-fenêtre [kwɛ̃ fnɛtʀ] *m* Fensterplatz
col [kɔl] *m* Pass (*Gebirge*)
colère [kɔlɛʀ] *f* Wut; **en ~** [ɑ̃ kɔlɛʀ] verärgert, böse, zornig
colique [kɔlik] *f* Kolik
colis [kɔli] *m* Paket
collants [kɔlɑ̃] *mpl* Strumpfhose
collectionner [kɔlɛksjɔne] sammeln
collègue [kɔlɛg] *mf* Kollege, Kollegin
collier [kɔlje] *m* Kette
colline [kɔlin] *f* Hügel
collision [kɔlizjɔ̃] *f* Zusammenstoß
collyre [kɔliʀ] *m* Augentropfen
colonne [kɔlɔn] *f* Säule
colonne vertébrale [kɔlɔn vɛʀtebʀal] *f* Wirbelsäule
combinaison de plongée [kɔ̃binɛzɔ̃ də plɔ̃ʒe] *f* Neoprenanzug
combiné [kɔ̃bine] *m* (Telefon-)Hörer
comédie [kɔmedi] *f* Komödie
comédie musicale [kɔmedi myzikal] *f* Musical
comédien, comédienne [kɔmedjɛ̃/ kɔmedjɛn] *m*, f Schauspieler(in)
comestible [kɔmɛstibl] essbar
commande [kɔmɑ̃d] *f* Bestellung
commandes manuelles [kɔmɑ̃d manyɛl] *fpl* Handgas (*beim Auto*)

comme [kɔm] *(Grund)* da; *(Vergleich)* wie; **~ ça** [kɔm sa] so
commencement [kɔmɑ̃smɑ̃] *m* Anfang
commencer [kɔmɑ̃se] anfangen
comment [kɔmɑ̃] *(Frage)* wie
commission [kɔmisjɔ̃] *f* Bearbeitungsgebühr
commotion cérébrale [kɔmɔsjɔ̃ seʀebʀal] *f* Gehirnerschütterung
communication [kɔmynikasjɔ̃] *f* *(Telefon etc.)* Verbindung
communication avec préavis [kɔmynikasjɔ̃ avɛk pʀeavi] *f* Voranmeldung
communication en ville [kɔmynikasjɔ̃ ɑ̃ vil] *f* Ortsgespräch
communication interurbaine [kɔmynikasjɔ̃ ɛ̃tɛʀyʀbɛn] *f* Ferngespräch
commun(e) [kɔmɛ̃, yn] gemeinsam; *(nichts Besonderes)* gewöhnlich
compagnie aérienne [kɔ̃paɲi aeʀjɛn] *f* Fluggesellschaft
comparer [kɔ̃paʀe] vergleichen
compartiment [kɔ̃paʀtimɑ̃] *m* Abteil
compartiment non-fumeurs [kɔ̃paʀtimɑ̃ nɔ̃ fymœʀ] *m* Nichtraucherabteil
compatriote [kɔ̃patʀijɔt] *mf* Landsmann, -männin
compensation [kɔ̃pɑ̃sasjɔ̃] *f* (Schaden-)Ersatz
compétent(e) [kɔ̃petɑ̃, ɑ̃t] fähig; *(verantwortlich)* zuständig
compétition [kɔ̃petisjɔ̃] *f* Wettkampf
complet, -ète [kɔ̃plɛ, ɛt] vollständig, ganz, voll (besetzt)
complètement [kɔ̃plɛtmɑ̃] ganz
compliments: **faire des ~** [fɛʀ de kɔ̃plimɑ̃] loben
composer [kɔ̃poze]: **~ un numéro** [kɔ̃poze ɛ̃ nymeʀo] *(Telefon etc.)* wählen; **se ~ de** [sə kɔ̃poze də] bestehen aus
compositeur, compositrice [kɔ̃pozitœʀ/kɔ̃pɔsitʀis] *m, f* Komponist(in)
composter [kɔ̃pɔste] entwerten
composteur [kɔ̃pɔstœʀ] *m* Fahrscheinentwerter
comprendre [kɔ̃pʀɑ̃dʀ] verstehen; **se faire ~** [sə fɛʀ kɔ̃pʀɑ̃dʀ] sich verständigen
comprimé [kɔ̃pʀime] *m* Tablette
compris(e) [kɔ̃pʀi, iz] inbegriffen; *(Vergangenheitsform)* verstanden
comptant: **payer ~** [pɛje kɔ̃tɑ̃] bar zahlen
compte [kɔ̃t] *m* Konto
compter [kɔ̃te] zählen
compteur [kɔ̃tœʀ] *m* Tachometer
concert [kɔ̃sɛʀ] *m* Konzert
concert symphonique [kɔ̃sɛʀ sɛ̃fɔnik] *m* Sinfoniekonzert
concierge [kɔ̃sjɛʀʒ] *mf* Portier
concombre [kɔ̃kɔ̃bʀ] *m* Gurke
condition [kɔ̃disjɔ̃] *f* Bedingung
conduire [kɔ̃dɥiʀ] Auto fahren; *(Fahrzeug lenken)* fahren; *(Land, Armee)* führen
confiance [kɔ̃fjɑ̃s] *f* Vertrauen
confirmer [kɔ̃fiʀme] bestätigen
confiserie [kɔ̃fizʀi] *f* Süßwarengeschäft
confisquer [kɔ̃fiske] beschlagnahmen
confiture [kɔ̃fityʀ] *f* Marmelade
confondre [kɔ̃fɔ̃dʀ] verwechseln
confortable [kɔ̃fɔʀtabl] bequem
confrère [kɔ̃fʀɛʀ] *m* Kollege
congé [kɔ̃ʒe] *m* Urlaub; **prendre ~** [pʀɑ̃dʀ kɔ̃ʒe] sich verabschieden
connaissance [kɔnɛsɑ̃s] *f* Kenntnis; *(mit jemandem)* Bekanntschaft; *(Person)* der/die Bekannte; **faire la ~ (de)** [fɛʀ la kɔnɛsɑ̃s (də)] kennen lernen
connaître [kɔnɛtʀ] kennen; **faire ~** [fɛʀ kɔnɛtʀ] bekannt machen
connu(e) [kɔny] bekannt
conseil [kɔ̃sɛj] *m* Rat, Tipp
conseiller [kɔ̃seje] raten
consentir à [kɔ̃sɑ̃tiʀ a] einwilligen, zustimmen
conservation [kɔ̃sɛʀvasjɔ̃] *f* Haltbarkeit
conserver [kɔ̃sɛʀve] aufbewahren
conserves [kɔ̃sɛʀv] *fpl* Konserven
consigne [kɔ̃siɲ] *f* *(Flaschen)* Pfand
consigne automatique [kɔ̃siɲ‿otɔmatik] *f* Schließfach
consommation [kɔ̃sɔmasjɔ̃] *f* Getränk
consommation d'eau [kɔ̃sɔmasjɔ̃ do] *f* Wasserverbrauch
constipation [kɔ̃stipasjɔ̃] *f* Verstopfung
consulat [kɔ̃syla] *m* Konsulat
consultation [kɔ̃syltasjɔ̃] *f* Sprechstunde
contact [kɔ̃takt] *m* Kontakt; *(anfassen)* Berührung
contagieux, -euse [kɔ̃taʒjø] ansteckend
contenir [kɔ̃təniʀ] enthalten
content(e) [kɔ̃tɑ̃, ɑ̃t] froh, zufrieden; **être ~ de** [ɛtʀ kɔ̃tɑ̃ də] sich freuen über
contenu [kɔ̃tny] *m* Inhalt
continent [kɔ̃tinɑ̃] *m* Festland
contraceptif [kɔ̃tʀasɛptif] *m* Verhütungsmittel

contraire [kɔ̃tʀɛʀ] *m* Gegenteil
contrat [kɔ̃tʀa] *m* Vertrag
contre [kɔ̃tʀ] gegen; **être ~** [ɛtʀ kɔ̃tʀ] dagegen sein
contre-indications [kɔ̃tʀɛ̃dikasjɔ̃] Gegenanzeigen
contrôle des passeports [kɔ̃tʀol de paspɔʀ] *m* Passkontrolle
contrôle de sécurité [kɔ̃tʀol də sekyʀite] *m* Sicherheitskontrolle
contrôler [kɔ̃tʀole] kontrollieren
contrôleur, contrôleuse [kɔ̃tʀolœʀ/kɔ̃tʀoløz] *m, f* Schaffner(in)
contrôle-radar [kɔ̃tʀol ʀadaʀ] *m* Radarkontrolle
contusion [kɔ̃tyzjɔ̃] *f* Prellung
convaincre [kɔ̃vɛ̃kʀ] überzeugen
convenir [kɔ̃vəniʀ] passen; **~ de** [kɔ̃vəniʀ də] vereinbaren
conversation [kɔ̃vɛʀsasjɔ̃] *f* Unterhaltung
convoyage [kɔ̃vwajaʒ] *m* Rückholservice
copain, copine [kɔpɛ̃/kɔpin] *m, f* Freund(in)
copain de jeux, copine de jeux [kɔpɛ̃/kɔpin də ʒø] *m, f* Spielkamerad(in)
copie [kɔpi] *f* Kopie
coqueluche [kɔklyʃ] *f* Keuchhusten
coquetier [kɔktje] *m* Eierbecher
coquillage [kɔkijaʒ] *m* Muschel
corde [kɔʀd] *f* Seil
corde à linge [kɔʀda lɛ̃ʒ] *f* Wäscheleine
cordial(e) [kɔʀdjal] herzlich
cordonnier [kɔʀdɔnje] *m* Schuhmacher
coriace [kɔrjas] zäh
cornflakes [kɔʀnflɛks] *mpl* Cornflakes
cornichon [kɔʀniʃɔ̃] *m* Gürkchen
corps [kɔʀ] *m* Körper
correspondance [kɔʀɛspɔ̃dɑ̃s] *f* Anschluss
cortège [kɔʀtɛʒ] *m* Umzug
costume [kɔstym] *m* Anzug; **~ folklorique** [kɔstym fɔlklɔʀik] Tracht
côté [kɔte] *m* Seite; **à ~ de** [a kote də] neben
côte [kot] *f* Küste
côtelette [kotlɛt] *f* Kotelett
coton [kɔtɔ] *m* Baumwolle
coton hydrophile [kɔtɔ idʀɔfil] *m* Watte
coton-tige [kɔtɔ̃tiʒ] *m* Wattestäbchen
cou [ku] *m* Hals
coucher [kuʃe] übernachten; **aller se ~** [ale sə kuʃe] zu Bett gehen
couches [kuʃ] *fpl* Windeln
couchette [kuʃɛt] *f* Liegewagenplatz
couler [kule] fließen
couloir [kulwaʀ] *m* Gang, Korridor
coup [ku] *m* Schlag, Stoß
coup de soleil [ku dsɔlɛj] *m* Sonnenbrand
coup de téléphone [ku də telefɔn] *m* Anruf
coupe de cheveux [kup də ʃvø] *f* Haarschnitt
couper [kupe] schneiden; **~ les pointes** [kupe le pwɛ̃t] Spitzen schneiden
couple [kupl] *m* Paar; *(verheiratet)* Ehepaar
coupole [kupɔl] *f* Kuppel
coupure [kupyʀ] *f* Schnittwunde
cour [kuʀ] *f* Hof
cour intérieur [kuʀ‿ɛ̃teʀjœʀ] *f* Innenhof
courant [kuʀɑ̃] *m (Elektrizität)* Strom
courgette [kurʒɛt] *f* Zucchini
courir [kuʀiʀ] laufen, rennen
couronne [kuʀɔn] *f* Krone
courroie de transmission [kurwa də tʀɑ̃smisjɔ̃] *f* Keilriemen
cours [kuʀ] *m* Kurs; *(Schule)* Unterrichtsstunde; **en ~ de route** [ɑ̃ kuʀ də ʀut] unterwegs
cours de change [kuʀ də ʃɑ̃ʒ] *m* Wechselkurs
cours de langue [kuʀ də lɑ̃g] *m* Sprachkurs
cours de natation [kuʀ də natasjɔ̃] *m* Schwimmkurs
cours de ski [kuʀ də ski] *mpl* Skikurs
courses: **faire ses ~** [fɛʀ se kuʀs] einkaufen
court-circuit [kuʀsiʀkɥi] *m* Kurzschluss
court-métrage [kuʀmetʀaʒ] *m* Kurzfilm
court(e) [kuʀ, kuʀt] kurz
cousin(e) [kuzɛ̃/kuzin] *m(f)* Cousin(e)
couteau [kuto] *m* Messer
couteau de poche [kutod pɔʃ] *m* Taschenmesser
coûter [kute] kosten
couturière [kutyʀjɛʀ] *f* Schneiderin
couvent [kuvɑ̃] *m* Kloster
couvert [kuvɛʀ] *m* Gedeck
couverts [kuvɛʀ] *mpl* Besteck
couverture [kuvɛʀtyʀ] *f* Bettdecke
couverture de laine [kuvɛʀtyʀ də lɛn] *f* Wolldecke
crabe [kʀab] *m* Krebs
craindre [kʀɛ̃dʀ] fürchten; *(denken, dass)* befürchten
crampe [kʀɑ̃p] *f* Krampf
cravate [kʀavat] *f* Krawatte

crayon de couleur [kʀɛjɔ̃d kulœʀ] *m* Farbstift
créatif, -ive [kʀeatif, iv] kreativ
crème [kʀɛm] *f* Creme; *(Essen)* Sahne
crème aigre [kʀɛm ɛgʀ] *f* saure Sahne
crème chantilly [kʀɛm ʃɑ̃tiji] *f* Schlagsahne
crème pour les mains [kʀɛm puʀ le mɛ̃] *f* Handcreme
crème solaire [kʀɛm sɔlɛʀ] *f* Sonnencreme
crevettes [kʀəvɛt] *fpl* Krabben
crevettes roses [kʀəvɛt ʀoz] *f* Garnelen
cric [kʀik] *m* Wagenheber
crier [kʀije] schreien
crime [kʀim] *m* Verbrechen
crique [kʀik] *f* Bucht
crise cardiaque [kʀiz kaʀdjak] *f* Herzanfall
cristal [kʀistal] *m* Kristall
critiquer [kʀitike] kritisieren
crochet [kʀɔʃɛ] *m* Haken
croire [kʀwaʀ] glauben
croisière [kʀwazjɛʀ] *f* Kreuzfahrt
croisière à la voile [kʀwazjɛʀ a la vwal] *f* Segeltörn
croix [kʀwa] *f* Kreuz
crosse de golf [kʀɔs də gɔlf] *f* Golfschläger
cru(e) [kʀy] roh
cuillère en bois [kɥijɛʀ‿ɑ̃ bwa] *f* Rührlöffel
cueillir [kœjiʀ] pflücken
cuillère [kɥijɛʀ] *f* Löffel
cuillère à café [kɥijɛʀ a kafe] *f* Teelöffel
cuisine [kɥizin] *f* Küche; **faire la ~** [fɛʀ la kɥizin] kochen
cuisine diététique [kɥizin djetetik] *f* Schonkost
cuisinier, cuisinière [kɥizinje/kɥizinjɛʀ] *m, f* Koch, Köchin
cuisinière [kɥizinjɛʀ] *f* Herd
cuisinière à gaz [kɥizinjɛʀ‿a gaz] *f* Gasherd
cuisinière électrique [kɥizinjɛʀ elɛktʀik] *f* Elektroherd
culture [kyltyʀ] *f* Kultur
cumin [kymɛ̃] *m* Kümmel
cure-dents [kyʀdɑ̃] *m* Zahnstocher
curieux, -euse [kyʀjø, øz] neugierig; *(komisch)* seltsam, eigen
curiosités [kyʀjosite] *fpl* Sehenswürdigkeiten
curling [kœʀliɲ] *m* Curling
cyclisme [siklism] *m* Radsport
le cyclisme en salle [lə siklism ɑ̃ sal] Indoorcycling
cyste [sist] *m* Zyste

D

d'abord [dabɔʀ] zuerst, zunächst
d'autre part [dotʀ paʀ] andererseits
dames [dam] Damen
danger [dɑ̃ʒe] *m* Gefahr
dangereux, -euse [dɑ̃ʒʀø, øz] gefährlich
dans [dɑ̃] in; **~ la matinée** [dɑ̃ la matine] am Vormittag; **~ une semaine** [dɑ̃zyn səmɛn] in einer Woche
danse [dɑ̃s] *f* Tanz
danser [dɑ̃se] tanzen
danseur, danseuse [dɑ̃sœʀ/dɑ̃søz] *m*, f Tänzer(in)
date [dat] *f* Datum
date de naissance [dat də nɛsɑ̃s] *f* Geburtsdatum
datte [dat] *f* Dattel
de [də] *(Herkunft)* aus, von; **~ couleur** [də kulœʀ] farbig
de longue conservation [də lɔng kɔnsɛʀvatiɔ̃] haltbar
de passage [də pasaʒ] auf der Durchreise
déambulateur [deɑ̃bylatœʀ] *m* Handbike
debout: **être ~** [ɛtʀ dəbu] stehen
décembre [desɑ̃bʀ] Dezember
déchirer [deʃiʀe] zerreißen; **se ~** [sə deʃiʀe] kaputtgehen, reißen
décider [deside] entscheiden; **~ de** [deside də] beschließen; **se ~** [sə deside] sich entschließen
déclaration de valeur [deklaʀasjɔ̃d valœʀ] *f* Wertangabe
déclaration en douane [deklaʀasjɔ̃ ɑ̃ dwan] *f* Zollerklärung
déclarer [deklaʀe] erklären
déclencheur [deklɑ̃ʃœʀ] *m* Auslöser
déclencheur automatique [deklɑ̃ʃœʀ otɔmatik] *m* Selbstauslöser
décollage [dekɔlaʒ] *m* Abflug
décommander [dekɔmɑ̃de] *(Zimmer)* abbestellen
découvrir [dekuvʀiʀ] entdecken
décrire [dekʀiʀ] beschreiben
déçu(e) [desy] enttäuscht
dedans [dədɑ̃] drin, drinnen
défaut [defo] *m* Fehler, Mangel
définitif, -ive [definitif, iv] endgültig
définitivement [definitivmɑ̃] endgültig
dehors [dəɔʀ] draußen
déjà [deʒa] schon, bereits
déjeuner [deʒœne] *m* Mittagessen; *(als Verb)* zu Mittag essen
délicieux, -euse [delisjø, -øz] lecker
deltaplane [dɛltaplan] *m* Drachenfliegen

demande [dəmɑ̃d] *f* Bitte
demander [dəmɑ̃de] verlangen; ~ **quelque chose à quelqu'un** [dəmɑ̃de kɛlkəʃoz a kɛlkɛ̃] jemanden um etwas bitten
démanger [demɑ̃ʒe] jucken
démarreur [demaʀœʀ] *m* Anlasser
demi-pension [dmipɑ̃sjɔ̃] *f* Halbpension
demi(e) [dəmi] halb; **une demi-heure** [yn dəmijœʀ] eine halbe Stunde; **faire demi-tour** [fɛʀ dəmi tuʀ] umkehren; **à ~** [a dmi] halb
dent [dɑ̃] *f* Zahn
dent de sagesse [dɑ̃ də saʒɛs] *f* Weisheitszahn
dentifrice [dɑ̃tifʀis] *m* Zahncreme, Zahnpasta
déodorant [deɔdɔʀɑ̃] *m* Deo(dorant)
dépanneuse [depanøz] *f* Abschleppwagen
départ [depaʀ] *m* Abfahrt; *(Flugzeug)* Abflug
dépasser [depase] überholen; *(Kapazitäten, Fähigkeiten)* überschreiten
dépêcher: **se ~** [sə depeʃe] sich beeilen
dépenser [depɑ̃se] ausgeben
déposer [depoze] abstellen, hinstellen; *(Dokumente)* hinterlegen
depuis [dəpɥi] seit
déranger [deʀɑ̃ʒe] stören
dernier, -ière [dɛʀnje, jɛʀ] letzte(r, -s); **en ~ lieu** [ɑ̃ dɛʀnje ljø] zuletzt
derrière [dɛʀjɛʀ] hinter
dès que possible [dɛ kə pɔsibl] so bald wie möglich
désagréable [dezagʀeabl] unangenehm
descendre [desɑ̃dʀ] aussteigen
désespéré(e) [dezɛspeʀe] verzweifelt
désignation [deziɲasjɔ̃] *f* Bezeichnung
désinfecter [dezɛ̃fɛkte] desinfizieren
désintoxiquer: **se ~** [sə dezɛ̃tɔksike] entschlacken, entgiften
désirer [deziʀe] wünschen; *(stärker)* wollen
dessert [desɛʀ] *m* Nachtisch
dessin [dɛsɛ̃] *m* Zeichnung
dessin animé [dɛsɛ̃ anime] *m* Zeichentrickfilm
dessin sur modèle [desɛ̃ syʀ modɛl] *m* Aktzeichnen
dessiner [desine] zeichnen
destinataire [dɛstinatɛʀ] *mf* Empfänger(in)
destination [dɛstinasjɔ̃] *f* (Reise-) Ziel
détecteur de fumée [detɛktœʀd fyme] *m* Rauchmelder
détention préventive [detɑ̃sjɔ̃ pʀevɑ̃tiv] *f* Untersuchungshaft
détour [detuʀ] *m* Umweg
détruire [detʀɥiʀ] zerstören
dette [dɛt] *f* *(Geld)* Schuld
deux [dø] zwei
deuxième [døzjɛm] zweite(r, -s)
deuxièmement [døzjɛmmɑ̃] zweitens
devant [dəvɑ̃] *(räumlich)* vor; *(vorderer Teil)* vorn
développer [devəlɔpe] entwickeln
devenir [dəvniʀ] werden
déviation [devjasjɔ̃] Umleitung
devises [dəviz] *fpl* Devisen
devoir [dəvwaʀ] müssen, sollen; *(Geld)* schulden
devoir [dəvwaʀ] *m* Pflicht
dextrose [dɛkstʀoz] *f* Traubenzucker
diabète [djabɛt] *m* Diabetes
diabétique [djabetik] *mf* Diabetiker(in)
diagnostic [djagnɔstik] *m* Diagnose
diarrhée [djaʀe] *f* Durchfall
Dieu [djø] Gott
différence [difeʀɑ̃s] *f* Unterschied
différer [difeʀe] verschieben; *(Zahlung)* verzögern
difficile [difisil] schwierig
digestion [diʒɛstjɔ̃] *f* Verdauung
digue [dig] *f* Deich
dimanche [dimɑ̃ʃ] Sonntag, am Sonntag
dîner [dine] *m* Abendessen
diphtérie [difteʀi] *f* Diphtherie
dire [diʀ] sagen
direct(e) [diʀɛkt] direkt, unmittelbar
directeur, directrice [diʀɛktœʀ/ diʀɛktʀis] *m*, f Direktor(in), Leiter(in)
direction [diʀɛksjɔ̃] *f* Richtung
direction du vent [diʀɛksjɔ̃ dy vɑ̃] *f* Windrichtung
directive [diʀektiv] *f* Vorschrift
discothèque [diskɔtɛk] *f* Diskothek
disparaître [dispaʀɛtʀ] verschwinden
dispute [dispyt] *f* Streit
dissolvant [disɔlvɑ̃] *m* Nagellackentferner
distance [distɑ̃s] *f* Entfernung
distingué(e) [distɛ̃ge] vornehm, fein
distraction [distʀaksjɔ̃] *f* *(Vergnügen)* Unterhaltung
distraire: **se ~** [sə distʀɛʀ] sich unterhalten
distributeur automatique [distʀibytœʀ otɔmatik] *m* Automat

distributeur de billets [distʀibytœʀ də bijɛt] *m* Geldautomat; *(für Tickets)* Fahrkartenautomat
diviser [divize] teilen
documentaire [dɔkymɑ̃tɛr] *m* Dokumentarfilm
doigt [dwa] *m* Finger
domaine [dɔmɛn] *m* Gebiet; *(Ländereien)* Landgut
dôme [dom] *m* Kuppel
domicile [dɔmisil] *m* Wohnort
dommage [dɔmaʒ] *m* Schaden; **Quel ~!** [kɛl dɔmaʒ] Wie schade!
donc [dɔ̃k] also
donner [dɔne] geben; **se ~ du mal** [sə dɔne dy mal] sich Mühe geben
doré(e) [dɔʀe] goldfarben
dormir [dɔʀmiʀ] schlafen
dos [do] *m* Rücken
douane [dwan] *f* Zoll
double [dubl] doppelt
doucement [dusmɑ̃] langsam; *(nicht laut)* leise
douche [duʃ] *f* Dusche
douche assise [duʃ asiz] *f* Duschsitz
douleurs au dos [dulœʀ o do] *fpl* Rückenschmerzen
doux, douce [du, dus] süß
doux, moelleux [du/mwɛlø] lieblich (*Wein*)
draînage lymphatique [drɛnaʒ lɛ̃fatik] *m* Lymphdrainage
drame [dʀam] *m* Drama
drap [dʀa] *m* Tuch
draps [dʀa] *mpl* Bettwäsche
droguerie [dʀɔgʀi] *f* Drogerie
droit [dʀwa] *m* Recht; **droits** [dʀwa] Gebühren
droit(e) [dʀwa, dʀwat] rechte(r, -s); *(nicht schief)* gerade; **à ~** [a dʀwat] rechts
droits de douane [dʀwad dwan] *mpl* Zollgebühren
dur(e) [dyʀ] hart, fest
durée [dyʀe] *f* Dauer
durer [dyʀe] dauern; *(Sonnenschein)* anhalten
dynamo [dinamo] *f* Lichtmaschine
dynastie [dinasti] *f* Dynastie

E

eau [o] *f* Wasser; **~ chaude** [o ʃod] warmes Wasser; **~ froide** [o fʀwad] kaltes Wasser
eau de refroidissement [od ʀəfʀwadismɑ̃] *f* Kühlwasser
eau minérale [o mineʀal] *f* Mineralwasser
eau potable [o pɔtabl] *f* Trinkwasser
échange [eʃɑ̃ʒ] *f* Austausch, Wechsel
échanger [eʃɑ̃ʒe] (aus)tauschen
écharpe [eʃaʀp] *f* Schal
éclair [eklɛʀ] *m* Blitz
école [ekɔl] *f* Schule
école d'équitation [ekɔl dekitasjɔ̃] *f* Reitschule
écolier, écolière [ekɔlje/ekɔljɛʀ] *m*, f Schulkind
écouter: **~ quelqu'un** [ekute kɛlkɛ̃] jemandem zuhören; **~ de la musique** [ekute də la myzik] Musik hören
écouteurs [ekutœʀ] *mpl* Kopfhörer
écrire [ekʀiʀ] schreiben; **par écrit** [paʀ ekʀi] schriftlich
écriture [ekʀityr] *f* Schrift
édifice [edifis] *m* Bauwerk
éducation [edykasjɔ̃] *f* Erziehung
efforcer: **s'~ de** [sefɔʀse də] sich bemühen
effrayer [efʀeje] erschrecken
égarer: **s'~** [segaʀe] sich verirren
église [egliz] *f* Kirche
éhonté(e) [eɔ̃te] unverschämt
élastique [elastik] *m* Haargummi
électricité [elɛktʀisite] *f* Elektrizität
électrique [elɛktʀik] elektrisch
élévateur [elevatœʀ] Hublift
elle [ɛl] sie
elles [ɛl] *(Pluralform)* sie
éloigné(e) [elwaɲe] weit, entfernt
emballage [ɑ̃balaʒ] *m* Verpackung
emballer [ɑ̃bale] einpacken, verpacken
emblème [ɑ̃blɛm] *m* Wahrzeichen
embolie cérébrale [ɑ̃bɔli seʀebʀal] *f* Gehirnschlag
embouchure [ɑ̃buʃyʀ] *f (Fluss)* Mündung
embouteillage [ɑ̃butɛjaʒ] *m* Stau
embrasser [ɑ̃bʀase] küssen; *(in Arm nehmen)* umarmen
embrayage [ɑ̃bʀɛjaʒ] *m* Kupplung
émission [emisjɔ̃] *f (Radio, Fernsehen)* Sendung
emmener [ɑ̃mne] mitnehmen
empêcher [ɑ̃peʃe] hindern, verhindern
empereur, impératrice [ɑ̃pʀœʀ/ɛ̃peʀatʀis] *m*, f Kaiser(in)
emploi [ɑ̃plwa] *m* Verwendung; *(Anstellung)* Arbeit, Stelle
employer [ɑ̃plwaje] anwenden, verwenden
empoisonnement [ɑ̃pwazɔnmɑ̃] *m* Vergiftung
emporter [ɑ̃pɔʀte] mitnehmen; *(woandershin)* wegbringen
emprunter à [ɑ̃pʀɛ̃te a] leihen von
en [ɑ̃] in; *(Material)* aus; **~ français** [ɑ̃ fʀɑ̃sɛ] auf Französisch

en arrière [ãn aʀjɛʀ] rückwärts
en avant [ãn‿avã] vorwärts
en bas [ã ba] unten
en daube [ã dob] geschmort
en dégradé [ã degʀade] in Stufen, abgestuft
en dernier lieu [ã dɛʀnje ljø] zuletzt
en espèces [ãn‿ɛspɛs] bar
en face de [ã fas də] gegenüber
en moyenne [ã mwajɛn] durchschnittlich
en outre [ãn‿utʀ] außerdem
encore [ãkɔʀ] noch; **(ne ...) pas ~** [(nə ...) paz‿ãkɔʀ] noch nicht
endive [ãdiv] *f* Chicorée
endommager [ãdɔmaʒe] beschädigen
endroit [ãdʀwa] *m* Ort, Stelle
enfant [ãfã] *mf* Kind
enfin [ãfɛ̃] endlich
enflé(e) [ãfle] geschwollen
enflure [ãflyʀ] *f* Schwellung
engagement [ãgaʒmã] *m* Verpflichtung; **sans ~** [sãz‿ãgaʒmã] unverbindlich
ennuyeux, -euse [ãnɥijø, øz] langweilig
enregistrement des bagages [ãʀʒistʀəmã de bagaʒ] *m* Gepäckabfertigung
enroué(e) [ãʀue] heiser
enseigner [ãsɛɲe] lehren, unterrichten
ensemble [ãsãbl] *(als Adverb)* gemeinsam, zusammen
ensoleillé(e) [ãsɔlɛje] sonnig
ensuite [ãsɥit] dann
entendre [ãtãdʀ] hören
enthousiasmé (par), enthousiasmée (par) [ãtuzjasme (paʀ)] begeistert (von)
entier, -ière [ãtje, ɛʀ] vollständig, ganz
entracte [ãtʀakt] *m* Pause
l'entraînement des fascias [lãtʀɛnmã de fasja] Faszientraining
entraîner: s'~ [sãtʀɛne] üben
entre [ãtʀ] zwischen; *(darunter)* unter
entrée [ãtʀe] *f* Eingang, Einfahrt; *(Beitritt)* Eintritt
entreprise [ãtʀəpʀiz] *f* Unternehmen, Firma
entrer [ãtʀe] eintreten, hineingehen, hereinkommen; *(in Land)* einreisen; **Entrez !** [ãtʀe] Herein!
enveloppe [ãvlɔp] *f* Briefumschlag
envie [ãvi] *f* Verlangen, Lust
environ [ãviʀɔ̃] ungefähr
environnement [ãviʀɔnmã] *m* Umwelt
environs [ãviʀɔ] *mpl* Umgebung
envoyer [ãvwaje] schicken, senden
épaule [epol] *f* Schulter
épeler [eple] buchstabieren
épice [epis] *f* Gewürz
épicé(e) [epise] scharf
épicerie [episʀi] *f* Lebensmittelgeschäft
épicerie fine [episʀi fin] *f* Feinkostgeschäft mit internationalen Spezialitäten
épilepsie [epilɛpsi] *f* Epilepsie
épileptique [epilɛptik] *mf* Epileptiker(in)
épiler les sourcils [epile le suʀsi] sich die Augenbrauen zupfen
épinards [epinaʀ] *mpl* Spinat
épingle de sûreté [epɛ̃gl də syʀte] *f* Sicherheitsnadel
épingles à cheveux [epɛ̃gl a ʃvø] *fpl* Haarklammern
époque [epɔk] *f* Epoche; **à l'~** [a lepɔk] damals
épuisé(e) [epɥize] erschöpft
équipage [ekipaʒ] *m (Schiff)* Mannschaft
équipe [ekip] *f (Sport)* Mannschaft
équipé(e) pour handicapés [ekipe puʀ ãdikape] behindertengerecht, rollstuhlgerecht
équipement de plongée [ekipmãd plɔ̃ʒe] *m* Taucherausrüstung
éraflure [eʀaflyʀ] *f* Kratzer
erreur [ɛʀœʀ] *f* Irrtum
escale [ɛskal] *f* Zwischenlandung
escalier [ɛskalje] *m* Treppe
escroc [ɛskʀo] *mf* Schwindler(in)
escroquerie [ɛskʀɔkʀi] *f (Gaunerei)* Betrug
espace [ɛspas] *f* Raum
espadon [ɛspadɔ̃] *m* Schwertfisch
Espagne [ɛspaɲ] *f* Spanien
espagnol(e) [ɛspaɲɔl] spanisch
Espagnol(e) [ɛspaɲɔl] *m(f)* Spanier(in)
espèces [ɛspɛs] *fpl* Bargeld
espérer [ɛspeʀe] hoffen
espérons que [ɛsperɔ̃ kə] hoffentlich
essai [esɛ] *m* Versuch, Probe
essayer [eseje] versuchen; *(Kleidung)* anprobieren
essence [esãs] *f* Benzin; **prendre de l'~** [pʀãdʀ də lesãs] tanken
essuie-glace [esɥi glas] *m* Scheibenwischer
Est [ɛst] *m* Osten; **à l'~ de** [a lɛst də] östlich von
estimer [ɛstime] schätzen
estomac [ɛstɔma] *m* Magen
et [e] und
étage [etaʒ] *m* Stockwerk
étanche [etãʃ] wasserdicht

Etat [eta] *m* Staat
état [eta] *m* Zustand, Verfassung
état de la mer [etad la mɛʀ] *m* Seegang
été [ete] *m* Sommer
éteindre [etɛ̃dʀ] *(Licht, Radio)* ausmachen, löschen
étendre: **s'~** [setɑ̃dʀ] sich hinlegen
étendue [etɑ̃dy] *f* Ausdehnung, Größe
éternuer [etɛʀnye] niesen
étoffe [etɔf] *f* Stoff
étoile [etwal] *f* Stern
étonner: **s'~ (de)** [setɔne (də)] sich wundern (über)
étranger [etʀɑ̃ʒe] *m* Ausland
étranger, étrangère [etʀɑ̃ʒe/etʀɑ̃ʒɛʀ] *m, f* Ausländer(in); *(Unkannter)* der/die Fremde
étranger, étrangère [etʀɑ̃ʒe/etʀɑ̃ʒɛʀ] *(als Adjektiv)* ausländisch, fremd
être [ɛtʀ] *(als Verb)* sein; **~ contre** [ɛtʀ kɔ̃tʀ] dagegen sein; **~ pour** [ɛtʀ puʀ] dafür sein; **~ amis (avec)** [ɛtʀ‿ami (avɛk)] befreundet sein (mit)
être [ɛtʀ] *m* Wesen; **~ humain** [ɛtʀ ymɛ̃] Mensch
être assis, être assise [ɛtʀ asi, asiz] sitzen
être bon, être bonne [ɛtʀ bɔ̃/bɔn] schmecken
être content (de), être contente (de) [ɛtʀ kɔ̃tɑ̃/ɑ̃t (də)] sich freuen (über)
être debout [ɛtʀ dəbu] stehen
être originaire: **~ (de)** [ɛtʀ ɔʀiʒinɛʀ (də)] stammen (aus)
être pressé(e) [ɛtʀ pʀɛse] es eilig haben
étroit(e) [etʀwa, at] eng, schmal
études [etyd] *fpl* Studium
euro [øʀo] *m* Euro
Europe [øʀɔp] *f* Europa
Européen(ne) [øʀɔpeɛ̃, ɛn] *m(f)* Europäer(in)
Européen(ne) [øʀɔpeɛ̃, ɛn] *(als Adjektiv)* europäisch
évanoui(e) [evanwi] bewusstlos
évanouissement [evanwismɑ̃] *m* Ohnmacht
événement [evɛnmɑ̃] *m* Ereignis
éviter [evite] vermeiden
exact(e) [egza, akt] genau; **être ~** [ɛ̃tʀ‿ɛgza] richtig sein, stimmen
exagéré(e) [ɛgzaʒeʀe] übertrieben
examen [ɛgzamɛ̃] *m* Untersuchung
examiner [ɛgzamine] prüfen, untersuchen
excellent(e) [ɛksɛlɑ̃, ɑ̃t] ausgezeichnet
excursion [ɛkskyʀsjɔ̃] *f* Ausflug
excursion à terre [ɛkskyʀsjɔ̃ a tɛʀ] *f* Landausflug
excursion pour une journée [ɛkskyʀsjɔ̃ puʀ yn ʒuʀne] *f* Tagesausflug
excuse [ɛkskyz] *f* Entschuldigung
excuser [ɛkskyze]: **s'~** [sɛkskyze] sich entschuldigen
exemple [ɛgzɑ̃pl] *m* Beispiel; **par ~** [paʀ‿ɛgzɑ̃pl] zum Beispiel
exempt de droits de douane [ɛgzɑ̃ də dʀwad dwan] zollfrei
exercer [ɛgzɛʀse] *(Beruf)* ausüben; **s'~** [sɛgzɛʀse] üben
exercice [ɛgzɛʀsis] *m* Übung
expéditeur [ɛkspeditœʀ] *m* Absender
exposition [ɛkspozisjɔ̃] *f* Ausstellung
expressément [ɛkspʀesemɑ̃] ausdrücklich
expression [ɛkspʀɛsjɔ̃] *f* Ausdruck
expressionnisme [ɛkspʀɛsjɔnism] *m* Expressionismus
extérieur [ɛksteʀjœʀ] *m* Aussehen, Äußere(s); **à l'~ (de)** [a lɛksteʀjœʀ (də)] außerhalb (von)
externe [ɛkstɛʀn] äußerlich
extincteur [ɛkstɛ̃ktœʀ] *m* Feuerlöscher
extraordinaire [ɛkstʀaɔʀdinɛʀ] außergewöhnlich

F

façade [fasad] *f* Fassade
face: **en ~ de** [ɑ̃ fas də] gegenüber
fâcheux, -euse [faʃø, øz] unerfreulich
facile [fasil] leicht
façon [fasɔ̃] *f* Art
facture [faktyʀ] *f* Rechnung
faible [fɛbl] schwach
faim [fɛ̃] *f* Hunger; **avoir ~** [avwaʀ fɛ̃] hungrig sein
faire [fɛʀ] tun, machen; *(veranlassen)* lassen; **~ mal** [fɛʀ mal] schmerzen; **~ la queue** [fɛʀ la kø] Schlange stehen; **fait(e) main** [fɛ/fɛt mɛ̃] handgemacht
faire des études [fɛʀ dez‿etyd] studieren
faire de l'auto-stop [fɛʀ də lotostɔp] trampen
faire de la musique [fɛʀ de la myzik] musizieren
faire de la nage sous-marine [fɛʀ də la naʒ sumaʀin] schnorcheln
faire de la plongée [fɛʀ də la plɔ̃ʒe] tauchen
faire de la randonnée [fɛʀ də la ʀɑ̃dɔne] wandern

faire du canoë [fɛʀ dy kanɔe] paddeln
faire du cheval [fɛʀ dy ʃval] reiten
faire du jogging [fɛʀ dy dʒɔgiŋ] joggen
faire du kayak [fɛʀ dy kajak] paddeln
faire du ski [fɛʀ dy ski] Ski laufen
faire du surf [fɛʀ dy sœʀf] surfen
faire du vélo [fɛʀ dy velo] Rad fahren
faire escale à [fɛʀ ɛskal a] anlegen in
faire les formalités d'embarquement [fɛʀ le fɔʀmalite dɑ̃baʀkəmɑ̃] einchecken
faire le ménage [fɛʀ lə menaʒ] putzen
faire ses courses [fɛʀ se kuʀs] einkaufen
faire suivre [fɛʀ sɥivʀ] nachsenden
faire un brushing [fɛʀ ɛ̃ bʀœʃiŋ] föhnen
faire une coloration [fɛʀ yn kɔlɔʀasjɔ̃] färben
faire une déclaration [fɛʀ‿yn deklaʀasjɔ̃] anzeigen
faire une erreur de calcul [fɛʀ‿yn‿ɛʀœʀ də kalkyl] sich verrechnen
faire un pansement [fɛʀ ɛ̃ pɑ̃smɑ̃] verbinden
faire une radio [fɛʀ yn ʀadjo] röntgen
faire un rinçage [fɛʀ ɛ̃ ʀɛ̃saʒ] tönen
fair-play [fɛʀplɛ] fair
fait [fɛ] *m* Tatsache
en fait [ɑ̃ fɛt] eigentlich
fait maison [fɛ mɛzɔ̃] hausgemacht
falaise [falɛz] *f* Felswand
famille [famij] *f* Familie
fanfare [fɑ̃faʀ] *f* Blaskapelle
fango [fɑ̃go] Fango
farci(e) [faʀsi] gefüllt
farine [faʀin] *f* Mehl
fatigant(e) [fatigɑ̃, ɑ̃t] anstrengend
fatigué(e) [fatige] müde
fausse-couche [foskuʃ] *f* Fehlgeburt
faute [fot] *f* Fehler; *(Verantwortlichkeit)* Schuld
fauteuil [fotœj] *m* Sessel
fauteuil roulant [fotœj ʀulɑ̃] *m* Rollstuhl
fauteuil roulant électrique [fotœj ʀulɑ̃ elɛktʀik] *m* Elektrorollstuhl
fauteuil roulant pliant [fotœj ʀulɑ̃ pliɑ̃] *m* Faltrollstuhl
fauteuil transfert [fotœj tʀɑ̃sfɛʀ] *m* Bordrollstuhl
faux, fausse [fo, fos] falsch, unecht
fax [faks] *m* Fax
félicitations [felisitasjɔ̃] *fpl* Glückwunsch
féliciter [felisite] gratulieren
féminin(e) [feminɛ̃, in] weiblich
femme [fam] *f* Frau; *(Gattin)* Ehefrau
femme de chambre [fam də ʃɑ̃bʀ] *f* Zimmermädchen
fenêtre [fnɛtʀ] *f* Fenster
fenouil [fənuj] *m* Fenchel
fer à repasser [fɛʀ‿a ʀəpase] *m* Bügeleisen
ferme [fɛʀm] *f* Bauernhof
fermé(e) [fɛʀme] geschlossen, zu
fermer [fɛʀme] schließen, zumachen; **~ à clé** [fɛʀme a kle] abschließen
féroce [feʀɔs] wild
ferry [fɛʀi] *m* Fähre (*auf dem Meer*)
festival [fɛstival] *m* Festival
fête [fɛt] *f* Fest, Party; *(Feiertag)* Namenstag
fête foraine [fɛt fɔʀɛn] *f* Jahrmarkt
Fête-Dieu [fɛt djø] *f* Fronleichnam
feu [fø] *m* Feuer
feu d'artifice [fø daʀtifis] *m* Feuerwerk
feu (de circulation) [fø (də siʀkylasjɔ̃)] *m* Ampel
feuille [fœj] *f* Blatt
feuille de maladie [fœj də maladi] *f* Krankenschein
feuille de soins [fœj də swɛ̃] *f* Krankenschein
feux arrière [fø aʀjɛʀ] *mpl* Rücklicht
feux de détresse [fød detʀɛs] *mpl* Warnblinkanlage
feux de position [fød pozisjɔ̃] *mpl* Standlicht
feux de route [fød ʀut] *m* Fernlicht
février [fevʀije] Februar
fiable [fjabl] zuverlässig
fiancé(e) [fjɑ̃se] *m(f)* der/die Verlobte
ficelle [fisɛl] *f* Bindfaden
fiche [fiʃ] *f* Stecker
fidèle [fidɛl] treu
fièvre [fjɛvʀ] *f* Fieber
figues [fig] *fpl* Feigen
fil [fil] *m* Faden
fil de fer [fil də fɛʀ] *m* Draht
filet [filɛ] *m* Netz
fille [fij] *f* Tochter; **jeune ~** [ʒœn fij] Mädchen; **nom de jeune ~** [nɔ̃d ʒœn fij] Geburtsname
film [film] *m* Film
film alimentaire [film alimɑ̃tɛʀ] *m* Frischhaltefolie
film d'action [film daksjɔ̃] *m* Actionfilm
film policier [film pɔlisje] *m* Thriller
fils [fis] *m* Sohn
filtres à café [filtʀ‿a kafe] *mpl* Kaffeefilter
fin [fɛ̃] *f* Ende, Schluss

fin(e) [fɛ̃, fin] dünn, fein
finalement [finalmɑ̃] schließlich
fixateur [fiksatœʀ] *m* Haarfestiger
fixation [fiksasjɔ̃] *f* Skibindung
flash [flaʃ] *m* Blitzgerät
fleur [flœʀ] *f* Blume
fleurir [flœʀiʀ] blühen
fleuriste [flœʀist] Blumengeschäft
fleuve [flœv] *m* Fluss, Strom
flexitarien/ne [flɛksitaʀjɛ̃/jɛn] Flexitarier(in)
flocons d'avoine [flɔkɔ̃ davwan] *mpl* Haferflocken
foie [fwa] *m* Leber
foire à la brocante [fwaʀa la bʀɔkɑ̃t] *f* Flohmarkt
fois [fwa] *f* Mal; **une ~** [yn fwa] einmal
folklore [fɔlklɔʀ] *m* Folklore
foncé(e) [fɔ̃se] dunkel; **bleu ~** [blø fɔ̃se] dunkelblau
fonctionner [fɔ̃ksjɔne] funktionieren
fontaine [fɔ̃tɛn] *f* Brunnen
football [futbol] *m* Fußball
force [fɔʀs] *f* Stärke, Kraft
force du vent [fɔʀs dy vɑ̃] *f* Windstärke
forcer [fɔʀse] zwingen
forêt [fɔʀɛ] *f* Wald
forfait [fɔʀfɛ] *m* Pauschale
forfait électricité [fɔʀfɛ elɛktʀisite] *m* Strompauschale
forfait-journée [fɔʀfɛʒuʀne] *m* Tagespass
forfait-semaine [fɔʀfɛsmɛn] *m* Wochenpass
forfait-weekend [fɔʀfɛ wikɛnd] *m* Wochenendpauschale
format en hauteur [fɔrma ɑ̃ otœr] *m* Hochformat
format horizontal [fɔrma ɔrizɔ̃tal] *m* Querformat
formation [fɔʀmasjɔ̃] *f* Ausbildung
forme [fɔʀm] *f* Form; *(körperlich, psychisch)* Zustand, Verfassung; **en ~** [ɑ̃ fɔʀm] fit
former [fɔʀme] bilden
formulaire [fɔʀmylɛʀ] *m* Formular
fort(e) [fɔʀ, fɔʀt] stark; *(Senf etc.)* scharf
forteresse [fɔʀtəʀɛs] *f* Festung
fou, folle [fu, fɔl] verrückt
fouet [fuɛ] *m* Schneebesen
fouilles [fuj] *fpl* Ausgrabungen
foulard [fulaʀ] *m* Kopftuch
foulé(e) [fule] verstaucht
four [fuʀ] *m* Backofen
fourchette [fuʀʃɛt] *f* Gabel
fournir en [fuʀniʀ ɑ̃] versorgen mit
fracturer [fʀaktyʀe] aufbrechen
frais, fraîche [fʀɛ, fʀɛʃ] kühl, frisch
frais [fʀɛ] *mpl* Kosten; *(Ausgaben)* Unkosten
frais bancaires [fʀɛ bɑ̃kɛʀ] *mpl* Bearbeitungsgebühr
fraises [fʀɛz] *fpl* Erdbeeren
franc suisse [fʀɑ̃ sɥis] *m* Schweizer Franken
Français(e) [fʀɑ̃sɛ, ɛz] *m(f)* Franzose, Französin
français(e) [fʀɑ̃sɛ, ɛz] französisch
France [fʀɑ̃s] *f* Frankreich
frange [fʀɑ̃ʒ] *f* Pony
fraude [fʀod] *f* Schmuggel
frein [fʀɛ̃] *m* Bremse
frein à main [fʀɛ̃ a mɛ̃] *m* Handbremse
fréquemment [fʀekamɑ̃] häufig
frère [fʀɛʀ] *m* Bruder
friandises [fʀijɑ̃diz] *fpl* Süßigkeiten
frigo [fʀigo] *m* Kühlschrank
frissons [fʀisɔ̃] *mpl* Schüttelfrost
frit(e) [fʀi, fʀit] gebacken
froid(e) [fʀwa, fʀwad] kalt; **avoir ~** [avwaʀ fʀwa] frieren
fromage [fʀɔmaʒ] *m* Käse
fromage à pâte molle [fʀɔmaʒ a pat mɔl] *m* Weichkäse
fromage blanc [fʀɔmaʒ blɑ̃] *m* Quark
fromage de brebis [fʀɔmaʒ də bʀəbi] *m* Schafskäse
fromage de chèvre [fʀɔmaʒ də ʃɛvʀ] *m* Ziegenkäse
frontière [fʀɔ̃tjɛʀ] *f* Grenze
fronton [fʀɔ̃tɔ̃] *m* Giebel
fruits [fʀɥi] *mpl* Obst
fumé(e) [fyme] geräuchert
fumer [fyme] rauchen
fumeur, -euse [fymœʀ, øz] *m, f* Raucher(in)
furieux, -euse [fyʀjø, øz] wütend
fusibles [fyzibl] *mpl* *(Elektrizität)* Sicherung
futur(e) [fytyʀ] zukünftig

G

gage [gaʒ] *m* Pfand
gagner [gaɲe] gewinnen
gai(e) [gɛ] lustig, froh, heiter
gain [gɛ̃] *m* Gewinn, Nutzen
galerie (de peinture) [galəʀi (də pɛ̃tyʀ)] *f* Galerie
gant de toilette [gɑ̃d twalɛt] *m* Waschlappen
gants [gɑ̃] *mpl* Handschuhe
garage [gaʀaʒ] *m* Werkstatt, Garage
garantie [gaʀɑ̃ti] *f* Garantie
garçon [gaʀsɔ̃] *m* Junge
garçon, serveuse [gaʀsɔ̃/sɛʀvøz] *m, f* Kellner(in)

garde: **mettre en ~ (contre)** [mɛtʀ‿ɑ̃ gaʀd (kɔ̃tʀ)] warnen (vor)
garder [gaʀde] aufbewahren, behalten; *(aufpassen)* bewachen
garderie [gaʀdəʀi] *f* Kinderbetreuung
gardien de buts [gaʀdjɛ̃d byt] *m* Torwart
gare [gaʀ] *f* Bahnhof
gare principale [gaʀ pʀɛ̃sipal] *f* Hauptbahnhof
gare routière [gaʀ ʀutjɛʀ] *f* Busbahnhof
garer: **se ~** [sə gaʀe] parken
gâteau [gato] *m* Kuchen
gauche [goʃ] linke(r, -s); **à ~** [a goʃ] links
gaze [gaz] *f* Mullbinde
gazinière [gazinjɛʀ] *f* Gasherd
gel [ʒɛl] *m* Frost; *(Kosmetik)* Gel
gel douche [ʒɛl duʃ] *m* Duschgel
gel pour les cheveux [ʒɛl puʀ le ʃvø] *m* Haargel
gencives [ʒɑ̃siv] *fpl* Zahnfleisch
gêne: **sans ~** [sɑ̃ ʒɛn] rücksichtslos
genou [ʒnu] *m* Knie
gens [ʒɑ̃] *mpl* Leute
gentil(le) [ʒɑ̃ti] freundlich, nett
gilet [ʒilɛ] *m* Weste
gilet de sauvetage [ʒilɛd sovtaʒ] *m* Schwimmweste
glace [glas] *f* Eis
glacière [glasjɛʀ] *f* Kühltasche
golf [gɔlf] *m* Golf
gorge [gɔʀʒ] *f* Schlucht
gothique [gɔtik] *m* Gotik
gourde [guʀd] *f* Trinkflasche
goût [gu] *m* Geschmack
goûter [gute] *(Speisen)* versuchen
gouttes [gut] *fpl* Tropfen
gouttes pour les oreilles [gut puʀ lez‿ɔʀɛj] *fpl* Ohrentropfen
gouvernement [guvɛʀnəmɑ̃] *m* Regierung
GPS [ʒepeɛs] *m* Navigationsgerät
grabataire [gʀabatɛʀ] pflegebedürftig
grâce à [gʀas‿a] *(Mittel)* durch
gramme [gʀam] *m* Gramm
grand(e) [gʀɑ̃, gʀɑ̃d] groß
grand handicapé, grande handicapée [gʀɑ̃/d ɑ̃dikape] *m*, *f* der/die Schwerstbehinderte
grand magasin [gʀɑ̃ magazɛ̃] *m* Kaufhaus
grandir [gʀɑ̃diʀ] wachsen
grand-mère [gʀɑ̃mɛʀ] *f* Großmutter
grand-père [gʀɑ̃pɛʀ] *m* Großvater
gras, grasse [gʀa, gʀas] fett
gratiné(e) [gʀatine] überbacken
gratter [gʀate] jucken
gratuit(e) [gʀatɥi, ɥit] kostenlos
gratuitement [gʀatɥitmɑ̃] gratis, kostenlos
grave [gʀav] schlimm; *(Krankheit)* schwer
gravillon [gʀavijɔ̃] *m* Rollsplitt
gravure à l'eau-forte [gʀavyʀ a lofɔʀt] *f* Radierung
gravure sur bois [gʀavyʀ syʀ bwa] *f* Holzschnitt
grec, grecque [gʀɛk] griechisch
gril [gʀil] *m* Grill
grille-pain [gʀijpɛ̃] *m* Toaster
grippe [gʀip] *f* Grippe
gris(e) [gʀi, gʀiz] grau
gros, grosse [gʀo, gʀos] dick
grossesse [gʀosɛs] *f* Schwangerschaft
grosseur [gʀosœʀ] *f* Geschwulst
grotte [gʀɔt] *f* Grotte
groupe [gʀup] *m* Gruppe
groupe sanguin [gʀup sɑ̃gɛ̃] *m* Blutgruppe
groupe théâtral [gʀup teatʀal] *m* Theatergruppe
guêpe [gɛp] *f* Wespe
guichet [giʃɛ] *m* Fahrkartenschalter
guichet des bagages [giʃɛ de bagaʒ] *m* Gepäckschalter
guide [gid] *m* Führer, Reiseführer
guide de camping-caravaning [gid də kɑ̃piŋ kaʀavaniŋ] *m* Campingführer
gym aquatique [ʒim‿akwatik] *f* Aquajogging
gymnastique [ʒimnastik] *f* Gymnastik
le gyropode [lə ʒiʀopɔd] Segway

H

habitant(e) [abitɑ̃, abitɑ̃t] *m(f)* Einwohner(in), Bewohner(in)
habiter [abite] wohnen
habits pour enfants [abi puʀ ɑ̃fɑ̃] *mpl* Kinderkleidung
habituel(le) [abitɥɛl] gewöhnlich, üblich
habituellement [abitɥɛlmɑ̃] gewöhnlich
habituer: **s'~ à** [sabitɥe a] sich gewöhnen an; **être habitué(e)** [ɛtʀ‿abitɥe] gewohnt sein
hall [ol] *m* Empfangshalle
hanche [ɑ̃ʃ] *f* Hüfte
hand-ball [ɑ̃dbal] *m* Handball
handicap physique [ɑ̃dikap fizik] *m* Körperbehinderung
handicapé en fauteuil roulant, handicapée en fauteuil roulant [ɑ̃dikape ɑ̃ fotœj ʀulɑ̃] *m*, *f* Rollstuhlfahrer(in)

handicapé mental, handicapée mental [ɑ̃dikape mɑ̃tal] geistig behindert
harcèlement sexuel [aʀsɛlmɑ̃ sɛksyɛl] *m* sexuelle Belästigung
hareng [aʀɑ̃] *m* Hering
haricots [aʀiko] *mpl* Bohnen
haricots verts [aʀiko vɛʀ] *mpl* grüne Bohnen
hasard [azaʀ] *m* Zufall
haut(e) [o, ot] hoch; **en ~** [ɑ̃ o] oben, aufwärts; **vers le ~** [vɛʀ lə o] aufwärts, nach oben
hauteur [otœʀ] *f* Höhe
haut-parleur [opaʀlœʀ] *m* Lautsprecher
haute tension [ot tɑ̃sjɔ̃] *f* Hochspannung
hebdomadaire [ɛbdomadɛʀ] *(als Adjektiv)* wöchentlich
hébergement [ebɛʀʒəmɑ̃] *m* Unterkunft
herbes [ɛʀb] *fpl* Kräuter
herpès [ɛʀpɛs] *m* Herpes
hésiter [ezite] zögern
heure [œʀ] *f* Stunde; **à l'~** [a lœʀ] pünktlich, rechtzeitig
heure d'arrivée [œʀ daʀive] *f* Ankunftszeit
heure de départ [œʀ də depaʀ] *f* Abfahrtszeit
heures d'ouverture [œʀ duvɛʀtyʀ] *fpl* Öffnungszeiten
heures de visites [œʀ də vizit] *fpl* Besuchszeiten
heureux, -euse [œʀø, øz] glücklich, froh; **~ de** [œʀø də] erfreut über
hier [jɛʀ] gestern
histoire [istwaʀ] *f* Geschichte
hiver [ivɛʀ] *m* Winter
hockey sur glace [ɔkɛ syʀ glas] *m* Eishockey
hold-up [ɔldœp] *m* (Bank-)Überfall
homme [ɔm] *m* Mensch; *(männlich)* Mann
hôpital [ɔpital] *m* Krankenhaus
horaire [ɔʀɛʀ] *m* Zeitplan; **~ de chemin de fer/des bus/du métro/des trolleys** [ɔʀɛʀ də ʃəmɛ̃d fɛʀ/de bys/dy metʀo/de tʀɔlɛ] (Zug-/Bus-/S-Bahn-/Obus-)Fahrplan
horloger [ɔʀlɔʒe] *m* Uhrmacher
hors de [ɔʀ də] außer
hors-jeu [ɔʀ ʒø] abseits
hospitalité [ɔspitalite] *f* Gastfreundschaft
hôte, hôtesse [ot/otɛs] *m*, f Gastgeber(in)
hôtel de ville [otɛl də vil] *m* Rathaus (*in kleineren Städten*)
hôtesse de l'air [otɛs də lɛʀ] *f* Flugbegleiterin
hovercraft [ɔvœʀkʀaft] *m* Luftkissenboot
huile [ɥil] *f* Öl
huile d'olive [ɥil dɔliv] *f* Olivenöl
huile solaire [ɥil sɔlɛʀ] *f* Sonnenöl
huîtres [ɥitʀ] *fpl* Austern
humide [ymid] feucht
hydroglisseur [idʀoglisœʀ] *m* Tragflügelboot
hypertension [ipɛʀtɑ̃sjɔ̃] *f* hoher Blutdruck
hypotension [ipotɑ̃sjɔ̃] *f* niedriger Blutdruck

I

ici [isi] hier; **viens ~ !** komm hierher!
idée [ide] *f* Idee, Gedanke; *(Ansicht)* Meinung; *(Konzept)* Vorstellung
identité [idɑ̃tite] *f* Identität; *(persönliche Daten)* Personalien
il [il] er
il y a [il‿ja] es gibt
il y a dix minutes [il‿ja di minyt] vor zehn Minuten
île [il] *f* Insel
ils [il] *(männliche Pluralform)* sie
impératrice [ɛ̃peʀatʀis] *f* Kaiserin
imperméable [ɛ̃pɛʀmeabl] *m* Regenmantel
importance [ɛ̃pɔʀtɑ̃s] *f* Wichtigkeit, Bedeutung
important(e) [ɛ̃pɔʀtɑ̃, ɑ̃t] wichtig, bedeutend
importuner [ɛ̃pɔʀtyne] belästigen
impossible [ɛ̃pɔsibl] unmöglich
impression [ɛ̃pʀɛsjɔ̃] *f* Eindruck
impressionnant [ɛ̃pʀɛsjɔnɑ̃] beeindruckend
impressionnisme [ɛ̃pʀɛsjɔnism] *m* Impressionismus
imprimante [ɛ̃pʀimɑ̃t] *m* Drucker
impropre [ɛ̃pʀɔpʀ] ungeeignet
incendie [ɛ̃sɑ̃di] *f* Brand
incident [ɛ̃sidɑ̃] *m* Zwischenfall, Vorfall
inconnu(e) [ɛ̃kɔny] unbekannt, fremd
inconnu(e) [ɛ̃kɔny] *m(f)* der/die Fremde
incroyable [ɛ̃kʀwajabl] unglaublich
indécent(e) [ɛ̃desɑ̃, ɑ̃t] unanständig
indécis(e) [ɛ̃desi, iz] unentschlossen
indicatif [ɛ̃dikatif] *m* Vorwahlnummer
indication [ɛ̃dikasjɔ̃] *f* Angabe
indications [ɛ̃dikasjɔ̃] *f* Anwendungsgebiete
indice de protection [ɛ̃dis də pʀɔtɛksjɔ̃] *m* Lichtschutzfaktor
infarctus [ɛ̃faʀktys] *m* Herzinfarkt

infection [ɛ̃fɛksjɔ̃] *f* Infektion
infirmier [ɛ̃fiʀmje] Krankenpfleger
infirmière [ɛ̃fiʀmjɛʀ] Krankenschwester
inflammable [ɛ̃flamabl] feuergefährlich
inflammation [ɛ̃flamasjɔ̃] *f* Entzündung
inflammation des amygdales [ɛ̃flamasjɔ̃ dez‿amidal] *f* Mandelentzündung
information [ɛ̃fɔʀmasjɔ̃] *f* Mitteilung; **~s** Auskunft; (*Neuigkeiten*) Nachrichten
informer [ɛ̃fɔʀme] informieren, unterrichten
infusion de camomille [ɛ̃fyzjɔ̃ də kamɔmij] *f* Kamillentee
inhabituel(le) [inabitɥɛl] ungewöhnlich
innocent(e) [inɔsɑ̃, ɑ̃t] unschuldig
inquiet, -iète [ɛ̃kjɛ, ɛt] unruhig
inquiéter: **s'~** [sɛ̃kjete] sich beunruhigen
inscription [ɛ̃skʀipsjɔ̃] *f* Inschrift; *(Eintragung)* Anmeldung
insecte [ɛ̃sɛkt] *m* Insekt
insignifiant(e) [ɛ̃siɲifjɑ̃, ɑ̃t] unwichtig
insister sur [ɛ̃siste syʀ] bestehen auf
insolation [ɛ̃sɔlasjɔ̃] Sonnenstich
insomnie [ɛ̃sɔmni] *f* Schlaflosigkeit
installation [ɛ̃stalasjɔ̃] *f* Anlage
instant [ɛ̃stɑ̃] *m* Augenblick, Moment
instruction [ɛ̃stʀyksjɔ̃] *f* (Schul-) Ausbildung; *(Anweisung)* Vorschrift
insuline [ɛ̃sylin] *f* Insulin
insupportable [ɛ̃sypɔʀtabl] unerträglich
intelligent(e) [ɛ̃teliʒɑ̃, ɑ̃t] klug
intention [ɛ̃tɑ̃sjɔ̃] *f* Absicht
interdiction [ɛ̃tɛʀdiksjɔ̃] *f* Verbot
interdire [ɛ̃tɛʀdiʀ] verbieten
interdit(e) [ɛ̃tɛʀdi, it] verboten
intéressant(e) [ɛ̃teʀɛsɑ̃, ɑ̃t] interessant
intéresser: **s'~ à** [sɛ̃teʀɛse a] sich interessieren für
intérieur [ɛ̃teʀjœʀ] *m* das Innere; *(eines Hauses)* Inneneinrichtung
intermédiaire [ɛ̃tɛʀmedjɛʀ] *mf* Vermittler(in)
international(e) [ɛ̃tɛʀnasjɔnal] international
interphone [ɛ̃tɛʀfɔn] *m* Babyfon®
Interrail [ɛ̃tɛʀʀaj] InterRail®
interroger [ɛ̃tɛʀɔʒe] befragen
interrompre [ɛ̃tɛʀɔ̃pʀ] unterbrechen
interrupteur [ɛ̃teʀyptœʀ] *m* Lichtschalter
intestin [ɛ̃tɛstɛ̃] *m* Darm
intoxication alimentaire [ɛ̃tɔksikasjɔ̃ alimɑ̃tɛʀ] *f* Lebensmittelvergiftung
inutile [inytil] unnütz, nutzlos
inutilement [inytilmɑ] vergeblich
inverse [ɛ̃vɛʀs] umgekehrt
inversement [ɛ̃vɛʀsəmɑ̃] umgekehrt
invité(e) [ɛ̃vite] *m(f)* Gast
inviter [ɛ̃vite] einladen; *(bitten)* auffordern
invraisemblable [ɛ̃vʀɛsɑ̃blabl] unwahrscheinlich
iPod [ipɔd] *m* iPod®
itinéraire [itineʀɛʀ] *m* (Reise-)Route
ivre [ivʀə] betrunken

J

jamais [ʒamɛ] jemals; **ne (…) ~** [nə (…) ʒamɛ] nie
jambe [ʒɑ̃b] *f* Bein
jambon [ʒɑ̃bɔ̃] *m* Schinken
jambon cru [ʒɑ̃bɔ̃ kʀy] *m* roher Schinken
jambon de Paris [ʒɑ̃bɔ̃ də paʀi] *m* gekochter Schinken
janvier [ʒɑ̃vje] Januar
jardin [ʒaʀdɛ̃] *m* Garten
jardin botanique [ʒaʀdɛ̃ bɔtanik] *m* Botanischer Garten
jaune [ʒon] gelb
jazz [dʒaz] *m* Jazz
je [ʒə] ich
jean [dʒin] *m* Jeans
le jegging [lə (d)ʒɛgiŋ] Jeggings
jetée [ʒəte] *f* Mole
jeter [ʒəte] werfen
jeu de boules [ʒød bul] *m* Boulespiel
jeu de quilles [ʒød kij] *m* Kegeln
jeudi [ʒœdi] Donnerstag
jeune [ʒœn] jung; **~ fille** [ʒœn fij] Mädchen
jeune [ʒœn] *mf* der/die Jugendliche
jeûne [ʒøn] *m* Fasten
jeûne curatif [ʒøn kyʀatif] *m* Heilfasten
joie [ʒwa] *f* Freude
joli(e) [ʒɔli] hübsch, nett
jouets [ʒuɛ] *mpl* Spielsachen
jouir de [ʒwiʀ də] genießen
jour [ʒuʀ] *m* Tag; **les~s ouvrables** [le ʒuʀz‿uvʀabl] werktags
jour de l'arrivée [ʒuʀ də laʀive] *m* Anreisetag
jour ouvrable [ʒuʀ uvʀablə] *m* Werktag
journal [ʒuʀnal] *m* Zeitung
juge [ʒyʒ] *mf* Richter(in)
juillet [ʒɥijɛ] Juli
juin [ʒɥɛ̃] Juni
jupe [ʒyp] *f* Rock

jus d'orange [ʒy dɔʀɑ̃ʒ] *m* Orangensaft
jusqu'à [ʒyska] bis; **~ maintenant** [ʒyska mɛ̃tnɑ̃] bis jetzt
juste [ʒyst] gerecht; *(exakt)* richtig
juteux, -euse [ʒytø, øz] saftig

K

kayak [kajak] *m* Paddelboot
kermesse [kɛʀmɛs] *f* Kirmes
ketchup [kɛtʃœp] *m* Ketschup
kilo(gramme) [kilɔ(gʀam)] *m* Kilo(gramm)
kilomètre [kilɔmɛtʀ] *m* Kilometer
kit de réparation des pneus [kit də ʀepaʀasjɔ̃ de pnø] *m* (Reifen-)Flickzeug
kitsch [kitʃ] kitschig
kiwi [kiwi] *m* Kiwi
klaxon [klaksɔn] *m* Hupe

L

là [la] *(dort)* da; **~-bas** [laba] dort (unten)
lac [lak] *m* (Binnen-)See
lacet [lasɛ] *m* Schnürsenkel
laid(e) [lɛ, lɛd] hässlich
laine [lɛn] *f* Wolle
laisser [lɛse] lassen
lait [lɛ] *m* Milch
lait écrémé [lɛ ekʀeme] *m* fettarme Milch
laiterie [lɛtʀi] *f* Milchgeschäft
laitue [lɛty] *f* Kopfsalat
lames de rasoir [lam də ʀazwaʀ] *fpl* Rasierklingen
lampe [lɑ̃p] *f* Lampe
lampe de chevet [lɑ̃p də ʃvɛ] *f* Nachttischlampe
lande [lɑ̃d] *f* Heide
langue [lɑ̃g] *f* Zunge; *(sprachlich)* Sprache
langue des signes [lɑ̃g de siɲ] *f* Zeichensprache
lapin [lapɛ̃] *m* Kaninchen
large [laʀʒ] breit; *(Kleidung)* weit
largeur [laʀʒœʀ] *f* Breite
largeur de la porte [laʀʒœʀ de la pɔʀt] *f* Türbreite
laurier [lɔʀje] *m* Lorbeer
lavabo [lavabo] *m* Handwaschbecken
lavabos [lavabo] *mpl* Waschraum
lave-vaisselle [lav vesɛl] *m* Geschirrspülmaschine
laver [lave] waschen
laverie [lavʀi] *f* Waschsalon
laxatif [laksatif] *m* Abführmittel
leçons de ski [ləsɔ̃ də ski] *fpl* Skikurs
lecteur de cassettes [lɛktœʀ də kasɛt] *m* Kassettenrekorder
léger, -ère [leʒe, ɛʀ] *(Gewicht)* leicht
légumes [legym] *mpl* Gemüse
lent(e) [lɑ̃, lɑ̃t] langsam
lentement [lɑ̃tmɑ̃] langsam
lentille [lɑ̃tij] *f* Kontaktlinse
lentilles [lɑtij] *fpl* Linsen
lessive [lɛsiv] *f* (Dreck-)Wäsche; *(Pulver/flüssig)* Waschmittel
lettre [lɛtʀ] *f* Brief
lettre exprès [lɛtʀ‿ɛkspʀɛs] *f* Eilbrief
lettre recommandée [lɛtʀə ʀəkɔmɑ̃de] *f* Einschreibebrief
leur [lœʀ] *(weibliches Possessivpronomen)* ihr
levée [ləve] *f* Leerung
lever [ləve] heben; **se ~** [sə ləve] aufstehen
lèvre [lɛvʀ] *f* Lippe
librairie [libʀɛʀi] *f* Buchhandlung
libre [libʀə] frei
licence de camping [lisɑ̃s də kɑ̃piŋ] *f* Campingausweis
lieu [ljø] *m* Ort; **au ~ de** [o ljø də] anstatt, statt; **avoir ~** [avwaʀ ljø] stattfinden
lieu de naissance [ljød nɛsɑ̃s] *m* Geburtsort
lieu de pèlerinage [ljɔ̃ də pɛlʀinaʒ] *m* Wallfahrtsort
light [lajt] fettarm
ligne [liɲ] *f* Linie; *(Bahn)* Strecke; *(Elektrizität; Telefon)* Leitung
lilas [lila] lila
limonade [limɔnad] *f* Limonade
lin [lɛ̃] *m* Leinen
liquide [likid] flüssig
liquide de frein [likid də fʀɛ̃] *m* Bremsflüssigkeit
lire [liʀ] lesen
liste [list] *f* Liste, Verzeichnis
lit [li] *m* Bett
lit d'enfant [li dɑ̃fɑ̃] *m* Kinderbett
litre [litʀ] *m* Liter
lis superposés [li sypɛʀpoze] *mpl* Etagenbett
livre [livʀ] *m* Buch
livre de cuisine [livʀ də kɥizin] *m* Kochbuch
livre de poche [livʀə də pɔʃ] *m* Taschenbuch
local(e) [lɔkal] einheimisch
localité [lɔkalite] *f* Ortschaft
location [lɔkasjɔ̃] *f* *(Theater)* Vorverkauf
loge [lɔʒ] *f* Loge
loin [lwɛ̃] *(Weg)* weit
long, longue [lɔ̃, lɔ̃g] lang
longueur [lɔ̃gœʀ] *f* Länge

Lorraine [lɔʀɛn] *f* Lothringen
lotion après-rasage [lɔsjɔ̃ apʀɛʀazaʒ] *f* Rasierwasser
louche [luʃ] *f* Schöpfkelle
louer [lue] loben; *(ausleihen)* mieten; *(verleihen)* vermieten
lourd [luʀ] schwül
lourd(e) [luʀ, luʀd] schwer
loyer [lwaje] *m* Miete
luge [lyʒ] *f* Schlitten
lui [lɥi] er; *(im Dativ)* ihm
lumbago [lɛ̃bago] *m* Hexenschuss
lumière [lymjɛʀ] *f* Licht
lundi [lɛ̃di] Montag
lundi de Pâques [lɛ̃did pak] *m* Ostermontag
lundi de Pentecôte [lɛ̃did pɑ̃tkot] *m* Pfingstmontag
lune [lyn] *f* Mond
lunettes de plongée [lynɛt də plɔ̃ʒe] *fpl* Taucherbrille
lunettes de ski [lynɛt də ski] *fpl* Skibrille
luxueux, -euse [lyksyø, øz] luxuriös

M

mât de tente [mad tɑ̃t] *m* Zeltstange
ma [ma] *(Possessivpronomen)* mein(e)
machine [maʃin] *f* Maschine
machine à laver [maʃin‿a lave] *f* Waschmaschine
mâchoire [maʃwaʀ] *f* Kiefer
madame [madam] *(Anrede, vor Namen)* Frau
mademoiselle [madmwazɛl] Fräulein
magasin [magazɛ̃] Geschäft, Laden
magasin d'antiquités [magazɛ̃d ɑ̃tikite] *m* Antiquitätengeschäft
magasin d'articles de sport [magazɛ̃d ɑʀtikl də spɔʀ] *m* Sportartikelgeschäft
magasin de chaussures [magazɛd ʃosyʀ] *m* Schuhgeschäft
magasin d'électro-ménager [magazɛ̃d elɛktʀomenaʒe] *m* Elektrohandlung
magasin de fruits et légumes [magazɛd fʀɥi e legym] *m* Obst- und Gemüsehändler
magasin d'informatique [magazɛ̃d ɛ̃fɔʀmatik] *m* Computerfachgeschäft
magasin de jouets [magazɛ̃d ʒuɛ] *m* Spielwarengeschäft
magasin de musique [magazɛ̃d mysik] *m* Musikgeschäft
magasin de photos [magazɛ̃d fɔto] *m* Fotogeschäft
magasin de produits diététiques [magazɛ̃d pʀɔdɥi djetetik] *m* Reformhaus
magasin de produits naturels [magazɛ̃d pʀɔdɥi natyʀɛl] *m* Bioladen
magasin de souvenirs [magazɛ̃d suvniʀ] *m* Souvenirladen
magasin de (vins et) spiritueux [magazɛd (vɛ̃ e) spiʀityø] *m* Spirituosengeschäft
magasin de vins [magazɛ̃d vɛ̃] *m* Weinhandlung
magazine [magazin] *m* Zeitschrift, Illustrierte
magnifique [maɲifik] herrlich
mai [mɛ] Mai
maigre [mɛgʀ] mager
maillot de bain [majod bɛ̃] *m* Badehose
maillot une pièce [majo yn pjɛs] *m* Badeanzug
main [mɛ̃] *f* Hand; **fait ~** [fɛ mɛ̃] handgemacht
maintenant [mɛ̃tnɑ̃] jetzt
mairie [meʀi] *f* Rathaus (*in kleineren Orten*)
mais [mɛ] aber, sondern
maïs [mais] *m* Mais
maison [mɛzɔ̃] *f* Haus; **à la ~** [a la mɛzɔ̃] daheim
maison de campagne [mɛzɔ̃d kɑ̃paɲ] *f* Ferienhaus
maison de vacances [mɛzɔ̃d vakɑs] *f* Ferienhaus
maître-nageur [mɛtʀənaʒœʀ] *mf* Bademeister(in)
mal [mal] schlecht; **faire ~** [fɛʀ mal] schmerzen; **~ de dents** [mal də dɑ̃] Zahnschmerzen; **~ de gorge** [mal də gɔʀʒ] Halsschmerzen
malade [malad] krank
maladie [maladi] *f* Krankheit; **~ infantile** [maladi ɛ̃fɑ̃til] Kinderkrankheit
malentendant(e) [malɑ̃tɑ̃dɑ̃] hörgeschädigt
malentendu [malɑ̃tɑ̃dy] *m* Missverständnis
malgré [malgʀe] trotz; **~ cela** [malgʀe səla] trotzdem
malheur [malœʀ] *m* Unglück
malheureusement [malœʀøzmɑ̃] leider
malvoyant(e) [malvwajɑ̃, ɑ̃t] sehbehindert
malvoyant(e) [malvwajɑ̃, ɑ̃t] *m(f)* der/die Sehbehinderte; *(stärker)* der/die Blinde
manche [mɑ̃ʃ] *f* Ärmel
Manche [mɑ̃ʃ] *f* Ärmelkanal
mandarine [mɑ̃daʀin] *f* Mandarine

mandat [mɑ̃da] *m* Geldanweisung; **~ télégraphique** [mɑ̃da telegʀafik] telegrafische Überweisung
manger [mɑ̃ʒe] essen
mangue [mɑ̃g] *f* Mango
manière [manjɛʀ] *f* Art, Weise
manifestation [manifɛstasjɔ̃] *f* Veranstaltung
manquer [mɑ̃ke] fehlen; *(Ziel)* verfehlen, verpassen
manteau [mɑ̃to] *m* Mantel
maquereau [makʀo] *m* Makrele
marais [maʀɛ] *m* Sumpf
marchand de journaux [maʀʃɑ̃d ʒuʀno] *m* Zeitungshändler
marchand d'objets d'art [maʀʃɑ̃d ɔbʒɛ daʀ] *m* Kunsthändler
marchander [maʀʃɑ̃de] feilschen
marche [maʀʃ] *f* Stufe
marché [maʀʃe] *m* Markt
marche arrière [maʀʃ aʀjɛʀ] *f* Rückwärtsgang
marché aux puces [maʀʃe o pys] *m* Flohmarkt
marcher [maʀʃe] *(zu Fuß)* gehen
mardi [maʀdi] *m* Dienstag; **~ gras** [maʀdi gʀa] Fastnachtsdienstag
marée basse [maʀe bas] *f* Ebbe
marée haute [maʀe ot] *f* Flut
margarine [maʀgaʀin] *f* Margarine
mari [maʀi] *m* Ehemann
mariage [maʀjaʒ] *m* Ehe; *(Ereignis)* Hochzeit, Heirat
marier: **se ~** [sə maʀje] heiraten
marié (à), mariée (à) [maʀje (a)] verheiratet (mit)
maroquinerie [maʀɔkinʀi] *f* Lederwarengeschäft
marron [maʀɔ̃] braun
mars [maʀs] März
marteau [maʀto] *m* Hammer
mascara [maskaʀa] *m* Wimperntusche
masculin(e) [maskylɛ̃, in] männlich
massage [masaʒ] *m* Massage
match [matʃ] *m* Spiel
match de football [matʃ də futbol] *m* Fußballspiel
match nul [matʒ nyl] unentschieden
matelas [matla] *m* Matratze; **~ pneumatique** [matla pnømatik] Luftmatratze
matériel [mateʀjɛl] *m* Material
matin [matɛ̃] *m* Morgen
matinée [matine] *f* Vormittag
mauvais(e) [movɛ, ɛz] schlecht, übel
mauve [mov] lila
maux d'estomac [mod ɛstɔma] *mpl* Magenschmerzen
maux de tête [mod tɛt] *mpl* Kopfschmerzen
maximum: **au ~** [o maksimɔm] höchstens
mayonnaise [majɔnɛz] *f* Mayonnaise
me [mə] mich, mir
méchant(e) [meʃɑ̃, ɑ̃t] böse, gemein
mèches [mɛʃ] Strähnchen
médicament [medikamɑ̃] *m* Medikament
médicament pour la circulation [medikamɑ̃ puʀ la siʀkylasjɔ̃] *m* Kreislaufmittel
méditation [meditasjɔ̃] *f* Meditation
la Méditerranée [la mediteʀane] *f* Mittelmeer
méduse [medyz] *f* Qualle
méfier de: **se ~** [sə mefje də] misstrauen
meilleur(e) [mɛjœʀ] besser; **le/la ~ …** der/die/das beste …
mélangé(e) [melɑ̃ʒe] gemischt
melon [məlɔ̃] *m* (Honig-)Melone
même [mɛm] selbst, sogar; **la ~ chose** [la mɛm ʃoz] dasselbe
mémorial [memɔʀjal] *m* Gedenkstätte
ménage: **faire le ~** [fɛʀ lə menaʒ] putzen
méningite [menɛ̃ʒit] *f* Hirnhautentzündung
mensonge [mɑ̃sɔ̃ʒ] *m* Lüge
mensuel(le) [mɑ̃syɛl] *(als Adjektiv)* monatlich
menu [məny] *m* Menü; **~ enfants** [məny ɑ̃fɑ̃] Kinderteller
mer [mɛʀ] *f* Meer; **la ~ du Nord** [la mɛʀ dy nɔʀ] die Nordsee
mercredi [mɛʀkʀədi] *m* Mittwoch; **~ des cendres** [mɛʀkʀədi de sɑ̃dʀ] Aschermittwoch
mère [mɛʀ] *f* Mutter
merveilleux, -euse [mɛʀvɛjø, øz] wunderbar
messe [mɛs] *f (Kirche)* Messe
météo [meteo] *f* Wetterbericht
mètre [mɛtʀ] *m* Meter; **~ carré** [mɛtʀə kaʀe] Quadratmeter
métro [metʀo] *m* S-Bahn, U-Bahn
mettre [mɛtʀ] setzen, stellen, legen; *(Schuhe)* anziehen; *(Zeit)* brauchen; **se ~ en colère** [sə mɛtʀ‿ɑ̃ kɔlɛʀ] wütend werden
meuble [mœbl] *m* Möbel
micro-ondes [mikʀoɔ̃d] *m* Mikrowelle
midi [midi] *m* Mittag
miel [mjɛl] *m* Honig
mieux [mjø] besser
migraine [migʀɛn] *f* Migräne
milieu [miljø] *m* Mitte
millimètre [milimɛtʀ] *m* Millimeter
mince [mɛ̃s] dünn, schlank
minibar [minibaʀ] *m* Minibar
minigolf [minigɔlf] *m* Minigolf
minute [minyt] *f* Minute

miroir [miʀwaʀ] *m* Spiegel
mise en scène [miz‿ɑ̃ sɛn] *f* Regie, Inszenierung
mixeur [miksœr] *m* Mixer
mixte [mikst] gemischt
mode [mɔd] *f* Mode; **à la ~** [a la mɔd] modern
modèle [mɔdɛl] *m* Modell
moderne [mɔdɛʀn] modern
moi [mwa] ich; *(im Akkusativ)* mich; **à ~** [a mwa] mir
moins [mwɛ̃] weniger; *(ohne)* minus; **au ~** [o mwɛ̃] mindestens, wenigstens
mois [mwa] *m* Monat
moitié [mwatje] *f* Hälfte; **à ~** [a mwatje] halb
môle [mol] *m* Mole
mon [mɔ̃] mein(e)
monastère [mɔnastɛʀ] *m* Kloster
monde [mɔ̃d] *m* Welt
moniteur de ski, monitrice de ski [mɔnitœʀ/mɔnitʀis də ski] *m, f* Skilehrer(in)
monnaie [mɔnɛ] *f* Wechselgeld
monsieur [məsjø] Herr; **Monsieur!** [məsjø] (*Anrede im Restaurant*) Ober
montagne [mɔ̃taɲ] *f* Berg, Gebirge
montant [mɔ̃tɑ̃] *m* Summe, Betrag
monter [mɔ̃te] einsteigen
montgolfière [mɔ̃gɔlfjɛʀ] *f* Heißluftballon
montre-bracelet [mɔ̃tʀəbʀaslɛ] *f* Armbanduhr
montrer [mɔ̃tʀe] zeigen
monument [mɔnymɑ̃] *m* Denkmal
morceau [mɔʀso] *m* Stück; **un ~ de pain** [ɛ̃ mɔʀso də pɛ̃] ein Stück Brot
mordre [mɔʀdʀ] beißen
mort [mɔʀ] *f* Tod
mort(e) [mɔʀ, mɔʀt] tot
mosaïque [mɔzaik] *f* Mosaik
mot [mo] *m* Wort
motel [mɔtɛl] *m* Motel
moteur [mɔtœʀ] *m* Motor
mou, molle [mu, mɔl] weich
mouchoirs en papier [muʃwaʀ ɑ̃ papje] *mpl* Papiertaschentücher
mouette [muɛt] *f* Möwe
mouillé(e) [muje] nass
moule [mul] *f* Miesmuschel
mourir [muʀiʀ] sterben
mousse à raser [musa ʀaze] *f* Rasierschaum
moustique [mustik] *m* Mücke
moutarde [mutaʀd] *f* Senf
mouton [mutɔ̃] *m* Hammelfleisch
moyen [mwajɛ̃] *m* Mittel
moyen(ne) [mwajɛ̃, ɛn] mittlere(r, -s), durchschnittlich; **Moyen Age** [mwajɛn‿aʒ] Mittelalter
moyenne [mwajɛn] *f* Durchschnitt
MP3 [ɛmpetʀwa] *m* MP3-Player
muet(te) [mɥɛ, ɛt] stumm
multicolore [myltikɔlɔʀ] bunt
mur [myʀ] *m* Wand
mûr(e) [myʀ] reif
murs de la ville [myʀ də la vil] *mpl* Stadtmauer
mûres [myʀ] *fpl* Brombeeren
muscle [myskl] *m* Muskel
musculation [myskylasjɔ̃] *f* Bodybuilding
musée [myze] *m* Museum
musée ethnologique [myze ɛtnɔlɔʒik] *m* Völkerkundemuseum
musique [myzik] *f* Musik
musique classique [mysik klasik] *f* Klassik
musique en direct [myzik ɑ̃ diʀɛkt] *f* Livemusik
musique folklorique [mysik fɔlklɔʀik] *f* Volksmusik
musli [mysli] *m* Müsli
mycose [mikoz] *f* Pilzinfektion

N

nager [naʒe] schwimmen
nageur, nageuse [naʒœʀ/naʒøz] *m, f* Schwimmer(in)
nappe [nap] *f* Tischtuch
nationalité [nasjɔnalite] *f* Staatsangehörigkeit
national(e) [nasjɔnal] national, einheimisch
nature [natyʀ] *f* Natur; **~ morte** [natyʀ mɔʀt] Stillleben
naturel(le) [natyʀɛl] natürlich
naturellement [natyʀɛlmɑ̃] natürlich
nausée [noze] *f* Übelkeit, Brechreiz
navette [navɛt] *f* Transferbus
né(e) [ne] geboren
nécessaire [nesesɛʀ] notwendig, nötig
négatif, -ive [negatif, iv] negativ
neige [nɛʒ] *f* Schnee; **~ poudreuse** [nɛʒ pudʀøz] Pulverschnee
néphrite [nefʀit] *f* Nierenentzündung
nerf [nɛʀ] *m* Nerv
nerveux, -euse [nɛʀvø, øz] nervös
nettoyage de fin de séjour [nɛtwajaʒ də fɛ̃d seʒuʀ] *m* Endreinigung
nettoyer [nɛtwaje] reinigen, putzen; **~ (à sec)** [nɛtwaje (a sɛk)] chemisch reinigen
neuf [nœf] neun

neuf, neuve [nœf, nœv] *(ungebraucht)* neu
nez [ne] *m* Nase
Noël [nɔɛl] Weihnachten
noir(e) [nwaʀ] schwarz
noix [nwa] *f* Nuss; **~ de coco** [nwad koko] Kokosnuss
nom [nɔ̃] *m* Name; **~ de famille** [nɔ̃d famij] Familienname
nombre [nɔ̃bʀ] *m* Zahl
non-fumeur, -euse [nɔ̃fymœʀ, -øz] Nichtraucher(in)
Nord [nɔʀ] *m* Norden; **au ~ de** [o nɔʀ də] nördlich von
normal(e) [nɔʀmal] normal
normalement [nɔʀmalmɑ̃] normalerweise
nos [no] unsere
note [nɔt] *f (im Hotel)* Rechnung; **~s** [nɔt] Aufzeichnungen
noter [nɔte] aufschreiben
notre [nɔtʀ] unser, unsere
nouilles [nuj] *fpl* Nudeln
nourisson [nuʀisɔ̃] *m* Säugling
nourriture [nuʀityʀ] *f* Nahrung, Verpflegung
nourriture pour bébés [nuʀityʀ puʀ bebe] *f* Babynahrung
nous [nu] wir; *(Akkusativ, Dativ)* uns
nouveau, nouvelle [nuvo/nuvɛl] neu, frisch; **de ~** [də nuvo] wieder
Nouvel An [nuvɛl‿ɑ̃] *m* Neujahr
nouvelle [nuvɛl] *f* Neuigkeit; *(Information)* Nachricht
novembre [nɔvɑ̃bʀ] November
nu [ny] *m* Akt
nu(e) [ny] nackt
nuage [nyaʒ] *m* Wolke
nuageux, -euse [nyaʒø, øz] bewölkt
nuisible [nɥizibl] schädlich
nuit [nɥi] *f* Nacht
nulle part [nyl paʀ] nirgends
numéro [nymeʀo] *m* Nummer
numéro de code [nymeʀod kɔd] *m* Geheimzahl
numéro de la maison [nymeʀod la mɛzɔ̃/də limœbl] *m* Hausnummer
numéro de l'immeuble [nymeʀo də limœbl] *m* Hausnummer
numéro de la voiture [nymeʀo də la vwatyʀ] *m* Wagennummer
numéro de téléphone [nymeʀod telefɔn] *m* Telefonnummer

O

objectif [ɔbʒɛktif] *m* Objektiv
objet [ɔbʒɛ] *m* Gegenstand; **~s de valeur** [ɔbjɛd valœʀ] Wertsachen
obligé(e): **être ~ de** [ɛtʀ‿ɔbliʒe də] müssen
observatoire [ɔbsɛʀvatwaʀ] *m* Sternwarte
observer [ɔpsɛʀve] beobachten
occasion [ɔkazjɔ] *f* Gelegenheit, Anlass
occupé(e) [ɔkype] beschäftigt; *(Platz)* besetzt
occuper: **s'~ de** [sɔkype də] sich kümmern um, sorgen für
octobre [ɔktɔbʀ] Oktober
odeur [odœʀ] *f* Geruch
œil *m* [œj] Auge
œuf [œf] *m* Ei
œsophage [œzofaʒ] *m* Speiseröhre
offense [ɔfɑ̃s] *f* Beleidigung
office [ɔfis] *m (Dienststelle)* Amt; **~ de tourisme** [ɔfis də tuʀism] Verkehrsamt
officiel(le) [ɔfisjɛl] offiziell, amtlich
offrir [ɔfʀiʀ] anbieten, bieten; *(als Geschenk)* schenken
oignon [ɔɲɔ̃] *m* Zwiebel
oiseau [wazo] *m* Vogel
olive [ɔliv] *f* Olive
ombre [ɔ̃bʀ] *f* Schatten
on [ɔ̃] man
opéra [ɔpeʀa] *m* Oper
opération [ɔpeʀasjɔ̃] *f* Operation
opérette [ɔpeʀɛt] *f* Operette
opinion [ɔpiɲɔ̃] *f* Meinung
opposé(e) [ɔpoze] entgegengesetzt
opticien(ne) [ɔptisjɛ̃/ɔptisjɛñ] *m(f)* Optiker(in)
or [ɔʀ] *m* Gold
orage [ɔʀaʒ] *m* Gewitter
orange [ɔʀɑ̃ʒ] orange
orange [ɔʀɑ̃ʒ] *f* Apfelsine
orchestre [ɔʀkɛstʀə] *m* Orchester
orchestre de danse [ɔʀkɛstʀə də dɑ̃s] *m* Tanzkapelle
ordinateur portable [ɔʀdinatœʀ pɔʀtabl] *m* Laptop
ordonnance [ɔʀdɔnɑ̃s] *f* Rezept
ordre [ɔʀdʀ] *m* Ordnung
ordures [ɔʀdyʀ] *fpl* Abfall, Müll
oreille [ɔʀɛj] *f* Ohr
oreiller [ɔʀɛje] *m* Kopfkissen
oreillons [ɔʀɛjɔ̃] *mpl* Mumps
orfèvrerie [ɔʀfɛvʀəʀi] *f* Goldschmiedekunst
originaire [oʀiʒinɛʀ] gebürtig
original [ɔʀiʒinal] *m* Original
orteil [ɔʀtɛj] *m* Zehe
os [ɔs] *m* Knochen
oser [oze] wagen
otite [ɔtit] *f* Mittelohrentzündung
ou [u] oder; **~ bien ... ~ bien** [u bjɛ ... u bjɛ̃] entweder ... oder
oublier [ublije] vergessen; *(Schirm etc.)* liegen lassen
Ouest [wɛst] *m* Westen; **à l'~ de** [a lwɛst də] westlich von

ouïe [wi] *f* Gehör
outil [uti] *m* Werkzeug
outre: **en ~** [ɑ̃n‿utʀ] außerdem
ouvert(e) [uvɛʀ, uvɛʀt] offen, geöffnet
ouverture automatique des portes [uvɛʀtyʀ otomatik de pɔʀt] *f* automatische Türöffnung
ouvre-boîtes [uvʀəbwat] *m* Dosenöffner
ouvre-bouteilles [uvʀəbutɛj] *m* Flaschenöffner
ouvrir [uvʀiʀ] öffnen, aufmachen

P

paiement [pɛmɑ̃] *m* Zahlung
paille [paj] *f* Strohhalm
pain [pɛ̃] *m* Brot; **~ blanc** [pɛ̃ blɑ̃] Weißbrot; **~ complet** [pɛ̃ kɔ̃plɛ] Vollkornbrot; **~ noir** [pɛ̃ nwaʀ] Schwarzbrot
pain de glace [pɛ̃d glas] Kühlelement
paire [pɛʀ] *f* Paar
palais [palɛ] *m* Palast
pâle [pal] bleich
palmes [palm] *fpl* Schwimmflossen
palourde [paluʀd] *f* Venusmuschel
pamplemousse [pɑ̃pləmus] *m* Grapefruit
panier [paɲe] *m* Korb
panne [pan] *f* Panne; **en ~** [ɑ̃ pan] kaputt
panneau [pano] *m* (Hinweis-)Schild
panorama [panɔʀama] *m* Panorama
pansement [pɑ̃smɑ̃] *m* Verband
pantalon [pɑ̃talɔ̃] *m* Hose; **~ de jogging** [pɑ̃talɔ̃ də ʒɔgiŋ] Jogginghose; **~ de ski** [pɑ̃talɔ̃ də ski] Skihose
papeterie [papɛtʀi] *f* Schreibwarengeschäft
papier [papje] *m* Papier; **~ (d') alu** [papje (d)aly] Alufolie; **~ à lettres** [papje a lɛtʀ] Briefpapier; **~ hygiénique** [papje iʒjenik] Toilettenpapier
papiers [papje] *(Dokumente)* Papiere
paprika [papʀika] *m* Paprika
Pâques [pak] *f* Ostern
paquet [pakɛ] *m* Päckchen
par [paʀ] pro; *(Passiv)* durch, von; **~ avance** [paʀ‿avɑ̃s] im Voraus
par avion [paʀ‿avjɔ̃] mit Luftpost
par hasard [paʀ azaʀ] zufällig
parachutisme [paʀaʃytism] *m* Fallschirmspringen
paralysie [paʀalizi] *f* Lähmung
parapente [paʀapɑ̃t] *m* Gleitschirm
paraplégique [paʀapleʒik] querschnittsgelähmt
parapluie [paʀaplɥi] *m* Schirm
parc [paʀk] *m* Park; **~ animalier** [paʀk animalje] Wildpark; **~ de loisirs** [paʀk də lwaziʀ] Freizeitpark; **~ national** [paʀk nasjɔnal] Nationalpark
parc ornithologique [paʀk ɔʀnitɔlɔʒik] *m* Vogelschutzgebiet
parce que [paʀskə] weil
pardessus [paʀdəsy] *m* (Herren-)Mantel
pare-brise [paʀbʀiz] *m* Windschutzscheibe
pare-chocs [paʀʃɔk] *m* Stoßstange
pareil(le) [paʀɛj] gleich
parents [paʀɑ̃] *mpl* Eltern
parent(e) [paʀɑ̃, ɑ̃t] verwandt
paresser [paʀɛse] faulenzen
paresseux, -euse [paʀɛsø, øz] faul
parfum [paʀfɛ̃] *m* Parfüm
parfumerie [paʀfymʀi] *f* Parfümerie
parler [paʀle] reden, sprechen
part [paʀ] *f* Anteil; **à ~** [a paʀ] extra
partager [paʀtaʒe] teilen
parterre [paʀtɛʀ] *m* Parkett
partie [paʀti] *f* Teil
partir [paʀtiʀ] weggehen; *(sich aufmachen)* aufbrechen; **~ (de)** [paʀtiʀ (də)] abfahren (von); **~ pour** [paʀtiʀ puʀ] abreisen nach; **à ~ de** [a paʀtiʀ də] ab
partir en voyage [paʀtiʀ‿ɑ̃ vwajaʒ] verreisen
parti(e) [paʀti] fort, weg
partout [paʀtu] überall
(ne ...) pas [(nə ...) pa] nicht; **(ne ...) pas du tout** [(nə ...) pa dy tu] gar nicht, keinesfalls; **(ne ...) pas non plus** [(nə ...) pa nɔ̃ ply] auch nicht
passage [pasaʒ] *m* Durchgang; *(Wechsel)* Übergang; *(Schiff)* Passage; **~ souterrain** [pasaʒ sutɛʀɛ̃] Unterführung
passager, passagère [pasaʒe/pasaʒɛʀ] Passagier(in), Fahrgast
passe [pas] *f* Pass
passé [pase] *m* Vergangenheit
passé(e) [pase] vorüber
passeport [paspɔʀ] *m* Reisepass
passer [pase] vorübergehen; *(Zeit)* vergehen; *(Ferien)* verbringen; **~ la nuit** [pase la nɥi] übernachten
passerelle [pasʀɛl] *f* Steg
pastèque [pastɛk] *f* Wassermelone
pastilles contre le mal de gorge [pastij kɔ̃tʀ lə mal də gɔʀʒ] *fpl* Halstabletten
passoire [paswaʀ] *f* Küchensieb

pâté de foie [pated fwa] *m* Leberpastete
patience [pasjɑ̃s] *f* Geduld
patin à roulette [patɛ̃ a ʀulɛt] *m* Rollschuh
patinage [patinaʒ] *m* Eislauf
patinoire [patinwaʀ] *f* Eisbahn
patins à glace [patɛ̃ a glas] *mpl* Schlittschuhe
pâtisserie [patisʀi] *f* Konditorei
pâtisseries [patisʀi] *fpl* Gebäck
patron [patʀɔ̃] *m* Chef; *(Restaurant)* Wirt
pauvre [povʀə] arm
payer [pɛje] zahlen, bezahlen; **~ comptant** [pɛje kɔ̃tɑ̃] bar zahlen
pays [pei] *m* Land; **~ natal** [pei natal] Heimat
paysage [peizaʒ] *m* Landschaft
péage [peaʒ] *m* Autobahngebühr, Maut
périmé(e) [peʀime] abgelaufen
peau [po] *f* Haut
pêche [pɛʃ] *f* Pfirsich
pêcher [pɛʃe] angeln
pédalo [pedalo] *m* Tretboot
pédiatre [pedjatʀ] *mf* Kinderarzt, -ärztin
peigne [pɛɲ] *m* Kamm
peigner [peɲe] kämmen
peignoir de bain [pɛɲwaʀ də bɛ̃] *m* Bademantel
peindre [pɛ̃dʀ] malen
peine [pɛn] *f* Mühe; *(nach Verbrechen)* Strafe; **à ~** [a pɛn] kaum
peintre [pɛ̃tʀ] *mf* Maler(in)
peinture [pɛ̃tyʀ] *f* Malerei; *(Bild)* Gemälde
peinture à l'huile [pɛ̃tyʀ a lɥil] *f* Ölmalerei
peinture sur soie [pɛ̃tyʀ syʀ swa] *f* Seidenmalerei
peinture sur verre [pɛ̃tyʀ syʀ vɛʀ] *f* Glasmalerei
pellicules [pelikyl] *fpl* Schuppen
pelouse [pəluz] *f* Rasen
pendant [pɑ̃dɑ̃] während; **~ la journée** [pɑ̃dɑ̃ la ʒuʀne] tagsüber; **~ la semaine** [pɑ̃dɑ̃ la səmɛn] wochentags
pendentif [pɑ̃dɑ̃tif] *m* Anhänger
pénible [penibl] lästig
péniche [peniʃ] *f* Hausboot
penser [pɑ̃se] denken, meinen; **~ à** [pɑ̃se a] denken an
pension (de famille) [pɑ̃sjɔ̃(d famij)] *f* Pension
pension complète [pɑ̃sjɔ̃ kɔ̃plɛt] *f* Vollpension
pente [pɑ̃t] *f* Steigung
Pentecôte [pɑ̃tkot] *f* Pfingsten
perche [pɛʀʃ] *f* Barsch
la perche à selfie [la pɛʀʃ a selfi] Selfiestick
perdre [pɛʀdʀ] verlieren
père [pɛʀ] *m* Vater
perfusion [pɛʀfyzjɔ̃] *f* Infusion
période de fermeture de la pêche [peʀjɔd də fɛʀmətyʀ də pɛʃ] *f* Schonzeit
perle [pɛʀl] *f* Perle
permanente [pɛʀmanɑ̃t] *f* Dauerwelle
permettre [pɛʀmɛtʀ] erlauben
permis(e) [pɛʀmi, iz] zulässig
permis-bateau [pɛʀmi bato] *m* Bootsführerschein
permis de conduire [pɛʀmid kɔ̃dɥiʀ] *m* Führerschein
permis de pêche [pɛʀmid pɛʃ] *m* Angelschein
permission [pɛʀmisjɔ̃] *f* Erlaubnis
perruque [peʀyk] *f* Perücke
persil [pɛʀsi] *m* Petersilie
personne [pɛʀsɔn] *f* Person; **ne ~** [nə pɛʀsɔn] niemand, keiner
personne à mobilité réduite [pɛʀsɔn a mɔbilite ʀedɥit] *f* Rollstuhlfahrer(in)
personnel [pɛʀsɔnɛl] *m* Personal
personnel(le) [pɛʀsɔnɛl] persönlich
persuader [pɛʀsɥade] überreden
perte [pɛʀt] *f* Verlust
peser [pəze] wiegen
pétanque [petɑ̃k] *f* Boulespiel
petit(e) [pti, ptit] klein
la petite sieste [la ptit sjɛst] Powernap
petit-déjeuner [pti deʒœne] *m* Frühstück
petit pain [pti pɛ̃] *mpl* Brötchen
petite cuillère [ptit kɥijɛʀ] *f* Kaffeelöffel
petit-fils, petite-fille [ptifis/ptitfij] *m*, *f* Enkel(in)
petits pois [pti pwa] *mpl* Erbsen
pétrole [petʀɔl] *m* Petroleum
peu [pø] wenig; **à ~ près** [a pø pʀɛ] etwa; **un ~** [ɛ̃ pø] ein wenig, ein bisschen; **un ~ de** [ɛ̃ pø də] ein wenig, etwas
peuple [pœpl] *m* Volk
peur [pœʀ] *f* Angst; **avoir ~ de** [avwaʀ pœʀ də] sich fürchten vor
peut-être [pøt‿ɛtʀ] vielleicht
phare [faʀ] *m* Scheinwerfer; *(am Meer)* Leuchtturm
pharmacie [faʀmasi] *f* Apotheke
photo [fɔto] *f* Foto, Aufnahme, Bild
photographie [fɔtogʀafi] *f* Fotografie; *(Handlung)* Fotografieren
photomètre [fɔtomɛtʀ] *m* Belichtungsmesser
phrase [fʀaz] *f* Satz

pickpocket [pikpɔkɛt] *m* Taschendieb
pièce [pjɛs] *f* Stück; *(Haus, Wohnung)* Zimmer, Raum
pièce de monnaie [pjɛs də mɔnɛ] *f* Münze
pièce de théâtre [pjɛs də teatʀ] *f* Theaterstück
pièce populaire [pjɛs pɔpylɛʀ] *f* Volksstück
pied [pje] *m* Fuß; *(Fotografie)* Stativ
pierre [pjɛʀ] *f* Stein
pierreux, -euse [pjɛʀø, øz] steinig
piéton(ne) [pjetɔ̃, ɔn] *m(f)* Fußgänger(in)
pile [pil] *f* Batterie
pillule (anticonceptionnelle) [pilyl (ɑ̃tikɔ̃sɛpsjɔnɛl)] *f* Antibabypille
pilule du lendemain [pilyl dy lɑ̃dmɛ̃] *f* Pille danach
pilote [pilɔt] *mf* Pilot(in)
piment [pimɑ̃] *m* Paprika
pince à épiler [pɛ̃s a epile] *f* Pinzette
pinces à linge [pɛ̃s a lɛ̃ʒ] *fpl* Wäscheklammern
ping-pong [piŋpɔŋ] *m* Tischtennis
piquer [pike] stechen
piquet de tente [pikɛd tɑ̃t] *m* Zeltpflock
piqûre [pikyʀ] *f* Spritze
piscine [pisin] *f* Swimmingpool
piscine à vagues [pisin‿a vag] *f* Wellenbad
piste cyclable [pistə siklabl] *f* Fahrradweg
piste de ski de fond [pistə də skid fɔ̃] *f* Loipe
pitié [pitje] *f* Mitleid
place [plas] *f* Platz
place de stationnement [plas də stasjɔnmɑ̃] *f* Parkplatz
place de stationnement pour handicapés [plas də stasjɔnmɑ̃ puʀ ɑ̃dikape] *f* Behindertenparkplatz
plafond [plafɔ̃] *m* Decke
plage [plaʒ] *f* Strand
plage de nudistes [plaʒ də nydist] *f* FKK-Strand
plaie [plɛ] *f* Wunde
plaindre: **se ~ de** [sə plɛ̃dʀ də] sich beschweren über, sich beklagen über
plaine [plɛn] *f* Ebene
plaire [plɛʀ] gefallen
plaisanterie [plɛzɑ̃tʀi] *f* Scherz, Spaß, Witz
plaisir [pleziʀ] *m* Vergnügen, Genuss, Lust
plan [plɑ̃] *m* Plan; **~ de la ville** [plɑ̃ də la vil] Stadtplan
planche à découper [plɑ̃ʃ‿a dekupe] *f* Schneidebrett
planche à roulettes [plɑ̃ʃ a ʀulɛt] *f* Skateboard
plancher [plɑ̃ʃe] *m* Fußboden
plante [plɑ̃t] *f* Pflanze
plaque d'immatriculation [plak dimatʀikylasjɔ̃] *f* Nummernschild
plaque de nationalité [plak də nasjɔnalite] *f* Nationalitätskennzeichen
plat(e) [pla, plat] eben, flach
plat [pla] *mpl (Essen)* Gang; *(Mahlzeit)* Gericht; *(Geschirr)* Schüssel; *(flach)* Platte
plat du jour [pla dy ʒuʀ] *m* Tagesgericht
plat fait à la poêle [pla fɛ a la pwal] *m* Pfannengericht
plat principal [pla pʀɛ̃sipal] *m* Hauptspeise
plate-forme [platfɔʀm] *f* Hublift
plein(e) [plɛ̃, plɛn] voll, besetzt
pleine saison [plɛn sɛzɔ̃] *f* Hauptsaison
pleurer [plœʀe] weinen
plombage [plɔ̃mbaʒ] *m* Plombe
plombs [plɔ̃] *mpl (Elektriziät)* Sicherung
pluie [plɥi] *f* Regen
plus [plys] mehr; *(auch noch)* plus; **~ de** [ply də] mehr als; **~ que** [plys kə] mehr als; **en ~** [ɑ̃ plys] zusätzlich
plus tard [ply taʀ] später
plus tôt [ply to] früher
plutôt [plyto] eher, lieber, vielmehr
pluvieux, -euse [plyvjø, øz] regnerisch
pneu [pnø] *m* Reifen
pneu crevé [pnø kʀəve] *m* Platten
pneu neige [pnø nɛʒ] *m* Winterreifen
pneumonie [pnømɔni] *f* Lungenentzündung
poche [pɔʃ] *f* Tasche
poêle [pwal] *f* Pfanne
poids [pwa] *m* Gewicht
poignée [pwaɲe] *f* Haltegriff
point d'arrivée du téléski [pwɛ̃ daʀive dy teleski] *m* Bergstation
point de départ du téléski [pwɛ̃d depaʀ dy teleski] *m* Talstation
point de vue [pwɛ̃d vy] *m* Aussichtspunkt
point mort [pwɛ̃ mɔʀ] *m* Leerlauf
pointe [pwɛ̃t] *f* Spitze
pointure [pwɛ̃tyʀ] *fpl (Schuhe)* Größe
poireau [pwaʀo] *m* Lauch
poires [pwaʀ] *fpl* Birnen

pois chiches [pwa ʃiʃ] *mpl* Kichererbsen
poison [pwazɔ̃] *m* Gift
poisson [pwasɔ̃] *m* Fisch
poissonnerie [pwasɔnʀi] *f* Fischgeschäft
poissonnier [pwasɔɲe] *m* Fischhändler
poitrine [pwatʀin] *f* Brust
poivre [pwavʀ] *m* Pfeffer
poivron [pwavʀɔ̃] *m* Paprika(schote)
polaroïd [pɔlaʀɔid] *m* Sofortbildkamera
poli(e) [pɔli] höflich
police [pɔlis] *f* Polizei
polio(myélite) [pɔljɔ(mjelit)] *f* Kinderlähmung
pommade [pɔmad] *f* Salbe
pommade contre les brûlures [pɔmad kɔ̃tʀ le bʀylyʀ] *f* Brandsalbe
pomme [pɔm] *f* Apfel
pommes de terre [pɔm də tɛʀ] *fpl* Kartoffeln
pompe [pɔ̃p] *f* Luftpumpe
pompe à essence [pɔ̃p‿a ɛsɑ̃s] *f* Benzinpumpe
pompiers [pɔ̃pje] *mpl* Feuerwehr
pont [pɔ̃] *m* Brücke; *(Schiff)* Deck
porc [pɔʀ] *m* Schweinefleisch
porcelaine [pɔʀsəlɛn] *f* Porzellan
port [pɔʀ] *m* Hafen
port [pɔʀ] *m* Porto
portable [pɔʀtabl] *m* Handy; *(Rechner)* Notebook
portail [pɔʀtaj] *m* Portal
porte [pɔʀt] *f* Tür
porte automatique [pɔʀt otomatik] *f* automatische Tür
porte d'embarquement [pɔʀt dɑ̃baʀkəmɑ̃] *f* Flugsteig
portefeuille [pɔʀtəfœj] *m* Brieftasche
porte-monnaie [pɔʀtmɔnɛ] *m* Geldbeutel
porter [pɔʀte] tragen
portier [pɔʀtje] *m* Portier
portion [pɔʀsjɔ̃] *f* Portion
portrait [pɔʀtʀɛ] *m* Porträt
posemètre [pozmɛtʀ] *m* Belichtungsmesser
poser [poze] hinlegen
positif, -ive [pozitif, iv] positiv
possibilité [posibilite] *f* Möglichkeit
possible [pɔsibl] möglich; **rendre ~** [ʀɑ̃dʀə pɔsibl] ermöglichen
poste [post] *f* Post
poste frontière [pɔst fʀɔ̃tjɛʀ] *m* Grenzübergang
poste principale [pɔst pʀɛ̃sipal] *f* Hauptpostamt
poste restante [pɔst ʀɛstɑ̃t] postlagernd
potage [pɔtaʒ] *m* Suppe
poteau des buts [pɔto de byt] *f* *(Pfosten)* Tor
poteau indicateur [pɔto ɛ̃dikatœʀ] *m* Wegweiser
poterie [pɔtʀi] *f* Töpferei; *(Gegenstand)* Töpferwaren
potiron [pɔtiʀɔ̃] *m* Kürbis
poubelle [pubɛl] *f* Mülltonne
poudre [pudʀ] *f* Puder
poulet [pulɛ] *m* Hähnchen
pouls [pu] *m* Puls
poumon [pumɔ̃] *m* Lunge
pour [puʀ] für; *(Grund)* aus; **être ~** [ɛtʀ puʀ] dafür sein; **~ cent** [puʀsɑ̃] Prozent
pourboire [puʀbwaʀ] *m* Trinkgeld
pourquoi [puʀkwa] warum, weshalb; **c'est ~** [sɛ puʀkwa] deshalb
pourri(e) [puʀi] faul, verdorben
pourtant [puʀtɑ̃] jedoch, doch
pousser [puse] stoßen; *(nach vorne, zur Seite)* drücken, schieben; *(Pflanzen)* wachsen
poussière [pusjɛʀ] *f* Staub
pouvoir [puvwaʀ] können; *(Erlaubnis)* dürfen
poux [pu] *mpl* Läuse
pratique [pʀatik] *(als Adjektiv)* praktisch
pré [pʀe] *m* Wiese
préférer [pʀefeʀe] vorziehen, lieber haben
premier, -ière [pʀəmje, jɛʀ] erste(r, -s); **~s secours** [pʀəmje skuʀ] erste Hilfe
première [pʀəmjɛʀ] *f* Premiere; *(Essen)* erster Gang
prendre [pʀɑ̃dʀ] nehmen; *(von jemandem)* wegnehmen; *(Verkehrsmittel)* benutzen; **~ congé** [pʀɑ̃dʀ kɔ̃ʒe] sich verbschieden, Abschied nehmen; **~ part (à)** [pʀɑ̃dʀ paʀ (a)] teilnehmen (an)
prendre de l'essence [pʀɑ̃dʀ də lɛsɑ̃s] tanken
prendre son petit-déjeuner [pʀɑ̃dʀ sɔ̃ pti deʒœne] frühstücken
prénom [pʀenɔ̃] *m* Vorname
préparer [pʀepaʀe] vorbereiten; *(Essen)* zubereiten
près [pʀɛ] nah; **~ de** [pʀɛ də] nahe bei; **à peu ~** [a pø pʀɛ] etwa
prescrire [pʀɛskʀiʀ] verschreiben
présent(e) [pʀezɑ̃, ɑ̃t] anwesend; **à ~** [a pʀezɑ̃] jetzt
présentation [pʀezɑ̃tasjɔ̃] *f* Vorstellung
présenter [pʀezɑ̃te] vorstellen, vorzeigen

préservatif [pʀezɛʀvatif] *m* Kondom, Präservativ
presque [pʀɛsk] beinahe, fast
pressé(e) [pʀɛse] eilig; **être ~** [ɛtʀ pʀɛse] es eilig haben
pressing [pʀesiŋ] *m* Wäscherei
pression [pʀɛsjɔ̃] vom Fass
prêt(e) [pʀɛ, pʀɛt] bereit, fertig
prêter [pʀɛte] *(jemandem)* leihen
prêtre [pʀɛtʀ] *m* Priester
preuve [pʀœv] *f* Beweis, Zeichen
prévenir [pʀevəniʀ] verständigen
prévisions météo(rologiques) [pʀevizjɔ̃ meteɔ(ʀɔlɔʒik)] *fpl* Wettervorhersage
prier [pʀije] beten
principal(e) [pʀɛ̃sipal] hauptsächlich
principalement [pʀɛ̃sipalmɑ̃] hauptsächlich
printemps [pʀɛ̃tɑ̃] *m* Frühling
priorité [pʀijɔʀite] *f* Vorrang; *(Auto)* Vorfahrt
prise de courant [pʀiz də kuʀɑ̃] *f* Steckdose, Stromanschluss
prise multiple [pʀiz myltipl] *f* Zwischenstecker
prison [pʀizɔ̃] *f* Gefängnis
pris de vertige, prise de vertige [pʀi/pʀiz də vɛʀtiʒ] schwindlig
privé(e) [pʀive] privat
prix [pʀi] *m* Preis; **~ d'entrée** [pʀi dɑ̃tʀe] Eintrittspreis
prix au kilomètre [pʀi o kilɔmɛtʀ] *m* Kilometerpreis
prix du billet [pʀi dy bijɛ] *m* Fahrpreis
prix forfaitaire [pʀi fɔʀfɛtɛʀ] *m* Pauschalpreis
probable [pʀɔbablə] wahrscheinlich
probablement [pʀɔbabləmɑ̃] wahrscheinlich
problème [pʀɔblɛm] *m* Problem
procession [pʀɔsɛsjɔ̃] *f* Prozession
proche [pʀɔʃ] nahe
procurer [pʀɔkyʀe] verschaffen, beschaffen, besorgen
produire [pʀɔdɥiʀ] erzeugen; **se ~** [sə pʀɔdɥiʀ] sich ereignen
produit [pʀɔdɥi] *m* Erzeugnis, Produkt
produit anti-moustique [prodɥi ɑ̃timustik] *m* Mückenschutz
produit d'entretien [prodɥid‿ɑ̃tʀətjɛ̃] *m* Putzmittel
produit pour laver la vaisselle [pʀɔdɥi puʀ lave la vɛsɛl] *m* Spülmittel
profession [pʀɔfɛsjɔ̃] *f* Beruf
profond(e) [pʀɔfɔ̃, ɔ̃d] tief
programme [pʀɔgʀam] *m* Programm
projet [pʀɔʒɛ] *m (Absicht)* Plan
promenade [pʀɔmnad] *f* Spaziergang
promenade à cheval [pʀɔmnad a ʃval] *f* Ausritt
promener: **se ~** [sə pʀɔmne] spazieren gehen
promettre [pʀɔmɛtʀ] versprechen
prononcer [pʀɔnɔ̃se] aussprechen
proposer [pʀɔpoze] vorschlagen; *(Aktivität, Preis)* anbieten, bieten
proposition [pʀɔpozisjɔ̃] *f* Vorschlag
propre [pʀɔpʀ] sauber, frisch; *(Mittel, Hab und Gut)* eigen
propriétaire [pʀɔpʀijetɛʀ] *mf* Eigentümer(in), Besitzer(in)
propriétaire (de la maison) [pʀɔpʀijetɛʀ (də la mɛzɔ̃)] *mf* Hausbesitzer(in)
propriété [pʀɔpʀijete] *f* Eigentum, Besitz; *(Anwesen)* Landgut
prospectus [pʀɔspɛktys] *m* Prospekt
protection des monuments [pʀɔtɛksjɔ̃ de mɔnymɑ̃] *f* Denkmalschutz
protection solaire [pʀɔtɛksjɔ̃ sɔlɛʀ] *f* Sonnenschutz
protège-slips [pʀɔtɛʒslip] *mpl* Slipeinlagen
protester [pʀɔtɛste] protestieren
prothèse [pʀɔtɛz] *f* Prothese
provisions [pʀɔvizjɔ̃] *fpl* Vorrat
provisoire [pʀɔvizwaʀ] *(als Adjektiv)* provisorisch, vorübergehend
prudent(e) [pʀydɑ̃, ɑ̃t] vorsichtig
prune [pʀyn] *f* Pflaume
public [pyblik] *m* Publikum
public, -ique [pyblik] öffentlich
pull-over [pylɔvɛʀ] *m* Pullover
purger: **se ~** [sə pyʀʒe] entschlacken, entgiften
pus [py] *m* Eiter

Q

quai [kɛ] *m* Kai; *(Bahnhof)* Bahnsteig
qualité [kalite] *f* Qualität; *(Merkmal)* Eigenschaft
quand [kɑ̃] *(zeitlich)* als, wenn; *(Frage)* wann
quantité [kɑ̃tite] *f* Menge
quart [kaʀ] *m* Viertel; **un ~ d'heure** [ɛ̃ kaʀ dœʀ] eine Viertelstunde
quartier [kaʀtje] *m* Stadtteil
que [kə] *(bei Fragen)* was; *(bei Vergleichen)* als, wie; *(als Konjunktion)* dass; **ne ... ~** [nə kə] (*nicht früher als*) erst
quel(le) [kɛl] was für ein(e) ...?
quelqu'un [kɛlkɛ̃] jemand
quelque chose [kɛlkə ʃoz] etwas
quelquefois [kɛlkəfwa] manchmal

quelques [kɛlkə] einige, ein paar
qu'est-ce que [kɛs‿kə] was
question [kɛstjɔ̃] *f* Frage
quitter [kite] verlassen; *(Kleidung)* ausziehen

R

raccourci [ʀakuʀsi] *m (Weg)* Abkürzung
raconter [ʀakɔ̃te] erzählen
radiateur [ʀadjatœʀ] *m* Kühler
radio [ʀadjo] *f* Radio
radio(graphie) [ʀadjo(gʀafi)] *f* Röntgenaufnahme
rafale [ʀafal] *f* Bö
rafraîchissement [ʀafʀɛʃismɑ] *m* Erfrischung
raide [ʀɛd] steil
raie [ʀɛ] *f* Scheitel
raisins [ʀɛzɛ̃] *mpl* Weintrauben
raison [ʀɛzɔ̃] *f* Grund; *(geistiges Vermögen)* Vernunft, Verstand; **avoir ~** [avwaʀ ʀɛzɔ̃] Recht haben
rallonge [ʀalɔ̃ʒ] *f* Verlängerungsschnur
rame [ʀam] *f* Ruder
ramer [ʀame] rudern
rampe [ʀɑ̃p] *f* Rampe
rampe d'accès [ʀɑ̃p daksɛ] *f* Auffahrtrampe
randonnée [ʀɑ̃dɔne] *f* Wanderung; **faire de la ~ pédestre** wandern
randonnée (pour la journée) [ʀɑ̃dɔne (puʀ la ʒuʀne)] *f* Tagestour
randonnée cycliste [ʀɑ̃dɔne siklist] *f* Radtour
râpe [ʀap] *f* Reibe
rapide [ʀapid] schnell, rasch
rappeler: **~ quelque chose à quelqu'un** [ʀaple kɛlkə ʃoz a kɛlkɛ̃] jemanden an etwas erinnern
rapporter [ʀapɔʀte] zurückbringen; *(erzählen)* melden, berichten
raquette [ʀakɛt] *f* Schläger
raquette de tennis [ʀakɛt də tenis] *f* Tennisschläger
rare [ʀaʀ] selten
rarement [ʀaʀmɑ̃] selten
rasoir [ʀazwaʀ] *m* Rasierapparat
rater [ʀate] verfehlen
ravissant(e) [ʀavisɑ̃, ɑ̃t] bezaubernd, entzückend
réception [ʀesɛpsjɔ̃] *f* Rezeption
recevoir [ʀəsəvwaʀ] bekommen, erhalten, empfangen
rechargeur [ʀəʃaʀʒœʀ] *m* Ladegerät
réchaud [reʃo] *m* Kocher
réchaud à gaz [ʀeʃo a gaz] *m* Gaskocher
récipient [ʀesipjɑ̃] *m* Behälter, Gefäß
réclamation [ʀeklamasjɔ̃] *f* Beanstandung; **faire une ~** [fɛʀ yn ʀeklamasjɔ̃] reklamieren
réclamer [ʀeklame] verlangen, fordern
récolte [ʀekɔlt] *f* Ernte
recommander [ʀəkɔmɑ̃de] empfehlen
récompense [ʀekɔ̃pɑ̃s] *f* Belohnung
recoudre [ʀəkudʀ] nähen
reçu [ʀəsy] *m* Quittung
réduction [ʀedyksjɔ̃] *f* Ermäßigung
réduction-enfants [ʀedyksjɔ̃ɑ̃fɑ̃] *f* Kinderermäßigung
réflexologie plantaire [reflɛksɔlɔʒi plɑ̃tɛʀ] *f* Fuß(reflexzonen)massage
réfrigérateur [ʀefʀiʒeʀatœʀ] *m* Kühlschrank
refuge [ʀəfyʒ] *m* Schutzhütte
refuser [ʀəfyze] ablehnen, zurückweisen; **se ~** [səʀəfyze] verzichten
regard [ʀəgaʀ] *m* Blick
regarder [ʀəgaʀde] betrachten, ansehen, schauen, zuschauen
régime [ʀeʒim] *m* Diät
région [ʀeʒjɔ̃] *f* Gegend
règlement [ʀɛgləmɑ̃] *m* Vorschrift
régler [ʀegle] erledigen; *(klären)* regeln
règles [ʀɛgl] *fpl* Menstruation
regretter [ʀəgʀɛte] bedauern
régulier, -ière [ʀegylje, jɛʀ] regelmäßig
régulièrement [ʀegyljɛʀmɑ] regelmäßig
réhausseur [ʀeosœʀ] *m* Kindersitzkissen (*fürs Auto*)
rein [ʀɛ̃] *m* Niere
reine [ʀɛn] *f* Königin
réjouir: **se ~ (à l'avance de)** [sə ʀeʒwiʀ‿(a lavɑ̃s də)] sich freuen (auf)
relation [ʀəlasjɔ̃] *f* Verbindung
relève de la garde [ʀəlɛv də la gaʀd] *f* Wachablösung
religion [ʀəliʒjɔ̃] *f* Religion
remarquer [ʀəmaʀke] bemerken, merken
remède [ʀəmɛd] *m* (Heil-)Mittel
remercier: **~ quelqu'un** [ʀəmɛʀsje kɛlkɛ̃] jemandem danken
remettre [ʀəmɛtʀ] abgeben, überbringen; **~ à plus tard** [ʀəmɛtʀ‿a ply taʀ] aufschieben, verschieben
remise [ʀəmiz] *f* Rabatt
remise des clés [ʀəmiz de kle] *f* Schlüsselübergabe
remonte-pente [ʀəmɔ̃tpɑ̃t] *m* Schlepplift

remonte-pentes pour enfants [Rəmɔ̃tpɑ̃t puR ɑ̃fɑ̃] *m* Babylift
remorquer [RəmɔRke] abschleppen
remplacer [Rɑ̃plase] ersetzen
remplir [Rɑ̃pliR] füllen
Renaissance [Rənɛsɑ̃s] *f* Renaissance
rencontre [Rɑ̃kɔ̃tR] *f* Begegnung, Treffen
rencontrer [Rɑ̃kɔ̃tRe] begegnen, treffen
rendez-vous [Rɑ̃devu] *m* Verabredung
rendre [Rɑ̃dR] wiedergeben, zurückgeben, abgeben; *(Geld)* herausgeben
renseignement [Rɑ̃sɛɲmɑ̃] *m* Auskunft
renseigner: **se ~** [sə Rɑ̃seɲe] sich erkundigen
réparer [RepaRe] reparieren; *(Schaden)* ersetzen
repas [Rəpa] *m* Essen, Mahlzeit
repasser [Rəpase] bügeln
répéter [Repete] wiederholen
répondeur automatique [Repɔdœr otomatik] *m* Anrufbeantworter
répondre [Repɔ̃dR] antworten; **~ à** [Repɔ̃dR a] beantworten
repos [Rəpo] *m* Ruhe
reposer: **se ~** [sə Rəpoze] sich ausruhen
repousser [Rəpuse] *(zeitlich)* verschieben
représentation [RəpRezɑ̃tasjɔ̃] *f* *(Theater)* Vorstellung
réservation [RezɛRvasjɔ̃] *f* Reservierung, Buchung, Voranmeldung; **la ~ par Internet** [la RezɛRvasjɔ̃ paR ɛ̃tɛRnɛt] Internetbuchung
réserve naturelle [ResɛRv natyRɛl] *f* Naturschutzgebiet
réserver [RezɛRve] vorbestellen, reservieren; *(Platz)* buchen
réservoir [RezɛRvwaR] *m* Tank
résoudre [RezudR] lösen
respecter [Rɛspɛkte] beachten
respirer [Rɛspire] atmen
responsable [Rɛspɔ̃sabl] verantwortlich, zuständig
ressembler [Rəsɑ̃ble] gleichen
restaurant [Rɛstorɑ̃] *m* Restaurant
rester [Rɛste] bleiben, übrig bleiben
restes [Rɛst] *mpl* Überreste
restoroute [RɛstɔRut] *m* Raststätte
résultat [Rezylta] *m* Ergebnis
rétablir: **se ~** [sə RetabliR] sich erholen
retard [RətaR] *m* Verspätung
retenir [RətəniR] einbehalten; *(Platz)* buchen; **~ quelque chose** [RətəniR kɛlkə ʃoz] sich etwas merken
retour [RətuR] *m* Rückkehr, Rückfahrt, Heimreise; **de ~** [də RətuR] zurück
retourner [RətuRne] zurückfahren, zurückgehen
rétroviseur [RetRɔvizœR] *m* Rückspiegel
rêve [Rɛv] *m* Traum
réveillé(e) [Reveje] wach
réveiller [Reveje] (auf)wecken; **se ~** [sə Reveje] aufwachen
réveillon [Revɛjɔ̃] *m* Heiliger Abend
revenir [RəvniR] wiederkommen, zurückkehren
rez-de-chaussée [Redʃose] *m* Erdgeschoss
rhumatisme [Rymatism] *m* Rheuma
rhume [Rym] *m* Erkältung, Schnupfen; **~ des foins** [Rym de fwɛ] Heuschnupfen
riche [Riʃ] reich
ridicule [Ridikyl] lächerlich
rien: **(ne ...) ~** [(nə ...) Rjɛ] nichts
rire [RiR] lachen
risque [Risk] *m* Risiko
rissolé(e) [Risɔle] *(Kartoffeln)* geröstet
rivage [Rivaʒ] *m* *(Meer)* Ufer
rive [Riv] *f* *(Fluss)* Ufer
rivière [RivjɛR] *f* Fluss
riz [Ri] *m* Reis
robe [Rɔb] *f* Kleid
robinet [Rɔbinɛ] *m* Wasserhahn
rocade [Rɔkad] *f* Umgehungsstraße
rocher [Rɔʃe] *m* Fels
roi [Rwa] *m* König
rôle principal [Rol pRɛ̃sipal] *m* Hauptrolle
roller [Rɔlɛr] *m* Inliner
roman [Rɔmɑ̃] *m* Roman
romarin [RɔmaRɛ̃] *m* Rosmarin
rond(e) [Rɔ̃, Rɔ̃d] rund
ronfler [Rɔ̃fle] schnarchen
rose [Roz] rosa
rôti(e) [Roti] gebraten
roue [Ru] *f* Rad
roue de secours [Rud səkuR] *f* Ersatzrad
rouer de coups [Rued ku] zusammenschlagen
rouge [Ruʒ] rot
rouge à lèvres [Ruʒ a lɛvR] *m* Lippenstift
rougeole [Ruʒɔl] *f* Masern
rougeurs [Ruʒœr] *fpl* Ausschlag
route [Rut] *f* Straße, Weg; *(größere Straße)* Landstraße; **en cours de ~** [ɑ̃ kuR də Rut] unterwegs
route départementale [Rut depaRtəmatɑ̃l] *f* Landstraße
route secondaire [Rut səgɔ̃dɛR] *f* Landstraße

rubéole [ʀybeɔl] *f* Röteln
rue [ʀy] *f* Straße
rue adjacente [ʀy adʒasɑt] *f* Nebenstraße
rue principale [ʀy pʀɛ̃sipal] *f* Hauptstraße
ruelle [ʀyɛl] *f* Gasse
ruine [ʀɥin] *f* Ruine
rupture de tendon [ʀyptyʀ də tɑ̃dɔ̃] *f* Bänderriss
rusé(e) [ʀyze] schlau

S

sa [sa] seine, ihre
sac [sak] *m* Sack; *(Plastik)* Tüte; **~ à dos** [sak a do] Rucksack; **~ à main** [sak‿a mɛ̃] Handtasche
sac de voyage [sak də vwajaʒ] *m* Reisetasche
sac en plastique [sak ɑ̃ plastik] *m* Plastikbeutel
sachet [saʃɛ] *m* *(kleine)* Tüte
sachet de thé [saʃɛd te] *m* Teebeutel
sacoche [sakɔʃ] *f* Umhängetasche
sac-poubelle [sak pubɛl] *m* Abfallbeutel
safran [safʀɑ̃] *m* Safran
saignement [sɛɲəmɑ̃] *m* Blutung
saignements de nez [sɛɲmɑ̃d ne] *mpl* Nasenbluten
saigner [seɲe] bluten
Saint-Sylvestre [sɛ̃ silvɛstʀ] *f* Silvester
saint(e) [sɛ̃, sɛ̃t] heilig
saison [sɛzɔ̃] *f* Jahreszeit, Saison
salade [salad] *f* Salat
salami [salami] *m* Salami
sale [sal] schmutzig
saleté [salte] *f* Schmutz
salière [saljɛʀ] *f* Salzstreuer
salle [sal] *f* Saal, Halle
salle à manger [sal a mɑ̃ʒe] *f* Speisesaal
salle d'attente [sal datɑ̃t] *f* Wartezimmer, Wartesaal
salle de bains [sal də bɛ̃] *f* Badezimmer
salle de petit-déjeuner [sal də pti deʒœne] *f* Frühstücksraum
salle de séjour [sal də seʒuʀ] *f* Wohnzimmer
salle de télévision [sal də televizjɔ̃] *f* Fernsehraum
salmonelle [salmɔnɛl] *f* Salmonellen
salmonellose [salmɔnɛloz] *f* Salmonellenvergiftung
salon [salɔ̃] *m* Wohnzimmer
saluer [salye] grüßen, begrüßen
samedi [samdi] Samstag
sandales [sɑ̃dal] *fpl* Sandalen
sandwich [sɑ̃dwitʃ] *m* belegtes Brötchen
sang [sɑ̃] *m* Blut
sans [sɑ̃] ohne
sans alcool [sɑ̃z‿alkɔl] alkoholfrei
sans connaissance [sɑ̃ kɔnɛsɑ̃s] bewusstlos
sans importance [sɑ̃z‿ɛ̃pɔʀtɑ̃s] unwichtig
sans obstacle [sɑ̃z‿ɔpstakl] barrierefrei
santé [sɑ̃te] *f* Gesundheit; **en bonne ~** [ɑ̃ bɔn sɑ̃te] gesund
sauce [sos] *f* Soße
saucisse [sosis] *f* Würstchen
sauge [soʒ] *f* Salbei
sauna [sona] *m* Sauna
saut à l'élastique [so a lelastik] *m* Bungeejumping
sauter [sote] springen
sauteuse [sotøz] *f* Bräter
sauvage [sovaʒ] wild
sauver [sove] retten
savoir [savwaʀ] *(als Verb)* wissen
savoir [savwaʀ] *m* Wissen
savon [savɔ̃] *m* Seife
savourer [savuʀe] genießen
sciatique [sjatik] *f* Ischias
sculpteur [skyltœʀ] *mf* Bildhauer(in)
sculpture [skyltyʀ] *f* Skulptur, Plastik
sculpture sur bois [skyltyʀ syʀ bwa] *f* Schnitzerei
seau [so] *m* Eimer
sec, sèche [sɛk, sɛʃ] trocken
sèche-cheveux [sɛʃ ʃəvø] *m* Föhn
sécher [seʃe] trocknen
sèche-linge [sɛʃlɛ̃ʒ] *m* Trockner
second(e) [səgɔ̃, ɔ̃d] zweite(r, -s)
seconde [səgɔ̃d] *f* Sekunde
secret, secrète [səkʀɛ, ɛt] geheim, heimlich; **en ~** [ɑ̃ səkʀɛ] (*als Adverb*) heimlich
sécurité [sekyʀite] *f* Sicherheit
seiche [sɛʃ] *f* Tintenfisch
séjour [seʒuʀ] *m* Aufenthalt
séjourner [seʒuʀne] sich aufhalten
sel [sɛl] *m* Salz
sélectionner [selɛksjɔ̃ne] aussuchen
self-service [sɛlfsɛʀvis] *m* Selbstbedienung
selles [sɛl] *fpl* Stuhlgang
semaine [səmɛn] *f* Woche; **pendant la ~** [pɑ̃dɑ̃ la səmɛn] wochentags
semaine supplémentaire [smɛn syplemɑ̃tɛʀ] *f* Verlängerungswoche
semblable [sɑ̃blabl] ähnlich
semelle [smɛl] *f* Sohle
sens [sɑ̃s] *m* Richtung; *(Bedeutung)* Sinn
sensibilité [sɑ̃sibilite] *f* Empfindsamkeit; *(Kamera)* Filmempfindlichkeit

sentier [sɑ̃tje] *m* Pfad, Weg
sentiment [sɑ̃timɑ̃] *m* Gefühl
sentir [sɑ̃tiʀ] fühlen; *(Nase)* riechen
sentir mauvais [sɑ̃tiʀ movɛ] stinken
séparer [sepaʀe] trennen
septembre [sɛptɑ̃bʀ] September
septicémie [sɛptisemi] *f* Blutvergiftung
sérieux, -euse [seʀjø, øz] ernst
séropositif [seʀɔpozitif] HIV-positiv
serpent [sɛʀpɑ̃] *m* Schlange
serpillière [sɛʀpijɛʀ] *f* Wischmopp
serrure [sɛʀyʀ] *f* (Tür-)Schloss
serveuse [sɛʀvøz] Kellnerin
service [sɛʀvis] *m* Dienst; *(für jemanden)* Gefallen; *(Restaurant)* Bedienung
service administratif [seʀvis administʀatif] *m* Amt
service auto-express [sɛʀvis oto ɛkspʀɛs] *m* Autoreisezug (*für tagsüber*)
services d'aide sociale [sɛʀvis dɛd sɔsjal] *mpl* sozialer Hilfsdienst
service de dépannage [seʀvis də depanaʒ] *m* Abschleppdienst, Pannendienst
service de transport (pour handicapés) [sɛʀvis də tʀɑ̃spɔʀ (puʀ ɑ̃dikape)] *m* Fahrdienst
serviette [sɛʀvjɛt] *f* Serviette
serviette de toilette [sɛʀvjɛt də twalɛt] *f* Handtuch
serviettes hygiéniques [sɛʀvjɛt iʒjenik] *fpl* Damenbinden
servir [sɛʀviʀ] dienen; *(Kunden, Gäste)* bedienen, servieren; **se ~** [sə sɛʀviʀ] sich bedienen, zugreifen
seuil [sœj] *m* Türschwelle
seul(e) [sœl] allein; *(einmalig)* einzig
seulement [sœlmɑ̃] nur; *(nicht früher als)* erst
sexe [sɛks] *m* Sex; *(Mann, Frau)* Geschlecht
shampooing [ʃɑ̃pwɛ̃] *m* Shampoo
short [ʃɔʀt] *m* Shorts
show [ʃo] *m* Show
si [si] *(Bedingung)* wenn; *(indirekte Frage)* ob; **~!** doch
siècle [sjɛkl] *m* Jahrhundert
siège [sjɛʒ] *m* Sitz
siège-enfants [sjɛʒɑ̃fɑ̃] *m* Kindersitz
signal [siɲal] *m* Signal
signal d'alarme [siɲal dalaʀm] *m* Notbremse
signature [siɲatyʀ] *f* Unterschrift
signe [siɲ] *m* Zeichen; **faire ~** [fɛʀ siɲ] winken
signer [siɲe] unterschreiben
signification [siɲifikasjɔ̃] *f* Bedeutung
simple [sɛ̃pl] einfach
sinusite [sinysit] *f* Stirnhöhlenentzündung
sirop contre la toux [siʀo kɔ̃tʀ la tu] *m* Hustensaft
situation [sityasjɔ̃] *f* Lage
ski [ski] *m* Ski
ski de fond [skid fɔ̃] *m* Langlaufski
ski nautique [ski notik] *m* Wasserski
skier [skje] Ski laufen
slip [slip] *m* Slip
smartphone [smaʀtfɔn] *m* Smartphone
les sneakers [le snikɛʀ] Sneakers
sœur [sœʀ] *f* Schwester
soie [swa] *f* Seide
soif [swaf] *f* Durst
soigner [swaɲe] behandeln
soin [swɛ̃] *m* Behandlung
soin de balnéothérapie [swɛ̃d balneɔteʀapi] *m* Kneippanwendung
soin du corps [swɛ̃ dy kɔʀ] *m* Ganzkörpermassage
soin du visage [swɛ̃ dy vizaʒ] *m* Gesichtsbehandlung
soir [swaʀ] *m* Abend
soirée [swaʀe] *f* Abend; *(Veranstaltung)* Party
soirée de danse folklorique [swaʀe də dɑ̃s fɔlklɔʀik] *f* Folkloreabend
sol [sɔl] *m* Boden
solarium [sɔlaʀjɔm] *m* Solarium
soldes [sɔld] *mpl* Ausverkauf
sole [sɔl] *f* Seezunge
soleil [sɔlɛj] *m* Sonne
solide [sɔlid] fest
soliste [sɔlist] *mf* Solist(in)
solitaire [sɔlitɛʀ] einsam
solution de réhydratation [sɔlysjɔ̃ də ʀeidʀatasjɔ̃] *f* Elektrolytlösung
sombre [sɔ̃bʀ] dunkel
somme [sɔm] *f* Summe
sommet [sɔmɛ] *m* Gipfel, Spitze
somnifères [sɔmnifɛʀ] *mpl* Schlaftabletten
son [sɔ̃] *m* Klang
son [sɔ̃] *(als Possessivpronomen)* ihr
sonner [sɔne] klingeln, läuten; *(Uhr)* schlagen
sonnette [sɔnɛt] *f* Klingel
sorte [sɔʀt] *f* Sorte
sortie [sɔʀti] *f* Ausgang
sortie (d'autoroute) [sɔʀti (dotoʀut)] *f* Ausfahrt
sortie de secours [sɔʀtid səkuʀ] *f* Notausgang
sortir [sɔʀtiʀ] hinausgehen; *(zu einer Feier etc.)* ausgehen
souci [susi] *m* Sorge; **se faire du ~ pour** [sə fɛʀ dy susi puʀ] sich sorgen um
soucoupe [sukup] *f* Untertasse

soudain [sudɛ̃] plötzlich
soulever [sulve] heben
soûl(e) [su, sul] betrunken
soumis aux droits de douane, soumise aux droits de douane [sumi/-z o dʀwad dwan] zollpflichtig
soupe [sup] *f* Suppe
source [suʀs] *f* Quelle
sourd, sourde [suʀ/suʀd] *m*, *f* der/die Gehörlose
sourde-muet, sourde-muette [suʀmɥɛ, ɛt] *m*, *f* der/die Taubstumme
sous [su] unter
sous-titres [sutitʀ] *mpl* Untertitel
sous-vêtements [suvɛtmɑ̃] *mpl* Unterwäsche
soutien-gorge [sutjɛ̃gɔʀʒ] *m* BH
souvenir [suvniʀ] *m* Mitbringsel
souvenir: **se ~** [sə suvniʀ] sich erinnern
souvent [suvɑ̃] oft
sparadrap [spaʀadʀa] *m* Pflaster
spécialiste [spesjalist] *mf* Facharzt, -ärztin
spécialité [spesjalite] *f* Spezialität
spécial(e) [spesjal] speziell, eigenartig
spectacle [spɛktakl] *m* Aufführung, Veranstaltung
spectateur, spectatrice [spɛktatœʀ/spɛktatʀis] *m*, *f* Zuschauer(in)
sport [spɔʀ] *m* Sport
stade [stad] *m* Sportplatz
station [stasjɔ̃] *f* Haltestelle
station balnéaire [stasjɔ̃ balneɛʀ] *f* Badeort
station de taxis [stasjɔ̃ də taksi] *f* Taxistand
statue [staty] *f* Statue
steward, hôtesse de l'air [stiwaʀt/otɛs də lɛʀ] *m*, *f* Flugbegleiter(in)
stimulateur cardiaque [stimylatœʀ kaʀdjak] *m* Herzschrittmacher
stop: **~!** [stɔp] halt!
stops [stɔp] *mpl* Bremslichter
la street food [la stʀit fud] Streetfood
studio [stydjo] *m* Studio; *(Wohnung)* Apartment; *(Künstler)* Atelier
stupide [stypid] blöd(e)
style [stil] *m* Stil
stylo à bille [stilo a bij] *m* Kugelschreiber
sucette (de caoutchouc) [sysɛt (də kautʃu)] *f* Schnuller
sucre [sykʀ] *m* Zucker
sucré(e) [sykʀe] süß
sucrettes [sykʀɛt] *fpl* Süßstoff
sud [syd] *m* Süden; **au ~ de** [o syd də] südlich von
suffire [syfiʀ] (aus)reichen
suffisamment [syfizamɑ̃] genug
Suisse [sɥis] *f* Schweiz
Suisse, Suissesse [sɥis, sɥisɛs] *m*, *f* Schweizer(in)
suivant(e) [sɥivɑ̃, ɑ̃t] nächste(r, -s)
suivre [sɥivʀ] folgen, befolgen
supermarché [sypɛʀmaʀʃe] *m* Supermarkt
supplément [syplemɑ̃] *m* Zuschlag
supplémentaire [syplemɑ̃tɛʀ] zusätzlich
supporter [sypɔʀte] ertragen; *(Alkohol)* vertragen
suppositoires [sypozitwaʀ] *mpl* Zäpfchen
sur [syʀ] auf; **~ le gril** [syʀ lə gʀil] vom Grill; **~ les bords de la Seine** [syʀ le bɔʀ də la sɛn] an der Seine
sûr(e) [syʀ] sicher, zuverlässig
surbaissé(e) [syʀbese] ebenerdig
sûrement [syʀmɑ̃] bestimmt, sicher
surf [sœʀf] *m* Surfbrett
surpris(e) [syʀpʀi, iz] überrascht
surtout [syʀtu] besonders
surveiller [syʀvɛje] bewachen, aufpassen (auf)
sympa [sɛ̃pa] *(Ort)* gemütlich
sympathique [sɛ̃patik] sympathisch
syncope [sɛ̃kɔp] *f* Ohnmacht
syndicat d'initiative [sɛ̃dika dinisjativ] *m* Fremdenverkehrsamt
système d'alarme [sistɛm dalaʀm] *m* Alarmanlage

T

ta [ta] dein(e)
table [tabl] *f* Tisch
table à langer [tabla lɑ̃ʒe] *f* Wickeltisch
table de nuit [tabl də nɥi] *f* Nachttisch
tableau [tablo] *m* Gemälde, Bild
tache [taʃ] *f* Fleck(en)
taille [taj] *f (Kleidung)* Größe
tailleur [tajœʀ] *m* Kostüm
tailleur, couturière [tajœʀ/kutyʀjɛʀ] *m*, *f* Schneider(in)
taire: **se ~** [sə tɛʀ] schweigen
talon [talɔ̃] *m* Absatz
tampon [tɑ̃pɔ̃] *m* Stempel; *(Menstruation)* Tampon
le tankini [lə tɑ̃kini] Tankini
tard [taʀ] spät
tas: **un ~ de** [ɛ̃ ta də] eine Menge
tasse [tas] *f* Tasse
taux d'alcoolémie maximal [to dalkɔlemi maksimal] *m* Promillegrenze
taxe de sécurité [taks də sekyʀite] *f* Sicherheitsgebühr

taxe de séjour [taks də seʒuʀ] *f* Kurtaxe
taxes d'aéroport [taks daeʀɔpɔʀ] *mpl* Flughafengebühr
te [tə] dich, dir
tee shirt [tiʃœʀt] *m* T-Shirt
teinte [tɛ̃t] *f (Farbe)* Ton
teinture d'iode [tɛ̃tyʀ djɔd] *f* Jod(tinktur)
teinturerie [tɛ̃tyʀəʀi] *f* Reinigung
télécopieur [telekɔpjœʀ] *m* Faxgerät
téléobjectif [teleɔbʒɛktif] *m* Teleobjektiv
téléphérique [telefeʀik] *m* Seilbahn
téléphone [telefɔn] *m* Telefon
téléphone (de la chambre) [telefɔn (də la ʃɑ̃bʀ)] *m* Zimmertelefon
téléphone de secours [telefɔn də skuʀ] *m* Notrufsäule
téléphoner (à) [telefɔne (a)] (mit jdm) telefonieren, (jdn) anrufen
télésiège [telesjɛʒ] *m* Sessellift
téléski [teleski] *m* Schlepplift
téléviseur [televizœʀ] *m* Fernseher
témoin [temwɛ̃] *mf* Zeuge, Zeugin
température [tɑ̃peʀatyʀ] *f* Temperatur; *(Krankheit)* Fieber
tempête [tɑ̃pɛt] *f* Sturm
temple [tɑ̃pl] *m* Tempel, evangelische Kirche
temps [tɑ̃] *m* Zeit; **à ~** [a tɑ̃] rechtzeitig; **en même ~** [ɑ̃ mɛm tɑ̃] gleichzeitig; *(Meteorologie)* Wetter
tendre [tɑ̃dʀ] *(als Adjektiv)* zart; *(Berührung)* zärtlich; *(als Verb)* geben, reichen
tenir [təniʀ] halten; **être tenu de** [ɛtʀ təny də] verpflichtet sein
tennis [tenis] *m (Sportart)* Tennis
tennis [tenis] *fpl (Schuhe)* Turnschuhe
tente [tɑ̃t] *f* Zelt
terminal [tɛʀminal] *m* Terminal
terminer [tɛʀmine] beenden; **se ~** [sə tɛʀmine] ablaufen, enden
terminus [tɛʀminys] *m* Endstation
terrain [tɛʀɛ̃] *m* Gelände; **~ de sport** [tɛʀɛ̃ də spɔʀ] Sportplatz
terrain de football [tɛʀɛ̃d futbol] *m* Fußballplatz
terrasse [tɛʀas] *f* Terrasse
terre [tɛʀ] *f* Erde; *(Staat)* Land
terre cuite [tɛʀ kɥit] *f* Terrakotta
terre ferme [tɛʀ fɛʀm] *f* Festland
tétanos [tetanos] *m* Tetanus
tête [tɛt] Kopf
tétine [tetin] *f* Sauger
thé [te] *m* Tee
théâtre [teatʀ] *m* Theater
théâtre de la danse [teatʀ də la dɑ̃s] *m* Tanztheater
thérapie [teʀapi] *f* Therapie
thermomètre [tɛʀmɔmɛtʀ] *m* Fieberthermometer
thon [tɔ̃] *m* Thunfisch
thym [tɛ̃] *m* Thymian
tibia [tibja] *m* Schienbein
tilleul [tijœl] *m* Lindenblütentee
timbre [tɛ̃bʀ] *m* Briefmarke
timbre de collection [tɛ̃bʀ də kɔlɛksjø] *m* Sondermarke
timide [timid] schüchtern
tique [tik] *f* Zecke
tire-bouchon [tiʀbuʃɔ̃] *m* Korkenzieher
tirer [tiʀe] ziehen; *(Waffe)* schießen
toast [tost] *m* Toast
toi [twa] du; *(Akkusativ)* dich; **à ~** [a twa] dir
toile [twal] *f* Leinen
toilettes [twalɛt] *fpl* Toiletten
toilettes pour handicapés [twalɛt puʀ ɑ̃dikape] *fpl* Behindertentoilettenbesuc
toit [twa] *m* Dach
toit ouvrant [twa uvʀɑ̃] *m* Schiebedach
tomate [tɔmat] *f* Tomate
tombe [tɔ̃b] *f* Grab
tombeau [tɔ̃bo] *m* Grabmal
tomber [tɔ̃be] fallen, stürzen
ton [tɔ̃] *(als Possessivpronomen)* dein(e)
ton [tɔ̃] *m (als Substantiv)* Ton
tongs [tɔ̃g] *fpl* Flipflops
torchon [tɔʀʃɔ̃] *m* Spültuch, Geschirrtuch
tôt [to] früh
toucher [tuʃe] berühren
toujours [tuʒuʀ] immer, stets
tour [tuʀ] *m* Tour
tour de l'île [tuʀ də lil] *m* Inselrundfahrt
tour de reins [tuʀ də ʀɛ̃] *m* Hexenschuss
touriste [tuʀist] *mf* Tourist(in)
tous, toutes [tus, tut] alle
tous les doux, toutes les deux [tu/tut le dø] beide
tous les jours [tu le ʒuʀ] täglich
tout [tu] ganz; **~ à coup** [tut‿a ku] plötzlich; **~ de suite** [tud sɥit] gleich, sofort
tout, toute [tu, tut] ganz, alles
tout droit [tu dʀwa] geradeaus
toutes les heures [tut lez‿œʀ] stündlich
toux [tu] *f* Husten
toxique [tɔksik] giftig
traduire [tʀadɥiʀ] übersetzen
tragédie [tʀaʒedi] *f* Tragödie
train [tʀɛ̃] *m* Zug

train autos-couchettes [tʀɛ̃ otokuʃɛt] *m* Autoreisezug (*für nachts*)
train de banlieue [tʀɛ̃d bɑ̃ljø] *m* Nahverkehrszug
traité(e) [tʀete] gespritzt
traiteur [tʀɛtœʀ] *m* Feinkostgeschäft
trajet [tʀaʒɛ] *m* Strecke; ~ **aller et retour** [tʀaʒɛ ale e ʀ(ə)tuʀ] Hin- und Rückfahrt
tram [tʀam] *m* Straßenbahn
tranche [tʀɑ̃ʃ] *f* Scheibe
tranches de charcuterie [tʀɑ̃ʃ də ʃaʀkytʀi] *fpl* Aufschnitt
tranches de viande froide [tʀɑ̃ʃ də vjɑ̃d fʀwad] *fpl* Aufschnitt
tranquillisant [tʀɑ̃kilizɑ̃] *m* Beruhigungsmittel
transpirer [tʀɑ̃spiʀe] schwitzen
travail [tʀavaj] *m* Arbeit
travailler [tʀavaje] arbeiten
traverser [tʀavɛʀse] überqueren
travers: **à ~** [a tʀavɛʀ] quer durch
très [tʀɛ] sehr
tri des déchets [tʀi de deʃɛ] *m* Mülltrennung
triangle de présignalisation [tʀijɑ̃gl də pʀesiɲalizasjɔ̃] *m* Warndreieck
tribunal [tʀibynal] *mpl (Justiz)* Gericht
triste [tʀist] traurig
troisième [tʀwazjɛm] dritte(r, -s)
tromper [tʀɔ̃pe] betrügen; **se ~** [sə tʀɔ̃pe] sich irren, sich täuschen
trop [tʀo] zu viel, zu sehr; *(mit Adjektiv)* zu ...
trou [tʀu] *m* Loch
trouble [tʀubl] *(Flüssigkeit)* trüb
troubles cardiaques [tʀubl kaʀdjak] *mpl* Herzbeschwerden
troubles de la circulation [tʀubl də la siʀkylasjɔ̃] *mpl* Kreislaufstörung
troubles digestifs [tʀubl diʒɛstif] *mpl* Verdauungsstörungen
troubles respiratoires [tʀubl ʀɛspiʀatwaʀ] *mpl* Atembeschwerden
trousse de secours [trus də skuʀ] *f* Verbandskasten
trouver [tʀuve] finden; **se ~** [sə tʀuve] (*Ort*) liegen
t-shirt [tiʃœʀt] *m* T-Shirt
tu [ty] du
tuba [tyba] *m* Schnorchel
tumeur [tymœʀ] *f* Geschwulst
tunnel [tynɛl] *m* Tunnel
turquoise [tyʀkwaz] türkis
tuyau [tɥijo] *m* Schlauch, Rohr; *(Rat)* Tipp
tuyau d'échappement [tɥijo deʃapmɑ̃] *m* Auspuff
tympan [tɛ̃pɑ̃] *m* Trommelfell
typhoïde [tifɔid] *f* Typhus
typique (de) [tipik (də)] typisch (für)

U

ulcère [ylsɛʀ] *m* Geschwür
un, une [ɛ̃, yn] ein(e)
uni(e) [yni] einfarbig
université [univɛʀsite] *f* Universität
urgence [yʀʒɑ̃s] Notfall
urgent(e) [yʀʒɑ̃, ɑ̃t] dringend
urine [yʀin] *f* Urin
urinoir [yʀinwaʀ] *m* Stehklosett
usine [yzin] *f* Fabrik
usuel(le) [yzɥɛl] gebräuchlich
utiliser [ytilize] benutzen

V

vacances [vakɑ̃s] *fpl* Ferien, Urlaub
vaccination [vaksinasjɔ̃] *f* Impfung
vague de chaleur [vag də ʃalœʀ] *f* Hitzewelle
vaisselle [vɛsɛl] *f* Geschirr
valable [valabl] gültig; **être ~** [ɛtʀə valabl] gelten
valeur [valœʀ] *f* Wert; **sans ~** [sɑ̃ valœʀ] wertlos
valise [valiz] *f* Koffer
vallée [vale] *f* Tal
vapeur [vapœʀ] *m* Dampfer
variable [vaʀjabl] wechselhaft
varicelle [vaʀisɛl] *f* Windpocken
variétés [vaʀjete] *fpl* Varietee
vase [vaz] *m* Vase
veau [vo] *m* Kalbfleisch
végétarien(ne) [veʒetaʀjɛ̃, jɛn] vegetarisch
veille de Noël [vɛj də nɔɛl] *f* Heiliger Abend
vélo [velo] *m* Fahrrad
le vélo dans l'eau [lə velo dɑ̃ lo] Aquacycling
vélo de course [velod kuʀs] *m* Rennrad
vélo tout chemin [velo tu ʃmɛ̃] *m* Trekkingrad
vélo tout terrain [velo tu tɛʀɛ̃] *m* Mountainbike
vendre [vɑ̃dʀ] verkaufen
vendredi [vɑ̃dʀədi] Freitag
vendredi saint [vɛ̃dʀədi sɛ̃] *m* Karfreitag
venimeux, -euse [vənimø, øz] giftig
venir [vəniʀ] kommen
vent [vɑ̃] *m* Wind
vente [vɑ̃t] *f* Verkauf
ventilateur [vɑ̃tilatœʀ] *m* Ventilator
ventre [vɑ̃tʀ] *m* Bauch

vents [vɑ̃] *mpl* Blähungen
ver [vɛʀ] *m* Wurm
verglas [vɛʀgla] *m* Glatteis
véritable [veʀitabl] eigentlich
vernis à ongles [vɛʀni a ɔ̃gl] *m* Nagellack
verre [vɛʀ] *m* Glas
verre à eau [vɛʀ a o] *m* Wasserglas
verre à vin [vɛʀ a vɛ̃] *m* Weinglas
vers [vɛʀ] *(räumlich)* in Richtung auf, gegen; *(zeitlich)* gegen, um; **~ le bas** [vɛʀ lə ba] abwärts; **~ le haut** [vɛʀ lə o] nach oben; **~ midi** [vɛʀ midi] gegen Mittag
version originale [vɛʀsjɔ̃ ɔʀiʒinal] *f* Originalfassung
vert(e) [vɛʀ, vɛʀt] grün
vertige [vɛʀtiʒ] *m* Schwindel(gefühl)
vésicule biliaire [vezikyl biljɛʀ] *f* Gallenblase
vessie [vesi] *f* Blase
veste [vɛst] *f* Jacke
veste de cuir [vɛstə də kɥiʀ] *f* Lederjacke
veste de laine [vɛstə də lɛn] *f* Strickjacke
vestiaire [vɛstjɛʀ] *m* Garderobe
vestiges [vɛstiʒ] *mpl* Überreste
vestiges archéologiques [vɛstiʒ aʀkeɔlɔʒik] *m* Funde
vêtements [vɛtmɑ̃] *mpl* Kleidung
vêtements habillés [vɑ̃tmɑ abije] *mpl* Abendgarderobe
veuf, veuve [vœf/vœv] verwitwet
vexation [vɛksasjɔ̃] *f* Beleidigung
viande [vjɑ̃d] *f* Fleisch
viande hachée [vjɑ̃d aʃe] *f* Hackfleisch
vidange [vidɑ̃ʒ] *f* Ölwechsel
vide [vid] leer
vie [vi] *f* Leben
vieille ville [vjɛj vil] *f* Altstadt
vieux, vieille [vjø, vjɛj] alt; **vieil homme** [vjɛj ɔm] alter Mann
vif, vive [vif, viv] lebhaft
vigne [viɲ] *f* Weinberg
village [vilaʒ] *m* Dorf
village de montagne [vilaʒ də mɔ̃taɲ] *m* Bergdorf
village de pêcheurs [vilaʒ də pɛʃœʀ] *m* Fischerort
village de vacances [vilaʒ də vakɑ̃s] *m* Ferienanlage
ville [vil] *f* Stadt
vin [vɛ̃] *m* Wein; **~ blanc** [vɛ̃ blɑ̃] Weißwein; **~ rosé** [vɛ̃ ʀoze] Rosé; **~ rouge** [vɛ̃ ʀuʒ] Rotwein
vinaigre [vinɛgʀ] *m* Essig
viol [vjɔl] *m* Vergewaltigung
violet(te) [vjɔlɛ, ɛt] violett
virage [viʀaʒ] *m* Kurve
virement [viʀmɑ̃] *m* Überweisung
virus [viʀys] *m* Virus
vis [vis] *f* Schraube
visa [viza] *m* Visum
visage [vizaʒ] *m* Gesicht
viseur [vizœʀ] *m* Sucher
visite [vizit] *f* Besuch; **rendre ~ à quelqu'un** [ʀɑ̃dʀ vizit‿a kɛlkɛ̃] jemanden besuchen
visite guidée [vizit gide] *f* Führung
visite guidée de la ville [vizit gide də la vil] *f* Stadtrundfahrt
visiter [vizite] besichtigen
vite [vit] schnell, rasch
vitesse [vitɛs] *f* Geschwindigkeit; *(Eigenschaft)* Schnelligkeit; *(Auto)* Gang
vitrine [vitʀin] *f* Schaufenster
vivre [vivʀ] leben
v.o. [ve o] *f (Film)* Originalfassung
voie [vwa] *f* Gleis
voie rapide [vwa ʀapid] *f* Schnellstraße
voir [vwaʀ] sehen; *(Film)* ansehen
voisin(e) [vwazɛ̃, in] *m(f)* Nachbar(in)
voiture [vwatyʀ] *f* Wagen, Auto
voiture-couchettes [vwatyʀ kuʃɛt] *f* Liegewagen
voiture de police [vwatyʀ də pɔlis] *f* Polizeiwagen
voix [vwa] *f* Stimme
vol [vɔl] *m* Diebstahl
vol [vɔl] *m (Flugzeug)* Flug
vol à voile [vɔl a vwal] *m* Segelfliegen
vol intérieur [vɔl ɛ̃teʀjœʀ] *m* Inlandsflug
vol international [vɔl ɛ̃tɛʀnasjɔnal] *m* Auslandsflug
volant [vɔlɑ̃] *m (Ball)* Federball
volant mobile [vɔlɑ̃ mɔbil] *m (im Auto)* Lenkraddrehknopf
volcan [vɔlkɑ̃] *m* Vulkan
voler [vɔle] fliegen; *(Dieb)* stehlen
voleur, -euse [vɔlœʀ, øz] *m, f* Dieb(in)
voleur à la tire, voleuse à la tire [vɔlœʀ, øz a la tiʀ] *m, f* Taschendieb(in)
volley-ball [vɔlɛbol] *m* Volleyball; **~ de plage** [vɔlɛbol də plaʒ] Beachvolleyball
volontiers [vɔlɔ̃tje] gern
volt [vɔlt] *m* Volt
voltage [vɔltaʒ] *m* Stromspannung
votre [vɔtʀ] euer
vouloir [vulwaʀ] wollen, mögen
vous [vu] euch, Sie
voûte [vut] *f* Gewölbe
voyage [vwajaʒ] *m* Reise, Fahrt; **~ organisé** [vwajaʒ ɔʀganize] Reisegesellschaft
voyager [vwajaʒe] reisen

voyageur, -euse [vwajaʒœʀ, øz] *m, f* der/die Reisende
vraiment [vʀɛmɑ̃] wirklich
vrai(e) [vʀɛ] wahr, echt, wirklich; **être ~** [ɛtʀ vʀɛ] (*richtig sein*) stimmen; **à ~ dire** [a vʀɛ diʀ] eigentlich
V.T.C. [vetese] *m* Trekkingrad
V.T.T. [vetete] *m* Mountainbike
vue [vy] *f* Sicht; *(Computer)* Ansicht; *(Panorama)* Aussicht

W

wagon aménagé pour handicapés [vagɔ̃ amenaʒe puʀ ɑ̃dikape] *m (im Zug)* rollstuhlgängiger Wagen
wagon sans compartiments [vagɔ̃ sɑ̃ kɔ̃paʀtimɑ̃] *m* Großraumwagen
wagon-lits [vagɔ̃li] *m* Schlafwagen
wagon-restaurant [vagɔ̃ ʀɛstɔʀɑ̃] *m* Speisewagen
watt [wat] *m* Watt
western [wɛstɛʀn] *m* Western
le wrap [lə vʀap] Wrap

Y

yaourt [jauʀt] *m* Joghurt
yeux [jø] *mpl* Augen
yoga [jɔga] *m* Yoga

Z

zone piétonne [zɔn pjetɔn] *f* Fußgängerzone
zoo [zo] *m* Zoo

Wörterbuch Deutsch – Französisch

A

Aal l'anguille *f* [lɑ̃gij]
ab à partir de [a paʀtiʀ də]
Abblendlicht les codes *mpl* [le kɔd]
Abend le soir [lə swaʀ], la soirée [la swaʀe]
Abendessen le dîner [lə dine]
Abendgarderobe les vêtements *mpl* habillés [le vɛtmɑ̃ abije]
abends le soir [lə swaʀ]
aber mais [mɛ]
abfahren (von) partir (de) [paʀtiʀ (də)]
Abfahrt le départ [lə depaʀ]; (*Autobahn*) la bretelle [la bʀətɛl]
Abfahrtszeit l'heure *f* de départ [lœʀ də depaʀ]
Abfall les ordures *fpl* [lez‿ɔʀdyʀ]
Abfallbeutel le sac-poubelle [lə sak pubɛl]
Abflug le départ [lə depaʀ], le décollage [lə dekɔlaʒ]
Abführmittel le laxatif [lə laksatif]
abgeben rendre [ʀɑ̃dʀ], remettre [ʀəmɛtʀ]
abgelaufen périmé [peʀime]
abholen aller chercher [ale ʃɛʀʃe]
Abkürzung l'abréviation *f* [labʀevjasjɔ̃]; (*Weg*) le raccourci [lə ʀakuʀsi]
ablehnen refuser [ʀəfyze]
abreisen (nach) partir (pour) [paʀtiʀ (puʀ)]
Absatz le talon [lə talɔ̃]
Abschleppdienst le service de dépannage [lə sɛʀvis də depanaʒ]
abschleppen remorquer [ʀəmɔʀke]
Abschleppseil le câble de remorquage [lə kabl də ʀəmɔʀkaʒ]
Abschleppwagen la dépanneuse [la depanøz]
abschließen fermer à clé [fɛʀme a kle]
abseits hors-jeu [ɔʀ ʒø]
Absender l'expéditeur *m* [lɛkspeditœʀ]
Abszess l'abcès *m* [labsɛ]
Abtei l'abbaye *f* [labei]
Abteil le compartiment [lə kɔ̃paʀtimɑ̃]
Achtung attention [atɑ̃sjɔ̃]
Action film le film d'action [lə film daksjɔ̃]
Adapter l'adaptateur *m* [ladaptatœʀ]
Adresse l'adresse *f* [ladʀɛs]
Aerobic l'aérobic *m* [laeʀɔbik]
Agentur l'agence *f* [laʒɑ̃s]
ähnlich semblable [sɑ̃blabl]
akklimatisieren: sich ~ s'acclimater [saklimate]
Akku la batterie [la batʀi]
Akt l'acte *m* [lakt], le nu [lə ny]
Aktzeichnen le dessin sur modèle [lə desɛ̃ syʀ modɛl]
Akupunktur l'acupuncture *f* [lakypɔ̃ktyʀ]
Alarmanlage le système d'alarme [lə sistɛm dalaʀm]
alkoholfrei sans alcool [sɑ̃z‿alkɔl]
alkoholfreies Bier la bière sans alcool [la bjɛʀ sɑ̃z‿alkɔl]
alle tous [tus], toutes [tut]
allein seul [sœl]
Allergie l'allergie *f* [lalɛʀʒi]
Allergiker(in): ich bin ~ je souffre d'allergies [ʒə sufʀ dalɛʀʒi]
alles tout [tu]
als (*zeitlich*) quand [kɑ̃]; (*Vergleich*) que [kə]
also donc [dɔ̃k]
alt vieux, vieil(le) [vjø, vjɛj]; (*aus früheren Zeiten*) ancien(ne) [ɑ̃sjɛ̃, ɛn]
Altar l'autel *m* [lotɛl]
Alter l'âge *m* [laʒ]
Altstadt la vieille ville [la vjɛj vil]
Alufolie le papier (d')alu [lə papje(d) aly]
am Sonntag dimanche [dimɑ̃ʃ]
am Vormittag dans la matinée [dɑ̃ la matine]
am Wochenende le week-end [lə wikɛnd]
Ampel le feu (de circulation) [lə fø (də siʀkylasjɑ̃)]
Amphitheater l'amphithéâtre *m* [lɑ̃fiteatʀ]
Amt l'office *m* [lɔfis], le service (administratif) [lə sɛʀvis (administʀatif)]
amüsieren: sich ~ s' amuser [samyze]
an à [a]; **~ der Seine** sur les bords de la Seine [syʀ le bɔʀ də la sɛn]
Ananas l'ananas *m* [lanana]
andere: der/die/das ~ l'autre [lotʀ]
anders (*sonst*) autrement [otʀəmɑ̃]
anderswo ailleurs [ajœʀ]
Anfang le début [lə deby], le commencement [lə kɔmɑ̃smɑ̃]
anfangen commencer [kɔmɑ̃se]
Angabe l'indication *f* [lɛ̃dikasjɔ̃]
Angel la canne à pêche [la kana pɛʃ]
angeln pêcher [pɛʃe]

Angelschein le permis (de pêche) [lə pɛʀmi(d pɛʃ)]
angenehm agréable [agʀeabl]
Angina l'angine *f* [lɑ̃ʒin]
anhalten arrêter [aʀete], s'arrêter [saʀete]
Anhänger (*Schmuck*) le pendentif [lə pɑ̃dɑ̃tif]; (*Auto*) la remorque [la ʀəmɔʀk]
ankommen arriver [aʀive]
Ankunft l'arrivée *f* [laʀive]
Ankunftszeit l'heure *f* d'arrivée [lœʀ daʀive]
Anlage (*Geld~*) le placement [lə plasmɑ̃]; (*Ferien~*) le complexe [lə kɔ̃plɛks]
Anlasser le démarreur [lə demaʀœʀ]
anlegen in faire escale à [fɛʀ ɛskal a]
anmelden (*ankündigen*) annoncer [anɔ̃se]; (*in einem Klub, einer Schule*) inscrire [ɛ̃skʀiʀ]
Anmeldung (*Ankündigung*) l'annonce [lanɔ̃s]; (*in einem Klub, einer Schule*) l'inscription [lɛ̃skʀipsjɔ̃]
Anorak l'anorak *m* [lanɔʀak]
Anreisetag le jour de l'arrivée [lə ʒuʀ də laʀive]
Anruf le coup de téléphone [lə ku də telefɔn]
Anrufbeantworter le répondeur automatique [lə ʀepɔ̃dœʀ otomatik]
anrufen appeler [aple], téléphoner à [telefɔne a]
Anschluss la correspondance [la kɔʀɛspɔ̃dɑ̃s]
ansehen regarder [ʀəgaʀde]
Ansichtskarte la carte postale [la kaʀt pɔstal]
anstatt au lieu de [o ljø də]
ansteckend contagieux [kɔ̃taʒjø]
anstrengend fatigant(e) [fatigɑ̃, ɑ̃t]
Antibabypille la pillule (anticonceptionnelle) [la pilyl (ɑ̃tikɑ̃sɛpsjɔnɛl)]
Antibiotikum l'antibiotique *m* [lɑ̃tibjɔtik]
antik antique [ɑ̃tik]
Antiquitätengeschäft le magasin d'antiquités [lə magazɛ̃ ɑ̃tikite]
antworten répondre [ʀepɔ̃dʀ]
Anwendungsgebiete indications *fpl* [ɛ̃dikasjɔ̃]
Anzahlung l'acompte *m* [lakɔ̃t]
anzeigen faire une déclaration [fɛʀ‿yn deklaʀasjɔ̃]
anziehen mettre [mɛtʀ]
Anzug le costume [lə kɔstym]
anzünden allumer [alyme]
Apartment le studio [lə stydjo]
Äpfel les pommes *fpl* [le pɔm]
Apfelsinen les oranges *fpl* [lez‿ɔʀɑ̃ʒ]
Apotheke la pharmacie [la faʀmasi]
Apparat l'appareil *m* [lapaʀɛj]
Appetit l'appétit *m* [lapeti]
Aprikosen les abricots *mpl* [lez‿abʀiko]
April avril [avʀil]
Aquacycling le vélo dans l'eau [lə velo dɑ̃ lo]
Aquajogging la gym aquatique [la ʒim‿akwatik]
Aquarell l'aquarelle *f* [lakwaʀɛl]
Aquarellmalen l'aquarelle *f* [lakwaʀɛl]
Arbeit le travail [lə tʀavaj]; (*Anstellung*) l'emploi *m* [lɑ̃plwa]
arbeiten travailler [tʀavaje]
arbeitslos au chômage [o ʃomaʒ]
Archäologie l'archéologie *f* [laʀkeɔlɔʒi]
Architekt l'architecte *mf* [laʀʃitɛkt]
Architektur l'architecture *f* [laʀʃitɛktyʀ]
Arena l'arène *f* [laʀɛn]
ärgern: **sich ~ über** se mettre en colère à cause de [sə mɛtʀ ɛ̃ kɔlɛʀ a koz də]
arm pauvre [povʀ]
Armband le bracelet [lə bʀaslɛ]
Armbanduhr la montre-bracelet [la mɔ̃tʀəbʀaslɛ]
Ärmel la manche [la mɑ̃ʃ]
Ärmelkanal la Manche [la mɑ̃ʃ]
Aromabad le bain aux huiles essentielles [lə bɛ̃ oz‿ɥilz‿ɛsɑ̃sjɛl]
Art la manière [la manjɛʀ], la façon [la fasɔ̃]
Artischocken les artichauts *mpl* [lez‿aʀtiʃo]
Aschenbecher le cendrier [lə sɑ̃dʀije]
Aschermittwoch le mercredi des cendres [lə mɛʀkʀədi de sɑ̃dʀ]
Aspirin® l'aspirine *f*
Asthma l'asthme *m* [lasm]
Atembeschwerden les troubles *mpl* respiratoires [le tʀubl ʀɛspiʀatwaʀ]
Atlantik l'Atlantique *m* [latlɑ̃tik]
atmen respirer [ʀɛspiʀe]
Attest l'attestation *f* [latɛstasjɔ̃], le certificat [lə sɛʀtifika]
Auberginen les aubergines *fpl* [lez‿obɛʀʒin]
auch aussi [osi]; **~ nicht** (ne ...) pas non plus [(nə ...) pa nɔ̃ ply]
Auffahrt (*Autobahn*) la bretelle [la bʀətɛl]
auf sur [syʀ]; (*offen*) ouvert(e) [uvɛʀ, uvɛʀt]; **~ Französisch** en français [ɑ̃ fʀɑ̃sɛ]

aufbewahren garder [garde], conserver [kɔ̃sɛrve]
aufbrechen fracturer [fraktyre]
Aufenthalt le séjour [lə seʒur]
Aufenthaltsraum la salle d'attente [la sal datɑ̃t]
Auffahrtrampe la rampe d'accès [la rɑ̃p daksɛ]
Aufführung la représentation [la rəprezɑ̃tasjɔ̃]
aufhalten: **sich ~** séjourner [seʒurne]
aufhören arrêter [arete]
aufpassen auf surveiller [syrvɛje]
Aufschnitt les tranches *fpl* de charcuterie [lə trɑ̃ʃ də ʃarkytri], de viande froide [də vjɑ̃d frwad]
aufschreiben noter [nɔte]
aufstehen se lever [sə ləve]
aufwachen se réveiller [sə reveje]
aufwärts en haut [ɑ̃ o], vers le haut [vɛr lə o]
Aufzug l'ascenseur *m* [lasɑ̃sœr]
Auge l'œil *m* [lœj]
Augen les yeux *mpl* [lez‿jø]
Augenblick l'instant *m* [lɛ̃stɑ̃]
Augenbrauen zupfen épiler les sourcils [epile le sursi]
Augentropfen le collyre [lə kɔlir]
August août [u(t)]
aus (*Herkunft*) de [də]; (*Material*) en [ɑ̃]; (*Grund*) pour [pur]
Ausbildung (*beruflich*) la formation [la fɔrmasjɔ̃]; (*von Rekruten*) l'instruction *f* [lɛ̃stryksjɔ̃]
Ausdruck l'expression *f* [lɛksprɛsjɔ̃]
ausdrücklich expressément [ɛksprɛssemɑ̃]
Ausfahrt la sortie (d'autoroute) [la sɔrti (dotorut)]
Ausflug l'excursion *f* [lɛkskyrsjɔ̃]
ausfüllen remplir [rɑ̃plir]
Ausgang la sortie [la sɔrti]
ausgeben dépenser [depɑ̃se]
ausgehen sortir [sɔrtir]
ausgezeichnet excellent(e) [ɛksɛlɑ̃, ɑ̃t]
Ausgrabungen les fouilles *fpl* [le fuj]
Auskunft le renseignement [lə rɑ̃sɛɲmɑ̃]
Ausland l'étranger *m* [letrɑ̃ʒe]
Ausländer(in) l'étranger, l'étrangère [letrɑ̃ʒe/letrɑ̃ʒɛr]
ausländisch étranger, -ère [etrɑ̃ʒe, ɛr]
Auslandsflug le vol international [lə vɔl ɛ̃tɛrnasjɔnal]
Auslandsgespräch l'appel *m* pour l'étranger [lapɛl pur letrɑ̃ʒe]
Auslöser le déclencheur [lə deklɑ̃ʃœr]
Auspuff le tuyau d'échappement [lə tɥijo deʃapmɑ̃]
Ausreise la sortie [la sɔrti]
Ausritt la promenade à cheval [la prɔmnad a ʃval]
ausruhen: **sich ~** se reposer [sə rəpoze]
Ausschlag les rougeurs *fpl* [le ruʒœr]
außen à l'extérieur [a lɛksterjœr]
außer hors de [ɔr də]
außerdem d'autre part [dotr par], en outre [ɑ̃n‿utr]
außergewöhnlich extraordinaire [ɛkstraɔrdinɛr]
außerhalb à l'extérieur (de) [a lɛksterjœr (də)]
äußerlich (*Anwendung*) externe [ɛkstɛrn]
Aussicht la vue [la vy]
Aussichtspunkt le point de vue [lə pwɛ̃ də vy]
aussprechen prononcer [prɔnɔ̃se]
aussteigen descendre [desɑ̃dr]
Ausstellung l'exposition *f* [lɛkspozisjɔ̃]
aussuchen sélectionner [selɛksjɔne]
austauschen échanger [eʃɑ̃ʒe]
Austern les huîtres *fpl* [lez‿ɥitr]
Ausverkauf les soldes *mpl* [le sɔld]
Auswahl le choix [lə ʃwa]
auszahlen payer [peje]
Auto la voiture [la vwatyr]; **~ fahren** conduire une voiture [kɔ̃dɥir yn vwatyr]
Autobahn l'autoroute *f* [lotorut]
Autobahnausfahrt la sortie d'autoroute [la sɔrti dotorut]
Autobahngebühr le péage [lə peaʒ]
Automat (*für Waren*) le distributeur automatique [lə distribytœr otomatik]
Automatik(getriebe) la boîte automatique [la bwat otomatik]
automatisch automatique [otomatik]
automatische Tür la porte automatique [la pɔrt otomatik]
automatische Türöffnung l'ouverture *f* automatique des portes [luvɛrtyr otomatik de pɔrt]
Autoradio l'autoradio *m* [lotoradjo]
Autoreisezug (*nachts*) le train autoscouchettes [lə trɛ̃ otokuʃɛt]; (*tags*) le service auto-express [lə sɛrvis oto ɛksprɛs]
Avocado l'avocat *m* [lavɔka]
Ayurveda l'Ayurveda *m* [lajyrveda]

B

Baby le bébé [lə bebe]
Babyfon l'interphone *m* [lɛ̃tɛrfɔn]

Babylift le remonte-pentes pour enfants [lə ʀəmɔ̃tpɑ̃t puʀ ɑ̃fɑ̃]
Babynahrung la nourriture pour bébés [la nuʀityʀ puʀ bebe]
Babyschale le pèse-bébés [lə pɛz bebe]
Babysitter le baby-sitter [lə bebisitɛʀ]
Bäckerei la boulangerie [la bulɑ̃ʒʀi]
Backofen le four [lə fuʀ]
Badeanzug le maillot une pièce [lə majo yn pjɛs]
Badehose le maillot de bain [lə majod bɛ̃]
Bademantel le peignoir de bain [lə pɛɲwaʀ də bɛ̃]
Bademeister(in) le maître-nageur [lə mɛtʀənaʒœʀ]
Badeort la station balnéaire [la stasjɔ̃ balneɛʀ]
Badeschuhe les chaussures *fpl* en plastique (pour la baignade) [le ʃosyʀ ɑ̃ plastik (puʀ la bɛɲad)]
Badewanne la baignoire [la bɛɲwaʀ]
Badezimmer la salle de bains [la sal də bɛ̃]
Badminton le badminton [lə badmintɔn]
Bahnhof la gare [la gaʀ]
Bahnsteig le quai [lə kɛ]
bald bientôt [bjɛ̃to]; **so ~ wie möglich** dès que possible [dɛ kə pɔsibl]
Balkon le balcon [lə balkɔ̃]
Ball le ballon [lə balɔ̃], la balle [la bal]; (*Fest*) le bal [lə bal]
Ballett le ballet [lə balɛ]
Bananen les bananes *fpl* [le banan]
Band le groupe [lə gʀup]
Bänderriss la rupture de tendon [la ʀyptyʀ də tɑ̃dɔ̃]
Bank (*Geldinstitut*) la banque [la bɑ̃k]; (*Sitz~*) le banc [lə bɑ̃]
bar zahlen payer comptant [pɛje kɔ̃tɑ̃], payer en liquide [pɛje ɑ̃ likid]
bar en espèces [ɑ̃n‿ɛspɛs]
Bargeld les espèces *fpl* [lez‿ɛspɛs]; l'argent liquide *m* [laʀʒɑ̃ likid]
Barock le baroque [lə baʀɔk]
barrierefrei sans obstacle [sɑ̃z‿ɔpstakl]
Barsch la perche [la pɛʀʃ]
Bart la barbe [la baʀb]
Basilikum le basilic [lə bazilik]
Basketball le basket-ball [lə baskɛtbol]
Batterie la pile [la pil]
Bauch le ventre [lə vɑ̃tʀ]
Bauernhof la ferme [la fɛʀm]
Baum l'arbre *m* [laʀbʀ]
Baumwolle le coton [lə kɔtɔ̃]
Baustelle le chantier [lə ʃɑ̃tje]
Bauwerk le bâtiment *m* [lə batimɑ̃], l'édifice *m* [ledifis]
beachten respecter [ʀɛspɛkte]
Beachvolleyball le volley-ball de plage [lə vɔlɛbol də plaʒ]
beantworten répondre à [ʀepɔ̃dʀ a]
Bearbeitungsgebühr la commission [la kɔmisjɔ̃], les frais bancaires [le fʀɛ bɑ̃kɛʀ]
bedauern regretter [ʀəgʀɛte]
Bedeutung (*Sinn*) la signification [la siɲifikasjɔ̃]
Bedienung le service [lə sɛʀvis]
beeilen: sich ~ se dépêcher [sə depeʃe]
beeindruckend impressionnant [ɛ̃pʀɛsjɔnɑ̃]
befinden: sich ~ se trouver [sə tʀuve]
befreundet: ~ sein être amis [ɛtʀ‿ami]
befürchten craindre [kʀɛ̃dʀ]
begegnen rencontrer [ʀɑ̃kɔ̃tʀe]
begeistert von enthousiasmé(e) par [ɑ̃tuzjasme (paʀ)]
begleiten accompagner [akɔ̃paɲe]
Begleitperson l'accompagnateur, l'accompagnatrice *m, f* [lakɔ̃paɲatœʀ/lakɔ̃paɲatʀis]
begrüßen saluer [salye]
behalten garder [gaʀde]
Behälter le récipient [lə ʀesipjɑ̃]
behandeln soigner [swaɲe]
Behandlung le soin [lə swɛ̃]
behaupten affirmer [afiʀme]
Behindertenausweis la carte d'invalidité [la kaʀt dɛ̃validite]
behindertengerecht aménagé [amenaʒe], équipé pour handicapés [ekipe puʀ ɑ̃dikape]
Behindertenparkplatz la place de stationnement pour handicapés [la plas də stasjɔ̃nmɑ̃ puʀ ɑ̃dikape]
Behindertentoilette les toilettes *fpl* pour handicapés [le twalɛt puʀ ɑ̃dikape]
Behörde l'administration *f* [ladministʀasjɔ̃]
bei (*örtlich*) près de [pʀɛ də]
beide tous, toutes les deux [tu/tut le dø]
Beifall les applaudissements *mpl* [lez‿aplodismɑ̃]
beige beige [bɛʒ]
Bein la jambe [la ʒɑ̃b]
Beispiel l'exemple *m* [lɛgzɑ̃pl]; **zum ~** par exemple [paʀ‿ɛgzɑ̃pl]
beißen mordre [mɔʀdʀ]
bekannt connu(e) [kɔny]; **~ machen** faire connaître [fɛʀ kɔnɛtʀ]

Bekannte/r la connaissance [la kɔnɛsɑ̃s]
Bekanntschaft la connaissance [la kɔnɛsɑ̃s], la rencontre [la ʀɑ̃kɔ̃tʀ]
beklagen: sich ~ über se plaindre de [sə plɛ̃dʀ də]
bekommen recevoir [ʀəsəvwaʀ]
belästigen importuner [ɛ̃pɔʀtyne]
belegtes Brötchen le sandwich [le sɑ̃dwitʃ]
Beleidigung l'offense *f* [lɔfɑ̃s], la vexation [la vɛksasjɔ̃]
Belgien la Belgique [la bɛlʒik]
Belgier(in) le/la Belge [lə/la bɛlʒ]
Belichtungsmesser le photomètre [lə fɔtomɛtʀ], le posemètre [lə pozmɛtʀ]
Belohnung la récompense [la ʀekɔ̃pɑ̃s]
bemerken remarquer [ʀəmaʀke]
bemühen: sich ~ s'efforcer de [sefɔʀse də]
benachrichtigen informer [ɛ̃fɔʀme]
benutzen utiliser [ytilize]
Benzinkanister le bidon d'essence [lə bidɔ̃ dɛsɑ̃s]
Benzinpumpe la pompe à essence [la pɔ̃p‿a ɛsɑ̃s]
bequem confortable [kɔ̃fɔʀtabl]
berechnen calculer [kalkyle]
bereits déjà [deʒa]
Berg la montagne [la mɔ̃taɲ]
Bergdorf le village de montagne [lə vilaʒ də mɔ̃taɲ]
Bergstation le point d'arrivée du téléski [lə pwɛ̃ daʀive dy teleski]
Bergsteigen l'alpinisme *m* [lalpinism]
Beruf la profession [la pʀɔfɛsjɔ̃]
beruhigen: sich ~ se calmer [sə kalme]
Beruhigungsmittel le tranquillisant [lə tʀɑ̃kilizɑ̃]
berühmt célèbre [selɛbʀ]
berühren toucher [tuʃe]
beschädigen endommager [ɑ̃dɔmaʒe]
bescheinigen attester [atɛste]
Bescheinigung le certificat [lə sɛʀtifika], l'attestation *f* [latɛstasjɔ̃]
beschlagnahmen confisquer [kɔ̃fiske]
beschließen décider (de) [deside (də)]
beschreiben décrire [dekʀiʀ]
beschweren: sich ~ (über) se plaindre (de) [sə plɛ̃dʀ (də)]
Besen le balai [lə balɛ]
besetzt occupé(e) [ɔkype]
besichtigen visiter [vizite]
Besichtigung la visite [la vizit]
Besitzer(in) le/la propriétaire [lə/la pʀɔpʀijetɛʀ]
besonders surtout [syʀtu]
besorgen procurer [pʀɔkyʀe]
besser (*als Adjektiv*) meilleur(e) [mɛjœʀ]; (*als Adverb*) mieux [mjø]
bestätigen confirmer [kɔ̃fiʀme]
beste(r, -s) le/la meilleur(e) [lə/la mɛjœʀ]
Besteck les couverts *mpl* [le kuvɛʀ]
bestehen aus se composer de [sə kɔ̃poze də]
Bestellung la commande [la kɔmɑ̃d]
bestimmt (*als Adjektiv*) certain(e) [sɛʀtɛ̃, ɛn]; (*als Adverb*) sûrement [syʀmɑ̃]
Besuch la visite [la vizit]
besuchen rendre visite à [ʀɑ̃dʀ vizit‿a]
Besuchszeit les heures *fpl* de visites [lez‿œʀ də vizit]
beten prier [pʀije]
Betrag le montant [lə mɔ̃tɑ̃]
Betrug l'escroquerie *f* [lɛskʀɔkʀi]
betrunken soûl(e) [su, sul], ivre [ivʀ]
Bett le lit [lə li]; **zu ~ gehen** aller se coucher [ales kuʃe]
Bettdecke la couverture [la kuvɛʀtyʀ]
Bettwäsche les draps *mpl* [le dʀa]
beunruhigen: sich ~ s'inquiéter [sɛ̃kjete]
bevor avant que [avɑ̃ kə]
bewölkt nuageux [nyaʒø]
bewusstlos sans connaissance [sɑ̃ kɔnɛsɑ̃s], évanoui [evanwi]
bezahlen payer [pɛje]
bezaubernd ravissant(e) [ʀavisɑ̃, ɑ̃t]
BH le soutien-gorge [lə sutjɛ̃gɔʀʒ]
Biene l'abeille *f* [labɛj]
Bienenstock la ruche [la ryʃ]
Bier la bière [la bjɛʀ]
bieten offrir [ɔfʀiʀ]
Bikini le bikini [lə bikini]
Bild (*Foto*) la photo [la fɔto]; (*Gemälde*) le tableau [lə tablo]
Bildhauer(in) le sculpteur [lə skyltœʀ]
billig bon marché [bɔ̃ maʀʃe]
Bindfaden la ficelle [la fisɛl]
Bioladen le magasin de produits naturels [lə magazɛ̃ pʀɔdɥi natyʀɛl]
Birnen les poires *fpl* [le pwaʀ]
bis jusqu'à [ʒyska]; **~ jetzt** jusqu'à maintenant [ʒyska mɛ̃tnɑ̃]
bisschen: ein ~ un peu [ɛ̃ pø]
Bitte la demande [la dəmɑ̃d]

bitten: **jemanden um etwas ~** demander quelque chose à quelqu'un [dəmɑ̃de kɛlkə ʃoz a kɛlkɛ̃]
bitter amer, -ère [amɛʀ]
Blähungen les vents *mpl* [le vɑ̃]
Blase la vessie [la vesi]
Blaskapelle la fanfare [la fɑ̃faʀ]
Blatt la feuille [la fœj]
blau bleu(e) [blø]
Blazer le blazer [lə blazɛʀ]
bleiben rester [ʀɛste]
Blick le regard [lə ʀəgaʀ]; (*Ausblick*) la vue [la vy]
blind aveugle [avœgl], non-voyant(e) [nɔ̃vwajɑ̃, ɑ̃t]
Blinddarmentzündung l'appendicite *f* [lapɛ̃disit]
Blinde/r l'aveugle *mf* [lavœgl], le/la non-voyant(e) [lə/la nɔvwajɑ̃, ɑ̃t]
Blindenhund le chien d'aveugle [lə ʃjɛ̃ davœgl]
Blindenschrift le braille [lə bʀaj]
Blinker le clignotant [lə kliɲotɑ̃]
Blitz l'éclair *m* [leklɛʀ]
Blitzgerät le flash [lə flaʃ]
Block le bloc [lə blɔk]
blöd(e) stupide [stypid]
Blues le blues [lə bluz]
Blume la fleur [la flœʀ]
Blumengeschäft le/la fleuriste [lə/la flœʀist]
Blumenkohl le chou-fleur [lə ʃuflœʀ]
Bluse le chemisier [lə ʃmizje]
Blut le sang [lə sɑ̃]
Blutdruck: **hoher ~** l'hypertension [lipɛʀtɑ̃sjɔ̃]; **niedriger ~** l'hypotension [lipotɑ̃sjɔ̃]
bluten saigner [seɲe]
Blutgruppe le groupe sanguin [lə gʀup sɑ̃gɛ̃]
Blutung le saignement [lə sɛɲəmɑ̃]
Blutvergiftung la septicémie [la sɛptisemi]
Bö la rafale [la ʀafal]
Boden le sol [lə sɔl]; (*Fuß~*) le plancher [lə plɑ̃ʃe]
Bodybuilding la musculation [la myskylasjɔ̃]
Bogen l'arc *m* [laʀk]
Bohnen les haricots *mpl* [le aʀiko]
Bonbon le bonbon [bɔ̃bɔ̃]
Bootsführerschein le permis-bateau [lə pɛʀmi bato]
Bordkarte la carte d'embarquement [la kaʀtə dɑ̃baʀkəmɑ̃]
Bordrollstuhl le fauteuil transport [lə fotœj tʀɑ̃spɔʀ]
Borreliose la borréliose [la bɔreljoz]
böse méchant(e) [meʃɑ̃, ɑ̃t]; (*verärgert*) en colère [ɑ̃ kɔlɛʀ]
Botanischer Garten le jardin botanique [lə ʒaʀdɛ̃ bɔtanik]
Botschaft (*diplomatische Vertretung*) l'ambassade *f* [lɑ̃basad]
Boulespiel le jeu de boules [lə ʒød bul], la pétanque [la petɑ̃k]
Bowling le bowling [lə buliŋ]
Brandsalbe la pommade contre les brûlures [la pɔmad kɔ̃tʀ le bʀylyʀ]
Bräter la sauteuse [la sotøz]
brauchen avoir besoin de [avwaʀ bəzwɛ̃ də]
braun marron [maʀɔ̃]; (*gebräunt*) bronzé(e) [bʀɔ̃ze]
Brechreiz la nausée [la noze]
breit large [laʀʒ]
Breite la largeur [la laʀʒœʀ]
Bremse le frein [lə fʀɛ̃]
Bremsflüssigkeit le liquide de frein [lə likid də fʀɛ̃]
Bremslichter les stops *mpl* [le stɔp]
brennen brûler [bʀyle]
Brennspiritus l'alcool *m* à brûler [lakɔl a bʀyle]
Brief la lettre [la lɛtʀ]
Briefkasten la boîte aux lettres [la bwat‿o lɛtʀ]
Briefmarke le timbre [lə tɛ̃bʀ]
Briefpapier le papier à lettres [lə papje a lɛtʀ]
Brieftasche le portefeuille [lə pɔʀtəfœj]
Briefumschlag l'enveloppe *f* [lɑ̃vlɔp]
bringen (*her~*) apporter [apɔʀte]; (*weg~*) emporter [ɑ̃pɔʀte]
Brombeeren les mûres *fpl* [le myʀ]
Bronchien les bronches *fpl* [le bʀɔ̃ʃ]
Bronchitis la bronchite [la bʀɔ̃ʃit]
Bronze le bronze [lə bʀɔ̃z]
Brosche la broche [la bʀɔʃ]
Brot le pain [lə pɛ̃]
Brötchen le petit pain [le pti pɛ̃]
Bruch (*Knochen~*) la fracture [la fʀaktyʀ]; (*Leisten~*) la hernie [la ɛʀni]
Brücke le pont [lə pɔ̃]
Bruder le frère [lə fʀɛʀ]
Brunnen la fontaine [la fɔ̃tɛn]
Brust la poitrine [la pwatʀin]
Buch le livre [lə livʀ]
buchen (*Platz*) retenir [ʀətəniʀ], réserver [ʀezɛʀve]
Buchhandlung la librairie [la libʀɛʀi]
buchstabieren épeler [eple]
Bucht (*groß*) la baie [la bɛ]; (*klein*) la crique [la kʀik]
Buchung la réservation [la ʀesɛʀvasjɔ̃]

Bügeleisen le fer à repasser [lə fɛʀ‿a ʀəpase]
bügeln repasser [ʀəpase]
Bungalow le bungalow [lə bɛ̃galo]
Bungeejumping le saut à l'élastique [lə so a lelastik]
bunt multicolore [myltikɔlɔʀ]
Burg le château [lə ʃato]
Büro le bureau [lə byʀo]
Bürste la brosse [la bʀɔs]
Bus le bus [lə bys]
Busbahnhof la gare routière [la gaʀ ʀutjɛʀ]
Busch le buisson [lə bɥisɔ̃]
Bußgeld l'amende *f* [lamɑ̃d]
Butter le beurre [lə bœʀ]
Buttermilch le babeurre [lə babœʀ]
Bypass le by-pass [lə bajpas]
byzantinisch byzantin(e) [bizɑ̃tɛ̃, in]

C

Café le café [lə kafe]
Camcorder le caméscope [lə kameskɔp]
Camping le camping [lə kɑ̃piŋ]
Campingausweis la licence de camping [la lisɑ̃s də kɑ̃piŋ]
Campingführer le guide de camping-caravaning [lə gid də kɑ̃piŋ kaʀavaniŋ]
Campingplatz le (terrain de) camping [lə (tɛʀɛ̃ də) kɑ̃piŋ]
Champagner le champagne [lə ʃɑ̃paɲ]
Chef(in) le/la patron(ne) [lə/la patʀɔ, ɔn]
chemisch reinigen nettoyer (à sec) [nɛtwaje (a sɛk)]
Chicoree l'endive *f* [lɑ̃div]
Chipkarte la carte à puce [la kaʀta pys]
Chirurg(in) le/la chirurgien(ne) [lə/ la ʃiʀyʀʒjɛ̃, ɛn]
Cholera le choléra [lə kɔleʀa]
Chor le chœur [lə kœʀ]
Christentum le christianisme [lə kʀistjanism]
Clubhaus le chălet [lə ʃalɛ], la clubhouse [la klœbaus]
Computerfachgeschäft le magasin d'informatique [lə magazɛ̃ ɛ̃fɔʀmatik]
Cornflakes les cornflakes *mpl* [le kɔʀnflɛks]
Cousin, e le/la cousin(e) [lə/la kuzɛ̃, in]
Creme la crème [la kʀɛm]
Curling le curling [lə kœʀliɲ]

D

da (*dort*) là [la]; (*Grund*) comme [kɔm]
Dach le toit [lə twa]
dafür sein être pour [ɛtʀ puʀ]
dagegen sein être contre [ɛtʀ kɔ̃tʀ]
daheim à la maison [a la mɛzɔ̃]
damals à l'époque [a lepɔk]
Damen (*Toilette*) dames [dam]
Damenbinden les serviettes *fpl* hygiéniques [le sɛʀvjɛt iʒjenik]
Dampfer le vapeur [lə vapœʀ]
danach après [apʀɛ]
danken remercier [ʀəmɛʀsje]
dann ensuite [ɑ̃sɥit]
Darm l'instestin *m* [lɛ̃tɛstɛ̃]
dass que [kə]
dasselbe la même chose [la mɛm ʃoz]
Datteln les dattes *fpl* [le dat]
Datum la date [la dat]
dauern durer [dyʀe]
Dauerwelle la permanente [la pɛʀmanɑ̃t]
Deck le pont [lə pɔ̃]
Decke le plafond [lə plafɔ̃]
Defekt la panne [la pan]
Deich la digue [la dig]
dein ton [tɔ̃], ta [ta]
Delle la bosse [la bɔs]
denken an penser à [pɑ̃se a]
Denkmal le monument [lə mɔnymɑ̃]
Denkmalschutz la protection des monuments [la pʀɔtɛksjɔ̃ de mɔnymɑ̃]
denn car [kaʀ]
Deo(dorant) le déodorant [lə deɔdɔʀɑ̃]
deshalb c'est pourquoi [sɛ puʀkwa]
Desinfektionsmittel l'antiseptique *m* [lɑ̃tisɛptik]
desinfizieren désinfecter [dezɛ̃fɛkte]
deutlich clair(e) [klɛʀ]
deutsch allemand(e) [almɑ̃, ɑ̃d]
Deutsche/r l'Allemand(e) *m(f)* [lalmɑ̃, lalmɑ̃d]
Deutschland l'Allemagne *f* [lalmaɲ]
Devisen les devises *fpl* [le dəviz]
Dezember décembre [desɑ̃bʀ]
Diabetes le diabète [lə djabɛt]
Diabetiker(in) le/la diabétique [lə/la djabetik]
Diagnose le diagnostic [lə djagnɔstik]
Diät le régime [lə ʀeʒim]
dich te [tə], toi [twa]
dick gros, grosse [gʀo, gʀos]
Dieb(in) le/la voleur, voleuse [lə/la vɔlœʀ, vɔløz]
Diebstahl le vol [lə vɔl]

Dienstag mardi [maRdi]
diese(r, -s) ce [sə]; (*männlich, vor Vokal*) cet [sɛt]; (*weiblich*) cette [sɛt]; (*Pluralform*) ces [se]
Digitalkamera l'appareil *m* photo digital [lapaRɛj fɔto diʒital]
Ding la chose [la ʃoz]
Diphtherie la diphtérie [la difteRi]
dir te [tə], à toi [a twa]
direkt direct(e) [diRɛkt]
Direktion la direction [la diRɛksjɔ̃]
Dirigent(in) le/la chef d'orchestre [lə/la ʃɛf dɔRkɛstR]
Diskothek la discothèque [la diskɔtɛk]
doch pourtant [puRtɑ̃]; **~!** si! [si]
Dokumentarfilm le documentaire [lə dɔkymɑ̃tɛR]
Dom la cathédrale [la katedRal]
Donnerstag jeudi [ʒœdi]
Doppel (*Sport*) le double [lə dubl]
doppelt double [dubl]
Dorf le village [lə vilaʒ]
dort là-bas [laba]
Dose la boîte [la bwat]
Dosenöffner l'ouvre-boîtes *m* [luvRəbwat]
Dosierungsanleitung la posologie [la pozɔlɔʒi]
Drachenfliegen le deltaplane [lə dɛltaplan]
Draht le fil de fer [lə fil də fɛR]
Drama le drame [lə dRam]
draußen dehors [dəɔR]
Dreikönigstag la Fête des Rois [la fɛt de Rwa], l'Epiphanie [lepifani]
Dressing l'assaisonnement *m* [lasɛzɔnmɑ̃]
drin à l'intérieur [a lɛ̃teRjœR], dedans [dədɑ̃]
drinnen à l'intérieur [a lɛ̃teRjœR], dedans [dədɑ̃]
dringend urgent(e) [yRʒɑ̃, ɑ̃t]
dritte(r, -s) le/la troisième [lə/la tRwazjɛm]
Drogerie la droguerie [la dRɔgRi]
Drogerieartikel articles d'hygiène [artikl diʒjɛn]
Drucker l'imprimante [lɛpRimɑ̃t]
du tu [ty], toi [twa]
dumm bête [bɛt]
dunkel sombre [sɔ̃bR]
dunkelblau bleu foncé [blø fɔ̃se]
dunkelgrün vert foncé [vɛR fɔ̃se]
dünn mince [mɛ̃s]
durch (*quer durch*) à travers [a tRavɛR]; (*dank*) grâce à [gRas‿a]; (*Passiv*) par [paR]
Durchfall la diarrhée [la djaRe]
durchgebraten bien cuit [bjɛ̃ kɥi]
Durchreise: **auf der ~ sein** être de passage [ɛtR də pasaʒ]
durchschnittlich (*als Adjektiv*) moyen(ne) [mwajɛ̃, ɛn]; (*als Adverb*) en moyenne [ɑ̃ mwajɛn]
dürfen pouvoir [puvwaR]
durstig sein avoir soif [avwaR swaf]
Dusche la douche [la duʃ]
Duschgel le gel douche [lə ʒɛl duʃ]
Duschsitz la douche assise [la duʃ asiz]
Dynastie la dynastie [la dinasti]

E

Ebbe la marée basse [la maRe bas]
Ebene la plaine [la plɛn]
ebenerdig au niveau du sol [o nivo dy sɔl], surbaissé [syRbese]
echt authentique [otɑ̃tik]
Ecke le coin [lə kwɛ̃]
Ehefrau la femme [la fam]
Ehemann le mari [lə maRi]
Ei l'œuf *m* [œf]
Eier les œufs *mpl* [lez‿ø]
Eierbecher le coquetier [lə kɔktje]
eigen propre [pRɔpR]
eigentlich (*als Adjektiv*) véritable [veRitabl]; (*als Adverb*) en fait [ɑ̃ fɛt], à vrai dire [a vRɛ diR]
Eigentümer(in) le/la propriétaire [lə/la pRɔpRijetɛR]
Eilbrief la lettre exprès [la lɛtR‿ɛkspRɛs]
eilig pressé(e) [pRɛse]; **es ~ haben** être pressé(e) [ɛtR pRɛse]
Eimer le seau [lə so]
ein(e) un, une [ɛ̃, yn]
einchecken faire les formalités *fpl* d'embarquement [fɛR le fɔRmalite dɑ̃baRkəmɑ̃]
einfach simple [sɛ̃pl]
Einfahrt l'entrée *f* [lɑ̃tRe]
einfarbig uni [yni]
Eingang l'entrée *f* [lɑ̃tRe]
einheimisch local(e) [lɔkal], national(e) [nasjɔnal]
einige quelques [kɛlk]
einkaufen faire ses courses [fɛR se kuRs]
einladen inviter [ɛ̃vite]
einmal une fois [yn fwa]
einpacken emballer [ɑ̃bale]
Einreise l'entrée *f* [lɑ̃tRe]
einsam seul(e) [sœl], solitaire [sɔlitɛR]
einschalten (*Backofen*) allumer [alyme]
Einschreibebrief la lettre recommandée [la lɛtRə Rəkɔmɑ̃de]
einsteigen monter [mɔ̃te]
Eintritt l'entrée *f* [lɑ̃tRe]

Eintrittskarte le billet d' entrée [lə bijɛ dɑ̃tʀe]
Eintrittspreis le prix d'entrée [lə pʀi dɑ̃tʀe]
Einwohner(in) l'habitant(e) *m(f)* [labitɑ̃, ɑ̃t]
Einzel (*Sport*) le simple [lə sɛ̃pl]
einzig seul(e) [sœl]
Eis la glace [la glas]
Eisbahn la patinoire [la patinwaʀ]
Eishockey le hockey sur glace [lə ɔkɛ syʀ glas]
Eislauf le patinage [lə patinaʒ]
Eiter le pus [lə py]
Elastikbinde la bande élastique [la bɑ̃d elastik]
elektrisch (*als Adjektiv*) électrique [elɛktʀik]
Elektrohandlung le magasin d'électroménager [lə magazɛ̃d elɛktʀomenaʒe]
Elektroherd la cuisinière électrique [la kɥizinjɛʀ elɛktʀik]
Elektrolytlösung la solution de réhydratation [la sɔlysjɔ̃ də ʀeidʀatasjɔ̃]
Elektrorollstuhl le fauteuil roulant électrique [lə fotœj ʀulɑ̃ elɛktʀik]
Elsass l'Alsace *f* [lalzas]
Eltern les parents *mpl* [le paʀɑ̃]
empfangen recevoir [ʀəsəvwaʀ], accueillir [akœjiʀ]
Empfänger(in) le/la destinataire [lə/ la dɛstinatɛʀ]
Empfangshalle le hall [lə ol]
empfehlen recommander [ʀəkɔmɑ̃de]
Ende la fin [la fɛ̃]; **am ~** finalement [finalmɑ̃]
endgültig (*als Adjektiv*) définitif, -ive [definitif, iv]; (*als Adverb*) définitivement [definitivmɑ̃]
endlich enfin [ɑ̃fɛ]
Endreinigung le nettoyage de fin de séjour [lə nɛtwajaʒ də fɛ̃d seʒuʀ]
Endstation le terminus [lə tɛʀminys]
eng étroit(e) [etʀwa, at]
englisch anglais(e) [ɑ̃glɛ, ɑ̃glɛz]
Enkel le petit-fils [lə ptifis]
Enkelin la petite-fille [la ptitfij]
entdecken découvrir [dekuvʀiʀ]
Entfernung la distance [la distɑ̃s]
entgegengesetzt opposé(e) [ɔpoze]
entgiften se purger [sə pyʀʒe], se désintoxiquer [sə dezɛ̃tɔksike]
entscheiden décider [deside]
entschlacken se purger [sə pyrʒe], se désintoxiquer [sə dezɛ̃tɔksike]
entschuldigen: **sich ~** s'excuser [sɛkskyze]
Entschuldigung l'excuse *f* [lɛkskyz]
enttäuscht déçu(e) [desy]
entweder ... oder ou ... ou [u … u], ou bien ... ou bien [u bjɛ̃ … u bjɛ̃]
entwerten composter [kɔ̃pɔste]
entwickeln développer [devəlɔpe]
entzückend ravissant(e) [ʀavisɑ̃, ɑ̃t]
Entzündung l'inflammation *f* [lɛ̃flamasjɔ̃]
Epilepsie l'épilepsie *f* [lepilɛpsi]
Epileptiker(in) l'épileptique *mf* [lepilɛptik]
Epoche l'époque *f* [lepɔk]
er il [il], lui [lɥi]
Erbsen les petits pois *mpl* [le pti pwa]
Erdbeeren les fraises *fpl* [le fʀɛz]
Erde la terre [la tɛʀ]
Erdgeschoss le rez-de-chaussée [lə ʀedʃose]
erfahren apprendre [apʀɑ̃dʀ]
erfreut (über) heureux (de), -euse (de) [œʀø, øz (də)]
Erfrischungen les rafraîchissements *mpl* [le ʀafʀɛʃismɑ̃]
erhalten recevoir [ʀəsəvwaʀ]
erholen: **sich ~** se rétablir [sə ʀetabliʀ]
erinnern: **jemanden an etwas ~** rappeler quelque chose à quelqu'un [ʀaple kɛlkə ʃoz a kɛlkɛ̃]; **sich ~** se souvenir [sə suvniʀ]
Erkältung le rhume [lə ʀym]
Ermäßigung la réduction [la ʀedyksjɔ̃]
ernst sérieux, -euse [seʀjø, øz]
erreichen atteindre [atɛ̃dʀ]
Ersatz la compensation [la kɔ̃pɑ̃sasjɔ̃]
Ersatzrad la roue de secours [la ʀud səkuʀ]
erschöpft épuisé(e) [epɥize]
erschrecken effrayer [efʀeje]
ersetzen remplacer [ʀɑ̃plase]; (*Schaden*) réparer [ʀepaʀe]
erst (*zuerst*) d'abord [dabɔʀ]; (*nicht früher als*) seulement [sœlmɑ̃], ne ... que [nə … kə]
erste(r, -s) le/la premier, -iere [lə/la pʀəmje, jɛʀ]
erster Gang la première [la pʀəmjɛʀ]
Erwachsene/r l'adulte *mf* [ladylt]
erwarten attendre [atɑ̃dʀ]; (*rechnen mit*) s'attendre à [satɑ̃dʀ a]
erzählen raconter [ʀakɔ̃te]
essbar comestible [kɔmɛstibl]
Essen le repas [lə ʀəpa]
Essig le vinaigre [lə vinɛgʀ]
Etage l'étage *m* [letaʒ]

Etagenbett les lits superposés [lə li sypɛʀpoze]
etwa à peu près [a pø pʀɛ]
etwas quelque chose [kɛlkə ʃoz]; (*ein wenig*) un peu de [ɛ̃ pø də]
EU-Bürger(in) le/la citoyen européen/ne [lə sitwajɛ̃ øʀɔpeɛ̃, la sitwajɛn øʀɔpeɛn]
euch vous [vu], à vous [a vu]
euer votre [vɔtʀ]
Euro l'euro *m* [løʀo]
Europa l'Europe *f* [løʀɔp]
Europäer(in) l'Européen(ne) *m(f)* [løʀɔpeɛ̃, ɛn]
europäisch européen(ne) [øʀɔpeɛ̃, ɛn]
Exponat la pièce d'exposition [la pjɛs dɛkspozisjɔ̃]
Expressionismus l'expressionnisme *m* [lɛkspʀɛsjɔnism]
extra (*gesondert*) à part [a paʀ]; (*zusätzlich*) en plus
E-Zigarette la cigarette électronique [la sigaʀɛt elɛktʀɔnik]

F

Fabrik l'usine *f* [lyzin]
Facharzt, -ärztin le/la spécialiste [lə/la spesjalist]
Faden le fil [lə fil]
Fahrdienst le service de transport (pour handicapés) [lə sɛʀvis də tʀɑ̃spɔʀ (puʀ ɑ̃dikape)]
Fähre (*Fluss*) le bac [lə bak]; (*Meer*) le ferry [lə fɛʀi]
fahren aller [ale]; (*Fahrzeug lenken*) conduire [kɔ̃dɥiʀ]
Fahrer(in) le chauffeur, la chauffeuse [lə ʃofœʀ/la ʃoføz]
Fahrgast le passager [lə pasaʒe]
Fahrkarte le billet [lə bijɛ]
Fahrkartenautomat le distributeur de billets [lə distʀibytœʀ də bijɛ]
Fahrkartenschalter le guichet [lə giʃɛ]
Fahrplan l'horaire *m* (de chemin de fer/des bus/du métro/des trolleys/des trams) [lɔʀɛʀ (də ʃəmɛ̃d fɛʀ/de bys/dy metʀo/de tʀɔlɛ/de tʀam)]
Fahrpreis le prix du billet [lə pʀi dy bijɛ]
Fahrrad le vélo [lə velo], la bicyclette [la bisiklɛt]
Fahrradhelm le casque de protection [lə kask də pʀɔteksjɔ̃]
Fahrradweg la piste cyclable [la pistə siklabl]
Fahrschein le billet [lə bijɛ]
Fahrscheinentwerter le composteur [lə kɔ̃pɔstœʀ]
Fahrstuhl l'ascenseur *m* [lasɑ̃sœʀ]
Fahrt le voyage [lə vwajaʒ], le trajet [lə tʀaʒɛ]
fair (*Person*) fair-play [fɛʀplɛ]
fallen tomber [tɔ̃be]
falls au cas où [o ka u]
Fallschirmspringen le parachutisme [lə paʀaʃytism]
falsch faux, fausse [fo, fos]
Faltrollstuhl le fauteuil roulant pliant [lə fotœj ʀulɑ̃ pliɑ̃]
Familie la famille [la famij]
Familienname le nom de famille [lə nɔ̃d famij]
fangen attraper [atʀape]
Fango l'application de boue [laplikasjɔ̃ də bu]
färben faire une coloration [fɛʀ yn kɔlɔʀasjɔ̃]
farbig de couleur [də kulœʀ]
Farbstift le crayon de couleur [lə kʀɛjɔ̃d kulœʀ]
Fassade la façade [la fasad]
fast presque [pʀɛsk]
Fasten jeûne [ʒøn]
Faszientraining l'entraînement des fascias [lɑ̃tʀɛnmɑ̃ de fasja]
Fastnachtsdienstag le mardi gras [lə maʀdi gʀa]
faul paresseux, -euse [paʀɛsø, øz]; (*Obst*) abîmé(e) [abime]
faulenzen paresser [paʀɛse]
Fax le fax [lə faks]
Faxgerät le télécopieur [lə telekɔpjœʀ]
Februar février [fevʀije]
Federball (*Ball*) le volant [lə vɔlɑ̃]; (*Spiel*) le badminton [lə badmintɔn]
fehlen manquer [mɑ̃ke]
Fehler (*den man macht*) la faute [la fot]; (*den man hat*) le défaut [lə defo]
Fehlgeburt la fausse-couche [la foskuʃ]
Feigen les figues *fpl* [le fig]
fein (*dünn*) fin(e) [fɛ̃, fin]
Feinkostgeschäft (*internationale Spezialitäten*) l'épicerie *f* fine [lepisʀi fin]; (*hausgemachte Produkte*) le traiteur [lə tʀɛtœʀ]
Feld le champ [lə ʃɑ̃]
Fels le rocher [lə ʀɔʃe]
Felswand la falaise [la falɛz]
Fenchel le fenouil [lə fənuj]
Fenster la fenêtre [la fnɛtʀ]
Fensterplatz le coin-fenêtre [lə kwɛ̃ fnɛtʀ]
Ferien les vacances *fpl* [le vakɑ̃s]

Ferienanlage le village de vacances [lə vilaʒ də vakɑ̃s]
Ferienhaus la maison de vacances/de campagne [la mɛzɔ̃d vakɑ̃sdə kɑ̃paɲ]
Ferngespräch la communication interurbaine [la kɔmynikasjɔ̃ ɛ̃tɛʀyʀbɛn]
Fernlicht les feux *mpl* de route [le fød ʀut]
Fernseher le téléviseur [lə televizœʀ]
Fernsehraum la salle de télévision [la sal də televizjɔ̃]
fertig (*bereit*) prêt(e) [pʀɛ, pʀɛt]
fest ferme [fɛʀm]; (*hart*) dur(e) [dyʀ]
Festival le festival [lə fɛstival]
Festland la terre ferme [la tɛʀ fɛʀm], le continent [lə kɔ̃tinɑ̃]
Festung la forteresse [la fɔʀtəʀɛs]
fett gras, grasse [gʀa, gʀas]
fettarm light [lajt]
fettarme Milch le lait écrémé [lə lɛ ekʀeme]
feucht humide [ymid]
Feuer le feu [lə fø]
feuergefährlich inflammable [ɛ̃flamabl]
Feuerlöscher l'extincteur *m* [lɛkstɛ̃ktœʀ]
Feuermelder l'avertisseur *m* d'incendie [lavɛʀtisœʀ dɛ̃sɑ̃di]
Feuerwehr les pompiers *mpl* [le pɔ̃pje]
Feuerwerk le feu d'artifice [lə fø daʀtifis]
Fieber la fièvre [la fjɛvʀ], la température [la tɑ̃peʀatyʀ]
Fieberthermometer le thermomètre [lə tɛʀmɔmɛtʀ]
Film le film [lə film]
Filmempfindlichkeit la sensibilité [la sɑ̃sibilite]
Filmschauspieler(in) l'acteur de cinéma, l'actrice de cinéma [laktœʀ/laktʀis də sinema]
finden trouver [tʀuve]
Finger le doigt [lə dwa]
Firma l'entreprise *f* [lɑ̃tʀəpʀiz]
Fisch le poisson [lə pwasɔ̃]
Fischerdorf le village de pêcheurs [lə vilaʒ də pɛʃœʀ]
Fischgeschäft la poissonnerie [la pwasɔnʀi]
Fischhändler le poissonnier [lə pwasɔɲe]
fit en forme [ɑ̃ fɔʀm]
Fitnessarmband le bracelet d'activité [lə bʀaslɛ daktivite]
Fitnesscenter le centre de gymnastique [lə sɑ̃tʀ də ʒimnastik]
FKK-Strand la plage de nudistes [la plaʒ də nydist]
flach plat(e) [pla, plat]
Fläschchenwärmer le chauffe-biberon [lə ʃofbibʀɔ̃]
Flasche la bouteille [la butɛj]
Flaschenöffner l'ouvre-bouteilles *m* [luvʀəbutɛj]
Flaute l'accalmie [lakalmi]
Fleck(en) la tache [la taʃ]
Fleisch la viande [la vjɑ̃d]
Flexitarier(in) flexitarien/ne [flɛksitaʀjɛ̃/jɛn]
Flickzeug le kit de réparation des pneus [lə kit də ʀepaʀasjɔ̃ de pnø]
fliegen voler [vɔle]
Flipflops les tongs *fpl* [le tɔ̃g]
Flohmarkt la foire à la brocante [la fwaʀa la bʀɔkɑ̃t], le marché aux puces [lə maʀʃe o pys]
Flug le vol [lə vɔl]
Flugbegleiter le steward [lə stiwaʀt]
Flugbegleiterin l'hôtesse *f* de l'air [lotɛs də lɛʀ]
Flügel l'aile *f* [lɛl]
Fluggesellschaft la compagnie aérienne [la kɔ̃paɲi aeʀjɛn]
Flughafen l'aéroport *m* [laeʀɔpɔʀ]
Flughafenbus le bus pour l'aéroport [lə bys puʀ laeʀɔpɔʀ]
Flughafengebühr les taxes *mpl* d'aéroport [le taks daeʀɔpɔʀ]
Flugsteig la porte *f* d'embarquement [la pɔʀt dɑ̃baʀkəmɑ̃]
Fluss la rivière [la ʀivjɛʀ]
flüssig liquide [likid]
Flut la marée haute [la maʀe ot]
Föhn le sèche-cheveux [lə sɛʃ ʃəvø]
föhnen faire un brushing [fɛʀ ɛ̃ bʀœʃiŋ]
Folklore le folklore [lə fɔlklɔʀ]
Folkloreabend la soirée folklorique [la swaʀe fɔlklɔʀik]
Form la forme [la fɔʀm]
Formular le formulaire [lə fɔʀmylɛʀ]
fort parti(e) [paʀti]
Foto la photo [la fɔto]
Fotoapparat l'appareil *m* photo [lapaʀɛjfɔto]
Fotogeschäft le magasin de photos [lə magazɛ̃d fɔto]
Fotografie la photographie [la fɔtogʀafi]
fotografieren photographier [fɔtogʀafje]
Frage la question [la kɛstjɔ̃]
fragen interroger [ɛ̃tɛʀoʒe]
frankieren affranchir [afʀɑ̃ʃiʀ]
Frankreich la France [la fʀɑ̃s]
Franzose le Français [lə fʀɑ̃sɛ]
Französin la Française [la fʀɑ̃sɛz]

französisch français(e) [fʀɑ̃sɛ, ɛz]
Frau la femme [la fam]; (*Anrede, vor Namen*) madame [madam]
Fräulein la demoiselle [la dəmwazɛl]; (*Anrede, vor Namen*) mademoiselle [madmwazɛl]
frei libre [libʀ]
Freilichtkino le cinéma en plein air [lə sinema ɑ̃ plɛn‿ɛʀ]
Freitag vendredi [vɑ̃dʀədi]
Freizeitpark le parc de loisirs [lə paʀk də lwaziʀ]
fremd (*unbekannt*) inconnu(e) [ɛ̃kɔny]
Fremde/r l'étranger, l'étrangère *m, f* [letʀɑ̃ʒe, letʀɑ̃ʒɛʀ], l'inconnu(e) [lɛ̃kɔny]
Fremdenführer(in) le/la guide [lə/la gid]
Fremdenverkehrsamt l'office *m* de tourisme [lɔfis də tuʀism], le syndicat d'initiative [lə sɛ̃dika dinisjativ]
freuen: **sich ~ über** être content(e) de [ɛtʀ kɔ̃tɑ̃, ɑ̃t də]; **sich ~ auf** se réjouir à l'avance de [sə ʀeʒwiʀ‿a lavɑ̃s də]
Freund(in) l'ami, l'amie [lami], le copain, la copine [lə kɔpɛ̃/la kɔpin]
freundlich aimable [ɛmabl]
Friedhof le cimetière [lə simtjɛʀ]
frieren avoir froid [avwaʀ fʀwa]
frisch frais, fraîche [fʀɛ, fʀɛʃ]; (*neu*) nouveau, nouvelle; (*männlich, vor Vokal*) nouvel [nuvo, nuvɛl]
Frischhaltefolie le film alimentaire [lə film alimɑ̃tɛʀ]
Friseur(in) le coiffeur, la coiffeuse [lə kwaføʀ/la kwafœz]
frisieren coiffer [kwafe]
Frisur la coiffure [la kwafyʀ], la coupe de cheveux [la kup də ʃvø]
froh (*glücklich*) heureux, -euse [œʀø, øz]
Fronleichnam la Fête-Dieu [la fɛt djø]
Frost le gel [lə ʒɛl]
Frostschutzmittel l'antigel *m* [lɑ̃tiʒɛl]
früh tôt [to]
früher (*eher*) plus tôt [ply to]; (*einst*) autrefois [otʀəfwa]
Frühling le printemps [lə pʀɛ̃tɑ̃]
Frühstück le petit-déjeuner [lə pti deʒœne]
frühstücken déjeuner [deʒœne], prendre son petit-déjeuner [pʀɑ̃dʀ sɔ̃ pti deʒœne]
Frühstücksbüfett le buffet (de petit-déjeuner) [lə byfɛ (də pti deʒœne)]
Frühstücksraum la salle de petit-déjeuner [la sal də pti deʒœne]
fühlen sentir [sɑ̃tiʀ]
Führer(in) (*Fremdenführer*) le/la guide [lə/la gid]
Führerschein le permis de conduire [lə pɛʀmid kɔ̃dɥiʀ]
Führung la visite guidée [la vizit gide]
Fundbüro le bureau des objets trouvés [lə byro dez‿ɔbjɛ tʀuve]
Funde les vestiges *mpl* archéologiques [le vɛstiʒ aʀkeɔlɔʒik]
funktionieren fonctionner [fɔ̃ksjɔne]
für pour [puʀ]
fürchten craindre [kʀɛ̃dʀ]; **sich ~ vor** avoir peur de [avwaʀ pœʀ də]
fürchterlich affreux, -euse [afʀø, øz]
Fuß le pied [lə pje]
Fußball le football [lə futbol]
Fußballplatz le terrain de football [lə tɛʀɛ̃d futbol]
Fußballspiel le match de football [lə matʃ də futbol]
Fußgänger(in) le piéton, la piétonne [lə pjetɔ̃/la pjetɔn]
Fußgängerzone la zone piétonne [la zɔn pjetɔn]
Fuß(reflexzonen)massage la réflexologie plantaire [la reflɛksɔlɔʒi plɑ̃tɛʀ]

G

Gabel la fourchette [la fuʀʃɛt]
Galerie la galerie (de peinture) [la galəʀi (də pɛ̃tyʀ)]
Gallenblase la vésicule biliaire [la vezikyl biljɛʀ]
Gang (*Auto*) la vitesse [la vitɛs]; (*Flur*) le couloir [lə kulwaʀ]; (*Essen*) le plat [lə pla]
ganz (*als Adjektiv*) tout, toute [tu/tut]; (*vollständig*) entier, -ière [ɑ̃tje, ɑ̃tjɛʀʀ], complet, complète [kɔ̃plɛ/kɔ̃plɛt]; (*als Adverb*) complètement [kɔ̃plɛtmɑ̃]
Ganzkörpermassage le soin du corps [lə swɛ̃ dy kɔʀ]
gar (*Speisen*) à point [a pwɛ̃]
Garage le garage [lə gaʀaʒ]
Garantie la garantie [la gaʀɑ̃ti]
Garderobe le vestiaire [lə vɛstjɛʀ]
Garnelen les crevettes *fpl* roses [le kʀəvɛt ʀoz]
Garten le jardin [lə ʒaʀdɛ̃]
Gasflasche la bouteille de gaz [la butɛj də gaz]
Gasherd la cuisinière à gaz [la kɥizinjɛʀ‿a gaz]

Gasherd la gazinière [la gazinjɛʀ]
Gaskartusche la cartouche de gaz [la kaʀtuʃ də gaz]
Gaskocher le réchaud à gaz [lə ʀeʃo a gaz]
Gaspedal l'accélérateur *m* [lakseleʀatœʀ]
Gasse la ruelle [la ʀyɛl]
Gast l'hôte *m* [lot], l'invité(e) *m(f)* [lɛ̃vite]
Gastfreundschaft l'hospitalité *f* [lɔspitalite]
Gastgeber(in) l'hôte, l'hôtesse *m, f* [lot/lotɛs]
Gebäck les pâtisseries *fpl* [le patisʀi]
gebacken frit [fʀi]
Gebäude le bâtiment [lə batimɑ̃]
geben donner [dɔne]
Gebirge la montagne [la mɔ̃taɲ]
geboren né(e) [ne]
gebraten rôti [ʀoti]
gebräuchlich usuel(le) [yzɥɛl], commun(e) [kɔmɛ̃, yn]
gebrochen cassé(e) [kase]
Gebühren les droits *mpl* [le dʀwa]
Geburtsdatum la date de naissance [la dat də nɛsɑ̃s]
Geburtsname le nom de jeune fille [lə nɔ̃d jœn fij]
Geburtsort le lieu de naissance [lə ljød nɛsɑ̃s]
Geburtstag l'anniversaire *m* [lanivɛʀsɛʀ]
gedämpft à l'étouffée [a letufe]
Gedeck le couvert [lə kuvɛʀ]
Gedenkstätte le mémorial [lə memɔʀjal]
Geduld la patience [la pasjɑ̃s]
gedünstet à l'étuvée [a letyve]
Gefahr le danger [lə dɑ̃ʒe]
gefährlich dangereux, -euse [dɑ̃ʒʀø, øz]
gefallen plaire [plɛʀ]
Gefängnis la prison [la pʀizɔ̃]
Gefühl le sentiment [lə sɑ̃timɑ]
gefüllt (*Speisen*) farci [faʀsi]
gegen contre [kɔ̃tʀ]; (*in Richtung auf, zeitlich*) vers [vɛʀ]
Gegenanzeigen la contre-indication [la kɔ̃tʀɛ̃dikasjɔ̃]
Gegend la région [la ʀeʒjɔ̃]
gegen Mittag vers midi [vɛʀ midi]
Gegenstand l'objet *m* [lɔbʒɛ]
Gegenteil le contraire [lə kɔ̃tʀɛʀ]
gegenüber en face de [ɑ̃ fas də]
Geheimzahl le numéro de code [lə nymeʀod kɔd]
gehen aller [ale]; (*zu Fuß*) marcher [maʀʃe]
Gehirn le cerveau [lə sɛʀvo]
Gehirnerschütterung la commotion cérébrale [la kɔmɔsjɔ̃ seʀebʀal]
Gehirnschlag l'embolie *f* cérébrale [lɑ̃bɔli seʀebʀal]
Gehör l'ouïe *f* [lwi]
gehören appartenir [apaʀtəniʀ]
Gehörlose/r le sourd, la sourde [lə suʀ, la suʀd], le malentendant [lə malɑ̃tɑ̃dɑ̃]
geistig behindert handicapé mental [ɑ̃dikape mɑ̃tal]
gekocht bouilli [buji]
gekochter Schinken le jambon blanc [lə ʒɑ̃bɔ̃ blɑ̃]
Gelände le terrain [lə tɛʀɛ̃]
gelb jaune [ʒon]
Geld l'argent *m* [laʀʒɑ̃]
Geldanweisung le mandat [lə mɑ̃da]
Geldautomat le distributeur de billets [lə distʀibytœʀ də bijɛt]
Geldbeutel le portemonnaie [lə pɔʀtmɔnɛ]
Geldkarte la carte bancaire [la kaʀt bɑ̃kɛʀ]
Geldschein le billet [lə bijɛ]
Geldwechsel le change [lə ʃɑ̃ʒ]
gelegentlich (*als Adverb*) à l'occasion [a lɔkazjɔ̃]
Gelenk l'articulation *f* [laʀtikylasjɔ̃]
Gemälde la peinture [la pɛ̃tyʀ], le tableau [lə tablo]
gemeinsam (*als Adjektiv*) commun(e) [kɔmɛ̃, yn]; (*als Adverb*) ensemble [ɑ̃sɑ̃bl]
gemischt mixte [mikst], mélangé(e) [melɑ̃ʒe]
Gemüse les légumes *mpl* [le legym]
gemütlich (*Ort*) sympa [sɛ̃pa]
genau exact(e) [egzakt]
genauso … wie aussi … que [osi … kə]
genießen jouir (de) [ʒwiʀ (də)], savourer [savuʀe]
genug assez [ase], suffisamment [syfizamɑ̃]
geöffnet ouvert(e) [uvɛʀ, uvɛʀt]
Gepäck les bagages *mpl* [le bagaʒ]
Gepäckabfertigung l'enregistrement *m* des bagages [lɑ̃ʀʒistʀəmɑ̃ de bagaʒ]
Gepäckaufbewahrung la consigne [la kɔ̃siɲ]
Gepäckausgabe l'arrivée *f* des bagages [laʀive de bagaʒ]
Gepäckschalter le guichet des bagages [lə giʃɛ de bagaʒ]
Gepäckwagen le chariot [lə ʃaʀjo]
gerade droit(e) [dʀwa, dʀwat]
geradeaus tout droit [tu dʀwa]
geräuchert fumé(e) [fyme]
Geräusch le bruit [lə bʀɥi]
Gericht (*Essen*) le plat [lə pla]; (*Justiz*) le tribunal [lə tʀibynal]

gern volontiers [vɔlɔ̃tje]; **nicht ~** à contrecœur [a kɔtʀəkœʀ]
geröstet (*Kartoffeln*) rissolées [ʀisɔle]
Geruch l'odeur *f* [lodœʀ]
Geschenk le cadeau [lə kado]
Geschichte l'histoire *f* [listwaʀ]
Geschirr la vaisselle [la vɛsɛl]
Geschirrspülmaschine le lave-vaisselle [lə lav vɛsɛl]
Geschirrtuch le torchon [lə tɔʀʃɔ̃]
geschlossen fermé(e) [fɛʀme]
Geschmack le goût [lə gu]
geschmort en daube [ɑ̃ dob]
Geschwindigkeit la vitesse [la vitɛs]
geschwollen enflé [ɑ̃fle]
Geschwulst la grosseur [la gʀosœʀ], la tumeur [la tymœʀ]
Geschwür l'ulcère *m* [lylsɛʀ]
Gesicht le visage [lə vizaʒ]
Gesichtsbehandlung le soin du visage [lə swɛ̃ dy vizaʒ]
Gespräch la conversation [la kɔ̃vɛʀsasjɔ̃]
gespritzt traité [tʀɛte]
gestern hier [jɛʀ]
gesund en bonne santé [ɑ̃ bɔn sɑ̃te]
Getränk la boisson [la bwasɔ̃], la consommation [la kɔ̃sɔmasjɔ̃]
Getriebe la boîte de vitesses [la bwat də vitɛs]
Gewicht le poids [lə pwa]
Gewinn (*Geld*) le bénéfice [lə benefis]; (*Vorteil*) l'enrichissement *m* [lɑ̃riʃismɑ̃]
gewinnen gagner [gaɲe]
Gewitter l'orage *m* [llɔʀaʒ]
gewöhnlich (*als Adjektiv*) habituel(le) [abityɛl]; (*als Adverb*) habituellement [abityɛlmɑ̃]
gewohnt sein être habitué(e) [ɛtʀ abitye]
Gewölbe la voûte [la vut]
Gewürz l'épice *f* [lepis]
gibt: **es ~** il y a [il ja]
Giebel le fronton [lə fʀɔ̃tɔ̃]
Gift le poison [lə pwazɔ̃]
giftig toxique [tɔksik]
giftig venimeux, euse [vənimø, øz]
Gipfel le sommet [lə sɔmɛ]
Glas le verre [lə vɛʀ]
Glasmalerei la peinture sur verre [la pɛ̃tyʀ syʀ vɛʀ]
Glatteis le verglas [lə vɛʀgla]
glauben croire [kʀwaʀ]
gleich (*identisch*) pareil(le) [paʀɛj]; (*sofort*) tout de suite [tud sɥit]
gleichzeitig en même temps [ɑ̃ mɛm tɑ̃]
Gleis la voie [la vwa]
Gleitschirm le parapente [lə paʀapɑ̃t]
Glück la chance [la ʃɑ̃s]
glücklich heureux, -euse [œʀø, -øz]
Glückwunsch les félicitations *fpl* [le felisitasjɔ̃]
Glühbirne l'ampoule *f* [lɑ̃pul]
Gold l'or *m* [lɔʀ]
goldfarben doré(e) [dɔʀe]
Goldschmiedekunst l'orfèvrerie *f* [lɔʀfɛvʀəʀi]
Golf le golf [lə gɔlf]
Golfclub le club de golf [lə clœb də gɔlf]
Golfschläger la crosse de golf [la kʀɔs də gɔlf]
Google Brille les Google glass [le gugœl glas]
Gotik le gothique [lə gɔtik]
Gott Dieu [djø]
GPS le GPS [lə ʒepeɛs]
Grab la tombe [la tɔ̃b]
Grabmal le tombeau [lə tɔ̃bo]
Grafik (*Kunst*) l'art *m* graphique [laʀ gʀafik]
Gramm le gramme [lə gʀam]
Grapefruit le pamplemousse [lə pɑ̃pləmus]
Gräte l'arête *f* [laʀɛt]
gratis gratuit(e) [gʀatɥi, ɥit]
gratulieren féliciter [felisite]
grau gris(e) [gʀi, gʀiz]
Grenze la frontière [la fʀɔ̃tjɛʀ]
Grenzübergang le poste frontière [lə pɔst fʀɔtjɛʀ]
griechisch grec, grecque [gʀɛk]
Grill le gril [lə gʀil]
Grillanzünder l'allume-barbecue *m* [lalymbaʀbəky]
Grillkohle le charbon de bois [lə ʃaʀbɔ̃ bwa]
Grippe la grippe [la gʀip]
groß grand(e) [gʀɑ̃, gʀɑ̃d]
Größe (*Ausdehnung*) l'étendue *f* [letɑ̃dy]; (*Kleidung*) la taille [la taj]; (*Schuhe*) la pointure [la pwɛ̃tyʀ]
Großmutter la grand-mère [la gʀɑ̃mɛʀ]
Großraumwagen le wagon sans compartiments [lə vagɔ̃ sɑ̃ kɔ̃paʀtimɑ̃]
Großvater le grand-père [lə gʀɑ̃pɛʀ]
Grotte la grotte [la gʀɔt]
grün vert(e) [vɛʀ, vɛʀt]
Grund (*Anlass*) la raison [la ʀɛzɔ̃]
grüne Bohnen les haricots *mpl* verts [le aʀiko vɛʀ]
grüne Versicherungskarte la carte verte [la kaʀt vɛʀt]
Gruppe le groupe [lə gʀup]
grüßen saluer [salye]
gültig valable [valabl]
Gummistiefel les bottes *fpl* en caoutchouc [le bɔt ɑ̃ kautʃu]

Gurke le concombre [lə kɔ̃kɔ̃bʀ]; (*Gürkchen*) le cornichon [lə kɔʀniʃɔ̃]
Gürtel la ceinture [la sɛ̃tyʀ]
gut (*als Adjektiv*) bon, bonne [bɔ̃, bɔn]; (*als Adverb*) bien [bjɛ̃]
Gutschein le bon [lə bɔ̃]
Gymnastik la gymnastique [la ʒimnastik]

H

Haar(e) les cheveux *mpl* [le ʃvø]
Haarfestiger le fixateur [lə fiksatœʀ]
Haargel le gel pour les cheveux [lə ʒɛl puʀ le ʃvø]
Haargummi l'élastique *m* [lelastik]
Haarklammern les épingles *fpl* à cheveux [lez‿epɛ̃gl a ʃvø]
haben avoir [avwaʀ]
Hackfleisch la viande hachée [la vjɑ̃d aʃe]
Hafen le port [lə pɔʀ]
Haferflocken les flocons *mpl* d'avoine [le flɔkɔ̃ davwan]
Hähnchen le poulet [lə pulɛ]
Haken (*Halterung*) crochet [kʀɔʃɛ]; (*Angel*) le hameçon [lə amsɔ̃]
halb (*als Adjektiv*) demi(e) [dəmi]; (*als Adverb*) à demi [a dəmi], à moitié [a mwatje]
Halbpension la demi-pension [la dmipɑ̃sjɔ̃]
Hälfte la moitié [la mwatje]
Hals le cou [lə ku]
Halsschmerzen le mal de gorge [lə mal də gɔʀʒ]
Halstabletten les pastilles *fpl* contre le mal de gorge [le pastij kɔ̃tʀ lə mal də gɔʀʒ]
halt: **~!** stop! [stɔp]
haltbar de longue conservation [də lɔŋg kɔnseʀvatiɛ̃]
Haltbarkeit la conservation [la kɔ̃sɛʀvasjɔ̃]
Haltegriff la poignée [la pwaɲe]
halten (*festhalten*) tenir [tənіʀ]; (*dauern*) durer [dyʀe]; (*stehen bleiben*) s'arrêter [saʀɛte]
Haltestelle l'arrêt *m* [laʀɛ], la station [la stasjɔ̃]
Hammelfleisch le mouton [lə mutɔ̃]
Hammer le marteau [lə maʀto]
Hand la main [la mɛ̃]
Handball le hand-ball [lə ɑ̃dbal]
Handbike le déambulateur [lə deɑ̃bylatœʀ]
Handbremse le frein à main [lə fʀɛ̃ a mɛ̃]
Handcreme la crème pour les mains [la kʀɛm puʀ le mɛ̃]
Handgas (*Auto*) les commandes *fpl* manuelles [le kɔmɑ̃d manyɛl]
handgemacht fait main, faite main [fɛ/fɛt mɛ̃]
Handschuhe les gants *mpl* [le gɑ̃]
Handtasche le sac à main [lə sak‿a mɛ̃]
Handtuch la serviette de toilette [la sɛʀvjɛt də twalɛt]
Handwaschbecken le lavabo [lə lavabo]
Handy le portable [lə pɔʀtabl]
Handygeschäft la boutique de téléphones (portables) [la butik də telefɔn (pɔʀtabl)]
hart dur(e) [dyʀ]
hässlich laid(e) [lɛ, lɛd]
häufig (*als Adverb*) fréquemment [fʀekamɑ̃]
Hauptbahnhof la gare principale [la gaʀ pʀɛ̃sipal]
Hauptpostamt la poste principale [la pɔst pʀɛ̃sipal]
Hauptrolle le rôle principal [lə ʀol pʀɛ̃sipal]
hauptsächlich (*als Adverb*) principalement [pʀɛ̃sipalmɑ̃]
Hauptsaison la pleine saison [la plɛn sɛzɔ̃]
Hauptspeise le plat principal [lə pla pʀɛ̃sipal]
Hauptstadt la capitale [la kapital]
Hauptstraße la rue principale [la ʀy pʀɛ̃sipal]
Haus la maison [la mɛzɔ̃]
Hausbesitzer(in) le/la propriétaire (de la maison) [lə/la pʀɔpʀijetɛʀ (də la mɛzɔ̃)]
Hausboot la péniche [la peniʃ]
hausgemacht (fait) maison, (faite) maison [(fɛ, fɛt) mɛzɔ̃]
Haushaltswaren les articles *mpl* ménagers [lez‿aʀtikl menaʒe]
Hausnummer le numéro de la maison, de l'immeuble [lə nymeʀod la mɛzɔ̃/də limœbl]
Haustiere les animaux *mpl* domestiques [lez‿animo dɔmɛstik]
Haut la peau [la po]
Heide la lande [la lɑ̃d]
Heilbad le bain curatif [lə bɛ̃ kyʀatif]
Heilfasten le jeûne curatif [lə ʒøn kyʀatif]
heilig saint(e) [sɛ̃, sɛ̃t]
Heiliger Abend la veille de Noël [la vɛj də nɔɛl], le réveillon [lə ʀevɛjɔ̃]
Heimat le pays natal [lə pei natal]
Heimreise le retour [lə ʀətuʀ]
heiraten se marier [sə maʀje]

heiser enroué(e) [ɑ̃ʀue]
heiß chaud(e) [ʃo, ʃod]
heißen (*sich nennen*) s'appeler [sapəle]
Heißluftballon la montgolfière [la mɔ̃gɔlfjɛʀ]
Heizung le chauffage [lə ʃofaʒ]
helfen: **jemandem ~** aider quelqu'un [ɛde kɛlkɛ̃]
hellblau bleu clair [blø klɛʀ]
hellrot rouge clair [ʀuʒ klɛʀ]
Hemd la chemise [la ʃmiz]
Herbst l'automne *m* [lotɔn]
Herd la cuisinière [la kɥizinjɛʀ]
herein!: **~!** entrez ! [ɑ̃tʀe]
hereinkommen entrer [ɑ̃tʀe]
Hering le hareng [lə aʀɑ̃]
Hering le piquet de tente [lə pikɛd tɑ̃t]
Herpes l'herpès *m* [lɛʀpɛs]
Herr monsieur [məsjø]
herrlich magnifique [maɲifik]
Herz le cœur [lə kœʀ]
Herzanfall la crise cardiaque [la kʀiz kaʀdjak]
Herzbeschwerden les troubles *mpl* cardiaques [le tʀubl kaʀdjak]
Herzinfarkt l'infarctus *m* [lɛ̃faʀktys]
herzlich cordial(e) [kɔʀdjal]
Herzschrittmacher le stimulateur cardiaque [lə stimylatœʀ kaʀdjak]
Heubad le bain de foin [lə bɛ̃d‿fwɛ̃]
Heuschnupfen le rhume des foins [lə ʀym de fwɛ̃]
heute aujourd'hui [ɔʒuʀdɥi]; **~ Morgen/Abend** ce matin/soir [sə matɛ̃/sə swaʀ]
Hexenschuss le tour de reins [lə tuʀ də ʀɛ̃], le lumbago [lə lɛ̃bago]
hier ici [isi]
Hilfe l'aide *f* [lɛd]; **erste Hilfe** les premiers secours [le pʀəmje skuʀ]
Himmel le ciel [lə sjɛl]
hindern empêcher [ɑ̃pɛʃe]
hinlegen: **sich ~** s'étendre [setɑ̃dʀ]
hinten à l'arrière [a laʀiɛʀ]
hinter derrière [dɛʀjɛʀ]
Hinterland l'arrière-pays *m* [laʀjɛʀpei]
hinterlegen déposer [depoze]
hinzufügen ajouter [ajute]
Hirnhautentzündung la méningite [menɛ̃ʒit]
Hitze la chaleur [la ʃalœʀ]
Hitzewelle la canicule [la kanikyl], la vague de chaleur [la vag də ʃalœʀ]
HIV-positiv séropositif [seʀɔpozitif]
hoch haut(e) [o, ot]
Hochformat le format en hauteur [lə fɔʀma ɑ̃ otœʀ]
Hochspannung haute tension [ot tɛ̃sjɔ̃]
höchstens au plus [o plys], au maxium [o maksimɔm]
Hochzeit le mariage [lə maʀjaʒ]
Hof la cour [la kuʀ]
hoffentlich espérons que [ɛsperɔ̃ kə]
höflich poli(e) [pɔli]
Höhe la hauteur [la otœʀ], l'altitude *f* [laltityd]
Höhepunkt (*bedeutendster Teil*) le grand moment [lə gʀɑ̃ mɔmɑ̃]; (*Ruhm, Macht*) l'apogée [lapɔʒe]
Höhle la caverne [la kavɛʀn]
Holz le bois [lə bwa]
Holzschnitt la gravure sur bois [la gʀavyʀ syʀ bwa]
Honig le miel [lə mjɛl]
hören entendre [ɑ̃tɑ̃dʀ]
Hörer le combiné [lə kɔ̃bine]
hörgeschädigt malentendant(e) [malɑ̃tɑ̃dɑ̃, -ɑ̃t]
Hose le pantalon [lə pɑ̃talɔ̃]
Hublift la plateforme [la platfɔʀm], l'élévateur [lelevatœʀ]
hübsch joli(e) [ʒɔli]
Hüfte la hanche [la ɑ̃ʃ]
Hügel la colline [la kɔlin]
Hund le chien [lə ʃjɛ̃]
hungrig: **~ sein** avoir faim [avwaʀ fɛ̃]
Hupe le klaxon [lə klaksɔn]
Husten la toux [la tu]
Hustensaft le sirop contre la toux [lə siʀo kɔ̃tʀ la tu]
Hut le chapeau [lə ʃapo]
Hütte (*Alpen~*) le châlet [lə ʃalɛ]

I

ich je [ʒə]; (*betont*) moi [mwa]
Idee l'idée *f* [lide]
ihr (*weibliches Possessivpronomen*) son [sɔ̃], sa [sa]; (*Pluralform*) leur [lœʀ]
Illustrierte le magazine [lilystʀe]
Imbiss le casse-croûte [lə kaskʀut]
immer toujours [tuʒuʀ]
Impfpass le carnet de vaccinations [lə kaʀnɛd vaksinasjɔ̃]
Impfung la vaccination [la vaksinasjɔ̃]
Impressionismus l'impressionnisme *m* [lɛ̃pʀɛsjɔnism]
in dans [dɑ̃], en [ɑ̃]
inbegriffen compris(e) [kɔ̃pʀi, iz]
Indoorcycling le cyclisme en salle [lə siklism ɑ̃ sal]
Induktionsschleife la boucle magnétique [la buklə maɲetik]
Infektion l'infection *f* [lɛ̃fɛksjɔ̃]

informieren: **sich ~** s'informer [sɛ̃fɔʀme]
Infusion la perfusion [la pɛʀfyzjɔ̃]
Inhalt le contenu [lə kɔ̃tny]
Inlandsflug le vol intérieur [lə vɔl ɛ̃teʀjœʀ]
Inliner le roller [lə ʀɔlɛʀ]
innen à l'intérieur [a lɛ̃teʀjœʀ]
Innenhof la cour intérieur [la kuʀ‿ɛ̃teʀjœʀ]
Inschrift l'inscription *f* [lɛ̃skʀipsjɔ̃]
Insekt l'insecte *m* [lɛ̃sɛkt]
Insektenmittel produit *m* contre les insectes [pʀɔdɥi kɔ̃tʀ lez‿ɛ̃sɛkt]
Insel l'île *f* [lil]
Inselrundfahrt le tour de l'île [lə tuʀ də lil]
Insulin l'insuline *f* [lɛ̃sylin]
Inszenierung la mise en scène [la miz‿ɑ̃ sɛn]
interessant intéressant(e) [ɛ̃teʀɛsɑ̃, ɑ̃t]
interessieren: **sich ~ (für)** s'intéresser (à) [sɛ̃teʀɛse (a)]
international international(e) [ɛ̃tɛʀnasjɔnal]
Internetbuchung la réservation par Internet [la ʀezɛʀvasjɔ̃ paʀ ɛ̃tɛʀnɛt]
InterRail Interrail [ɛ̃tɛʀʀaj]
IPod® l'iPod® *m* [lipɔd]
Irrtum l'erreur *f* [lɛʀœʀ]
Ischias la sciatique [la sjatik]

J

Jacke la veste [la vɛst]
Jahr l'année *f* [lane], l'an *m* [lɑ̃]
Jahreszeit la saison [la sɛsɔ̃]
Jahrhundert le siècle [lə sjɛkl]
jährlich annuel(le) [anyɛl]
Jahrmarkt le fête foraine [la fɛt fɔʀɛn]
Januar janvier [ʒɑ̃vje]
Jazz le jazz [lə dʒaz]
Jeans le jean [lə dʒin]
jeden Tag tous les jours [tu le ʒuʀ]
jeder chaque [ʃak]; (*substantivisch*) chacun(e) [ʃakɛ̃, ʃakyn]
Jeggings le jegging [lə (d)ʒɛgiŋ]
jemand quelqu'un [kɛlkɛ̃]
jene(r, -s) (*männlich*) celui-là [səlɥila]; (*weiblich*) celle-là [sɛlla]; (*männlich, Pluralform*) ceux-là [søla]; (*weiblich, Pluralform*) celles-là [sɛlla]
jetzt maintenant [mɛ̃tnɑ̃], à présent [a pʀezɑ̃]
Jod(tinktur) la teinture d'iode [la tɛ̃tyʀ djɔd]
joggen faire du jogging [fɛʀ dy dʒɔgiŋ]
Jogginghose le pantalon de jogging [lə pɑ̃talɔ̃ də dʒɔgiŋ]
Joghurt le yaourt [lə jauʀt]
jucken démanger [demɑ̃ʒe], gratter [gʀate]
Jugendliche/r le/la jeune [lə/la ʒœn]
Jugendstil l'Art nouveau [lar nuvo]
Juli juillet [ʒɥijɛ]
jung jeune [ʒœn]
Junge le garçon [lə gaʀsɔ̃]
Junggeselle le célibataire [lə selibatɛʀ]
Juni juin [ʒɥɛ̃]
Juwelier (*Geschäft*) la bijouterie [la biʒutʀi]

K

Kabarett le cabaret [lə kabaʀɛ]
Kabarettist le chansonnier [lə ʃɑ̃sɔnje]
Kabine la cabine [la kabin]
Kaffee le café [lə kafe]
Kaffeefilter les filtres à café [le filtʀ‿a kafe]
Kaffeelöffel la petite cuillère [la ptit kɥijɛr]
Kaffeemaschine la cafetière électrique [la kaftjɛʀ elɛktʀik]
Kai le quai [lə kɛ]
Kaiser(in) l'empereur, l'impératrice *m, f* [lɑ̃pʀœʀ/lɛ̃peʀatʀis]
Kalbfleisch le veau [lə vo]
kalorienarm allégé [aleʒe]
kalt froid(e) [fʀwa, fʀwad]
kaltes Wasser l'eau froide [lo fʀwad]
Kamillentee l'infusion de camomille [lɛ̃fyzjɔ̃ də kamɔmij]
Kamm le peigne [lə pɛɲ]
kämmen peigner [peɲe]
Kanal (*Wasserstraße*) le canal [lə kanal]; (*Fernsehen*) la chaîne [la ʃɛn]
Kaninchen le lapin [lə lapɛ̃]
Kanu le canoë [lə kanɔe]
Kapelle la chapelle [la ʃapɛl]
Kapitän(in) le capitaine [lə kapitɛn]
kaputt cassé(e) [kase], en panne [ɑ̃ pan]
Karaffe la carafe [la kaʀaf]
Karfreitag le vendredi saint [lə vɛdʀədi sɛ̃]
Karneval le carnaval [lə kaʀnaval]
Karotten les carottes *fpl* [le kaʀɔt]
Kartoffeln les pommes *fpl* de terre [le pɔm də tɛʀ]
Käse le fromage [lə fʀɔmaʒ]
Kasse la caisse [la kɛs]

Kassettenrekorder le lecteur de cassettes [lə lɛktøʀ də kasɛt]
Kathedrale la cathédrale [la katedʀal]
Katze le chat [lə ʃa]
kaufen acheter [aʃte]
Kaufhaus le grand magasin [lə gʀɑ̃ magazɛ̃]
Kaugummi le chewing-gum [lə ʃwiŋgɔm]
kaum à peine [a pɛn]
Kaution la caution [la kosjɔ̃]
Kegeln le jeu de quilles [lə ʒød kij]
Kehrschaufel la balayette [la balɛjɛt]
Keilriemen la courroie de transmission [la kuʀwa də tʀɑ̃smisjɔ̃]
kein aucun(e) [okɛ̃, okyn]; **~er** personne [pɛʀsɔn]
Kekse les biscuits *mpl* [le biskɥi]
Kellner(in) le garçon, la serveuse [lə gaʀsɔ̃/la sɛʀvøz]
kennen connaître [kɔnɛtʀ]; **~ lernen** faire la connaissance (de) [fɛʀ la kɔnɛsɑ̃s (də)]
Keramik la céramique [la seʀamik]
Kerzen les bougies *fpl* [le buʒi]
Ketchup le ketchup [lə kɛtʃœp]
Kette (*Schmuck*) le collier [lə kɔlje]; (*Auto*) la chaîne [la ʃɛn]
Keuchhusten la coqueluche [la kɔklyʃ]
Kfz-Schein la carte grise [la kaʀt gʀiz]
Kichererbsen les pois *mpl* chiches [le pwa ʃiʃ]
Kiefer la mâchoire [la maʃwaʀ]
Kilogramm le kilogramme [lə kilɔgʀam], le kilo [lə kilo]
Kilometer le kilomètre [lə kilɔmɛtʀ]
Kilometerpreis le prix au kilomètre [lə pʀi o kilɔmɛtʀ]
Kind l'enfant *mf* [lɑ̃fɑ̃]
Kinderarzt, **-ärztin** le/la pédiatre [lə/la pedjatʀ]
Kinderbecken le bassin pour enfants [lə basɛ̃ puʀ ɑ̃fɑ̃]
Kinderbetreuung la garderie [la gaʀdəʀi]
Kinderbett le lit d'enfant [lə li dɑ̃fɑ̃]
Kinderermäßigung la réduction-enfants [la ʀedyksjɔɑ̃fɑ̃]
Kinderfahrkarte le billet enfants [lə bijɛ ɑ̃fɑ̃]
Kinderkleidung les habits *mpl* pour enfants [lez‿abi puʀ ɑ̃fɑ̃]
Kinderkrankheit la maladie infantile [la maladi ɛ̃fɑ̃til]
Kinderlähmung la polio(myélite) [la pɔljɔ(mjelit)]
Kindersitz le siège-enfants [lə sjɛʒɑ̃fɑ̃]
Kindersitzkissen (*fürs Auto*) le réhausseur [lə ʀeosœʀ]
Kinderteller le menu enfants [lə məny ɑ̃fɑ̃]
Kino le cinéma [lə sinema]
Kirche (*katholisch*) l'église *f* [legliz]; (*evangelisch*) le temple [lə tɑ̃pl]
Kirchturm le clocher [lə klɔʃe]
Kirmes la kermesse [la kɛʀmɛs]
Kirschen les cerises *fpl* [le sʀiz]
Kiste la caisse [la kɛs]
kitschig kitsch [kitʃ]
Kiwi le kiwi [lə kiwi]
klar clair(e) [klɛʀ]
Klasse la classe [la klas]
Klassik (*Musik*) la musique classique [la mysik klasik]
Klassiker le classique [lə klasik]
Klassizismus le classicisme [lə klasisism]
Kleid la robe [la ʀɔb]
Kleiderbügel le cintre [lə sɛtʀ]
Kleidung les vêtements *mpl* [le vɛtmɑ̃]
klein petit(e) [pti, ptit]
Kleingeld la monnaie [la mɔnɛ]
Kleinkinder: **~ bis zu ... Jahren** les petits enfants (jusqu'à ... ans) [le ptiz‿ɑ̃fɑ̃ (ʒyska ... ɑ̃]
Kleinkunstbühne le café-théâtre [lə kafeteatʀ]
Klima le climat [lə klima]
Klimaanlage l'air *m* conditionné [lɛʀ kɔ̃disjɔne]
Klingel la sonnette [la sɔnɛt]
Kloster le monastère [lə mɔnastɛʀ], le couvent [lə kuvɑ̃]
klug intelligent(e) [ɛ̃teliʒɑ̃, ɑ̃t]
Kneipe le bistrot [lə bistʀo]
Kneippanwendung le soin de balnéothérapie [lə swɛ̃d balneɔteʀapi]
Knie le genou [lə ʒnu]
Knoblauch l'ail *m* [laj]
Knöchel la cheville [la ʃvij]
Knochen l'os *m* [lɔs]
Knochenbruch la fracture [la fʀaktyʀ]
Knopf le bouton [lə butɔ̃]
Koch le cuisinier, la cuisinière [lə kɥizinje/la kɥizinjɛʀ]
Kochbuch le livre de cuisine [lə livʀ də kɥizin]
kochen faire la cuisine [fɛʀ la kɥizin]
Kocher le réchaud [lə ʀeʃo]
Kochnische le coin-cuisine [lə kwɛ̃kɥizin]
Koffer la valise [la valiz]
Kofferraum le coffre [lə kɔfʀ]
Kohl le chou [lə ʃu]
Kokosnuss la noix de coco [la nwad koko]

Kolik la colique [la kɔlik]
Kollege, **Kollegin** le/la collègue [lə/la kɔlɛg], le confrère [lə kɔfʀɛʀ]
kommen venir [vəniʀ]
Komödie la comédie [la kɔmedi]
Kompass la boussole [la busol]
Komponist(in) le compositeur, la compositrice [lə kɔ̃pozitœʀ/la kɔ̃pɔsitʀis]
Konditorei la pâtisserie [la patisʀi]
Kondom le préservatif [lə pʀezɛʀvatif]
König(in) le roi, la reine [lə ʀwa/la ʀɛn]
können pouvoir [puvwaʀ]; (*gelernt haben*) savoir [savwaʀ]
Konserven les conserves *fpl* [le kɔ̃sɛʀv]
Konsulat le consulat [lə kɔ̃syla]
Kontakt le contact [lə kɔ̃takt]
Konto le compte [lə kɔ̃t]
Kontrolleur le contrôleur [lə kɔ̃tʀolœʀ]
kontrollieren contrôler [kɔ̃tʀole]
Konzert le concert [lə kɔ̃sɛʀ]
Kopf tête [la tɛt]
Kopfhörer les écouteurs *mpl* [lez‿ekutœʀ]
Kopfkissen l'oreiller *m* [lɔʀɛje]
Kopfsalat la laitue [la lɛty]
Kopfschmerzen les maux *mpl* de tête [le mod tɛt]
Kopfschmerztabletten les cachets *mpl* contre les maux de tête [le kaʃɛ kɔ̃tʀ le mod tɛt]
Kopie la copie [la kɔpi]
Korb le panier [lə paɲe]
Korkenzieher le tire-bouchon [lə tiʀbuʃɔ̃]
Körper le corps [lə kɔʀ]
Körperbehinderung le handicap physique [lə ɑ̃dikap fizik]
kosten coûter [kute]
kostenlos gratuitement [gʀatɥitmɑ̃]
Kostüm le tailleur [lə tajœʀ]
Kotelett la côtelette [la kotlɛt]
Koteletten les pattes *fpl* [le pat]
Krabben les crevettes *fpl* [le kʀəvɛt]
Krampf la crampe [la kʀɑ̃p]
krank malade [malad]
Krankenhaus l'hôpital *m* [lɔpital]
Krankenkasse la caisse d'assurance-maladie [la kɛs dasyʀɑ̃smaladi]
Krankenpfleger l'infirmier [lɛ̃fiʀmje]
Krankenschein la feuille de maladie [la fœj də maladi]
Krankenschwester l'infirmière [lɛ̃fiʀmjɛʀ]
Krankenwagen l'ambulance *f* [lɑ̃bylɑ̃s]
Krankheit la maladie [la maladi]
Kratzer l'éraflure [leʀaflyʀ]
Kräuter les herbes *fpl* [lez‿ɛʀb]
Krawatte la cravate [la kʀavat]
kreativ créatif, -ive [kʀeatif, -iv]
Krebs (*Krankheit*) le cancer [lə kɑ̃sɛʀ]; (*Tier*) le crabe [le kʀab]
Kreditkarte la carte de crédit [la kaʀt də kʀedi]
Kreislaufmittel le médicament pour la circulation [lə medikamɑ puʀ la siʀkylasjɔ̃]
Kreislaufstörung les troubles *mpl* de la circulation [le tʀubl də la siʀkylasjɔ̃]
Kreuz la croix [la kʀwa]
Kreuzfahrt la croisière [la kʀwazjɛʀ]
Kreuzgang le cloître [lə klwatʀ]
Kreuzung le carrefour [lə kaʀfuʀ]
Kristall le cristal [lə kʀistal]
Krone la couronne [la kuʀɔn]
Krücke la béquille [la bekij]
Küche la cuisine [la kɥizin]
Kuchen le gâteau [lə gato]
Küchensieb la passoire [la paswaʀ]
Kugelschreiber le stylo à bille [lə stilo a bij]
kühl frais, fraîche [fʀɛ, fʀɛʃ]
Kühlelement le pain de glace [lə pɛ̃d glas]
Kühler le radiateur [lə ʀadjatœʀ]
Kühlschrank le réfrigérateur [lə ʀefʀiʒeʀatœʀ], le frigo [lə fʀigo]
Kühltasche la glacière [la glasjɛʀ]
Kühlwasser l'eau *f* de refroidissement [lod ʀəfʀwadismɑ̃]
Kultur la culture [la kyltyʀ]
Kümmel le cumin [lə kymɛ̃]
kümmern: **sich ~ um** s'occuper de [sɔkype də]
Kunde, **Kundin** le client, la cliente [lə klijɑ̃/la klijɑ̃t]
Kunst l'art *m* [laʀ]
Kunstgewerbe les arts *mpl* décoratifs [lez‿aʀ dekɔʀatif]
Kunsthändler le marchand d'objets d'art [lə maʀʃɑ̃d ɔbʒɛ daʀ]
Kuppel la coupole [la kupɔl], le dôme [lə dom]
Kupplung l'embrayage *m* [lɑ̃bʀɛjaʒ]
Kürbis le potiron [lə pɔtiʀɔ̃]
Kurs le cours [lə kuʀ]
Kurtaxe la taxe de séjour [la taks də seʒuʀ]
Kurve le virage [lə viʀaʒ]
kurz (*räumlich, zeitlich*) court(e) [kuʀ, kuʀt]
Kurzfilm le court-métrage [lə kuʀmetʀaʒ]
kurzfristig à court terme [a kuʀ tɛʀm]
kürzlich l'autre jour [lotʀə ʒuʀ]
Kurzschluss le court-circuit [lə kuʀsiʀkɥi]
Kuss le baiser [lə bɛze]

küssen embrasser [ɑ̃bʀase]
Küste la côte [la kot]

L

lachen rire [ʀiʀ]
lächerlich ridicule [ʀidikyl]
Ladegerät le rechargeur [lə ʀəʃaʀʒœʀ]
Ladekabel (*Handy*) le chargeur [lə ʃaʀʒœʀ]; (*Laptop*) le câble réseau [lə kabl ʀezo]
Lage la situation [la sitɥasjɔ̃]
Lähmung la paralysie [la paʀalizi]
Lammfleisch l'agneau *m* [laɲo]
Lampe la lampe [la lɑ̃p]
Land le pays [lə pei]; (*Gegensatz zu Wasser*) la terre [la tɛʀ]
Landausflug l'excursion *f* à terre [lɛkskyʀsjɔ̃ a tɛʀ]
Landgut la propriété [la pʀɔpʀijete], le domaine [lə dɔmɛn]
Landkarte la carte (géographique) [la kaʀt (ʒeɔgʀafik)]
Landschaft le paysage [lə peizaʒ]
Landsmann, -männin le/la compatriote [lə/la kɔ̃patʀijɔt]
Landstraße la route secondaire [la ʀut səgɔ̃dɛʀ], la départementale [la depaʀtəmɑ̃tal]
Landung l'atterrissage *m* [lateʀisaʒ]
lang long, longue [lɔ̃, lɔ̃g]
Langlaufski le ski de fond [lə skid fɔ̃]
langsam (*als Adjektiv*) lent(e) [lɑ̃, lɑ̃t]; (*als Adverb*) lentement [lɑ̃tmɑ̃]
langweilig ennuyeux, -euse [ɑ̃nɥijø, øz]
Laptop le (ordinateur) portable *m* [(lɔʀdinatœʀ) pɔʀtabl]
Lärm le bruit [lə bʀɥi]
lästig pénible [penibl]
Lastwagen le camion [lə kamjɔ̃]
Lauch le poireau [lə pwaʀo]
laufen courir [kuʀiʀ]
Läuse les poux *mpl* [le pu]
laut bruyant(e) [bʀɥijɑ̃, ɑt]
Lautsprecher le haut-parleur [lə opaʀlœʀ]; (*Stereoanlage*) le baffle [lə bafl]
Leben la vie [la vi]
Lebensmittelgeschäft l'épicerie *f* [lepisʀi]
Lebensmittelvergiftung l'intoxication *f* alimentaire [lɛ̃tɔkksikasjɔ̃ alimɑ̃tɛʀ]
Leber le foie [lə fwa]
Leberpastete le pâté de foie [lə pated fwa]
lebhaft vif, vive [vif, viv]
lecker délicieux, -euse [delisjø, -jøz]
Lederjacke la veste de cuir [la vɛstə də kɥiʀ]
Lederwaren les articles *mpl* de maroquinerie [lez‿aʀtikl də maʀokinʀi]
Lederwarengeschäft la maroquinerie [la maʀɔkinʀi]
ledig célibataire [selibatɛʀ]
leer vide [vid]
Leerlauf le point mort [lə pwɛ̃ mɔʀ]
Leerung la levée [la ləve]
Leggins le caleçon [lə kalsɔ̃]
leicht (*einfach*) facile [fasil]; (*Gewicht*) léger, -ère [leʒe, ɛʀ]
Leichtathletik l'athlétisme [latletism]
leider malheureusement [malœʀøzmɑ̃]
leihen (*jemandem*) prêter [pʀɛte]; (*von jemandem*) emprunter [ɑ̃pʀɛ̃te]
Leinen le lin [lə lɛ̃], la toile [la twal]
leise doucement [dusmɑ̃]
Leistenbruch la hernie [la ɛʀni]
Leiter(in) le directeur, la directrice [lə diʀɛktœʀ/la diʀɛktʀis]
Lenkrad-Drehknopf (*Auto*) le volant mobile [lə vɔlɑ̃ mɔbil]
lernen apprendre [apʀɑ̃dʀ]
lesen lire [liʀ]
letzte(r, -s) dernier, -ière [dɛʀnje, jɛʀ]; **~n Montag** lundi dernier [lɛ̃di dɛʀnje]
Leuchtturm le phare [lə faʀ]
Leute les gens *mpl* [le ʒɑ̃]
Licht la lumière [la lymjɛʀ]
Lichtmaschine la dynamo [la dinamo]
Lichtschalter l'interrupteur *m* [lɛ̃teʀyptœʀ]
Lichtschutzfaktor l'indice *m* de protection [lɛ̃dis də pʀɔtɛksjɔ̃]
lieb cher, chère [ʃɛʀ]
Liebe l'amour *m* [lamuʀ]
lieben aimer [ɛme]
liebenswürdig aimable [ɛmabl]
lieblich (*Wein*) doux, moelleux [du/mwɛlø]
Liebling le chéri, la chérie [lə ʃeʀi/la ʃeʀi]
Lied la chanson [la ʃɑ̃sɔ̃]
liegen se trouver [sə tʀuve]
Liegewagen la voiture-couchettes [la vwatyʀ kuʃɛt]
Liegewagenplatz la couchette [la kuʃɛt]
Liegewiese la pelouse [la pluz]
lila lilas [lila], mauve [mov]
Limonade la limonade [la limɔnad]
Linie la ligne [la liɲ]
linke(r, -s) gauche [goʃ]

links à gauche [a goʃ]
Linse (*Hülsenfrucht; Optik*) la lentille [la lɑ̃tij]
Lippe la lèvre [la lɛvʀ]
Lippenstift le rouge à lèvres [lə ʀuʒ a lɛvʀ]
Liter le litre [lə litʀ]
Livemusik la musique en direct [la myzik ɑ̃ diʀɛkt]
Loch le trou [lə tʀu]
Locken les boucles *fpl* [le bukl]
Lockenwickler les bigoudis *mpl* [le bigudi]
Löffel la cuillère [la kɥijɛʀ]
Loge la loge [la lɔʒ]
Loipe la piste de ski de fond [la pistə də skid fɔ̃]
Loop la boucle [la bukl]
Lorbeer le laurier [lə lɔʀje]
Lothringen la Lorraine [la lɔʀɛn]
Luft l'air *m* [lɛʀ]
Luftkissenboot l'hovercraft *m* [lɔvœʀkʀaft], l'aéroglisseur *m* [laeʀoglisœʀ]
Luftmatratze le matelas pneumatique [lə matla pnømatik]
Luftpost: **mit ~** par avion [paʀ‿avjɔ̃]
Luftpumpe la pompe [la pɔ̃p]
Lunge le poumon [lə pumɔ̃]
Lungenentzündung la pneumonie [la pnømɔni]
lustig gai(e) [gɛ]
luxuriös luxueux, -euse [lyksyø, øz]
Lymphdrainage le draînage lymphatique [lə dʀɛnaʒ lɛ̃fatik]

M

machen (*herstellen*) faire [fɛʀ]
Mädchen la (jeune) fille [la (ʒœn) fij]
Magen l'estomac *m* [lɛstɔma]
Magenschmerzen les maux *mpl* d'estomac [le mo dɛstɔma]
mager maigre [mɛgʀ]
Mahlzeit le repas [lə ʀəpa]
Mai mai [mɛ]
Mais le maïs [lə mais]
Makrele le maquereau [lə makʀo]
malen peindre [pɛ̃dʀ]
Maler(in) le/la peintre [lə/la pɛ̃tʀ]
Malerei la peinture [la pɛ̃tyʀ]
man on [ɔ̃]
manchmal quelquefois [kɛlkəfwa]
Mandarinen les mandarines *fpl* [le mɑ̃daʀin]
Mandelentzündung l'inflammation *f* des amygdales [lɛ̃flamasjɔ̃ dez‿amidal]
Mandeln (*Essen*) les amandes *fpl* [lez‿amɑ̃d]; (*Medizin*) les amygdales *fpl* [lez‿amidal]
Mango la mangue [la mɑ̃g]
Mann l'homme [lɔm]
Mannschaft (*Sport*) l'équipe *f* [lekip]; (*Schiff*) l'équipage *m* [lekipaʒ]
Mantel le manteau [lə mɑ̃to]; (*für Herren*) le pardessus [lə paʀdəsy]
Margarine la margarine [la maʀgaʀin]
Markt le marché [lə maʀʃe]
Marmelade la confiture [la kɔ̃fityʀ]
März mars [maʀs]
Maschine la machine [la maʃin]
Masern la rougeole [la ʀuʒɔl]
Massage le massage [lə masaʒ]
Material le matériel [lə mateʀjɛl]
Matratze le matelas [lə matla]
Mauer le mur [lə myʀ]
Maut le Péage [lə peaʒ]
Mayonnaise la mayonnaise [la majɔnɛz]
Medikament le médicament [lə medikamɑ̃]
Meditation la méditation [la meditasjɔ̃]
Meer la mer [la mɛʀ]
Mehl la farine [la faʀin]
mehr plus [plys]; **~ als** plus que [plys kə], plus de [ply də]
Mehrfahrtenkarte le carnet de tickets [lə kaʀnɛd tikɛ]
mein mon, ma [mɔ̃/ma]
meinen penser [pɑ̃se]
meinetwegen (*von mir aus*) si tu veux, si vous voulez [si ty vø/si vu vule]
Meinung l'opinion *f* [lɔpiɲɔ̃]
Melone (*Honig~*) le melon [lə məlɔ̃]; (*Wasser~*) la pastèque [la pastɛk]
Memorystick la clé USB [la kle yɛsbe]
Mensch l'homme *m* [lɔm], l'être *m* humain [lɛtʀ‿ymɛ̃]
Menstruation les règles *fpl* [le ʀɛgl]
Menü le menu [lə məny]
merken remarquer [ʀəmaʀke]; **sich etwas ~** retenir qc [ʀətəniʀ kɛlkə ʃoz]
Messe (*Kirche*) la messe [la mɛs]
Messer le couteau [lə kuto]
Meter le mètre [lə mɛtʀ]
Metzgerei la boucherie [la buʃʀi]
mich me [mə], moi [mwa]
Miesmuscheln les moules *fpl* [le mul]
Miete le loyer [lə lwaje]
mieten louer [lue]
Migräne la migraine [la migʀɛn]
Mikrowelle le micro-ondes [lə mikʀoɔ̃d]
Milch le lait [lə lɛ]
Milchgeschäft la laiterie [la lɛtʀi]
mild doux, douce [du/dus]

Millimeter le millimètre [lə milimɛtʀ]
mindestens au moins [o mwɛ̃]
Mineralwasser l'eau *f* minérale [lo mineʀal]
Minibar la vente ambulante [la vɑ̃t‿ɑ̃bylɑ̃t]
Minigolf le minigolf [lə minigɔlf]
Minute la minute [la minyt]
mir me [mə], à moi [a mwa]
Missverständnis le malentendu [lə malɑ̃tɑ̃dy]
mit avec [avɛk]
mitbringen apporter [apɔʀte]
Mitbringsel le souvenir [lə suvniʀ]
mitnehmen (*Sachen*) emporter [ɑ̃pɔʀte]; (*Menschen*) emmener [ɑ̃mne]
Mittag midi *m* [midi]
Mittagessen le déjeuner [lə deʒœne]
mittags le midi [lə midi]
Mitte le milieu [lə miljø]
Mitteilung l'information *f* [lɛ̃fɔʀmasjɔ̃]
Mittel le moyen [lə mwajɛ̃]; (*Medizin*) le remède [lə ʀəmɛd]
Mittelalter le Moyen Age [lə mwajɛn‿aʒ]
Mittelmeer la Méditerranée [la mediteʀane]
Mittelohrentzündung l'otite *f* [lɔtit]
Mittwoch mercredi [mɛʀkʀədi]
Mixer le mixeur [lə miksœʀ]
Möbel le meuble [lə mœbl]
Mobilitätsbehinderte/r la personne à mobilité réduite [la pɛʀsɔn a mɔbilite ʀedɥit]
Mode la mode [la mɔd]
Modell le modèle [lə mɔdɛl]
modern moderne [mɔdɛʀn]; (*modisch*) à la mode [a la mɔd]
Modeschmuck les bijoux *mpl* fantaisie [le biʒu fɑ̃tɛzi]
mögen (*gern haben*) aimer [ɛme]; (*wünschen*) vouloir [vulwaʀ]
möglich possible [pɔsibl]
Mole le môle [lə mol]
Monat le mois [lə mwa]
monatlich mensuel(le) [mɑ̃sɥɛl]
Mond la lune [la lyn]
Montag lundi [lɛ̃di]
morgen: ~ **früh/Abend** demain matin/soir [dəmɛ̃ matɛ̃/swar]
Morgen le matin [lə matɛ̃]
morgens le matin [lə matɛ̃]
Mosaik la mosaïque [la mɔzaik]
Motel le motel [lə mɔtɛl]
Motor le moteur [lə mɔtœʀ]
Motorboot le canot automobile [lə kano otomɔbil]
Motorhaube le capot [lə kapo]
Mountainbike le V.T.T. [lə vetete], le vélo tout terrain [lə velo tu tɛʀɛ̃]
Möwe la mouette [la mwɛt]
MP3-Player le MP3 [lə ɛmpetʀwa]
Mücke le moustique [lə mustik]
Mückenschutz le produit anti-moustique [lə pʀodɥi ɑ̃timustik]
müde fatigué(e) [fatige]
Müll les ordures *fpl* [lez‿ɔʀdyʀ]
Mullbinde la gaze [la gaz]
Mülltonne la poubelle [la pubɛl]
Mülltrennung le tri des déchets [lə tʀi de deʃɛ̃]
Mumps les oreillons *mpl* [lez‿ɔʀɛjɔ̃]
Mund la bouche [la buʃ]
Mündung l'embouchure *f* [lɑ̃buʃyʀ]
Münze la pièce de monnaie [la pjɛs də mɔnɛ]
Muschel le coquillage [le kɔkijaʒ]; (*Miesmuschel*) la moule [la mul]
Museum le musée [lə myze]
Musical la comédie musicale [la kɔmedi myzikal]
Musik la musique [la myzik]; ~ **hören** écouter de la musique [ekute də la myzik]
Musikgeschäft le magasin de musique [lə magazɛ̃d myzik]
musizieren faire de la musique [fɛʀ de la myzik]
Muskatnuss la noix de muscade [la nwad myskad]
Muskel le muscle [lə myskl]
Müsli le musli [lə mysli]
Mutter la mère [la mɛʀ]

N

nach (*zeitlich*) après [apʀɛ]; (*räumlich*) à [a]; ~ **dem Essen** après le repas [apʀɛl ʀəpa]
Nachbar(in) le voisin, la voisine [lə vwazɛ̃/la vwazin]
Nachmittag l'après-midi *m* [lapʀɛmidi]
nachmittags l'après-midi [lapʀɛmidi]
Nachricht la nouvelle [la nuvɛl]
Nachsaison l'arrière-saison *f* [laʀjɛʀsɛzɔ̃]
nachsenden faire suivre [fɛʀ sɥivʀ]
nächste(r, -s) le suivant, la suivante [lə sɥivɑ̃/la sɥivɑ̃t]
nächstes Jahr l'année prochaine [lane pʀɔʃɛn]
Nacht la nuit [la nɥi]
Nachtisch le dessert [lə desɛʀ]
Nachtklub la boîte de nuit [la bwat də nɥi]
nachts la nuit [la nɥi]
Nachttisch la table de nuit [la tablə də nɥi]

Nachttischlampe la lampe de chevet [la lɑ̃p də ʃvɛ]
nackt nu(e) [ny]
Nadel l'aiguille *f* [legɥij]
Nagellack le vernis à ongles [lɛ vɛʀni a ɔ̃gl]
Nagellackentferner le dissolvant [lə disɔlvɑ̃]
Nagelschere les ciseaux *mpl* à ongles [le sizo a ɔ̃gl]
nah près [pʀɛ]
nahe proche [pʀɔʃ]; **~ bei** près de [pʀɛ də]
nähen (re)coudre [(ʀə)kudʀ]
Nahverkehrszug le train de banlieue [lə tʀɛ̃d bɑ̃ljø]
Name le nom [lə nɔ̃]
Narbe la cicatrice [la sikatʀis]
Narkose l'anesthésie *f* [lanɛstezi]
Nase le nez [lə ne]
Nasenbluten les saignements *mpl* de nez [le sɛɲmɑ̃d ne]
nass mouillé(e) [muje]
Nationalitätskennzeichen la plaque de nationalité [la plak də nasjɔnalite]
Nationalpark le parc national [lə paʀk nasjɔnal]
Natur la nature [la natyʀ]
natürlich (*als Adjektiv*) naturel(le) [natyʀɛl]; (*als Adverb*) naturellement [natyʀɛlmɑ̃]
Naturschutzgebiet la réserve naturelle [la ʀesɛʀv natyʀɛl]
Navigationsgerät le GPS [lə ʒepeɛs]
Nebel le brouillard [lə bʀujaʀ]
neben à côté de [a kote də]
Nebenkosten les charges *fpl* [le ʃaʀʒ]
Nebenstraße la rue adjacente [la ʀy adʒasɑ̃t]
Nebenwirkungen les effets *mpl* secondaires [lez‿efɛ səgɔ̃dɛʀ]
negativ négatif, -ive [negatif, iv]
nehmen prendre [pʀɑ̃dʀ]
Nelken les clous *mpl* de girofle [le klud ʒiʀɔfl]
Neoprenanzug la combinaison de plongée [la kɔ̃binɛzɔ̃ də plɔ̃ʒe]
Nerv le nerf [le nɛʀ]
nervös nerveux, -euse [nɛʀvø, øz]
nett gentil(le) [ʒɑ̃nti, ʒɑ̃tij]
Netz le filet [lə filɛ]
neu nouveau, nouvelle [nuvo, nuvɛl]; (*ungebraucht*) neuf, neuve [nœf, nœv]
neugierig curieux, -euse [kyʀjø, øz]
Neujahr le Nouvel An [lə nuvɛl‿ɑ̃]
nicht (ne ...) pas [(nə ...) pa]; **gar ~** (ne ...) pas du tout [(nə ...) pa dy tu]
Nichtraucher(in) non-fumeur, -euse [nɔ̃ fymøʀ, -øz]
Nichtraucherabteil le compartiment non-fumeurs [lə kɔ̃paʀtimɑ̃ nɔ̃ fymœʀ]
nichts (ne ...) rien [(nə ...) ʀjɛ̃]
nie (ne ...) jamais [(nə ...) ʒamɛ]
nieder bas, basse [ba, bas]
niedrig bas, basse [ba, bas]
niemand (ne ...) personne [(nə ...) pɛʀsɔn]
Niere le rein [lə ʀɛ̃]
Nierenentzündung la néphrite [la nefʀit]
Nierengurt la ceinture de moto [la sɛ̃tyʀ də mɔtɔ]
Nierenstein le calcul rénal [lə kalkyl ʀenal]
niesen éternuer [etɛʀnye]
nirgends nulle part [nyl paʀ]
noch encore [ɑ̃kɔʀ]; **~ nicht** (ne ...) pas encore [(nə ...) paz‿ɑ̃kɔʀ]
Norden le Nord [lə nɔʀ]
nördlich von au nord de [o nɔʀ də]
Nordsee: **die ~** la mer du Nord [la mɛʀ dy nɔʀ]
normal normal(e) [nɔʀmal]
normalerweise normalement [nɔʀmalmɑ̃]
Notausgang la sortie de secours [la sɔʀtid səkuʀ]
Notbremse le signal d'alarme [lə siŋal dalaʀm]
Notebook le portable [lə pɔʀtabl]
Notfall l'urgence [lyʀʒɑ̃s]
Notrufsäule le téléphone de secours [lə telefɔn də skuʀ]
notwendig nécessaire [nesesɛʀ]
November novembre [nɔvɑ̃bʀ]
nüchtern (*nicht betrunken*) sobre [sɔbʀ]; (*beim Arzt*) à jeun [aʒɛ̃]
Nudeln les nouilles *fpl* [le nuj]
Nummer le numéro [lə nymeʀo]
Nummernschild la plaque d'immatriculation [la plak dimatʀikylasjɔ̃]
nur seulement [sœlmɑ̃]
Nüsse les noix *fpl* [le nwa]

O

ob si [si]
oben en haut [ɑ̃ o]
Ober le garçon [lə gaʀsɔ̃]; (*Anrede*) Monsieur! [məsjø]
Objektiv l'objectif *m* [lɔbʒɛktif]
Obst- und Gemüsehändler le magasin de fruits et légumes [lə magazɛ̃d fʀɥi e legym]
Obst les fruits *mpl* [le fʀɥi]
obwohl bien que [bjɛ̃ kə]
oder ou [u]
offen ouvert(e) [uvɛʀ, uvɛʀt]

öffentlich public, -ique [pyblik]
offiziell officiel(le) [ɔfisjɛl]
öffnen ouvrir [uvʀiʀ]
Öffnungszeiten les heures *fpl* d'ouverture [lez‿œʀ duvɛʀtyʀ]
oft souvent [suvɑ̃]
ohne sans [sɑ̃]
Ohnmacht l'évanouissement *m* [levanwismɑ̃], la syncope [la sɛ̃kɔp]
Ohr l'oreille *f* [lɔʀɛj]
Ohrentropfen les gouttes *fpl* pour les oreilles [le gut puʀ lez‿ɔʀɛj]
Ohropax les boules *fpl* Quies [le bul kjɛs]
Ohrringe les boucles *fpl* d'oreilles [le buklə dɔʀɛj]
Oktober octobre [ɔktɔbʀ]
Öl l'huile *f* [lɥil]
Oliven les olives *fpl* [lezɔliv]
Olivenöl l'huile *f* d'olive [lɥil dɔliv]
Ölmalerei la peinture à l'huile [la pɛ̃tyʀ a lɥil]
Ölwechsel la vidange [la vidɑ̃ʒ]
Oper l'opéra *m* [lɔpeʀa]
Operation l'opération *f* [lɔpeʀasjɔ̃]
Operette l'opérette *f* [lɔpeʀɛt]
Optiker l'opticien *m* [lɔptisjɛ̃]
orange orange [ɔʀɑ̃ʒ]
Orangensaft le jus d'orange [lə ʒy dɔʀɑ̃ʒ]
Orchester l'orchestre *m* [lɔʀkɛstʀə]
Original l'original *m* [lɔʀiʒinal]
Originalfassung la v.o. [la ve o], la version originale [la vɛʀsjɔ̃ ɔʀiʒinal]
Ort le lieu [lə ljø]
Ortschaft la localité [la lɔkalite]
Ortsgespräch la communication en ville [la kɔmynikasjɔ̃ ɑ̃ vil]
Osten l'Est *m* [lɛst]
Ostermontag le lundi de Pâques [lə lɛ̃did pak]
Ostern Pâques *fpl* [pak]
Österreich l'Autriche *f* [lotʀiʃ]
Österreicher(in) l'Autrichien, l'Autrichienne [lotʀiʃjɛ̃/lotʀiʃjɛn]
östlich von à l'est de [a lɛst də]

P

paar: **ein ~** quelques [kɛlk]
Paar la paire [la pɛʀ]; (*Ehe~*) le couple [lə kupl]
Päckchen le paquet [lə pakɛ]
Paddelboot le canoë [lə kanɔe], le kayak [lə kajak]
paddeln faire du canoë [fɛʀ dy kanɔe], faire du kayak [fɛʀ dy kajak]
Paket le colis [lə kɔli]
Palast le palais [lə palɛ]
Panne la panne [la pan]
Pannendienst le service de dépannage [lə sɛʀvis də depanaʒ]
Pannenhilfe le service de dépannage [lə sɛʀvis də depanaj]
Papier le papier [lə papje]
Papiere (*amtliche Dokumente*) les papiers *mpl* [le papje]
Papiertaschentücher les mouchoirs *mpl* en papier [le muʃwaʀ ɑ̃ papje]
Paprika(schote) le poivron [lə pwavʀɔ̃]
Paprika (*Gewürz*) le paprika [lə papʀika], le piment [lə pimɑ̃]
Parfüm le parfum [lə paʀfɛ̃]
Parfümerie la parfumerie [la paʀfymʀi]
Park le parc [lə paʀk]
parken se garer [sə gaʀe]
Parkett le parterre [lə paʀtɛʀ]
Parkplatz la place de stationnement [la plas də stasjɔnmɑ̃]
Party la soirée [la swaʀe], la fête [la fɛt]
Pass (*Ausweis*) le passeport [lə paspɔʀ]; (*Sport*) la passe [la pas]; (*Gebirgspass*) le col [lə kɔl]
Passagier(in) le passager, la passagère [lə pasaʒe/la pasaʒɛʀ]
passen (*harmonieren*) aller [ale]; (*gelegen kommen*) convenir [kɔ̃vəniʀ]
Passkontrolle le contrôle des passeports [lə kɔ̃tʀol de paspɔʀ]
Pauschalpreis le prix forfaitaire [lə pʀi fɔʀfɛtɛʀ]
Pause l'entracte *m* [lɑ̃tʀakt]
Pension la pension (de famille) [la pɑ̃sjɔ̃(d famij)]
Perle la perle [la pɛʀl]
Person la personne [la pɛʀsɔn]
Personalausweis la carte d'identité [la kaʀt didɑ̃tite]
Personalien l'identité *f* [lidɑ̃tite]
persönlich personnel(le) [pɛʀsɔnɛl]
Perücke la perruque [la peʀyk]
Petersilie le persil [lə pɛʀsi]
Petroleum le pétrole [lə petʀɔl]
Pfand le gage [lə gaʒ]; (*Flaschen~*) la consigne [lə kɔ̃siɲ]
Pfanne la poêle [la pwal]
Pfannengericht le plat fait à la poêle [lə pla fɛ a la pwal]
Pfeffer le poivre [lə pwavʀ]
Pfeffermühle le moulin à poivre [lə mulɛ̃ a pwavʀ]
Pferd le cheval [lə ʃval]
Pfingsten la Pentecôte [la pɑ̃tkot]

Pfingstmontag le lundi de Pentecôte [lə lɛ̃did pɑ̃tkot]
Pfirsiche les pêches *fpl* [le pɛʃ]
Pflanze la plante [la plɑ̃t]
Pflaster le sparadrap [lə spaʀadʀa]
Pflaumen les prunes *fpl* [le pʀyn]
pflegebedürftig grabataire [gʀabatɛʀ]
Pfund la livre [la livʀ]
Pille: ~ **danach** la pilule du lendemain [la pilyl dy lɑ̃dəmɛ̃]
Pilot(in) le/la pilote [lə/la pilɔt]
Pilz le champignon [lə ʃɑ̃piɲɔ̃]
Pilzinfektion la mycose [la mikoz]
Pinzette la pince à épiler [la pɛ̃s a epile]
Plakat l'affiche *f* [lafiʃ]
Plastik (*Kunst*) la sculpture [la skyltyʀ]; (*Material*) le plastique [lə plastik]
Plastikbeutel le sac en plastique [lə sak ɑ̃ plastik]
Platten (*Reifen*) le pneu crevé [lə pnø kʀəve]
Platz la place [la plas]
Platzkarte la réservation [la ʀesɛʀvasjɔ̃]
Plombe le plombage [lə plɔ̃mbaʒ]
plötzlich soudain [sudɛ̃], tout à coup [tut‿a ku]
Polizei la police [la pɔlis]
Polizeiwagen la voiture de police [la vwatyʀ də pɔlis]
Polizist(in) l'agent *m* de police [laʒɑ̃d pɔlis]
Pony (*Frisur*) la frange [la fʀɑ̃ʒ]; (*Tier*) le poney [pɔnɛ]
Portal le portail [lə pɔʀtaj]
Portier le portier [lə pɔʀtje], le/la concierge [lə/la kɔ̃sjɛʀʒ]
Portion la portion [la pɔʀsjɔ̃]
Porto le port [lə pɔʀ]
Porträt le portrait [lə pɔʀtʀɛ]
Porzellan la porcelaine [la pɔʀsəlɛn]
Postamt le bureau de poste [lə byʀod pɔst]
Postkarte la carte postale [la kaʀt pɔstal]
postlagernd poste restante [pɔst ʀɛstɑ̃t]
Postleitzahl le code postal [lə kɔd pɔstal]
Powernap la petite sieste [la ptit sjɛst]
praktisch pratique [pʀatik]
Präservativ le préservatif [lə pʀezɛʀvatif]
Preis le prix [lə pʀi]
Prellung la contusion [la kɔ̃tyzjɔ̃]
Premiere la première [la pʀəmjɛʀ]
Priester le prêtre [lə pʀɛtʀ]
privat privé(e) [pʀive]
Probe (*Theater*) la répétition [la ʀepetisjɔ̃]
Problem le problème [lə pʀɔblɛm]
Produkt le produit [lə pʀɔdɥi]
Programm le programme [lə pʀogʀam]
Programmheft le programme [lə pʀɔgʀam]
Promillegrenze le taux d'alcoolémie maximal [lə to dalkɔlemi maksimal]
Prospekt le prospectus [lə pʀɔspɛktys]
Prothese la prothèse [la pʀɔtɛz]
provisorisch (*als Adjektiv*) provisoire [pʀɔvizwaʀ]
Prozent pour cent [puʀsɑ̃]
Prozession la procession [la pʀɔsɛsjɔ̃]
Puder la poudre [la pudʀ]
Pullover le pull-over [lə pylɔvɛʀ]
Puls le pouls [lə pu]
Pulverschnee la (neige) poudreuse [la (nɛʒ) pudʀøz]
pünktlich à l'heure [a lœʀ]
putzen nettoyer [nɛtwaje], faire le ménage [fɛʀ lə menaʒ]
Putzmittel le produit d'entretien [lə prodɥid‿ɑ̃tʀətjɛ̃]

Q

Quadratmeter le mètre carré [lə mɛtʀ kaʀe]
Qualität la qualité [la kalite]
Qualle la méduse [la medyz]
Quark le fromage blanc [lə fʀɔmaʒ blɑ̃]
Quelle la source [la suʀs]
quer durch à travers [a tʀavɛʀ]
Querformat le format horizontal [lə fɔrma ɔrizɔ̃tal]
querschnittsgelähmt paraplégique [paʀapleʒik]
Quittung le reçu [lə ʀəsy]

R

Rabatt la remise [la ʀəmiz]
Rad la roue [la ʀu]; (*Fahrrad*) le vélo [lə velo]; ~ **fahren** faire du vélo [fɛʀ dy velo]
Radarkontrolle le contrôle radar [lə kɔ̃tʀol ʀadaʀ]
Radierung (la gravure à) l'eau-forte [(la gʀavyʀ a) lofɔʀt]
Radio la radio [la ʀadjo]
Radsport le cyclisme [lə siklism]
Radtour la randonnée cycliste [la ʀɑ̃dɔne siklist]

Rampe la rampe [la rɑ̃p]
Rasen la pelouse [la pəluz]
Rasierapparat le rasoir [lə ʀazwaʀ]
Rasierklingen les lames *fpl* de rasoir [le lam də ʀazwaʀ]
Rasierpinsel le blaireau [lə blɛʀo]
Rasierschaum la mousse à raser [la musa ʀaze]
Rasierwasser la lotion après-rasage [la lɔsjɔ̃ apʀɛʀazaʒ]
Rastplatz l'aire *f* de repos [lɛʀ də ʀəpo], l'aire *f* de service [lɛʀ də sɛʀvis]
Raststätte le restoroute® [lə ʀɛstɔʀut]
Rathaus (*Verwaltung*) la mairie [la mɛʀi]; (*historisches Gebäude*) l'hôtel *m* de ville [lotɛl də vil]
rauchen fumer [fyme]
Rauchmelder le détecteur de fumée [lə detɛktœʀd fyme]
Raucher(in) le fumeur, la fumeuse [lə fymœʀ/la fymøz]
Raum l'espace *f* [lɛspas]; (*Zimmer*) la pièce [la pjɛs]
Rechnung la facture [la faktyʀ]; (*im Restaurant, Café*) l'addition *f* [ladisjɔ̃]; (*im Hotel*) la note [la nɔt]
rechte(r, -s) droit(e) [dʀwa, dʀwat]
rechts à droite [a dʀwat]
Rechtsanwalt, -anwältin l'avocat(e) *m(f)* [lavɔka, at]
rechtzeitig (*als Adverb*) à temps [a tɑ̃], à l'heure [a lœʀ]
reden parler [paʀle]
Reformhaus le magasin de produits diététiques [lə magazɛ̃d pʀɔdɥi djetetik]
regelmäßig (*als Adjektiv*) régulier, -ière [ʀegylje, jɛʀ]; (*als Adverb*) régulièrement [ʀegyljɛʀmɑ̃]
Regen la pluie [la plɥi]
Regenmantel l'imperméable *m* [lɛ̃pɛʀmeabl]
Regenschauer l'averse *f* [lavɛʀs]
Regie la mise en scène [la miz‿ɑ̃ sɛn]
Regierung le gouvernement [lə guvɛʀnəmɑ̃]
Region la région [la ʀeʒiɔ̃]
regnerisch pluvieux [plyvjø]
Reibe la râpe [la rap]
reich riche [ʀiʃ]
reif mûr(e) [myʀ]
Reifen le pneu [lə pnø]
reinigen nettoyer [nɛtwaje]
Reinigung la teinturerie [la tɛ̃tyʀəʀi]
Reis le riz [lə ʀi]
Reise le voyage [lə vwajaʒ]
Reisebüro l'agence *f* de voyages [laʒɑ̃s də vwajaʒ]
Reiseführer le guide [lə gid]
Reisegesellschaft le voyage organisé [lə vwajaʒ ɔʀganize]
reisen voyager [vwajaʒe]
Reisepass le passeport [lə paspɔʀ]
Reisescheck le chèque de voyage [lə ʃɛk də vwajaʒ]
Reisetasche le sac de voyage [lə sak də vwajaʒ]
reiten faire du cheval [fɛʀ dy ʃval]
Reitschule l'école *f* d'équitation [lekɔl dekitasjɔ̃]
reklamieren faire une réclamation [fɛʀ yn ʀeklamasjɔ̃]
Religion la religion [la ʀəliʒjɔ̃]
Renaissance la Renaissance [la ʀənɛsɑ̃s]
rennen courir [kuʀiʀ]
Rennrad le vélo de course [lə velod kuʀs]
reparieren réparer [ʀepaʀe]
reservieren réserver [ʀezɛʀve]
Reservierung la réservation [la ʀezɛʀvasjɔ̃]
Restaurant le restaurant [lə ʀɛstorɑ̃]
Rettungsboot le canot de sauvetage [lə kanod sovtaʒ]
Rettungsring la bouée de sauvetage [la bued sovtaʒ]
Rezept l'ordonnance *f* [lɔʀdɔnɑ̃s]
Rezeption la réception [la ʀesɛpsjɔ̃]
R-Gespräch l'appel *m* en P.C.V. [lapɛl ɑ̃ peseve]
Rheuma le rhumatisme [lə ʀymatism]
Richter(in) le/la juge [lə/la ʒyʒ]
richtig juste [ʒyst]; (*geeignet*) bon, bonne [bɔ̃/bɔn]
Richtung la direction [la diʀɛksjɔ̃]
riechen sentir [sɑ̃tiʀ]
Rindfleisch le bœuf [lə bœf]
Ring la bague [la bag]
Rock la jupe [la ʒyp]
roh cru(e) [kʀy]; **~er Schinken** le jambon cru [lə ʒɑ̃bɔ̃ kʀy]
Roller les rollers *mpl* [le ʀɔlɛʀ]
Rollschuh le patin à roulette [lə patɛ̃ a ʀulɛt]
Rollsplitt le gravillon [lə gʀavijɔ̃]
Rollstuhl le fauteuil roulant [lə fotœj ʀulɑ̃]
Rollstuhlfahrer(in) la personne en fauteuil roulant [la pɛʀsɔn ɑ̃ fotœj ʀulɑ̃]
rollstuhlgängiger Wagen (*Zug*) le wagon aménagé pour handicapés [lə vagɔ̃ amenaʒe puʀ ɑ̃dikape]
rollstuhlgerecht aménagé [amenaʒe], équipé pour handicapés [ekipe puʀ ɑ̃dikape]

Rollstuhlkabine (*Schiff*) la cabine équipée pour handicapés [la kabin ekipe puʀ ɑ̃dikape]
Roman le roman [lə ʀɔmɑ̃]
röntgen faire une radio(graphie) [fɛʀ yn ʀadjo(gʀafi)]
Röntgenaufnahme la radio(graphie) [la ʀadjo(gʀafi)]
rosa rose [ʀoz]
Rosé le (vin) rosé [lə vɛ̃ ʀoze]
Rosmarin le romarin [lə ʀɔmaʀɛ̃]
rot rouge [ʀuʒ]
Röteln la rubéole [la ʀybeɔl]
Rotwein le (vin) rouge [lə vɛ̃ ʀuʒ]
Route l'itinéraire *m* [litineʀɛʀ]
Rücken le dos [lə do]
Rückenschmerzen les douleurs *fpl* au dos [le dulœʀ o do]
Rückfahrkarte le billet aller-retour [lə bijɛ aleʀtuʀ]
Rückfahrt le retour [lə ʀətuʀ]
Rückholservice le convoyage [lə kɔ̃vwajaʒ]
Rücklicht les feux *mpl* arrière [le fø aʀjɛʀ]
Rucksack le sac à dos [lə sak a do]
Rückspiegel le rétroviseur [lə ʀetʀɔvizœʀ]
rückwärts en arrière [ɑ̃n aʀjɛʀ]
Rückwärtsgang la marche arrière [la maʀʃ aʀjɛʀ]
Ruder la rame [la ʀam]
Ruderboot la barque (à rames) [la baʀk (a ʀam)], le canot (à rames) [lə kano (a ʀam)]
rudern ramer [ʀame]
Ruhe le repos [lə ʀəpo]; (*Stille*) le calme [lə kalm]
ruhig calme [kalm]
Rührlöffel la cuillère en bois [la kɥijɛʀ‿ɑ̃ bwa]
Ruine la ruine [la ʀɥin]
rund rond(e) [ʀɔ̃, ʀɔ̃d]
Rundfahrt le circuit [lə siʀkɥi]

S

Saal la salle [la sal]
Sache la chose [la ʃoz]
Safe le coffre-fort [lə kɔfʀəfɔʀ]
Safran le safran [lə safʀɑ̃]
saftig juteux, -euse [ʒytø, -øz]
sagen dire [diʀ]
Sahne la crème [la kʀɛm]; **saure ~** la crème aigre [la kʀɛm ɛgʀ]
Saison la saison [la sɛzɔ̃]
Salami le salami [lə salami]
Salat la salade [la salad]
Salatbüfett le buffet de salades [lə byfɛd salad]
Salbe la pommade [la pɔmad]
Salbei la sauge [la soʒ]
Salmonelle la salmonelle [la salmɔnɛl]
Salmonellenvergiftung la salmonellose [la salmɔnɛloz]
Salz le sel [lə sɛl]
Salzstreuer la salière [la saljɛʀ]
sammeln collectionner [kɔlɛksjɔne]
Samstag samedi [samdi]
Sandalen les sandales *fpl* [le sɑ̃dal]
Sandburg le château de sable [lə ʃato də sablə]
Sandkasten le bac à sable [lə bak a sablə]
Sänger(in) le chanteur, la chanteuse [lə ʃɑ̃tœʀ/la ʃɑ̃tøz]
Satz la phrase [la fʀaz]
sauber propre [pʀɔpʀ]
sauer aigre [ɛgʀ]
Sauerstoffgerät la bouteille d'oxygène [la butɛj dɔksiʒɛn]
Sauger (*auf Flasche*) la tétine [la tetin]
Saugflasche le biberon [lə bibʀɔ̃]
Säugling le nourisson [lə nuʀisɔ̃]
Säule la colonne [la kɔlɔn]
Sauna le sauna [lə sona]
S-Bahn le métro [lə metʀo]
schade: **~!** (c'est) dommage! [(sɛ) dɔmaʒ]
Schaden le dommage [lə dɔmaʒ]
Schaffner(in) le contrôleur, la contrôleuse [lə kɔ̃tʀolœʀ/la kɔ̃tʀoløz]
Schafskäse le fromage de brebis [lə fʀɔmaʒ də bʀəbi]
Schal l'écharpe *f* [leʃaʀp]
scharf (*Speisen*) épicé(e) [epise]
Schatten l'ombre *f* [lɔ̃bʀ]
schauen regarder [ʀəgaʀde]
Schaufenster la vitrine [la vitʀin]
Schauspieler(in) l'acteur, l'actrice [laktœʀ/laktʀis], le comédien, la comédienne [lə kɔmedjɛ̃/la kɔmedjɛn]
Scheibe (*abgeschnittenes Stück*) la tranche [la tʀɑ̃ʃ]
Scheibenwischer l'essuie-glace *m* [lesɥi glas]
Scheinwerfer le phare [lə faʀ]
Scheitel la raie [la ʀɛ]
schenken offrir [ɔfʀiʀ]
Schere les ciseaux *mpl* [le sizo]
schicken envoyer [ɑ̃vwaje]
Schiebedach le toit ouvrant [lə twa uvʀɑ̃]
Schienbein le tibia [lə tibja]
Schiene l'attelle *f* [latɛl]
Schild (*Hinweis~*) le panneau [lə pano]
Schinken le jambon [lə ʒɑ̃bɔ̃]
Schirm le parapluie [lə paʀaplɥi]

Schlafcouch le canapé-lit [lə kanapeli]
schlafen dormir [dɔʀmiʀ]
Schlaflosigkeit l'insomnie *f* [lɛ̃sɔmni]
Schlaftabletten les somnifères *mpl* [le sɔmnifɛʀ]
Schlafwagen le wagon-lit [lə vagɔ̃li]
Schlafzimmer la chambre à coucher [la ʃɑ̃bʀ a kuʃe]
Schlaganfall l'attaque *f* [latak]
Schläger la raquette [la ʀakɛt]
Schlagsahne la crème chantilly [la kʀɛm ʃɑ̃tiji]
Schlange le serpent [lə sɛʀpɑ̃]; **~ stehen** faire la queue [fɛʀ la kø]
schlank mince [mɛ̃s]
Schlauch la chambre à air [la ʃɑ̃bʀ‿a ɛʀ]
Schlauchboot le canot pneumatique [lə kano pnømatik]
schlecht (*als Adjektiv*) mauvais(e) [movɛ, movɛz]; (*als Adverb*) mal [mal]
Schlepplift le téléski [lə teleski], le remonte-pente [lə ʀəmɔ̃tpɑ̃t]
Schließfach la consigne automatique [la kɔ̃siɲ‿otomatik]
Schlitten la luge [la lyʒ]
Schlittschuhe les patins *mpl* à glace [le patɛ̃ a glas]
Schloss le château [lə ʃato]; (*Tür*) la serrure [la sɛʀyʀ]
Schlucht la gorge [la gɔʀʒ]
Schlüssel la clé [la kle]
Schlüsselbein la clavicule [la klavikyl]
Schlüsselübergabe la remise des clés [la ʀəmiz de kle]
schmal étroit(e) [etʀwa, etʀwat]
schmecken (*munden*) être bon [ɛtʀ bɔ̃]
schmerzen faire mal [fɛʀ mal]
Schmerztabletten les cachets *mpl* contre la douleur [le kaʃɛ kɔ̃tʀ la dulœʀ]
Schmuck les bijoux *mpl* [le biʒu]
Schmuggel la fraude [la fʀod]
schmutzig sale [sal]
schnarchen ronfler [ʀɔ̃fle]
Schnee la neige [la nɛʒ]
Schneebesen le fouet [lə fuɛ]
Schneidebrett la planche à découper [la plɑ̃ʃ‿a dekupe]
Schneider(in) le tailleur, la couturière [lə tajœʀ/la kutyʀjɛʀ]
schnell (*als Adjektiv*) rapide [ʀapid]; (*als Adverb*) vite [vit]
Schnellstraße la voie rapide [la vwa ʀapid]
Schnittwunde la coupure [la kupyʀ]
Schnitzerei la sculpture sur bois [la skyltyʀ syʀ bwa]
Schnorchel le tuba [lə tyba]
schnorcheln faire de la nage sous-marine [fɛʀ də la naʒ sumaʀin]
Schnuller la sucette (de caoutchouc) [la sysɛt (də kautʃu)]
Schnupfen le rhume [lə ʀym]
Schnürsenkel le lacet [lə lasɛ]
Schokolade le chocolat [lə ʃɔkɔla]
Schokoriegel la barre de chocolat [la baʀ də ʃɔkɔla]
schön beau, belle [bo, bɛl]
schon déjà [deʒa]
Schonkost la cuisine diététique [la kɥizin djetetik]
Schonzeit (*beim Angeln*) la période de fermeture de la pêche [la peʀjɔd də fɛʀmətyʀ də pɛʃ]
Schöpfkelle la louche [la luʃ]
Schrank l'armoire *f* [laʀmwaʀ]
Schraube la vis [la vis]
schrecklich affreux, -euse [afʀø, øz]
schreiben écrire [ekʀiʀ]
Schreibwaren les articles *mpl* de papeterie [lez‿aʀtikl də papɛtʀi]
Schreibwarengeschäft la papeterie [la papɛtʀi]
schreien crier [kʀije]
Schrift l'écriture [lekʀityʀ]
schriftlich par écrit [paʀ ekʀi]
schüchtern timide [timid]
Schuh la chaussure [la ʃosyʀ]
Schuhbürste la brosse à chaussures [la bʀɔs a ʃosyʀ]
Schuhcreme le cirage [lə siʀaʒ]
Schuhgeschäft le magasin de chaussures [lə magazɛ̃d ʃosyʀ]
Schuhmacher le cordonnier [lə kɔʀdɔnje]
Schuld la faute [la fot]; (*Geld*) la dette [la dɛt]
Schule l'école *f* [lekɔl]
Schulkinder les écoliers, les écolières *m, f* [lez‿ekɔlje/lez‿ekɔljɛʀ]
Schulter l'épaule *f* [lepol]
Schuppen les pellicules *fpl* [le pelikyl]
Schüssel le plat [lə pla]
Schüttelfrost les frissons *mpl* [le fʀisɔ̃]
Schutzhütte le refuge [lə ʀəfyʒ]
schwach faible [fɛbl]
Schwager le beau-frère [lə bofʀɛʀ]
Schwägerin la belle-sœur [la bɛlsœʀ]
Schwangerschaft la grossesse [la gʀosɛs]
schwarz noir(e) [nwaʀ]
Schwarzbrot le pain noir [lə pɛ̃ nwaʀ]
Schweinefleisch le porc [lə pɔʀ]
Schweiz la Suisse [la sɥis]
Schweizer Franken le franc suisse [lə fʀɑ̃ sɥis]

Schweizer(in) le Suisse, la Suissesse [lə sɥis/la sɥisɛs]
Schwellung l'enflure *f* [lɑ̃flyʀ]
schwer lourd(e) [luʀ, luʀd]; (*schwierig*) difficile [difisil]
Schwerstbehinderte/r le grand handicapé, la grande handicapée [lə/la gʀɑ̃, ɑ̃d ɑ̃dikape]
Schwertfisch l'espadon *m* [lɛspadɔ̃]
Schwester la sœur [la sœʀ]
schwierig difficile [difisil]
schwimmen nager [naʒe]
Schwimmer(in) le nageur, la nageuse [lə naʒœʀ/la naʒøz]
Schwimmflossen les palmes *fpl* [le palm]
Schwimmflügel les bracelets *mpl* [le bʀaslɛ]
Schwimmkurs le cours de natation [lə kuʀ də natasjɔ̃]
Schwimmring la bouée [la bue]
Schwimmweste le gilet de sauvetage [lə ʒilɛd sovtaʒ]
Schwindel (*Medizin*) le vertige [lə vɛʀtiʒ]
schwindlig pris(e) de vertige [pʀi(z) də vɛʀtiʒ]
schwitzen transpirer [tʀɑ̃spiʀe]
schwül lourd [luʀ]
See le lac [lə lak]
Seegang l'état *m* de la mer [letad la mɛʀ]
seekrank: **~ sein** avoir le mal de mer [avwaʀ lə mal də mɛʀ]
Seezunge la sole [la sɔl]
Segelboot le bateau à voiles [lə bato a vwal]
Segelfliegen le vol à voile [lə vɔl a vwal]
segeln faire de la voile [fɛʀ də la vwal]
Segeltörn la croisière à la voile [la kʀwazjɛʀ a la vwal]
Segway le gyropode [lə ʒiʀopɔd]
sehbehindert malvoyant [malvwajɑ̃]
Sehbehinderte/r le/la malvoyant/e [lə/la malvwajɑ̃, ɑ̃t]
sehen voir [vwaʀ]
Sehenswürdigkeiten les curiosités *fpl* [le kyʀjosite]
sehr très [tʀɛ]
Seide la soie [la swa]
Seidenmalerei la peinture sur soie [la pɛ̃tyʀ syʀ swa]
Seife le savon [lə savɔ̃]
Seil la corde [la kɔʀd]
Seilbahn le téléphérique [lə telefeʀik]
sein (*als Verb*) être [ɛtʀ]; (*als Possessivpronomen*) son [sɔ̃], sa [sa]
seit depuis [dəpɥi]
Seite le côté [lə kote]
Sekunde la seconde [la səgɔ̃d]
selbst même [mɛm]
Selbstauslöser le déclencheur automatique [lə deklɑ̃ʃœʀ otomatik]
Selbstbedienung le self-service [lə sɛlfsɛʀvis]
Selfiestick la perche à selfie [la pɛʀʃ a selfi]
Sellerie le céleri [lə sɛlʀi]
selten (*als Adjektiv*) rare [ʀaʀ]; (*als Adverb*) rarement [ʀaʀmɑ̃]
Seminar le seminaire [lə seminɛʀ]
Sendung (*Radio, Fernsehen*) l'émission *f* [lemisjɔ̃]
Senf la moutarde [la mutaʀd]
September septembre [sɛptɑ̃bʀ]
servieren servir [sɛʀviʀ]
Serviette la serviette [la sɛʀvjɛt]
Sessel le fauteuil [lə fotœj]
Sessellift le télésiège [lə telesjɛʒ]
sexuelle Belästigung le harcèlement sexuel [lə aʀsɛlmɑ̃ sɛksyɛl]
Shampoo le shampooing [lə ʃɑ̃pwɛ̃]
Shorts le short [lə ʃɔʀt]
Show le show [lə ʃo]
sicher (*als Adjektiv*) sûr(e) [syʀ]; (*als Adverb*) sûrement [syʀmɑ̃]
Sicherheitsgebühr la taxe de sécurité [la taks də sekyʀite]
Sicherheitsgurt la ceinture de sécurité [la sɛ̃tyʀ də sekyʀite]
Sicherheitskontrolle le contrôle de sécurité [lə kɔ̃tʀol də sekyʀite]
Sicherheitsnadel l'épingle *f* de sûreté [lepɛ̃gl də syʀte]
Sicherung (*Elektrizität*) les plombs *mpl* [le plɔ̃], les fusibles *mpl* [le fyzibl]
sie (*weibliche Singularform*) elle [ɛl]; (*männliche Pluralform*) ils [il]; (*weibliche Pluralform*) elles [ɛl]
Silber l'argent *m* [laʀʒɑ̃]
silbern argenté(e) [aʀʒɑ̃te]
Silvester la Saint-Sylvestre [la sɛ̃ silvɛstʀ]
Sinfoniekonzert le concert symphonique [lə kɔ̃sɛʀ sɛ̃fɔnik]
singen chanter [ʃɑ̃te]
Sitz le siège [lə sjɛʒ]
sitzen être assis(e) [ɛtʀ asi, asiz]
Skateboard la planche à roulettes [la plɑ̃ʃ a ʀulɛt]
Ski le ski [lə ski]; **~ laufen** skier [skje], faire du ski [fɛʀ dy ski]
Skibindung la fixation [la fiksasjɔ̃]
Skibrille les lunettes *fpl* de ski [le lynɛt də ski]
Skihose le pantalon de ski [lə pɑ̃talɔ̃ də ski]

Skikurs les cours *mpl* leçons de ski [le kuʀ/ləsɔ̃ də ski]
Skilehrer(in) le moniteur de ski, la monitrice de ski [lə mɔnitœʀ/la mɔnitʀis də ski]
Skistiefel les chaussures *fpl* de ski [le ʃosyʀ də ski]
Skistöcke les bâtons *mpl* [le batɔ̃]
Skulptur la sculpture [la skyltyʀ]
Slip le slip [lə slip]
Slipeinlagen les protège-slips *mpl* [le pʀɔtɛʒslip]
Smartphone le smartphone [lə smaʀtfɔn]
Sneakers les sneakers [le snikɛʀ]
Sneakersocke la chaussette à sneacker [la ʃosɛt a snikɛʀ]
Socken les chaussettes *fpl* [le ʃosɛt]
Sodbrennen les aigreurs *fpl* d'estomac [lez‿ɛgʀœʀ dɛstɔma]
sofort tout de suite [tud sɥit]
Sofortbildkamera le polaroïd® [lə pɔlaʀɔid]
Sohle la semelle [la smɛl]
Sohn le fils [lə fis]
Solarium le solarium [lə sɔlaʀjɔm]
Solist(in) le/la soliste [lə/la sɔlist]
sollen devoir [dəvwaʀ]
Sommer l'été *m* [lete]
Sondermarke le timbre de collection [lə tɛ̃bʀə də kɔlɛksjø]
Sonne le soleil [lə sɔlɛj]
Sonnenbrand le coup de soleil [lə ku dsɔlɛj]
Sonnencreme la crème solaire [la kʀɛm sɔlɛʀ]
Sonnenhut le chapeau de soleil [lə ʃapod sɔlɛj]
Sonnenöl l'huile *f* solaire [lɥil sɔlɛʀ]
Sonnenschutz la protection solaire [la pʀɔtɛksjɔ̃ sɔlɛʀ]
Sonnenstich l'insolation *f* [lɛ̃sɔlasjɔ̃]
sonnig ensoleillé(e) [ɑ̃sɔlɛje]
Sonntag dimanche [dimɑ̃ʃ]
sorgen: sich ~ um se faire du souci pour [sə fɛʀ dy susi puʀ]
Sorte la sorte [la sɔʀt]
Soße la sauce [la sos]
Souvenirladen le magasin de souvenirs [lə magazɛ̃d suvniʀ]
sozialer Hilfsdienst les services *mpl* d'aide sociale [le sɛʀvis dɛd sɔsjal]
Sozialstation le centre social de soins [lə sɑ̃tʀ sɔsjal də swɛ̃]
Spanien l'Espagne *f* [lɛspaɲ]
Spanier(in) l'Espagnol(e) [lɛspaɲɔl]
spanisch espagnol(e) [ɛspaɲɔl]
Spargel l'asperge *f* [laspɛʀʒ]
Spaß (*Scherz*) la plaisanterie [la plɛzɑ̃tʀi]; (*Vergnügen*) l'amusement *m* [lamyzmɑ̃]
spät tard [taʀ]
später plus tard [ply taʀ]
spazieren gehen se promener [sə pʀɔmne]
Spaziergang la promenade [la pʀɔmnad]
Speicherkarte la carte mémoire [la kaʀt memwaʀ]
Speisekarte la carte [la kaʀt]
Speiseröhre l'œsophage *m* [lœzofaʒ]
Speisesaal la salle à manger [la sal a mɑ̃ʒe]
Speisewagen le wagon-restaurant [lə vagɔ̃ ʀɛstɔʀɑ̃]
Spezialität la spécialité [la spesjalite]
speziell spécial(e) [spesjal]
Spiegel le miroir [lə miʀwaʀ]
Spiel le match [lə matʃ]
Spielkamerad le copain (de jeux), la copine (de jeux) [lə kɔpɛ̃/la kɔpin (də ʒø)]
Spielkasino le casino [lə kazino]
Spielplan le programme [lə pʀɔgʀam]
Spielplatz l'aire *f* de jeux [lɛʀ də ʒø]
Spielsachen les jouets *mpl* [le ʒuɛ]
Spielwarengeschäft le magasin de jouets [lə magazɛ̃d ʒuɛ]
Spinat les épinards *mpl* [lez‿epinaʀ]
Spirituosengeschäft le magasin de (vins et) spiritueux [lə magazɛ̃d (vɛ̃ e) spiʀityø]
Spitzen schneiden (*Friseur*) couper les pointes [kupe le pwɛ̃t]
Sport le sport [lə spɔʀ]
Sportartikel le magasin (d'articles) de sport [lə magazɛ̃ (daʀtikl) də spɔʀ]
Sportplatz le terrain de sport [lə tɛʀɛ̃ də spɔʀ], le stade [lə stad]
Sprache la langue [la lɑ̃g]
Sprachkurs le cours de langue [lə kuʀ də lɑ̃g]
sprechen parler [paʀle]
Sprechstunde la consultation [la kɔ̃syltasjɔ̃]
Spritze la piqûre [la pikyʀ]
Spülbecken l'évier [levje]
Spülbürste la brosse pour la vaisselle [la bʀɔs puʀ la vɛsɛl]
Spülmittel le produit pour la vaisselle [lə pʀɔdɥi puʀ la vɛsɛl]
Spültuch le torchon [lə tɔʀʃɔ̃]
Staat l'Etat *m* [leta]
Staatsangehörigkeit la nationalité [la nasjɔnalite]
Stadion le stade [lə stad]
Stadt la ville [la vil]
Stadtbus le bus [lə bys]

Stadtmauer les murs *mpl* de la ville [le myʀ də la vil]
Stadtplan le plan de la ville [lə plɑ̃ də la vil]
Stadtrundfahrt la visite guidée de la ville [la vizit gide də la vil]
Stadtteil le quartier [lə kaʀtje]
Stadtzentrum le centre-ville [lə sɑ̃tʀ vil]
stammen: **~ aus** être originaire (de) [ɛtʀ ɔʀiʒinɛʀ (də)]
Standlicht les feux *mpl* de position [le fød pozisjɔ̃]
stark fort(e) [fɔʀ, fɔʀt]
Starthilfekabel le câble de démarrage [lə kablə də demaʀaʒ]
Station le service [lə sɛʀvis]
Stativ le pied [lə pje]
stattfinden avoir lieu [avwaʀ ljø]
Statue la statue [la staty]
Stau l'embouteillage *m* [lɑ̃butɛjaʒ]
Staub la poussière [la pusjɛʀ]
Staubsauger l'aspirateur *m* [laspiratœʀ]
stechen piquer [pike]
Steckdose la prise de courant [la pʀiz də kuʀɑ̃]
Stecker la fiche [la fiʃ]
Steg la passerelle [la pasʀɛl]
stehen être debout [ɛtʀ dəbu]; **~ bleiben** s'arrêter [saʀɛte]
Stehklosett l'urinoir *m* [lyʀinwaʀ]
stehlen voler [vɔle]
Steigung la pente [la pɑ̃t]
steil raide [ʀɛd]
Stein la pierre [la pjɛʀ]
steinig pierreux, -euse [pjɛʀø, øz]
Stempel le tampon [lə tɑ̃pɔ̃]
Stern l'étoile *f* [letwal]
Sternwarte l'observatoire *m* [lɔbsɛʀvatwaʀ]
Stiefel les bottes *fpl* [le bɔt]
Stil le style [lə stil]
still calme [kalm]
Stillleben la nature morte [la natyʀ mɔʀt]
stinken sentir mauvais [sɑ̃tiʀ movɛ]
Stirnhöhlenentzündung la sinusite [la sinysit]
Stock (*Holzstange*) le bâton [lə batɔ̃]
Stockwerk l'étage *m* [letaʒ]
Stoff l'étoffe *f* [letɔf]
stören déranger [deʀɑ̃ʒe]
stornieren (*Zimmer*) décommander [dekɔmɑ̃de]; (*Fahr-, Flugkarten*) annuler [anyle]
Stoßstange le pare-chocs [lə paʀʃɔk]
Strafe la peine [la pɛn]; (*Geld~*) l'amende *f* [lamɑ̃d]
Strähnchen les mèches *fpl* [le mɛʃ]
Strand la plage [la plaʒ]
Strandschuhe les chaussures *fpl* de plage [le ʃosyʀ də plaʒ]
Straße la rue [la ʀy]; (*Land~*) la route [la ʀut]
Straßenbahn le tram [lə tʀam]
Straßenkarte la carte routière [la kaʀt ʀutjɛʀ]
Strauß (*Blumen~*) le bouquet [lə bukɛ]
Streetfood la street food [la stʀit fud]
Streichholz l'allumette *f* [lalymɛt]
Strickjacke la veste de laine [la vɛstə də lɛn]
Strohhalm la paille [la paj]
Strom (*Fluss*) le fleuve [lə flœv]; (*Elektrizität*) le courant [lə kuʀɑ̃]
Stromanschluss la prise de courant [la pʀiz də kuʀɑ̃]
Strompauschale le forfait électicité [lə fɔʀfɛ elɛktʀisite]
Stromspannung le voltage [lə vɔltaʒ]
Strumpfhose les collants *mpl* [le kɔlɑ̃]
Stück la pièce [la pjɛs]; **ein ~ Brot** un morceau de pain [ɛ̃ mɔʀso də pɛ̃]
studieren faire des études [fɛʀ dez‿etyd]
Studio le studio [lə stydjo]
Stufe la marche [la maʀʃ]; **mit ~** (*Haare*) en dégradé [ɑ̃ degʀade]
stufenloser Zugang l'accès *m* sans marche [laksɛ sɑ̃ maʀʃ]
Stuhl la chaise [la ʃɛz]
Stuhlgang les selles *fpl* [le sɛl]
stumm muet(te) [mɥɛ, -ɛt]
Stunde l'heure *f* [lœʀ]; (*Unterrichts~*) le cours [lə kuʀ]; **eine halbe ~** une demi-heure [yn dəmijœʀ]; **eine Viertel~** un quart d'heure [ɛ̃ kaʀ dœʀ]
stündlich toutes les heures [tut lez‿œʀ]
Sturm la tempête [la tɑ̃pɛt]
stürzen tomber [tɔ̃be]
Sturzhelm le casque de moto [lə kaskə də mɔto]
suchen chercher [ʃɛʀʃe]
Sucher (*Kamera*) le viseur [lə vizœʀ]
Süden le Sud [lə syd]
südlich von au sud de [o syd də]
Summe la somme [la sɔm], le monant [lə mɔ̃tɑ̃]
Sumpf le marais [lə maʀɛ]
Supermarkt le supermarché [lə sypɛʀmaʀʃe]
Suppe la soupe [la sup], le potage [lə pɔtaʒ]
Suppenteller l'assiette *f* creuse [lasjɛt kʀøz]
Surfbrett le surf [lə sœʀf]

surfen faire du surf [fɛʀ dy sœʀf]
süß sucré(e) [sykʀe]
Süßigkeiten les friandises *fpl* [le fʀijɑ̃diz]
Süßstoff les sucrettes *fpl* [le sykʀɛt]
Süßwarengeschäft la confiserie [la kɔ̃fizʀi]
Swimmingpool la piscine [la pisin]
sympathisch sympathique [sɛ̃patik]

T

Tabak le tabac [lə taba]
Tabakladen le bureau de tabac [lə byʀod taba]
Tablette le comprimé [lə kɔ̃pʀime], le cachet [lə kaʃɛ]
Tachometer le compteur [lə kɔ̃tœʀ]
Tag le jour [lə ʒuʀ]
Tagesausflug l'excursion *f* pour une journée [lɛkskyʀsjɔ̃ puʀ yn ʒuʀne]
Tagesgericht le plat du jour [lə pla dy ʒuʀ]
Tageskarte le billet pour une journée [lə bijɛ puʀ yn ʒuʀne]
Tagespass le forfait-journée [lə fɔʀfɛʒuʀne]
Tagestour la randonnée (pour la journée) [la ʀɑ̃dɔne (puʀ la ʒuʀne)]
täglich tous les jours [tu le ʒuʀ]
tagsüber pendant la journée [pɑ̃dɑ̃ la ʒuʀne]
Tal la vallée [la vale]
Talstation le point de départ du téléski [lə pwɛ̃d depaʀ dy teleski]
Tampons les tampons *mpl* [le tɑ̃pɔ̃]
Tank le réservoir [lə ʀezɛʀvwaʀ]
tanken prendre de l'essence [pʀɑ̃dʀ də lɛsɑ̃s]
Tankini le tankini [lə tɑ̃kini]
tanzen danser [dɑ̃se]
Tänzer(in) le danseur, la danseuse [lə dɑ̃sœʀ/la dɑ̃søz]
Tanzkapelle l'orchestre *m* de danse [lɔʀkɛstʀə də dɑ̃s]
Tanztheater le théâtre de la danse [lə teatʀ də la dɑ̃s]
Tasche la poche [la pɔʃ]; (*Hand~*) le sac à main [lə sak a mɛ̃]
Taschenbuch le livre de poche [lə livʀə də pɔʃ]
Taschendieb(in) le voleur à la tire, la voleuse à la tire [lə vɔlœʀ/la vɔlœz a la tiʀ], le/la pickpocket [lə/la pikpɔkɛt]
Taschenmesser le couteau de poche [lə kutod pɔʃ]
Tasse la tasse [la tas]
Taststock la canne d'aveugle [la kan davœgl]
taub sourd(e) [suʀ, suʀd]
taubstumm sourd-muet, sourde-muette [suʀmɥɛ/suʀd(ə)mɥɛt]
Taubstumme/r le/la sourd/e-muet/te [lə/la suʀmɥɛ, ɛt]
tauchen faire de la plongée [fɛʀ də la plɔ̃ʒe]
Taucherausrüstung l'équipement *m* de plongée [lekipmɑ̃d plɔ̃ʒe]
Taucherbrille les lunettes *fpl* de plongée [le lynɛt də plɔ̃ʒe]
täuschen: sich ~ se tromper [sə tʀɔ̃pe]
Taxifahrer(in) le chauffeur de taxi, la chauffeuse de taxi [lə ʃofœʀ/la ʃoføse də taksi]
Taxistand la station de taxis [la stasjɔ̃ də taksi]
Tee le thé [lə te]
Teebeutel le sachet de thé [lə saʃɛd te]
Teelöffel la cuillère à café [la kɥijɛʀ a kafe]
Teil la partie [la paʀti]
Teilkasko l'assurance *f* au tiers [lasyʀɑ̃s o tjɛʀ]
teilnehmen an prendre part (à) [pʀɑ̃dʀ paʀ (a)]
Telefon le téléphone [lə telefɔn]
Telefonbuch l'annuaire *m* [lanyɛʀ]
telefonieren téléphoner [telefɔne]
Telefonkarte la télécarte [la telekaʀt]
Telefonnummer le numéro de téléphone [lə nymeʀod telefɔn]
Telefonzelle la cabine téléphonique [la kabin telefɔnik]
telegrafische Überweisung le mandat télégraphique [lə mɑ̃da telegʀafik]
Teleobjektiv le téléobjectif [lə teleɔbʒɛktif]
Teller l'assiette *f* [lasjɛt]
Tempel le temple [lə tɑ̃pl]
Temperatur la température [la tɑ̃peʀatyʀ]
Tennis le tennis [lə tenis]
Tennisschläger la raquette de tennis [la ʀakɛt də tenis]
Termin le rendez-vous [lə ʀɑ̃devu]
Terminal le terminal [lə tɛʀminal]
Terrakotta la terre cuite [la tɛʀ kɥit]
Terrasse la terrasse [la tɛʀas]
Tetanus le tétanos [lə tetanos]
teuer cher, chère [ʃɛʀ]
Theater le théâtre [lə teatʀ]
Theatergruppe le groupe théâtral [lə gʀup teatʀal]
Theaterstück la pièce de théâtre [la pjɛs də teatʀ]

Therapie la thérapie [la teʀapi]
Thermalbad le bain thermal [lə bɛ̃ tɛʀmal]
Thermosflasche la (bouteille) thermos® [la (butɛj) tɛʀmos]
Thriller le film policier [lə film pɔlisje]
Thunfisch le thon [lə tɔ̃]
Thymian le thym [lə tɛ̃]
tief profond(e) [pʀɔfɔ̃, ɔ̃d]
Tier l'animal *m* [lanimal]
Tintenfisch la seiche [la sɛʃ]
Tipp le tuyau [lə tɥijo], le conseil [lə kɔ̃sɛj]
Tisch la table [la tabl]
Tischtennis le ping-pong [lə piŋpɔŋ]
Tischtuch la nappe [la nap]
Toast le toast [lə tost]
Toaster le grille-pain [lə grij pɛ̃]
Tochter la fille [la fij]
Toiletten les toilettes *fpl* [le twalɛt]
Toilettenpapier le papier hygiénique [lə papje iʒjenik]
Tomaten les tomates *fpl* [le tɔmat]
Ton le ton [lə tɔ̃]; (*Farbe*) la teinte [la tɛ̃t]
tönen faire un rinçage [fɛʀ ɛ̃ ʀɛ̃saʒ]
Töpferei la poterie [la pɔtʀi]
Töpferwaren la poterie [la pɔtʀi]
Tor la porte [la pɔʀt]; (*Fußball: Schuss*) le but [le byt]; (*Pfosten: Gehäuse*) le poteau des buts [lə pɔto de byt]
Torwart le gardien de buts [lə gaʀdjɛ̃d byt]
Tour le tour [lə tuʀ]
Tourist(in) le/la touriste [lə/la tuʀist]
Tracht (*Volkstracht*) le costume régional [lə kɔstym ʀeʒjɔnal], le costume folklorique [lə kɔstym fɔlklɔʀik]
tragen porter [pɔʀte]
Tragflügelboot l'hydroglisseur *m* [lidʀoglisœʀ]
Tragödie la tragédie [la tʀaʒedi]
trampen faire de l'auto-stop [fɛʀ də lotostɔp]
Transferbus la navette [la navɛt]
Traubenzucker la dextrose [la dɛkstʀoz]
Traum le rêve [lə ʀɛv]
traurig triste [tʀist]
treffen rencontrer [ʀɑ̃kɔ̃tʀe]
Trekkingrad le V.T.C. [lə vetese], le vélo tout chemin [lə velo tu ʃmɛ̃]
Treppe l'escalier *m* [lɛskalje]
Tretboot le pédalo [lə pedalo]
trinken boire [bwaʀ]
Trinkflasche la gourde [la guʀd]
Trinkgeld le pourboire [lə puʀbwaʀ]
Trinkwasser l'eau *f* potable [lo pɔtabl]
trocken (*Wein*) sec [sɛk]; **~es Haar** les cheveux secs [le ʃøvø sɛk]
trocknen sécher [seʃe]
Trockner le sèche-linge [lə sɛʃlɛ̃ʒ]
Trödler le brocanteur [lə bʀɔkɑ̃tœʀ]
Trommelfell le tympan [lə tɛ̃pɑ̃]
Tropfen les gouttes *fpl* [le gut]
trotzdem malgré cela [malgʀe səla]
T-Shirt le t(ee)-shirt [lə tiʃœʀt]
Tuch le drap [lə dʀa]; (*Kopf~*) le foulard [lə fulaʀ]
tun faire [fɛʀ]
Tunnel le tunnel [lə tynɛl]
Tür la porte [la pɔʀt]
Türbreite la largeur de la porte [la laʀʒœʀ de la pɔʀt]
Türcode le code [lə kɔd]
türkis turquoise [tyʀkwaz]
türkisfarben turquoise [tyʀkwaz]
Turm la tour [la tuʀ]
Turnschuhe les tennis *fpl* [le tɛnis]; (*höhere*) les baskets *mpl* [le baskɛt]
Türschwelle le seuil [lə sœj]
Tüte le sac [lə sak]; (*kleine* ~) le sachet [lə saʃɛ]
Typhus la typhoïde [la tifɔid]
typisch für typique (de) [tipik (də)], caractéristique (de) [kaʀakteʀistik (də)]

U

U-Bahn le métro [lə metʀo]
Übelkeit la nausée [la noze]
üben s'exercer [sɛgzɛʀse], s'entraîner [sɑ̃tʀɛne]
über au-dessus (de) [odsy (də)]
überall partout [paʀtu]
überbacken gratiné(e) [gʀatine]
Überfall (*auf Person*) l'agression *f* [lagʀɛsjɔ̃]; (*auf Bank*) le hold-up [ɔldœp]
Übergang le passage [lə pasaʒ]
überholen dépasser [depase]
Überlandbus le car [lə kaʀ]
übermorgen après-demain [apʀɛ dmɛ̃]
übernachten coucher [kuʃe], passer la nuit [pase la nɥi]
Übernachtung la nuit [la nɥit]
Überreste les vestiges *mpl* [le vɛstiʒ], les restes *mpl* [le ʀɛst]
übersetzen traduire [tʀadɥiʀ]
Überweisung le virement [lə viʀmɑ̃]
üblich habituel(le) [abitɥɛl]
übrig bleiben rester [ʀɛste]
Ufer (*Fluss*) la rive [la ʀiv]; (*Meer*) le bord [lə bɔʀ], le rivage [lə ʀivaʒ]

Uhrmacher l'horloger *m* [lɔʀlɔʒe]
um (*herum*) autour de [otuʀ də]; (*Zeitangabe*) à [a]; (*gegen*) vers [vɛʀ]
umbuchen changer [ʃɑ̃ʒe]
Umgebung les environs *mpl* [lez‿ɑ̃viʀɔ̃]
Umgehungsstraße la rocade [la ʀɔkad]
umgekehrt inversement [ɛ̃vɛʀsəmɑ̃]
Umhängetasche la sacoche [la sakɔʃ]
umkehren faire demi-tour [fɛʀ dəmi tuʀ]
Umleitung la déviation [la devjasjɔ̃]
umtauschen échanger [eʃɑ̃ʒe]
Umweg le détour [lə detuʀ]
Umwelt l'environnement *m* [lɑ̃viʀɔnmɑ̃]
umziehen: sich ~ se changer [sə ʃɑ̃ʒe]
Umzug le cortège [lə kɔʀtɛʒ]
unangenehm désagréable [dezagʀeabl]
unbedingt (*als Adverb*) absolument [apsɔlymɑ̃]
und et [e]
unentschieden match nul [matʒ nyl]
unerträglich insupportable [ɛ̃sypɔʀtabl]
Unfall l'accident *m* [laksidɑ̃]
ungeeignet impropre [ɛ̃pʀɔpʀ]
ungefähr environ [ɑ̃viʀɔ̃]
ungewöhnlich inhabituel(le) [inabitɥɛl]
unglaublich incroyable [ɛ̃kʀwajabl]
Unglück le malheur [lə malœʀ]
Universität l'université *f* [lyniveʀsite]
Unkosten les frais *mpl* [le fʀɛ]
unmöglich impossible [ɛ̃pɔsibl]
uns nous [nu], à nous [a nu]
unser(e) notre [nɔtʀ], nos [no]
unten en bas [ɑ̃ ba]
unter sous [su]; (*zwischen*) entre [ɑ̃tʀ]
unterbrechen interrompre [ɛ̃tɛʀɔ̃pʀ]
Unterführung le passage souterrain [lə pasaʒ sutɛʀɛ̃]
unterhalb au-dessous (de) [odsu (də)]
unterhalten: sich ~ se distraire [sə distʀɛʀ]
Unterhaltung (*Gespräch*) la conversation [la kɔ̃vɛʀsasjɔ̃]; (*Vergnügen*) la distraction [la distʀaksjɔ̃]
Unterkunft l'hébergement *m* [lebɛʀʒəmɑ̃]
Unterleib le bas-ventre [lə bavɑ̃tʀ]
unterrichten informer [ɛ̃fɔʀme]; (*Schule*) enseigner [ɑ̃seɲe]
unterschreiben signer [siɲe]
Unterschrift la signature [la siɲatyʀ]
Untersuchung l'examen *m* [lɛgzamɛ̃], l'analyse *f* [lanaliz]
Untersuchungshaft la détention préventive [la detɑ̃sjɔ̃ pʀevɑ̃tiv]
Untertasse la soucoupe [la sukup]
Untertitel les sous-titres *mpl* [le sutitʀ]
Unterwäsche les sous-vêtements *mpl* [le suvɛtmɑ̃]
Unterwasserkamera la caméra sousmarine [la kamera sumaʀin]
unterwegs en cours de route [ɑ̃ kuʀ də ʀut]
unverbindlich sans engagement [sɑ̃z‿ɑ̃gaʒmɑ̃]
unverschämt éhonté(e) [eɔ̃te]
unwahrscheinlich invraisemblable [ɛ̃vʀɛsɑ̃blabl]
unwichtig insignifiant(e) [ɛ̃siɲifjɑ̃, ɑ̃t], sans importance [sɑ̃z‿ɛ̃pɔʀtɑ̃s]
Urin l'urine *f* [lyʀin]
Urlaub (*Ferien*) les vacances *fpl* [le vakɑ̃s]

V

Varietee les variétés *fpl* [le vaʀjete]
Vase le vase [lə vaz]
Vater le père [lə pɛʀ]
vegetarisch végétarien(ne) [veʒetaʀjɛ̃, jɛn]
Ventilator le ventilateur [lə vɑ̃tilatœʀ]
Venusmuschel les palourdes *fpl* [le paluʀd]
Verabredung le rendez-vous [lə ʀɑ̃devu]
verabschieden: sich ~ prendre congé [pʀɑ̃dʀ kɔ̃ʒe]
Veranstaltung la manifestation [la manifɛstasjɔ̃]; (*Aufführung*) le spectacle [lə spɛktakl]
verantwortlich responsable [ʀɛspɔ̃sabl]
Verband (*Medizin*) le pansement [lə pɑ̃smɑ̃]
Verbandskasten la trousse de secours [la trus də skuʀ]
verbinden faire un pansement [fɛʀ ɛ̃ pɑ̃smɑ̃]
Verbindung la relation [la ʀəlasjɔ̃]; (*Telefon*) la communication [la kɔmynikasjɔ̃]
verboten interdit(e) [ɛ̃tɛʀdi, it]
Verbrechen le crime [lə kʀim]
Verbrennung la brûlure [la bʀylyʀ]
Verdauung la digestion [la diʒɛstjɔ̃]
Verdauungsstörung les troubles *mpl* digestifs [le tʀubl diʒɛstif]

verdorben abîmé(e) [abime]; (*faul*) pourri(e) [puʀi]
Verein l'association *f* [lasɔsjasjɔ̃]
vereinbaren convenir de [kɔ̃vəniʀ də]
Vergangenheit le passé [lə pase]
vergessen oublier [ublije]
Vergewaltigung le viol [lə vjɔl]
Vergiftung l'empoisonnement *m* [lɑ̃pwazɔnmɑ̃]
Vergnügen le plaisir [lə plɛziʀ]
Vergnügungspark le parc de loisirs [lə paʀk də lwaziʀ]
verhaften arrêter [aʀɛte]
verheiratet marié(e) [maʀje]
Verhütungsmittel le contraceptif [lə kɔ̃tʀasɛptif]
verirren: sich ~ s'égarer [segaʀe]
verkaufen vendre [vɑ̃dʀ]
Verkehr la circulation [la siʀkylasjɔ̃]
Verkehrsamt l'office *m* de tourisme [lɔfis də tuʀism], le syndicat d'initiative [lə sɛ̃dika dinisjativ]
verlängern allonger [alɔ̃ʒe]
Verlängerungsschnur la rallonge [la ʀalɔ̃ʒ]
Verlängerungswoche la semaine supplémentaire [la smɛn syplemɑ̃tɛʀ]
verlassen quitter [kite]
verletzen blesser [blese]
Verletzte/r le blessé, la blessée [lə/la blɛse]
Verletzung la blessure [la blesyʀ]
verlieren perdre [pɛʀdʀ]
Verlobte/r le fiancé, la fiancée [lə/la fjɑ̃se]
vermieten louer [lue]
Verpackung l'emballage [lɑ̃balaʒ]
verpassen manquer [mɑ̃ke], rater [ʀate]
Verpflegung la nourriture [la nuʀityʀ]
verrechnen: sich ~ faire une erreur de calcul [fɛʀ‿yn‿ɛʀœʀ də kalkyl]
verreisen partir en voyage [paʀtiʀ‿ɑ̃ vwajaʒ]
verrückt fou, folle [fu, fɔl]
verschieben (*zeitlich*) remettre à plus tard [ʀəmɛtʀ‿a ply taʀ], repousser [ʀəpuse]
verschließen fermer [fɛʀme]
verschreiben prescrire [pʀɛskʀiʀ]
Versicherung l'assurance *f* [lasyʀɑ̃s]
Verspätung le retard [lə ʀətaʀ]
verstaucht foulé(e) [fule]
verstehen comprendre [kɔ̃pʀɑ̃dʀ]
Verstopfung la constipation [la kɔ̃stipasjɔ̃]
versuchen essayer [eseje]; (*Speisen*) goûter [gute]
Vertrag le contrat [lə kɔtʀa]
Vertrauen la confiance [la kɔ̃fjɑ̃s]
verunglücken avoir un accident [avwaʀ ɛ̃n‿aksidɑ̃]
verursachen causer [koze]
Verwaltung l'administration *f* [ladministʀasjɔ̃]
verwandt parent(e) [paʀɑ̃, ɑ̃t]
verwechseln confondre [kɔ̃fɔ̃dʀ]
verwitwet veuf, veuve [vœf, vœv]
viel beaucoup de [boku də]
vielleicht peut-être [pøtɛtʀ]
Villa la villa [la vila]
violett violet(te) [vjɔlɛ, vjɔlɛt]
Virus le virus [lə viʀys]
Visum le visa [lə viza]
Vogel l'oiseau *m* [lwazo]
Vogelschutzgebiet le parc ornithologique [lə paʀk ɔʀnitɔlɔʒik]
Volk le peuple [lə pœpl]
Völkerkundemuseum le musée ethnologique [lə myze ɛtnɔlɔʒik]
Volksmusik la musique folklorique [la mysik fɔlklɔʀik]
Volksstück la pièce populaire [la pjɛs pɔpylɛʀ]
voll plein(e) [plɛ̃, plɛn]; (*besetzt*) complet, -ète [kɔ̃plɛ, ɛt]; (*ganz*) entier, -ière [ɑ̃tje, ɑ̃tjɛʀ]
Volleyball le volley-ball [lə vɔlɛbol]
Vollkasko l'assurance tous risques [lasyʀɑ̃s tu ʀisk]
Vollkornbrot le pain complet [lə pɛ̃ kɔ̃plɛ]
Vollpension la pension complète [la pɑ̃sjɔ̃ kɔ̃plɛt]
vom Fass pression [pʀɛsjɔ̃]
vom Grill sur le gril [syʀ lə gʀil]
von de [də]; (*Passiv*) par [paʀ]; **~ Zeit zu Zeit** de temps en temps [də tɑ̃z‿ɑ̃ tɑ̃]
vor (*räumlich*) devant [dəvɑ̃]; (*zeitlich*) avant [avɑ̃]; **~ dem Essen** avant les repas [avɑ̃ le ʀpa]; **~ zehn Minuten** il y a dix minutes [il‿ja di minyt]
Voranmeldung la communication avec préavis [la kɔmynikasjɔ̃ avɛk pʀeavi], la réservation [la ʀezɛʀvasjɔ̃]
Voraus: im ~ par avance [paʀ‿avɑ̃s]
vorbereiten préparer [pʀepaʀe]
Vordruck le formulaire [lə fɔʀmylɛ̃ʀ]
vorgestern avant-hier [avɑ̃t‿jɛʀ]
vorher avant [avɑ̃]
vorletzte(r, -s) avant-dernier, -ière [avɑ̃dɛʀnje, jɛʀ]
Vormittag le matin [lə matɛ̃]
vormittags le matin [lə matɛ̃]
vorn devant [dəvɑ̃]
Vorname le prénom [lə pʀenɔ̃]
vornehm distingué(e) [distɛ̃ge]

Vorort la banlieue [la bɑ̃ljø]
Vorrat les provisions *fpl* [le pʀɔvizjɔ̃]
Vorsaison l'avant-saison *f* [lavɑ̃sɛzɔ̃]
Vorschlag la proposition [la pʀɔpozisjɔ̃]
Vorschrift la directive [la diʀektiv], le règlement [lə ʀɛgləmɑ̃]
Vorsicht la prudence [la pʀydɑ̃s]; **~!** Attention! [atɑ̃sjɔ̃]
vorsichtig prudent(e) [pʀydɑ̃, ɑ̃t]
Vorspeise l'entrée *f* [lɑ̃tʀe]
Vorstellung la présentation [la pʀezɑ̃tasjɔ̃]; (*Theater*) la représentation [la ʀəpʀezɑ̃tasjɔ̃]
Vorteil l'avantage *m* [lavɑ̃taʒ]
vorüber passé(e) [pase]
Vorverkauf la location [la lɔkasjɔ̃], la réservation [la ʀezɛʀvasjɔ̃]
Vorwahlnummer l'indicatif *m* [lɛ̃dikatif]
vorwärts en avant [ɑ̃n‿avɑ̃]
Vulkan le volcan [lə vɔlkɑ̃]

W

wach réveillé(e) [ʀevɛje]
Wachablösung la relève de la garde [la ʀəlɛv də la gaʀd]
Wagenheber le cric [lə kʀik]
Wagennummer le numéro de la voiture [lə nymeʀo də la vwatyʀ]
wählen choisir [ʃwaziʀ]; (*Telefon*) composer un numéro [kɔ̃poze ɛ̃ nymeʀo]
wahr vrai(e) [vʀɛ]
während (*als Präposition*) pendant [pɑ̃dɑ̃]
wahrscheinlich (*als Adverb*) probablement [pʀɔbabləmɑ̃]
Währung la monnaie [la mɔnɛ]
Wahrzeichen l'emblème *m* [lɑ̃blɛm]
Wald la forêt [la fɔʀɛ]
Wallfahrtsort le lieu de pèlerinage [lə ljɔ̃ də pɛlʀinaʒ]
Wand le mur [lə myʀ]
Wanderkarte la carte de randonnées [la kaʀt də ʀɑ̃dɔne]
wandern faire de la randonnée [fɛʀ də la ʀɑ̃dɔne]
Wanderschuhe les chaussures *fpl* de randonnée [le ʃosyʀ də ʀɑ̃dɔne]
Wanderweg le chemin de randonnée [lə ʃəmɛ̃ də ʀɑ̃done]
warm chaud(e) [ʃo, ʃod]; **~es Wasser** l'eau chaude [lo ʃod]
Warnblinkanlage les feux *mpl* de détresse [le fœd detʀɛs]
Warndreieck le triangle de présignalisation [lə tʀijɑ̃gl də pʀesiɲalizasjɔ̃]
warten attendre [atɑ̃dʀ]
Wartesaal la salle d'attente [la sal datɑ̃t]
Wartezimmer la salle d'attente [la sal datɑ̃t]
was que [kə], qu'est-ce que [kɛs‿kə]; **~ für ein/eine ... ?** quel/quelle [kɛl]
Waschbecken le lavabo [lə lavabo]
Wäsche (*Schmutzwäsche*) la lessive [la lɛsiv]
Wäscheklammern les pinces *fpl* à linge [le pɛ̃s a lɛ̃ʒ]
Wäscheleine la corde à linge [la kɔʀda lɛ̃ʒ]
waschen laver [lave]
Wäscherei le pressing [lə pʀesiŋ], la blanchisserie [la blɑ̃ʃisʀi]
Wäschetrockner le sèche-linge [lə sɛʃlɛ̃ʒ]
Waschlappen le gant de toilette [lə gɑ̃d twalɛt]
Waschmaschine la machine à laver [la maʃin‿a lave]
Waschmittel la lessive [la lɛsiv]
Waschraum les lavabos *mpl* [le lavabo]
Waschsalon la laverie [la lavʀi]
Wasser l'eau *f* [lo]
wasserdicht étanche [etɑ̃ʃ]
Wasserfall la cascade [la kaskad]
Wasserglas le verre à eau [lə vɛʀ a o]
Wasserhahn le robinet [lə ʀɔbinɛ]
Wasserkanister le bidon d'eau [lə bidɔ̃ do]
Wasserkocher la bouilloire électrique [la bujwaʀ elɛktʀik]
Wasserski le ski nautique [lə ski notik]
Wasserspülung la chasse d'eau [la ʃas do]
Wasserverbrauch la consommation d'eau [la kɔ̃sɔmasjɔ̃ do]
Watte le coton hydrophile [lə kɔtɔ̃ idʀɔfil]
Wattestäbchen le coton-tige [lə kɔtɔ̃tiʒ]
Wechsel (*Geldwechsel*) le change [lə ʃɑ̃ʒ]; (*Austausch*) l'échange *f* [leʃɑ̃ʒ]
Wechselgeld la monnaie [la mɔnɛ]
wechselhaft variable [vaʀjabl]
Wechselkurs le cours de change [lə kuʀ də ʃɑ̃ʒ]
Wechselstube le bureau de change [lə byʀod ʃɑ̃ʒ]
Wechselwirkungen les interactions *fpl* [lez‿ɛ̃tɛʀaksjɔ̃]
wecken réveiller [ʀeveje]
Weg le chemin [lə ʃmɛ̃]
wegen à cause de [a koz də]

weggehen partir [partir]
Wegweiser le poteau indicateur [lə pɔto ɛ̃dikatœr]
wehtun faire mal [fɛr mal]
weich mou, molle [mu, mɔl]
Weichkäse le fromage à pâte molle [lə frɔmaʒ a pat mɔl]
Weihnachten Noël [nɔɛl]
weil parce que [pars kə]
Wein le vin [lə vɛ̃]
Weinberg la vigne [la viɲ]
weinen pleurer [plœre]
Weinglas le verre à vin [lə vɛr a vɛ̃]
Weinhandlung le magasin de vins [lə magazɛ̃d vɛ̃]
Weintrauben les raisins *mpl* [le rɛzɛ̃]
Weisheitszahn la dent de sagesse [la dɑ̃ də saʒɛs]
weiß blanc, blanche [blɑ̃/blɑ̃ʃ]
Weißbrot le pain blanc [lə pɛ̃ blɑ̃]
Weißwein le (vin) blanc [lə (vɛ̃) blɑ̃]
weit (*nicht eng*) large [larʒ]; (*Weg*) loin [lwɛ̃]; (*entfernt*) éloigné(e) [elwaɲe]
Wellenbad la piscine à vagues [la pisin‿a vag]
Welt le monde [lə mɔ̃d]
wenig peu [pø]; **ein ~** un peu [ɛ̃ pø]
weniger moins [mwɛ̃]
wenigstens au moins [o mwɛ̃]
wenn (*Bedingung*) si [si]; (*zeitlich*) quand [kɑ̃]
werden devenir [dəvnir]
Werkstatt l'atelier *m* [latəlje], le garage [lə garaʒ]
Werktag le jour ouvrable [lə ʒur uvrabl]
Werkzeug les outils *mpl* [lez‿uti]
Wertangabe la déclaration de valeur [la deklarasjɔ̃d valœr]
wertlos sans valeur [sɑ̃ valœr]
Wertsachen les objets *mpl* de valeur [lez‿ɔbjɛd valœr]
Wespe la guêpe [la gɛp]
Weste le gilet [lə ʒilɛ]
Western le western [lə wɛstɛrn]
westlich von à l'ouest de [a lwɛst də]
Wetterbericht le bulletin météo(rologique) [lə byltɛ̃ meteɔ(rɔlɔʒik)], la météo [la meteo]
Wettervorhersage les prévisions *fpl* météo(rologiques) [le previzjɔ̃ meteɔ(rɔlɔʒik)]
Wettkampf la compétition [la kɔ̃petisjɔ̃]
wichtig important(e) [ɛ̃pɔrtɑ̃, ɑ̃t]
Wickeltisch la table à langer [la tabla lɑ̃ʒe]
wie (*Frage*) comment [kɔmɑ̃]; (*Vergleich*) comme [kɔm]

wieder de nouveau [də nuvo]
wiederholen répéter [repete]
wiederkommen revenir [rəvənir]
Wiese le pré [lə pre]
wild sauvage [sovaʒ], féroce [ferɔs]
Wildpark le parc animalier [lə park animalje]
willkommen bienvenu(e) [bjɛ̃vəny]
Wimperntusche le mascara [lə maskara]
Wind le vent [lə vɑ̃]
Windeln les couches *fpl* [le kuʃ]
Windpocken la varicelle [la varisɛl]
Windrichtung la direction du vent [la dirɛksjɔ̃ dy vɑ̃]
Windschutzscheibe le pare-brise [lə parbriz]
Windstärke la force du vent [la fɔrs dy vɑ̃]
windsurfen faire de la planche à voile [fɛr də la plɑ̃ʃ‿a vwal]
Winter l'hiver *m* [livɛr]
Winterreifen le pneu neige [lə pnø nɛʒ]
wir nous [nu]
Wirbelsäule la colonne vertébrale [la kɔlɔn vɛrtebral]
wirklich (*als Adverb*) vraiment [vrɛmɑ̃]
Wischmopp la serpillière [la sɛrpijɛr]
wissen savoir [savwar]
Witz la plaisanterie [la plɛzɑ̃tri]
Woche la semaine [la səmɛn]; **in einer ~** dans une semaine [dɑ̃zyn səmɛn]
Wochenendpauschale le forfait-weekend [lə fɔrfɛ wikɛnd]
Wochenkarte la carte hebdomadaire [la kart ɛbdɔmadɛr]
Wochenpass le forfait-semaine [lə fɔrfɛsmɛn]
wochentags pendant la semaine [pɑ̃dɑ̃ la səmɛn]
wöchentlich (*als Adjektiv*) hebdomadaire [ɛbdomadɛr]
wohnen habiter [abite]
Wohnmobil le camping-car [lə kɑ̃piŋkar]
Wohnort le domicile [lə dɔmisil]
Wohnung l'appartement *m* [lapartəmɑ̃]
Wohnwagen la caravane [la karavan]
Wohnzimmer la salle de séjour [la sal də seʒur]
Wolke le nuage [lə nyaʒ]
Wolldecke la couverture de laine [la kuvɛrtyr də lɛn]
Wolle la laine [la lɛn]
Wort le mot [lə mo]
Wrap le wrap [lə vrap]

Wunde la plaie [la plɛ]
wunderbar merveilleux, -euse [mɛʀvɛjø, øz]
wundern: **sich ~ (über)** s'étonner (de) [setɔne (də)]
wünschen désirer [deziʀe]
Wurm le ver [lə vɛʀ]
Wurst la charcuterie [la ʃaʀkytʀi]
Würstchen la saucisse [la sosis]
würzen assaisonner [asɛzɔne]
wütend furieux, -euse [fyʀjø, øz]

Y

Yoga le yoga [lə jɔga]

Z

zäh coriace [kɔrjas]
Zahl le nombre [lə nɔ̃bʀ]
zählen compter [kɔ̃te]
zahlen payer [pɛje]
Zahlung le paiement [lə pɛmɑ̃]
Zahn la dent [la dɑ̃]
Zahnbürste la brosse à dents [la bʀɔs a dɑ̃]
Zahncreme le dentifrice [lə dɑ̃tifʀis]
Zahnfleisch les gencives *fpl* [le ʒɑ̃siv]
Zahnpasta le dentifrice [lə dɑ̃tifʀis]
Zahnradbahn le chemin de fer à crémaillère [lə ʃmɛ̃d fɛʀ a kʀemajɛʀ]
Zahnschmerzen le mal de dents [lə mal də dɑ̃]
Zahnstocher le cure-dents [lə kyʀdɑ̃]
Zäpfchen les suppositoires *mpl* [le sypozitwaʀ]
zart tendre [tɑ̃dʀ]
zärtlich affectueux, -euse [afɛktyø, øz], tendre [tɑ̃dʀ]
Zecke la tique [la tik]
Zehe l'orteil *m* [lɔʀtɛj]
Zeichen le signe [lə siɲ]
Zeichensprache la langue des signes [la lɑ̃g de siɲ]
Zeichentrickfilm le dessin animé [lə dɛsɛ̃ anime]
zeichnen dessiner [desine]
Zeichnung le dessin [lə dɛsɛ̃]
zeigen montrer [mɔ̃tʀe]
Zeit le temps [lə tɑ̃]; **um diese ~** à cette heure-ci [a sɛt‿œʀ si]
Zeitschrift le magazine [lə magazin]
Zeitung le journal [lə ʒuʀnal]
Zeitungshändler le marchand de journaux [lə maʀʃɑ̃d ʒuʀno]
Zelt la tente [la tɑ̃t]
zelten camper [kɑ̃pe]
Zeltstange le mât de tente [lə mad tɑ̃t]
Zentimeter le centimètre [lə sɑ̃timɛtʀ]
zentral central(e) [sɑ̃tʀal]
Zentralheizung le hauffage central [lə ʃofaʒ sɑ̃tʀal]
Zentrum le centre [lə sɑ̃tʀ]
Zerrung le claquage (musculaire) [lə klakaʒ (myskylɛʀ)]
Zeuge, Zeugin le/la témoin [lə/la temwɛ̃]
Ziegenkäse le fromage de chèvre [lə fʀɔmaʒ də ʃɛvʀ]
ziehen tirer [tiʀe]
Ziel le but [lə by(t)]; (*Reise~*) la destination [la dɛstinasjɔ̃]
ziemlich assez [ase]
Zigarette la cigarette [la sigaʀɛt]
Zigarillo le cigarillo [lə sigaʀijo]
Zigarre le cigare [lə sigaʀ]
Zimmer la chambre [la ʃɑ̃bʀ]
Zimmermädchen la femme de chambre [la fam də ʃɑ̃bʀ]
Zimmertelefon le téléphone (de la chambre) [lə telefɔn (də la ʃɑ̃bʀ)]
Zirkus le cirque [lə siʀk]
Zitronen les citrons *mpl* [le sitʀɔ̃]
Zoll la douane [la dwan]
Zollerklärung la déclaration en douane [la deklaʀasjɔ̃ ɑ̃ dwan]
zollfrei exempt de droits de douane [ɛgzɑ̃ də dʀwad dwan]; **~er Laden** la boutique horstaxes [la butik ɔʀtaks]
Zollgebühren les droits *mpl* de douane [le dʀwad dwan]
zollpflichtig soumis aux droits de douane [sumi o dʀwad dwan]
Zoo le zoo [lə zo]
zu (*Richtung*) à [a]; (*geschlossen*) fermé(e) [fɛʀme]; **~ sehr/viel** trop [tʀo]
zubereiten préparer [pʀepaʀe]
Zucchini la courgette [la kuʀʒɛt]
Zucker le sucre [lə sykʀə]
zuerst d'abord [dabɔʀ]
zufällig par hasard [paʀ azaʀ]
zufrieden content(e) [kɔ̃tɑ̃, ɑ̃t]
Zug le train [lə tʀɛ̃]
Zugänglichkeit l'accessibilité *f* [laksɛsibilite]
zuhören: **jemandem ~** écouter quelqu'un [ekute kɛlkɛ̃]
Zukunft l'avenir *m* [lavniʀ]
zukünftig futur(e) [fytyʀ]
zulässig permis(e) [pɛʀmi, iz]
zuletzt en dernier lieu [ɑ̃ dɛʀnje ljø]
Zündkerze la bougie [la buʒi]
Zündschlüssel la clé de contact [la kled kɔ̃takt]

Zündung l'allumage *m* [lalymaʒ]
Zunge la langue [la lɑ̃g]
zurück de retour [də ʀətuʀ]
zurückbringen rapporter [ʀapɔʀte]
zurückfahren retourner [ʀətuʀne]
zurückgeben rendre [ʀɑ̃dʀ]
zurückkehren revenir [ʀəvniʀ]
zusagen (*Einladung*) accepter [aksɛpte]
zusammen ensemble [ɑ̃sɑ̃bl]
zusammenschlagen rouer de coups [ʀued ku]
Zusammenstoß le choc [lə ʃɔk], la collision [la kɔlizjɔ̃]
zusätzlich supplémentaire [syplemɑ̃tɛʀ], en plus [ɑ̃ plys]
zuschauen regarder [ʀəgaʀde]
Zuschauer(in) le/la spectateur, -trice [lə/la spɛktatœʀ, -tʀis]
Zuschlag le supplément [lə syplemɑ̃]
zuständig compétent(e) [kɔ̃petɑ̃, ɑ̃t], responsable [ʀɛspɔ̃sabl]
zweite(r, -s) deuxième [døzjɛm], second(e) [səgɔ̃, səgɔ̃d]
zweitens deuxièmement [døzjɛmmɑ̃]
Zwiebeln les oignons *mpl* [lez‿ɔɲɔ̃]
zwischen entre [ɑ̃tʀ]
Zwischenfall l'incident *m* [lɛ̃sidɑ̃]
Zwischenlandung l'escale *f* [lɛskal]
Zwischenstecker la prise multiple [la pʀiz myltipl]
Zyste le cyste [lə sist]

Bildquellen

Cover, 01: iStockphoto/dennisvdw; **12/13:** iStockphoto/Galina Barskaya; **24/25:** Fotolia/styf; **30/31:** Fotolia/FomaA; **32:** Fotolia/pio3; **45:** Fotolia/Yuri Arcurs; **48/49:** iStockphoto/izuminka; **59:** Fotolia/makoto-garage.com; **63:** Fotolia/Bombaert Patrick; **68:** Fotolia/nico75; **71:** Fotolia/Alexi TAUZIN; **74:** Shutterstock/pisaphotography; **78/79:** Fotolia/Fırat; **80:** Shutterstock/Chrislofoto; **82:** Shutterstock/Valery Bareta; **94/95:** Shutterstock/robert paul van beets; **96:** Shutterstock/Anatoli Styf; **101:** iStockphoto/EHStock; **102:** Shutterstock/Ekaterina Pokrovsky; **106:** Fotolia/Sergejs Rahunoks; **111:** Fotolia/volff; **120/121:** Shutterstock/Jose Ignacio Soto; **122:** Thinkstock/AlexRaths; **125:** Shutterstock/Michael Stokes; **126:** iStockphoto/ralfgosch; **135:** Fotolia/Tawand@; **138/139:** Fotolia/isonphoto; **145:** Fotolia/celeste clochard; **146:** Fotolia/hassan bensliman; **154/155:** Fotolia/SFG; **156:** Fotolia/Spargel; **157:** Fotolia/Laurent Hamels; **163:** Fotolia/Frédéric Prochasson; **167:** Fotolia/.shock; **173:** Fotolia/PixAchi; **182/183:** Fotolia/Diana Kosaric.

Zeigebilder (v. l. n. r.):
116: Fotolia/Giuseppe Lancia; Fotolia/Jiri Hera ; Fotolia/roobcio; Fotolia/Andrey Starostin; Fotolia/Rémy MASSEGLIA; Dreamstime.com/Wksp; Fotolia/Andrei Nekrassov ; Fotolia/dulsita; Fotolia/Dani Vincek; Fotolia/HelleM; Thinkstock/Hemera ; Fotolia/BSANI; Fotolia/felinda; Fotolia/Dionisvera; iStockphoto LP/malerapaso; Fotolia/pedrolieb; Fotolia/o.meerson; Fotolia/ExQuisine; Fotolia/Dalmatin.o; Fotolia/Picture Partners; Fotolia/SGV; Dreamstime.com/Wksp; Fotolia/lunamarina; Dreamstime.com/Witoldkr1; **117:** Dreamstime/Givaga; Fotolia/yamix; Fotolia/sspice; Fotolia/Sergejs Rahunoks; Fotolia/Andreas F.; Fotolia/Sergii Moscaliuk; Fotolia/Corinna Gissemann; Fotolia/Viktor; Fotolia/Picture Partners; Fotolia/IrisArt; Fotolia/BeTa-Artworks; Fotolia/Marius Graf; Fotolia/Peredniankina; Fotolia/Kesu; Fotolia/Viktor; Fotolia/ExQuisine; Fotolia/Piovanello; Shutterstock/Aleksandr Sulga; Fotolia/gtranquillity; Dreamstime.com/Travelling-light; **118:** Fotolia/by-studio; Fotolia/valeriy555; Fotolia/Anna Kucherova; Fotolia/Tomboy2290; Fotolia/Irochka; iStockphoto/Libby Chapman; Fotolia/valeriy555; Fotolia/valeriy555; Fotolia/valeriy555; Fotolia/valeriy555; Fotolia/valeriy555; Fotolia/Marc Dietrich; Fotolia/salade; Fotolia/Malyshchyts Viktar; iStockphoto/coloroftime; Fotolia/valeriy555; Fotolia/valeriy555; Fotolia/valeriy555; Fotolia/valeriy555; Fotolia/margo555; Fotolia/margo555; iStockphoto/Sandra Caldwell; Fotolia/valeriy555; **119:** Fotolia/Oleksiy Ilyashenko; Fotolia/valeriy555; Fotolia/valeriy555; Fotolia/valeriy555; Fotolia/valeriy555; Fotolia/Popova Olga; Fotolia/valeriy555; Fotolia/Malyshchyts Viktar; Fotolia/valeriy555; Fotolia/Popova Olga; 10-12: Fotolia/valeriy555; Fotolia/Popova Olga; Fotolia/valeriy555; MDB; Fotolia/marilyn barbone; Fotolia/valeriy555; Fotolia/valeriy555; Fotolia/Malyshchyts Viktar; Fotolia/valeriy555; Fotolia/valeriy555; Fotolia/valeriy555; Fotolia/valeriy555; **180:** Fotolia/cristi180884; Fotolia/by-studio; Fotolia/Tharakorn; Fotolia/NilsZ; Fotolia/byggarn.se; Fotolia/picsfive; Fotolia/Nazzu; Fotolia/picsfive; Fotolia/DOC RABE Media; Fotolia/picsfive; Fotolia/ksena32; Fotolia/picsfive; Fotolia/bpstocks; Fotolia/Jiri Hera; Fotolia/Foto-Ruhrgebiet; Fotolia/NilsZ; Fotolia/jlcst; Fotolia/Gresei; Fotolia/Ingram Publ.; fotolia/wiedzma.